北大社"十三五"职业教育规划教材

高职高专土建专业"互联网+"创新规划教材

房地产投资分析

主　编◎刘永胜

副主编◎田明刚　裴国忠　蒋　英

参　编◎李旭坤　梁丽娟　何英波

主　审◎邹　洲　王顺喜

内容简介

本书反映国内外房地产投资分析的最新动态，结合大量房地产投资实例，参阅《房地产开发项目经济评价方法》和《建设项目经济评价方法与参数》（第三版），按照行动导向、工作过程系统化课程体系要求，构建了住宅置业投资分析、商铺置业投资分析、写字楼置业投资分析、住宅小区开发投资分析、商业地产开发投资分析5个学习情境，系统地阐述了不同类型的房地产投资分析的主要内容，包括住宅、店铺和写字楼等的资金时间价值、投资环境分析、市场分析、财务分析及不确定性分析，以及投资决策方法等基础知识。

本书采用全新体例编写，每个学习情境都设置了投资分析案例、知识链接、观察与思考等模块。此外，每个学习情境结尾还设有练习题、综合实训等多种题型供读者练习。通过对本书的学习，读者可以掌握房地产置业投资、开发投资的基本理论和操作技能，具备自行编制置业投资分析报告和房地产开发项目可行性研究相关财务报表的能力。

本书既可作为高职高专院校房地产类相关专业的教材和指导书，也可作为房地产类各专业职业资格考试的培训教材，还可为备考从业和执业资格考试的相关人员提供参考。

图书在版编目(CIP)数据

房地产投资分析/刘永胜主编. —北京：北京大学出版社，2016.9
（高职高专土建专业"互联网+"创新规划教材）
ISBN 978-7-301-27529-0

Ⅰ.①房… Ⅱ.①刘… Ⅲ.①房地产投资—投资分析—高等职业教育—教材 Ⅳ.F293.35

中国版本图书馆 CIP 数据核字（2016）第 219526 号

书　　名	房地产投资分析 FANGDICHAN TOUZI FENXI
著作责任者	刘永胜　主编
策划编辑	杨星璐
责任编辑	刘　嵩
数字编辑	孟　雅
标准书号	ISBN 978-7-301-27529-0
出版发行	北京大学出版社
地　　址	北京市海淀区成府路 205 号　100871
网　　址	http://www.pup.cn　新浪微博：@北京大学出版社
电子信箱	pup_6@163.com
电　　话	邮购部 010-62752015　发行部 010-62750672　编辑部 010-62750667
印 刷 者	北京虎彩文化传播有限公司
经 销 者	新华书店
	787 毫米×1092 毫米　16 开本　19.25 印张　462 千字 2016 年 9 月第 1 版　2022 年 6 月第 5 次印刷
定　　价	47.00 元

未经许可，不得以任何方式复制或抄袭本书之部分或全部内容。
版权所有，侵权必究
举报电话：010-62752024　电子信箱：fd@pup.pku.edu.cn
图书如有印装质量问题，请与出版部联系，电话：010-62756370

本书为北京大学出版社"高职高专土建专业'互联网+'创新规划教材"之一。为适应21世纪职业技术教育发展需要，培养具备各类房地产投资咨询、估价、经纪和物业服务管理知识的专业技术服务应用型人才，我们结合当前房地产投资常用技术方法和行业发展的前沿问题编写了本书。

本书突破了已有相关教材的框架，从投资对象和投资方式分类出发编制学习情境，将知识点与工作过程中技能点对应，由简单到复杂，由住宅置业投资到写字楼置业投资，由置业投资到开发投资，注重理论与实践相结合，采用全新体例编写。内容丰富，案例翔实。

本书内容可按照60~80学时安排，推荐学时分配如下：学习情境1安排10~16学时，学习情境2安排8~10学时，学习情境3安排8~10学时，学习情境4安排16~20学时，学习情境5安排18~24学时。教师可根据不同的使用专业灵活安排学时，对每个学习情境的主要知识点应在课堂重点讲解，知识链接、应用案例和习题等模块可安排学生课后阅读和练习，重点是使学生掌握财务指标计算方法和搜集市场分析的资料渠道，学会用Excel表格进行财务表格的编制和财务函数计算，绘制盈亏平衡分析图和敏感性分析图，判断项目的经济可行性。

本书由杭州科技职业技术学院刘永胜任主编，由杭州科技职业技术学院田明刚、江苏城乡建设职业学院裴国忠和蒋英任副主编。本书具体编写分工如下：田明刚和杭州世联卓群房地产咨询有限公司梁丽娟编写学习情境1，刘永胜与永业行长沙分公司总经理何英波编写学习情境2，裴国忠和蒋英编写学习情境3，刘永胜与佛山市中南恒展房地产有限公司总经理李旭坤编写学习情境4，刘永胜编写学习情境5，全书由刘永胜负责统稿。世联行杭州分公司总经理邹洲和浙江祥生房地产开发有限公司副总经理王顺喜对本书进行了审读，并提出了很多宝贵意见，浙江博南土地房地产评估规划有限公司副总经理宋成对本书的编写工作也提供了很大的帮助，在此一并表示感谢！

编者在编写本书的过程中，参考和引用了国内外大量文献资料，在此谨向原书作者表示衷心感谢。由于编者水平有限，本书难免存在不足和疏漏之处，敬请各位读者批评指正。

编　者

2015年5月

【资源索引】

目 录

学习情境 1　住宅置业投资分析 1
   1.1　认识住宅 2
   1.2　影响住宅置业投资的因素分析 9
   1.3　住宅置业投资估算及财务分析 16
   1.4　住宅置业投资决策分析 34
   小结 38
   练习题 38
   实训题 39

学习情境 2　商铺置业投资分析 40
   2.1　认识商铺 41
   2.2　认识商铺置业投资 46
   2.3　商业街商铺置业投资特点分析 49
   2.4　市场类商铺置业投资特点分析 52
   2.5　社区商铺置业投资特点分析 54
   2.6　住宅底层商铺置业投资特点分析 56
   2.7　百货商场、购物中心商铺置业投资特点分析 59
   2.8　商务楼、写字楼商铺置业投资特点分析 61
   2.9　交通设施商铺置业投资特点分析 63
   2.10　商铺置业投资因素分析 65
   2.11　商铺置业投资估算 72
   2.12　商铺置业投资财务分析 75
   2.13　商铺置业投资方案比选 85
   小结 88
   练习题 89
   实训题 91

学习情境3　写字楼置业投资分析 92

  3.1　认识写字楼 93
  3.2　写字楼投资特点分析 105
  3.3　写字楼客户分析 116
  3.4　写字楼置业投资估算实例 118
  3.5　写字楼置业财务分析 119
  3.6　写字楼置业投资决策分析 137
  小结 141
  练习题 142
  实训题 144

学习情境4　住宅小区开发投资分析 145

  4.1　住宅小区开发项目投资环境分析 146
  4.2　住宅市场分析 160
  4.3　构建住宅小区开发经营方案 162
  4.4　住宅小区开发投资估算 163
  4.5　住宅小区开发项目投资财务分析 183
  4.6　住宅小区开发投资不确定分析 190
  小结 201
  练习题 201
  实训题 204

学习情境5　商业地产开发投资分析 206

  5.1　认识商业地产 210
  5.2　商业地产项目市场分析 218
  5.3　商业地产开发项目定位分析 244
  5.4　商业项目规划设计分析 252
  5.5　商业业态组合规划 261
  5.6　商业地产开发项目经济分析 267
  5.7　商业开发项目投资风险决策分析 269
  小结 288
  练习题 288
  实训题 290

参考文献 295

学习情境 1 住宅置业投资分析

学习目标

掌握住宅置业投资的政策环境分析,掌握静态置业投资的计算方法,学会首付款的筹集、还款方式的选择与确定、贷款利息的计算和交易税费的估算。

学习要求

知识要点	能力要求	相关知识	所占分值(100分)	自评分数
对住宅的认识	能认识住宅的未来发展趋势	①我国住宅的分类;②住宅的特性;③豪宅标准	20	
影响住宅置业投资的因素	能准确全面分析影响住宅置业投资的因素,并能用因素分析法确定影响权重	①限购限贷政策;②地理位置环境;③建筑品质;④交通和公共配套;⑤物业服务;⑥开发商品牌	30	
住宅置业投资估算及财务分析	能根据各地购房条件及政策,确定还款方式和贷款方式,准确计算首付款、贷款额、利息、月还款额,判断购房者的家庭承受能力	①住房金融政策;②单利复利计算;③月还款额的计算;④还款能力指数计算	30	
住宅置业投资方案比选	能根据相关因素进行住宅置业投资方案比选	综合评价法	20	

任务导入

2015年,一位教师想在杭州市区买一套80~100平方米的住宅,具体要求如下:
(1) 位置:城西区域。
(2) 总价控制在200万元以内。
(3) 首付3成,组合贷款:住房公积金最高限额80万元,其余部分用银行商业贷款。

(4) 配套要求：附近有小学、超市、银行，交通比较方便等。

(5) 距离学校不超过30千米。

(6) 教师家庭年收入在15万元左右，属于首次置业，目前租房居住，租金为2500元/月。

根据具体要求向这位教师出具一份住宅置业分析建议报告。

1.1 认识住宅

住宅置业投资往往是投资者购置房地产后，或寻机出售，或租赁经营以获取收益的商业活动。这些置业投资主要有以盈利为目的的买卖投资；用于自己消费的置业投资；用于出租经营的置业投资等。住宅主要是提供给人们生活居住的房地产，包括公共住房和商品住房，由于工作、教育、交通、收入、房价等多方面的原因，还是有很多人要租住，加上住宅投资风险相对较小，越来越多的投资者将购买住宅作为投资对象。即使自用的购房者也会考虑住宅增值因素，购买住宅时也可以看作一次重要投资，因此，在投资住宅前，我们首先要认识住宅。

1.1.1 住宅的分类

住宅的种类繁多，主要分为高档住宅、普通住宅、公寓式住宅、别墅等：

(1) 按楼体高度分类，主要分为低层、多层、小高层、高层、超高层等。

(2) 按楼体结构形式分类，主要分为砖木结构、砖混结构、钢混框架结构、钢混剪刀墙结构、钢混框架-剪刀墙结构、钢结构等。

(3) 按楼体建筑形式分类，主要分为低层住宅、多层住宅、中高层住宅、高层住宅、其他形式住宅等。

(4) 按住宅户型分类，主要分为普通平层式住宅、错层式住宅、复式住宅、跃层式住宅等。

(5) 按住宅政策属性分类，主要分为廉租房、已购公房(房改房)、经济适用住房、住宅合作社集资建房等。

【参考图文】

1.1.2 住宅发展的特征

住宅是与人类关系最为密切的形态，居住建筑的本质和目的是给人创造一个安全舒适的生活环境。住宅发展是物质增长的过程，同时也是人居环境、居住文化建设的过程。研究人类居住环境和住宅建设的发展，已成为规划师、设计师、建筑师和广大居民的共识。住宅发展的特征主要有以下几方面：

1. 住宅的舒适性

住宅是人一生中最重要的生活空间，人的一生有一半以上的时间在这个空间中活动，因此住宅质量的好坏是人们生活质量高低的一个重要标志。21世纪住宅发展的特征首先就体现为舒适性。住房建设必须转变思想，树立以人为本的新观念，针对具体客户对于购买面积的要求，尽可能地满足其个人喜好，提供灵活的间隔；根据家庭人口的变化、生活习惯、个人爱好、职业需求等进行灵活的调整，以满足其居住的个性需求，提供一个更安全、舒适的空间，满足居家的会客、起居、餐饮、学习、工作、洗漱及储藏等方面的要求。

住宅的功能化要求"住得下，分得开"，"住得舒适，身心健康"，保障人身、财产安全。住宅内部有关设施的方便性是住宅舒适性的内在要素。在室内环境上，讲究自然、韵味、浪漫与色彩的和谐统一，以保持优雅、宁静、舒适的居室氛围；住宅室外配套设施要完备，交通组织合理，环境幽静宜居。

2. 住宅的生态性

【参考视频】

生态住宅是运用生态学原理和遵循生态平衡及可持续发展的原则，即综合系统效率最优原则，设计、组织建筑内外空间中的各种物质因素，使物质、能源在建筑系统内有秩序地循环转换，获得一种高效、低耗、无废物污染、生态平衡的建筑环境。人们渴望回归自然，希望更多地和大自然接触。这里讲的环境不仅涉及住宅的自然环境，如空气、水质、土地绿化、动植物、能源等，也涉及住宅的人文环境、经济系统和社会环境。住宅生态性概念主要是在这种观念影响下，在住宅建设和住宅发展中始终以生态为中心，特别注意与自然环境的结合与协调，善于因地制宜、因势利导地组合一切可以运用的元素，充分利用阳光、通风，注重与大自然的、地理的、景观的、人文的环境与大环境相对接，在环保、绿化、安居、道路管网等方面进行系统规划和管理，使住宅环境处于良性循环状态。

住宅的生态性至少可以理解为以下几点。

(1) 住宅建设应营造生态园林，创造出绿地、风雨长廊、漫步小径、假山流水、瀑布等相互搭配而协调的新型园林景观。总体布局上，考虑满足日照要求和绿地空间，形成特色；在户型设计上充分利用环境特点，使主要空间享有最佳景观。

(2) 提高住宅区的绿化程度，排除工厂废气污染及有害、有毒植物，改善住宅小区气候。

(3) 使用环保建筑材料，在住宅建设中推广新型墙体材料、节能材料和节能采暖、空调制冷等系统的应用，提高绿色建材、绿色饰材的应用量，推进资源回收与开发的应用力度。

(4) 以动态观念、发展眼光看待住宅空间、私车泊位。建立地下车库，将车库设在小区绿地下面，实行人车分流，把噪声和车辆尾气污染减少到最低限度。

(5) 重视住宅的外观设计，协调楼宇周边环境，临街住宅不宜设置面向路面的外飘阳台；要采用隔声效果较好的外墙建材，减少噪声干扰；为使住宅采光充分，户型设计应多面向阳。

(6) 住宅区方便、安全、卫生，内外交通方便，具有完备的公共服务配套设施，服务方式、项目、时间便捷。居住区环境不仅要保证居民的日常安全，而且要考虑在发生特殊情况下的安全，如发生火灾、地震等。要保持空气清新。饮水要符合标准，尤其是水池二次供水的情况下，室外公共设施环境要清洁卫生，供水应用新型管材，洁净能源。

(7) 住宅生态环境建设的协调性。住宅小区室外环境的美观，取决于建筑群体的组合、建筑小品的装饰、绿化种植的配置方式、建筑立面处理和建筑墙面装饰材料与色彩的选配等。环境配套协调，给人以明快、淡雅、亲切之感，富于人情味、生活气息和地方风格。

(8) 培养住宅区居民的生态伦理观念，广泛开展生态教育活动，形成强烈的小区生态文化氛围。

总之，生态住宅人居环境应做到人文环境与自然环境、生态环境的和谐统一，营建高效、节能、环保、健康、舒适、生态平衡的居住环境。

3. 住宅的信息性

【参考视频】

信息化时代的到来和计算机的普及，将引起家庭生活及住宅建设的重大变革。人们更多的时间工作、休闲在家里，生活的舒适性、安全性提高，家庭和社会紧密相连，使住宅智能化、信息化成为必然。住宅建设强调以人为本、以科技为导向，尽可能将现代环境、生态、智能、节能等新技术融入住宅建设和居住生活之中，实现住宅智能化、信息化。

智能、信息化的住宅是理想的生活工作场所。它能提供：

(1) 舒适、方便、安全的居家环境。智能布控系统的引进，实现人工环境(空调、照明、太阳能)控制，保证了居住的舒适性。采用红外线防盗报警、电子巡更、火害烟感报警、求助呼叫、指纹识别、"三表"出户、IC卡计费等装置，实现住宅区的全方位监控，有效地优化治安环境，增强住户的安全感，极大地方便住户的日常生活。

(2) 完善的计算机网络及服务系统。能迅速获取加工与提供信息，保证住宅小区内数据、语音、图像等多媒体信息传输，主要具备以下功能：①快捷准确的内外信息交换功能(可视电话、电子邮件、短信、QQ群、微信群等)；②丰富多彩且高质量的文化娱乐设施(智能电视、掌上计算机、数字电话、家庭影院等)；③智能网络工作站进入每个家庭，实现多种教育和家庭服务(网上冲浪、软件下载、网上购物、远程医疗、网上炒股等)。

4. 住宅的文化性

【参考视频】

我国是一个具有悠久历史文化传统的国家，居住文化源远流长。著名历史学家周谷城说过："文化都是从解决衣食住行的问题开始的。"文化是人类行为的精神内涵，居住作为人的最主要的行为之一，也是文化的一项基本内容。住宅的文化，不仅是居住者的文化，也是建筑者的文化，是与住宅消费有关各方面的综合体，应当包括住宅建筑艺术、环境营造艺术、居室美化艺术及居住的风俗习惯、居住质量、居住人际关系等。在住宅建设中要不断地加大文化的分量，使人们对文化内涵的需求从小区布置、建筑风貌、艺术品的陈设等各个方面体现，建筑造型艺术更要体现地方特色、民族风情。作为一个家庭来讲，要涵盖健身、视听、读书、艺术品收藏等各空间，文化性、文化气质要更加渗透到生活的深层次。因此，住宅建设作为一种文化现象，应具备以下要素。

(1) 优良的施工质量。它包括新颖设计、精心施工、严格管理和过硬的质量。整个设计、施工、管理的过程，既是住宅建设的过程，也是创造文明与美的过程。

(2) 优美的居住环境。居住环境包括自然环境和文化环境。衡量住宅小区自然环境是否优美的指标有空气洁净度、噪声干扰程度、地理环境、绿化美化程度等。依山傍水、闹中有静、小桥流水、曲径通幽、鸟语花香都是优美的自然环境。居住在这样的环境中，会使人心旷神怡、康乐延年。文化环境是指住宅小区内外的学校、文化设施及周围的文化氛围。良好的文化环境，对于提高人的文明程度、综合素质，以及培养后代都起很大的作用。近年来，购房者对小区周边的教育水准、人口素质、环境质量、社会治安等方面都非常关注。

(3) 优质的物业服务管理。物业服务管理是住宅文化不可缺少的一部分。物业服务管理的根本宗旨在于为广大住户创造美好的生活，包括房屋及附属设施的修缮与管理；环境卫生保洁，花木绿化养护等；供电、通信、燃气、给排水、化粪池、消防等设施的维护；道路维护；地下车库管理；公众代办性质的服务、专项服务；日常生活类如接送孩子等服务项目；商业服务项目，小型商场服务设施；金融服务。要为住户创造一个安全、舒适、欢乐、宁静、祥和的生活环境，充分体现对住户的关爱，积极倡导文化观念。

住宅文化和住宅建设的本身有着天然的联系。住宅文化表现在住宅区位的选择，住宅区的规划，楼宇的外观造型及单体设计，建筑施工质量，住宅的装备水平(厨房、卫生间装备，空调、采暖装备，智能化技术装备，室内装饰及陈设)，住宅的功能是否合理(功能配置、面积分配、使用率、功能房面积、空间及场景布置)，小区的文化设施建设，环境的绿化程度(绿化系统、防止污染系统、生态型新能源利用系统)，建筑小品的品位及小区文化氛围，居民的居住卫生习惯、文化修养、情趣、消费价值观念、生活质量水平及小区物业服务管理等方面。

住宅文化水平是与住宅业的发展水平相一致的，随着生活水平的逐步提高，人们对住宅提出了越来越高的要求，住宅及住区文化品位的高低，直接地影响整代或几代人的文化修养，因此抓好住宅的文化建设是住宅业发展的必然趋势。

总之，21世纪是知识经济和信息化时代，国力的增强，人们生活水平的提高，使追求质量好、品位高的智能住宅成为大势所趋。住宅进入了一个新的换代期，它要求住宅的开发者、设计者、建设者及决策者们必须跟上世界建筑发展的潮流和我国经济发展的步伐，重视住宅发展特性的研究，实现人居环境特色建设。这是我国住宅发展的必然要求，也是日益激烈的市场竞争给住宅建设发展提出的新课题。

观察与思考

从住宅置业居住方面思考目前住宅置业投资需要注重的因素。

知识链接

【参考图文】

住宅分类

根据国家标准 GB 50 096—2011《住宅设计规范》，民用建筑高度与层数的划分为：1~3 层为低层住宅；4~6 层为多层住宅；7~10 层为中高层住宅(也称小高层住宅)；11~30 层为高层住宅；30 层(不包括 30 层)以上为超高层住宅。

1. 低层住宅

低层住宅主要是指(一户)独立式住宅、(二户)联立式住宅和(多户)联排式住宅。与多层和高层住宅相比，低层住宅最具有自然的亲和性(其往往设有住户专用庭院)，适合儿童或老人的生活；住户间干扰少，有宜人的居住氛围。这种住宅虽然为居民所喜爱，但受到土地价格与利用效率、市政及配套设施、规模、位置等客观条件的制约，供应总量有限。

2. 多层住宅

多层住宅主要是借助公共楼梯垂直交通，是一种最具有代表性的城市集合住宅。它与中高层(小高层)和高层住宅相比，有一定的优势。

(1) 在建设投资上，多层住宅不需要像中高层和高层住宅那样增加电梯、高压水泵、公共走道等方面的投资。

(2) 在户型设计上，多层住宅户型设计空间比较大，居住舒适度较高。

(3) 在结构施工上，多层住宅通常采用砖混结构，因而多层住宅的建筑造价一般较低。

但多层住宅也有不足之处，主要表现在以下几方面。

(1) 底层和顶层的居住条件不算理想，底层住户的安全性、采光性差，卫生间易溢粪返味；顶层住户因不设电梯而上下不便。此外屋顶隔热性、防水性差。

(2) 难以创新。由于设计和建筑工艺定型，多层住宅在结构上、建材选择上、空间布局上难以创新，形成"千楼一面、千家一样"的弊端。如果要有所创新，需要加大投资，又会失去价格成本方面的优势。

多层住宅的平面类型较多，基本类型有梯间式、走廊式和独立单元式。

3. 小高层住宅

一般而言，小高层住宅主要指 7~10 层高的住宅。从高度上说具有多层住宅的氛围，但又是较低的高层住宅，故称为小高层。市场推出的这种小高层，似乎是走一条多层与高层的中间之道。这种小高层较之多层住宅有它自己的特点。

(1) 建筑容积率高于多层住宅，节约土地，房地产开发商的投资成本较多层住宅有所降低。

(2) 住宅的建筑结构大多采用钢筋混凝土结构，从建筑结构的平面布置角度来看，则大多采用板式结构，在户型方面有较大的设计空间。

(3) 由于设计了电梯，楼层又不是很高，增加了居住的舒适感。但由于容积率的限制，与高层相比，小高层的价格一般比同区位的高层住宅高，这就要求开发商在提高品质方面花更大的心思。

4. 高层住宅

高层住宅是城市化、工业现代化的产物，依据外部形体可将其分为塔楼和板楼。

(1) 优点：高层住宅土地使用率高，有较大的室外公共空间和设施，眺望性好，建在城区具有良好的生活便利性，对买房人有很大吸引力。

(2) 缺点：高层住宅，尤其是塔楼，在户型设计方面增大了难度，在每层内很难做到每个户型设计的朝向、采光、通风都合理。而且高层住宅投资大，建筑的钢材和混凝土消耗量都高于多层住宅，要配置电梯、高压水泵、增加公共走道和门窗，另外还要从物业管理收费中为修缮维护这些设备付出经常性费用。

高层住宅内部空间的组合方式主要受住宅内公共交通系统的影响。按住宅内公共交通系统分类，高层住宅分单元式和走廊式两大类。其中单元式又可分为独立单元式和组合单元式，走廊式又分为内廊式、外廊式和跃廊式。

5. 超高层住宅

超高层住宅多为 30 层以上。超高层住宅的楼地面价最低，但其房价却不低。这是因为随着建筑高度的不断增加，其设计的方法理念和施工工艺较普通高层住宅及中低层住宅会有很大的变化，需要考虑的因素会大大增加。例如，电梯的数量、消防设施、通风排烟设备和人员安全疏散设施会更加复杂，同时其结构本身的抗震和荷载也会大大加强。另外，超高层建筑由于高度突出，多受人瞩目，因此在外墙面的装修上档次也较高，造成其成本很高。若建在市中心或景观较好地区，虽然住户可欣赏到美景，但对整个地区来讲却不协调。因此，许多国家并不提倡多建超高层住宅。

6. 别墅

别墅是改善型住宅，一般是在郊区或风景区建造的供休养用的园林住宅，是居宅之外用来享受生活的居所。现在对别墅的普遍认识是，除"居住"这个住宅的基本功能以外，更主要体现生活品质及享用特点的高级住所，现代词义中为独立的庄园式居所。别墅分为以下 5 种：独栋别墅、联排别墅、双拼别墅、叠加式别墅、空中别墅。

【参考图文】

(1) 独栋别墅，即独门独院，上有独立空间，下有私家花园领地，私密性极强的单体别墅，一般房屋周围都有面积不等的绿地、院落，如图 1.1 所示。这一类型是别墅历史最悠久的一种，市场价格较高，也是别墅建筑的终极形式。

(2) 双拼别墅，是联排别墅与独栋别墅的中间产品，是由两个单元的别墅拼联组成的单栋别墅，如图 1.2 所示。在美国比较流行的 2-PAC 别墅就是一种双拼别墅，既降低了社区密度，又增加了住宅采光面，使其拥有了更宽阔的室外空间。双拼别墅基本是三面采光，外侧的居室通常会有两个以上的采光面，一般来说窗户较多，通风良好，最重要的是采光和观景效果好。

(3) 联排别墅(Townhouse)，位置往往在靠近城市交通方便的郊区，高度一般不过 5 层，邻居之间有共用墙，有天有地，有自己的院子和车库，但独门独户，如图 1.3 所示。在西方，联排别墅的主人是中产阶级或新贵阶层。在中国，它们则属于高消费人群。联排别墅是大多数经济型别墅采取的形式之一。

图 1.1 独栋别墅

图 1.2 双拼别墅

（4）叠拼别墅，是联排别墅的叠拼式的一种延伸，介于别墅与公寓之间，由多层的复式住宅上下叠加在一起组合而成，下层有花园，上层有屋顶花园，一般为 4 层带阁楼建筑，如图 1.4 所示。这种开间与联排别墅相比，独立面造型可丰富一些，同时在一定程度上克服了联排别墅长进深的缺点。稀缺性、私密性较单体别墅要差，定位也多是第一居所。叠拼户型与联排别墅相比，优势在于布局更为合理，不存在联排进深长的普遍缺陷；而且，叠下有实用的半地下室，叠上有空间宽敞的露台，虽然没有联排的"见天见地"，但是优势不减，甚至更为灵动而宜人。

图 1.3 联排别墅

图 1.4 叠拼别墅

图 1.5 空中别墅

（5）空中别墅，发源于美国，称为"penthouse"，即"空中楼阁"，原指位于城市中心地带高层顶端的豪宅，如图 1.5 所示。一般理解是建在公寓或高层建筑顶端具有别墅形态的大型复式或跃式住宅。与普通别墅相比，空中别墅具有地理位置好、视野开阔、通透等优势，给人高高在上、饱览都市风景的感觉，显示了强大的市场竞争力；还有层高优势：一般住宅的层高是 2.7~2.9 米，空中别墅的标准是 3 米多，有 3.1 米、3.3 米、3.6 米不等，比普通房高几十厘米，意味着通风更顺畅，采光度很好。

1.2 影响住宅置业投资的因素分析

投资住宅物业的目的不外乎 4 种：一是寻求理想的回报。投资住宅物业一般均能获得 8%～10%的收益。二是出于保值的考虑。住宅物业因为土地的特性对市场波动有一定的抗跌力，能够起到很好的保值效果。三是追求资产的升值。城市土地具有不可再生性，这就使某些地段的物业变得珍贵和稀有，投资这类物业，就能使资产升值。四是控制风险。住宅物业功能独特，市场变化缓慢，容易把握，投资者能较好地控制风险。可以说，投资住宅虽然收益较为平缓，但初期投入不太大，风险也相对较小。

1.2.1 住宅置业投资的特性

1. 区位选择的极端重要性

位置固定性或不可移动性，是住宅资产最重要的一个特性。对于股票、债券、黄金、古玩及其他有形或无形的财产来说，如果持有人所在地没有交易市场，那么他可以很容易地将其拿到其他有此类交易市场的地方去进行交易。然而，住宅就截然不同了，它不仅受地区经济的束缚，还受到其周围环境的影响。所谓"住宅的价值就在于其区位"，住宅不能脱离周围的环境而单独存在，就是强调了区位对住宅置业投资的重要性。

住宅资产的不可移动性，要求住宅所处的区位必须对开发商、置业投资者和租客都具有吸引力。也就是说能使开发商通过开发投资获取适当的开发利润，能使置业投资者获取合理、稳定的经常性收益，能使租客方便地开展其经营活动以赚取正常的经营利润并具备支付租金的能力时，这种投资才具备了基本的可行性。

当投资者准备进行一项住宅投资时，很重视对所处宏观区位的研究。很显然，投资者肯定不愿意长期租用自然环境日益恶化、经济环境面临衰退、人口不断流失、城市功能日渐衰退的地区内的住宅进行投资。此外，房地产投资价值的高低，不仅受其当前净租金水平的影响，而且与其所处地区的物业整体升值潜力密切相关。由于住宅资产的不可移动性，投资者在进行投资决策时，对未来的地区环境的可能变化和某宗具体物业的考虑是并重的。通过对城市规划的了解和分析，就可以做到正确并有预见性地选择投资地点。例如，随着雾霾问题越来越严重，不少投资者开始投资空气质量较好的海南三亚的住宅。

2. 适宜于长期投资

土地不会毁损，投资者在其上所拥有的权益通常在 70 年，而且拥有该权益的期限还可以根据法律规定延长；地上建筑物及其附属物也具有很好的耐久性。因此住宅具有生命周期长的特点，住宅置业投资是一种长期投资。

住宅同时具有经济寿命和自然寿命。经济寿命是指在正常市场和运营状态下，房地产的经营收益大于其运营成本，即净收益大于零的持续时间；自然寿命则是指房地产从地上建筑物建成投入使用开始，直至建筑物由于主要结构构件和设备的自然老化或损坏，不能继续保证安全使用的持续时间。

自然寿命一般要比经济寿命长得多。从理论上来说，当住宅的维护费用高到没有租客问津时，干脆就让它空置在那里。但实际情况是，如果房地产的维护状况良好，其较长的自然寿命可以令投资者从一宗置业投资中获取几个经济寿命，因为如果对建筑物进行一些更新改造、改变建筑物的使用性质或目标租客的类型，投资者就可以用比重新购置另外一宗住宅少得多的投资，继续获取可观的收益。

3．适应性

适应性，是指为了适应市场环境的变化，投资者调整房地产使用功能的方便程度。房地产本身并不能产生收益，也就是说房地产的收益是在使用过程中产生的。由于这个原因，置业投资者及时调整房地产的使用功能，使之既适合房地产市场的需求特征，又能增加置业投资的收益。例如，公寓内的租客希望获得洗衣服务，那就可以通过增加自助洗衣房、提供出租洗衣设备来解决这一问题。

按照租客的意愿及时调整房地产的使用功能十分重要，这可以极大地增加对租客的吸引力。对置业投资者来说，如果其投资的房地产适应性很差，则意味着他面临着较大的投资风险。例如，对于功能单一、设计独特的餐馆物业，其适应性就很差，因为几乎不可能不花大量的费用来改变其用途或调整其使用功能，在这种情况下，万一租客破产，投资者必须花费很大的投资才能使其适应新租客的要求。所以，投资者一般很重视房地产的适应性这一特点。

4．各异性

各异性，是指房地产市场上不可能有两宗完全相同的住宅。由于受区位和周围环境的影响，土地不可能完全相同；两栋建筑物也不可能完全一样，即使是在同一条街道两旁同时建设的两栋采用相同设计形式的建筑物，也会由于其内部附属设备、临街情况、物业管理情况等的差异而有所不同，而这种差异往往最终反映在两宗物业的租金水平和出租率等方面。

此外，业主和租客也不希望他所拥有或承租的物业与附近的另一物业雷同。因为建筑物所具有的特色甚至保持某一城市标志性建筑的称号，不仅对建筑师有里程碑或纪念碑的作用，对扩大业主和租客的知名度、增强其在公众中的形象和信誉，都有重要作用。从这种意义上来说，每一宗物业在房地产市场中的地位和价值不可能与其他物业完全一致。

5．政策影响性

政策影响性，是指住宅投资容易受到政府政策的影响。由于住宅在社会经济活动中的重要性，各国政府均对房地产市场倍加关注，经常会有新的政策措施出台，以调整房地产开发建设、交易和使用过程中的法律关系和经济利益关系。而房地产不可移动等特性的存在，使房地产很难避免这些政策调整所带来的影响。政府的土地供给、住房、金融、财政税收等政策的变更，均会对房地产的市场价值，进而对房地产投资产生影响，如"调整个人转让住房增值税政策，对个人购买住房不足 5 年转手交易的，统一按销售收入全额征税；对出售自有住房按规定应征收的个人所得税，通过税收征管、房屋登记等历史信息能核实房屋原值的，应依法严格按转让所得的 20%计征"。

6. 专业管理依赖性

专业管理依赖性，是指房地产投资离不开专业化的投资管理活动。房地产置业投资，需要投资者考虑租客、租约、维护维修、安全保障等问题，即便置业投资者委托了专业物业资产管理公司，也要有能力审查批准物业管理公司的管理计划，与物业管理公司一起制定有关的经营管理策略和指导原则。此外，房地产投资还需要估价师、会计师、律师等提供专业服务，以确保置业投资总体收益的最大化。

7. 相互影响性

相互影响性，是指住宅价值受其周边物业、城市基础设施与市政公用设施和环境变化的影响。政府在道路、公园、博物馆等公共设施方面的投资，能显著地提高附近住宅的价值。例如，城市快速轨道交通线的建设，使沿线房地产大幅升值；大型城市改造项目的实施，也会使周边房地产价值大大提高。从过去的经验来看，能准确预测到政府大型公共设施的投资建设并在附近预先投资的房地产商或投机者，都获得了巨大的成功。

8. 变现性差

变现性差是指住宅投资无损变现的能力差，这与住宅资产的弱流动性特征密切相关。住宅资产流动性差的原因，一方面在于住宅的各种特征因素存在显著差异，购买者也会存在对种种特征因素的特定偏好，因此通常需要进行搜寻才能实现住宅与购买者偏好的匹配；另一方面，对于同一住宅物业而言，不同买方和卖方的心理承受价格都存在差异，因此只有经过一段时间的搜寻和讨价还价，实现买卖双方心理承受价格的匹配，才能达成交易。而住宅价值量大的特点所导致的买卖双方交易行为的谨慎，以及住宅市场交易分散、信息不对称等特点，又进一步延长了寻找的时间。在住宅价格下跌严重时，住宅的变现性差往往会使住宅投资者因为无力及时偿还贷款而"弃房断供"。

1.2.2 住宅置业投资的影响因素分析

1. 地理位置环境

地理位置环境因素包括拟购住宅在市内的具体位置，周围污染情况，湖泊、河流分布情况，绿地广场，居住区人员构成情况，居室赏风景条件，居住环境防涝情况等方面。地理位置处于市中心的住宅，通常要比其他地方的住宅价格高，因为处于或靠近中心，公共配套完善，居住生活方便，是许多人，尤其是生意人向往的住处，自然住宅的价格也就不菲。但住宅置业投资考虑的是综合因素，在不在中心并不是最重要的。相反，处于市中心，人多车多，过于嘈杂，反而不利居住，在寸金寸地的地方，也往往缺乏绿地广场，找一处安静、舒适的地方散步也会比较困难。

住宅置业投资一定要考虑住宅周围的污染情况与防洪涝情况，如果污染严重，一时又无法治理，即使住宅的价格很低，这些区域的住宅还是回避为好。同时还要了解住宅所处的地势情况，避开低洼之地，以防雨季受淹或影响出行，在南方或容易受淹的地方更应该加以重视。回避了污染与低洼之地，而能够在临湖泊(包括人工湖)、清水河流的地方安居，则平添了许多乐趣，倒是不错的选择；周围若还分布着绿地广场，且房间临窗视野开阔，能够不出屋就欣赏到美丽的风景，那就更好不过了。除了自然环境外，人文环境也是考虑的因素之一。住宅置业投资时若能够买到人文环境好的地方，如与亲友或同单位的人买在一起，或是与其他单位团购的人在一起，对于以后的居住生活都是有好处的。如果居住地人员成分十分复杂，在一些问题上很难统一思想，如是否安装暖气设施等，这将有可能影响以后的居住生活。生态、人文、经济等环境条件的改善会使住宅升值。生态环境要看小区能否因绿地的变化而使气候有所改良。要重视城市规划的指导功能，尽量避免选择坐落在工业区的住宅。每一个社区都有自己的文化背景，文化层次越高的社区，住宅越具有增值的潜力。

2．住宅建筑品质

选择有投资价值的住宅，通常主要考虑住宅所在楼幢在小区的位置、结构、楼层、朝向、户型、设备、装修及小区园林绿化、建筑物设计风格、车位配比等。

(1) 住宅结构主要分框架结构、砖混结构、钢结构和木结构，后两种在一般城市商品住宅中较少见，我们不做分析。相对来说，框架结构的使用寿命和抗震强度要高于砖混结构，且框架结构用的都是填充墙，更方便以后用户装修，但从造价上来说，框架结构一般比砖混结构高，工艺也更复杂，所以高层住宅以框架结构为主。住宅置业投资时若能够买到多层(7层以下)框架结构房屋，应该是比较幸运的，除了上面说的好处外，还可以在房顶安装太阳能热水器，方便了自己，又践行了低碳生活。而高层住宅公摊面积一般都要较多层房屋多一些，得房率低，也不利于安装太阳能热水器等，买房时又是不利因素，需要加以考虑。

(2) 住宅越是耐用，投资人就越节省，给投资人带来的回报就越多。耐用性具体体现在：①住宅的材质要经得住时间的考验，要是真材实料；②住宅制造工艺要精细；③住宅的设备也要耐用和有效率；④有良好的物业服务，它相当于对固定资产的维修和保养的支持系统。因所投资住宅大多为期房，投资时很难识别其质量，这就需要投资者一要了解开发商和施工方以往开发住宅的质量，二要了解开发商和施工方的知名度与口碑，三还要了解开发商的实力，然后做出综合判断。

(3) 住宅户型设计独到，房间可利用面积达到最大化，基本没有无效使用面积，是理想的布局，多层房屋单元每层双户型一般具备这样的特点。房屋朝向是购买住宅时的又一个重要参考因素，最为理想的是居东或正南北朝向，南北朝向居西就略差一些，在北方由于冬天气候寒冷，这一点体现得尤为明显；东西朝向次之，其他朝向更次，这是与气象因素和心理偏好有关联的。要适于人们居住和使用，住宅的功能空间布置要合人的行为习惯。功能空间和用具的度要符合人体活动舒适性的要求。要有良好的通风采光，以维护人与自然的交流通道，才有益于保持使用者的良好的生存状态。要最大限度地引入人文的或自然的景观，以满足人的安全感、超脱感、优越感等心理需求，要求有较高的智能化水平。

(4) 得房率即使用面积与建筑面积的比，这一点也很重要。因为投资者购买的虽然是建筑面积，但实际用的只是使用面积，有的建筑面积很大，但使用面积却很有限。一般来说，使用面积与建筑面积相比，比值在 0.8 上下是比较理想的，高层住宅通常小一些，多层住宅通常大一些。但比值过大会过多挤占公摊面积，显得公用部分拥挤不堪也不好；过小则付了建筑面积的款，得到的使用面积有限，就更不好了。

(5) 楼层以及房屋楼层净高也是不可忽略的因素。多层住宅一般 3～5 层比较好，高层一般越高越好，但一般要避免顶层，尤其是多层住宅。高层过高视野虽好，但等电梯的时间长，且遇到的风力也大。楼层净高理论上是高一些为好，但开发商为了节省造价成本不可能建很高，一般不低于2.8米就行，过低则显得十分压抑。

此外，所在小区车位配比也是住宅置业投资时需要考虑的重要因素。随着汽车保有量不断增加，车位成为住宅置业者必须考虑的因素。

3．市场供需分析

住宅置业大多数是在市场供不应求的时候才去投资，如果市场已经供过于求，投资者应当格外小心。这时要考虑两个方面：一是价格很低，将来升值空间大；二是作长线投资，否则很容易被套住，短期内解不了套。在进行住宅置业投资分析时，应考虑下列市场供需变化：

(1) 政策变化影响市场需求。房地产政策的变化，常常会给住宅置业投资带来商机。例如，2015年部分城市陆续取消住宅限购政策后，商品住宅市场需求量上升，住宅市场价格企稳，部分城市开始出现环比上涨。

(2) 城市经济发展与旧城改造带来的需求变化。城市建设的发展不断给置业投资带来商机，投资人可利用对这些变化的预见进行旧房投资，低价买旧房，以待获取高价拆迁赔偿。这方面的投资虽有商机，但也有风险，应当注意两个问题：一是投资的旧房最好是商品房，这样较容易获得正常的赔偿；二是如果所投资的旧房不是商品房，就要看当地政府的政策规定对旧房拆迁是否有利，如果赔偿过低会导致投资失败。一些迅速发展的城市，如能预计到某些地段将变为重点发展区，投资购买这类地区的房地产，日后就可能获得高的回报。

(3) 经济发展周期对市场需求的影响。投资者进行住宅置业投资时，应当关注当地经济发展周期的变化。一般来说，经济发展周期处于低谷时是购进的好时机，当经济发展进入高潮时是卖出的好时机。经济发展快速增长，会刺激房价不断攀升，如果提前入市买进，房价高涨时卖出，投资就成功；但如果投资者在经济发展高峰时期，或房价处于高峰时期购入住宅，投资将被套牢的可能性就很大。

(4) 城市住宅用地供应对市场需求变化的影响。住宅置业投资入市的时机与城市住宅用地供应量的大小也有一定的关系。当土地供应量过大时，一手住宅的市场供应量也相应过大。在这样的情况下，可供购买的一手住宅新产品也多，选择余地大，二手住宅的短期投资买卖也就相应难做。但有时一手住宅市场也可能会因市场供过于求而出现滞销，有的开发商会因银行逼债而急于回笼资金，降价抛售，投资者也可乘低吸纳。

住宅市场虽然多变，但只要把握住宅市场供需的脉搏，抓住有利时机入市和出手，住宅置业投资仍可游刃有余。

4．住宅物业服务

物业服务是现代居住区的重要条件，有物业服务就多了一层生活、安全的保障，规范、周到的服务可以让人居住无忧，安全需要得到满足。优良的物业服务还包含水电气暖的正常供应，在北方城市暖气的供应尤显重要，有老人、孩子的家庭更应该考虑这一点。水、燃气供应的压力也是考虑的因素，有些地方常常水压不足，或是燃气压力不足，甚至有的地方不通燃气，这对今后的生活是极为不利的，买房时

【参考图文】

一定要加以考虑。

选择好的物业服务，还意味着居住区会有良好的规划和绿化，在规划整洁、绿化优美的地方居住，会让人感到赏心悦目、心情愉快。但对于投资期房的人来说，所买住宅的未来的物业服务是好是坏并无法知晓，这就要求买房人要了解住宅所在区域住宅开发的规模、开发商和物业服务企业的知名度，一般来说，由知名开发商开发的成规模的小区，将来的物业服务会比较好，零星的不成规模的商品住宅，物业服务相对会比较差。

5. 住宅产权状况

【参考图文】

拟投资购买的住宅，其产权一定要合法、有效、手续齐全，无任何法律纠纷和经济纠纷。要弄清有无银行抵押或其他抵押，也要弄清是否已出租。产权的年期与法定房屋的功能也很重要，有的房屋位置虽然很好，但是其土地使用剩余年期已经不多了。有的房屋法定使用功能为住宅，但是转让时已作商店使用，投资购买时是不能按照商业用房来购置的。

6. 公共配套设施

公共配套设施是指为居民提供公共服务产品的各种公共性、服务性设施等公共建筑。由于公共配套设施受到行政区域因素和社会资源分配因素的制约，因此，对于房价的影响来说较为显著。当然，小区的规模反过来亦同样影响着行政区域划分和社会资源的分配，决定或者说影响公共配套设施只能是小区的规模。从城市的规划来看，建筑面积100万平方米以上、居住人口达到2万人以上的小区可能会设有公交站，从幼儿园到九年义务教育学校，规模较大的菜市场，吸引各大商业银行、商场，娱乐休闲业以及社区医院甚至综合性医院进驻，可这仍不是影响公共配套建设的决定因素。在我国目前体制下，该地区行政组织级别决定本地区的公共配套设施的规模和完善程度。

7. 开发商的品牌

【参考图文】

身处楼市调控期，因各种原因导致楼盘质量缩水的事情时有发生。譬如，某开发商因资金链断裂，致使房屋交付时间一拖再拖；或者因房价下调，开发商在建筑用材上使用价格较低的替代材料，致使房屋的品质和质量大幅下降。购买品牌开发商的楼盘，可以在最大程度上降低复杂市场环境下有可能出现的各种风险：延期交房、烂尾楼，甚至开发商携款潜逃……一家品牌开发商，往往具有十余年甚至数十年的房产开发经历，并在购房者中有着不错的口碑。相比普通开发商，品牌开发商体现的是更好的资金实力、更强的产品营造能力，以及更精细的管理能力。这意味着其在市场火爆时，能给产品带来更大的升值潜力；在市场低迷时，拥有更好的抵抗风险能力。

品牌开发商资金实力雄厚，出现延期交房甚至烂尾的可能性很小，也很少会因成本价格的浮动而偷工减料、以次充优。即便出现了质量等问题，获得妥善解决的可能性也比较大。历史数据证明，品牌房企已经成为决定购房者下单的重要因素。据快房网K指数研究室统计，杭州每年位居销售榜前列的开发商，都是绿城、保利、万科、滨江、金地、中海等品牌房企。购房者可以通过了解开发商以前的产品来综合评定一家开发商的资金实力、信誉和口碑等。

1.2.3 影响因素权重分析方法

因素评价主要是比较各项因素的重要程度，用 0～1 评分法、0～4 评分法、环比评分法等方法，计算各项因素的功能评价系数，作为该因素的重要度权数。下面主要介绍 0～1 评分法、0～4 评分法的使用方法。

(1) 0～1 评分法：将各因素一一对比，重要者得 1 分，不重要的得 0 分，然后为防止功能指数中出现零的情况，用各加 1 分的方法进行修正。最后用修正得分除以总得分即为功能指数。

(2) 0～4 评分法：将各因素逐一对比，很重要的功能因素得 4 分，另一个很不重要的因素得 0 分；较重要的功能因素得 3 分，另一个较不重要的因素得 1 分；同样重要或基本同样重要时，则两个功能因素各得 2 分。

【例 1-1】 各种因素的重要性关系：F_3 相对于 F_4 很重要；F_3 相对于 F_1 较重要；F_2 和 F_5 同样重要；F_4 和 F_5 同样重要。

用 0～4 评分法计算各因素的权重，具体计算见表 1-1。

表 1-1 0～4 评分法各因素权重计算表

因素	F_1	F_2	F_3	F_4	F_5	得分	权重
F_1	×	3	1	3	3	10	0.25
F_2	1	×	0	2	2	5	0.125
F_3	3	4	×	4	4	15	0.375
F_4	1	2	0	×	2	5	0.125
F_5	1	2	0	2	×	5	0.125
Σ	—	—	—	—	—	40	1.000

1.2.4 住宅置业投资策略分析

市场每经历一次反复，就成熟一次，投资策略也应有所转变。住宅置业投资以前是资金、胆识、眼光、机遇的结合，现在则更需要信心和耐心，以及更新观念、灵活应变、用足政策。买进的机会多，需多斟酌，卖出的机会少，动作要快。投资时具体注意以下几方面。

(1) 确保合法可靠，减少投资的盲目性。买房先买产权，只有取得了合法的产权，投资者才拥有对房产的收益权和处分权，可自用、出租。房产证则是产权的唯一合法凭证，投资前一定要确保所购房产的安全性，查明住宅开发及销售是否合法，购买的是房屋所有权还是使用权，如产权关系不明确，解决起来也十分困难。

(2) 投资要有前瞻性。投资者要仔细研究城市规划方案，关注城市基本建设进展情况，寻找发掘隐藏的投资价值，主要有交通条件的改善，人们生活方式和品位的变化，新技术发明带来的改变等。此外，还要把握好投资时机，投资过早资金可能被套牢，投资过晚则丧失上升空间。

(3) 追求长期稳定的收入。住宅投资是一种长线投资，回报率特别高的项目很可能被复制，供应量的增长会降低其回报率。应注意"物以稀为贵"，资源有限性决定了投资的增值潜力，要寻找、选择具有不可替代优势的潜力物业。

(4) 把握循环周期。在实际操作时注意审时度势，灵活应变。如购入住宅后遇市场转淡，不必急于折价出售，可转手做长线，将房屋出租，收取租金支付贷款，静守等待房价升高之日。如果买房后只持一年就卖出，大多亏钱且损失惨重；如果投资期为5年，亏钱的已经大为减少；如果持有10年后才卖出，大多会有赚钱的机会。

(5) 用动态的眼光观察。任何事物的优劣不是绝对的，在不断变化的市场中可能瞬间发生突变从而影响投资收益。例如，客观地理位置虽不可变，但其社会位置却是随着经济和城市的发展而不断变化的，现在的热点地段将来未必热，现在的冷门地段将来也未必不热。

(6) 注意心理因素。同投资股票一样，住宅置业投资也是买一种预期，如住宅某项品质的普遍认同会使其购买需求转旺，促成价格上涨。

1.3 住宅置业投资估算及财务分析

1.3.1 住房置业投资估算

每个家庭在购房时，都要对自己中意的住宅的总价格进行估算，并结合自己家庭的收入情况，决定是否购买。置业顾问也可以帮购房者进行置业投资估算，提供咨询服务。住宅市场是区域型市场，各地住房政策不一样，置业顾问要熟悉当地住房金融和税收政策及相关收费规定，以便为购房者提供精准服务。

1. 目前的住房金融政策

1) 政策性住房金融

(1) 政策性住房金融业务的概念。住房金融结构中商业性住房金融机构的资金直接来自于金融市场，政策性住房金融主要是建立住房公积金制度。我国的住房公积金制度是在借鉴新加坡中央公积金制度的基础上建立起来的，目前已成为我国住房金融体系的重要组成部分，是政策性住房金融的主要制度性安排。政策性住房金融业务是指商业银行接受各级地方政府、资金管理部门委托所办理的存款、贷款和结算等住房金融业务。

(2) 政策性住房金融业务的分类。

① 政策性住房存款业务，是指商业银行接受各级地方政府、资金管理部门委托，以政策性住房资金为资金来源所经营的一项政策性存款业务。政策性存款按会计核算分为以下内容。

A. 个人住房公积金存款，是指国家机关、国有企业、城镇集体企业、外商投资企业、城镇私营企业及其他城镇企业、事业单位、民办非企业单位、社会团体及其在职职工缴存的长期住房储金。

B. 个人住房补贴存款，是指职工所在单位为实行"住房分配货币化"，向职工个人发放的专项用于住房的补贴资金，为职工个人所有，专户管理。

C. 其他住房资金存款，是指除个人住房公积金补贴以外的其他住房资金存款业务，主要包括城市住房基金、单位售房款、住房建设债券等。

② 政策性住房贷款业务，是指商业银行接受当地住房资金资金管理部门委托，以政策性住房资金为资金来源，根据其确定的项目和条件代理发放，监督使用，协助收回，并收取一定比例的手续费，同时受托银行不承担风险的住房贷款。目前商业银行办理的政策性住房贷款是指个人住房公积金贷款，是指按《住房公积金管理条例》规定，对按时足额缴存住房公积金的借款人，在购买、建造、翻建、大修自住住房时，以其所购住房或其他具有所有权的财产作为抵押物或质押物；或由第三人为其贷款提供保证并承担偿还本息的连带责任而申请的以住房公积金为资金来源的住房贷款。

2) 商业性住房金融

我们这里所需要了解的主要是个人住房自营贷款，是以银行信贷资金为来源向购房者个人发放的贷款，也称商业性个人住房贷款。各银行的贷款名称各不相同，中国建设银行称为个人住房贷款，中国工商银行和中国农业银行称为个人住房担保贷款。

【参考图文】

在不同时期，不同的商业银行，商业性个人住房贷款利率下浮幅度和最低首付款比例是有所调整的。2010年1月，国务院办公厅发出的《关于促进房地产市场平稳健康发展的通知》指出，要严格二套住房购房贷款管理，抑制投资投机性购房需求。二套房贷款首付款比例不得低于40%。2010年4月17日，国务院发出的《关于坚决遏制部分城市房价过快上涨的通知》提出，对购买首套自住房且套型建筑面积在90平方米以上的家庭(包括借款人、配偶及未成年子女，下同)，贷款首付款比例不得低于30%；对贷款购买第二套住房的家庭，贷款首付款比例不得低于50%，贷款利率不得低于基准利率的1.1倍；对贷款购买第三套及以上住房的，贷款首付款比例和贷款利率应大幅度提高，具体由商业银行根据风险管理原则自主确定。中国人民银行、中国银行业监督管理委员会(以下简称银监会)要指导和监督商业银行严格住房消费贷款管理。住房和城乡建设部要会同中国人民银行、银监会抓紧制定第二套住房的认定标准。要严格限制各种名目的炒房和投机性购房。商品住房价格过高、上涨过快、供应紧张的地区，商业银行可根据风险状况，暂停发放购买第三套及以上住房贷款；对不能提供1年以上当地纳税证明或社会保险缴纳证明的非本地居民暂停发放购买住房贷款。地方人民政府可根据实际情况，采取临时性措施，在一定时期内限定购房套数。2011年1月26日，国务院常务会议再度推出八条房地产市场调控措施，要求强化差别化住房信贷政策，对贷款购买第二套住房的家庭，首付款比例不低于60%，贷款利率不低于基准利率的1.1倍。目前大多数国内商业银行首套房首付款比例不低于30%，第二套房首付比例不低于60%，部分一线城市的第二套房首付比例提高到70%。

2. 目前的住宅税费政策

购房者在购买住宅过程中,要缴纳一定的税费,其中有契税、物业维修基金、交易登记费等税费,如果是二手房,还可能要承担增值税、教育附加费、城市建设维护税、个人所得税、测绘费、土地增值税等。

1) 契税

契税是以所有权发生转移变动的不动产为征税对象,向产权承受人征收的一种财产税。应缴税范围包括土地使用权出售、赠与和交换,房屋买卖,房屋赠与,房屋交换等。买新住宅要缴纳的契税为购房总价的3%~5%(不同的省、自治区、直辖市税率不同),普通商品住宅减半,即1.5%~2.5%。买二手房,非普通住宅契税要加倍。根据国家规定,房屋买卖要向国家缴纳契税,征收标准为:普通住宅1.5%,高档住宅3%全部由买方承担。有地方政府规定,住房须同时满足3个条件才能认定为普通住房:住宅小区建筑容积率在1.0(含)以上,单套建筑面积在144(含)平方米以下,实际成交价低于同级别土地上住房平均交易价格1.2倍以下(不同城市有不同的标准,如长春市规定:实际成交价不高于本地段住房交易价格的1倍)。2016年2月19日,财政部、国家税务总局、住房和城乡建设部发出《关于调整房地产交易环节契税营业税优惠政策的通知》,要求从2月22日起,对个人购买90平方米以上普通住房,且该住房属于家庭(成员范围包括购房人、配偶以及未成年子女)唯一住房,减按1.5%的税率征收契税。对个人购买90平方米及以下普通住房,且属于家庭唯一住房,减按1%的税率征收契税。

2) 物业维修基金

物业维修基金是依据有关法规筹集的用于新商品房(包括经济适用住房)和公有住房出售后的共用部位、共用设施设备维修之用的专门款项。2008年2月1日实施的《住宅专项维修资金管理办法》规定:"商品住宅的业主、非住宅的业主按照所拥有物业的建筑面积交存住宅专项维修资金,每平方米建筑面积交存首期住宅专项维修资金的数额为当地住宅建筑安装工程每平方米造价的5%~8%。"各地方城市在具体实施时,都有各自的地方标准。杭州市主城区的规定是:不带电梯的物业每平方米建筑面积35元,带电梯的多层、小高层(中高层)、高层等物业每平方米建筑面积65元,排屋、别墅每平方米建筑面积45元。

3) 增值税

【参考图文】

销售不动产征收5%增值税,征收销售不动产增值税的同时用当期的增值税额为计税依据征收城建税(市级7%,建制镇5%,乡级工矿区1%)、教育费附加3%(部分地方还有地方教育附加2%)。一手房是开发商缴纳增值税,置业投资者不需要缴纳;如果置业投资者购买的是二手房,往往转让方会把增值税转嫁给购买方。根据财政部的最新相关规定,2016年5月1日起,北上广深地区个人将购买不足2年的住房对外销售的,按照5%的征收率全额缴纳增值税;个人将购买2年以上(含2年)的非普通住房对外销售的,以销售收入减去购买住房价款后的差额按照5%的征收率缴纳增值税;个人将购买2年以上(含2年)的普通住房对外销售的,免征增值税。非北上广深地区个人将购买不足2年的住房对外销售的,按照5%的征收率全额缴纳增值税；个人将购买 2 年以上（含 2 年）的住房对外销售的，免征增值税。另：如果所售房产是非住宅类，如商铺、写字间或厂房等，则无论是否过 2 年都需要全额征收增值税。例如，李女士于 2015 年在杭州购买了 1 套价值 200 万元的住房，2016 年 5 月 7 日以 220 万元的含税价格售出，则需缴纳增值税=220 万/(1+5%)×5%，约为 10.95 万元。

4) 个人所得税

税率为交易总额 1%或两次交易差的 20%，由卖方缴纳。以家庭为单位出售非唯一住房需缴纳个人房转让所得税。在这里有两个条件：①家庭唯一住宅；②购买时间超过 5 年。如果两个条件同时满足可以免交个人所得税；任何一个条件不满足都必须缴纳个人所得税；如果是家庭唯一住宅但是购买时间不足 5 年，则需要以纳税保证金形式先缴纳，若在一年以内能够重新购买房产并取得产权，则可以全部或部分退还纳税保证金，具体退还额度按照两套房产交易价格较低的 1%退还。地税局会审核卖方夫妻双方名下是否有其他房产，作为家庭唯一住宅的依据，其中包括虽然产权证没有下放但是房管部门已经备案登记的住房(不包含非住宅类房产)；如果所售房产是非住宅类房产，则不管什么情况都要缴纳个人所得税。下面以原值为 100 万元的一套二手房为例，估算两种不同纳税方式下以不同价格交易的应纳个税(表 1-2)。

表 1-2 原值为 100 万元的二手房交易个税估算

单位：万元

房屋信息			可扣税金及合理费用(B)			应纳税基(C)	应纳个税(D)		个税占成交价比例(D/A)
成交价(A)	年限	贷款额	增值税及附加(5.55%)	装修费用(10%)	贷款利息		新政策(差额20%)	原政策(总价1%)	
140	3	70	7.77	10.00	13.80	8.43	1.69	1.40	1.20%
150	3	70	8.32	10.00	13.80	17.88	3.58	1.50	2.38%
160	3	70	8.88	10.00	13.80	27.32	5.46	1.60	3.42%
170	3	70	9.43	10.00	13.80	36.77	7.35	1.70	4.33%
180	3	70	9.99	10.00	13.80	46.21	9.24	1.80	5.13%
190	3	70	10.54	10.00	13.80	55.66	11.13	1.90	5.86%
200	3	70	11.10	10.00	13.80	65.10	13.02	2.00	6.51%

注：自 2008 年 11 月 1 日起，对个人销售或购买住房暂免征收印花税。

5) 房产税

房产税是以房屋为征税对象，以房屋的计税余值或租金收入为计税依据，向产权所有人征收的一种财产税。房产税依照房产原值一次减除 10%~30%后的余值计算缴纳。具体减除幅度，由省、自治区、直辖市人民政府规定。没有房产原值作为依据的，由房产所在地税务机关参考同类房产核定。房产出租的，以房产租金收入为房产税的计税依据。房产税的税率，依照房产余值计算缴纳的，税率为 1.2%；依照房产租金收入计算缴纳的，税率为 12%。下列房产免纳房产税：国家机关、人民团体、军队自用的房产；由国家财政部门拨付事业经费的单位自用的房产；宗教寺庙、公园、名胜古迹自用的房产；个人所有非营业用的房产；经财政部批准免税的其他房产。作为居住用途的住宅,目前我国只有上海、重庆对新增房产征收房产税。上海市房产税征收对象是指 2011 年 1 月 28 日之日起本市居民家庭在本市新购且属于该居民家庭第二套及以上的住房(包括新购的二手存量住房和新建商品住房)和非本市居民家庭在本市新购的住房。适用税率暂定为 0.6%;应税住房每平方米市场交易价格低于本市上年度新建商品住房平均销售价格 2 倍(含 2 倍)的,税率暂减为 0.4%。

【参考图文】

3. 住宅置业投资估算举例

进行住宅置业投资所需资金估算,一手房和二手房在类别上有所不同,各地区取费标准也不一样。下面以杭州市主城区一手房为例进行估算。

某家庭准备购买中海西溪华府一套 90 平方米的住宅。

(1) 该套住宅单价 19 000 元/平方米,按照建筑面积 90 平方米计算,则

购房总价=19 000×90=171(万元),首付 30%,首付款=171×30%=51.30(万元)。

(2) 需要缴纳契税=171×1%=1.71(万元),该家庭首次购房,建筑面积为 90 平方米,按照杭州市的缴纳契税适用税率取 1%。

(3) 需要缴纳的物业维修基金=90×65=5 850(元),该住宅为带电梯的高层住宅,缴纳标准为 65 元/平方米。

(4) 产权登记办证代理等费用大约为 400 元,即 0.04 万元。

(5) 交房时,还要一次性缴纳一年物业服务费,按照 3 元/平方米估算,物业服务费=3×90×12=3 240(元)。

(6) 预计交房后装修、家具、设备等费用 20 万元。

(7) 估算结果:

共需资金=171+1.71+0.585+0.04+0.324+20=193.66(万元)

首付=51.30 万元

后期费用=1.71+0.585+0.04+0.324+20=22.66(万元)

贷款总额=171-51.30=119.70(万元)

【思考】该家庭应该如何安排购房资金?如何选择贷款方式?

1.3.2 月还款额的计算

1. 单利复利计算

1) 资金时间价值

同样数额的资金在不同时间点上具有不同的价值,而不同时间发生的等额资金在价值上的差别称为资金的时间价值。这一点,可以以将货币存入银行或是从银行借款为例来说明最容易理解。如果现在将 10 000 元存入银行,一年后得到的本利和为 10 600 元,经过 1 年而增加的 600 元,就是在 1 年内出让 10 000 元货币的使用权而得到的报酬。也就是说,这 600 元是 10 000 元在 1 年中的时间价值。

对于资金的时间价值,可以从两个方面理解。

(1) 随着时间的推移,资金的价值会增加。这种现象叫资金增值。在市场经济条

件下,资金伴随着生产与交换的进行不断运动,生产与交换活动会给投资者带来利润,表现为资金的增值。从投资者的角度来看,资金的增值特性使其具有时间价值。

(2) 资金一旦用于投资,就不能用于即期消费。牺牲即期消费是为了能在将来得到更多的消费,个人储蓄的动机和国家积累的目的都是如此。从消费者的角度来看,资金的时间价值体现为放弃即期消费的损失所应得到的补偿。

资金时间价值的大小取决于多方面的因素。从投资的角度来看主要有投资利润率,即单位投资所能取得的利润;通货膨胀率,即对因货币贬值造成的损失所应得到的补偿;风险因素,即对因风险可能带来的损失所应获得的补偿。

2) 利息与利率

(1) 利息。利息是指占用资金所付出的代价或放弃资金使用权所得到的补偿。如果将一笔资金存入银行,这笔资金就称为本金。经过一段时间之后,储户可在本金之外再得到一笔利息,这一过程可表示为

$$F_n = P + I_n$$

式中,F_n——本利和;

P——本金;

I_n——利息。

下标 n 表示计算利息的周期数。

计息周期是指计算利息的时间单位,如年、季度、月或周等,但通常采用的时间单位是年。

(2) 利率。利率是在单位时间(一个计息周期)内所得的利息额与借贷金额(即本金)之比,一般以百分数表示。用 i 表示利率,其表达式为

$$i = I_1 / P \times 100\%$$

式中,I_1 为一个计息周期的利息。

利率又分为基础利率、同业拆放利率、存款利率、贷款利率等类型。

基础利率是投资者所要求的最低利率,一般使用无风险的国债收益率作为基础利率的代表。

(3) 利率的影响因素。在市场经济条件下,利率的高低主要取决于社会平均利润率、资本供求状况、通货膨胀率水平、政策性因素和国际经济环境等。贷款利率水平主要取决于资金成本,此外还要加上税收、经营费用、风险成本以及收益等。其他各种类型利率的高低及其与基础利率的差异,则主要取决于资金筹措的成本费用和融出资金所承担的风险大小等。

3) 单利计息与复利计息

利息的计算有单利计息和复利计息两种。

(1) 单利计息是仅按本金计算利息,利息不再生息,其利息总额与借贷时间成正比。单利计息时的利息计算公式为

$$I_n = P \cdot n \cdot i \tag{1-1}$$

n 个计息周期后的本利和为

$$F_n = P(1 + i \cdot n) \tag{1-2}$$

我国个人储蓄存款和国库券的利息就是以单利计算的,计息周期为年。

(2) 复利计息,是指对于某一计息周期来说,如果按本金加上先前计息周期所累计的利息进行计息,即利息再生利息。按复利方式计算利息时,利息的计算公式为

$$I_n = P[(1+i)^n - 1] \qquad (1-3)$$

n 个计息周期后的本利和为

$$F_n = P(1+i)^n \qquad (1-4)$$

我国房地产开发贷款和住房抵押贷款等都是按复利计息的。由于复利计息比较符合资金在社会再生产过程中运动的实际状况,所以在投资分析中一般采用复利计息。

复利计息还有间断复利和连续复利之分。如果计息周期为一定的时间区间(如年、季、月等),并按复利计息,称为间断复利;如果计息周期无限期缩短,称为连续复利。从理论上讲,资金在不停地运动,每时每刻都在通过生产和流通领域增殖,因而应该采用连续复利计息,但是在实际使用中都采用较为简便的间断复利计息方式计算。

4) 名义利率与实际利率

(1) 名义利率与实际利率的概念。

名义利率,指一年内多次复利时给出的年利率,它等于每期利率与年内复利次数的乘积。

实际利率,指一年内多次复利时,每年年末终值比年初值的增长率。

例如,某笔住房抵押贷款按月还本付息,其月利率为0.4%,通常称为"年利率4.8%,每月计息一次"。这里的年利率 4.8%称为名义利率。当按单利计算利息时,名义利率和实际利率是一致的;但当按复利计息时,上述"年利率4.6%,每月计息一次"的实际利率则不等于名义利率(4.8%)。

例如,年利率为12%,存款额为 10 000 元,期限为一年,分别以一年1 次复利计息、一年4 次按季利率计息、一年12 次按月利率计息,根据式(1-2)得

一年1 次计息:

$$F = 10\,000 \times (1+12\%) = 11\,200(元)$$

一年4 次计息:

$$F = 10\,000 \times (1+3\%)^4 \approx 11\,255.09(元)$$

一年12 次计息:

$$F = 10\,000 \times (1+1\%)^{12} \approx 11\,268.25(元)$$

这里的 12%,对于一年1 次计息情况既是实际利率又是名义利率;3%和1%称为周期利率。由上述计算可知

名义利率=周期利率×每年的计息周期数

对于一年计息 4 次和 12 次来说,12%就是名义利率,而一年计息 4 次时的实际利率 $=(1+3\%)^4 - 1 = 12.55\%$;一年计息 12 次时的实际利率$=(1+1\%)^{12} - 1 \approx 12.68\%$。

(2) 名义利率与实际利率的关系式。设名义利率为 r,若年初借款为 P,在一年中计算利息 m 次,则每一计息周期的利率为 r/m,一年后的本利和为

$$F = P(1+r/m)^m \qquad (1-5)$$

其中利息为 $I = F - P = P(1+r/m)^m - P$。

故实际利率 i 与名义利率 r 的关系式为
$$i=(F-P)/P=[P(1+r/m)^m-P]/P=(1+r/m)^m-1 \tag{1-6}$$
通过上述分析和计算,可以得出名义利率与实际利率存在着下述关系。
① 实际利率比名义利率更能反映资金的时间价值。
② 名义利率越大,计息周期越短,实际利率与名义利率的差异就越大。
③ 当每年计息周期数 $m=1$ 时,名义利率与实际利率相等。
④ 当每年计息周期数 $m>1$ 时,实际利率大于名义利率。
⑤ 当每年计息周期数 $m\to\infty$ 时,名义利率 r 与实际利率 i 的关系为 $i=e^r-1$。

另外,两者之间的相互关系还可以从是否剔除了通货膨胀因素的影响来区分。名义利率是包含了通货膨胀因素的利率;实际利率是名义利率剔除通货膨胀因素影响后的真实利率。假如名义利率为 r、实际利率为 i、通货膨胀率为 R_d,则三者的关系为 $i=[(1+r)/(1+R_d)]-1$。

【例 1-2】 某人申请银行一笔贷款的年利率为 12%,借贷双方约定按月计息,则该笔贷款的实际利率是多少?

解:已知名义利率 $r=12\%$,$m=12$,根据式(1-6)得
$$i=(1+12\%/12)^{12}-1 \approx 12.68\%$$

2. 资金等效值计算

1) 资金等效值的概念

资金等效值是指在考虑时间因素的情况下,不同时点发生的绝对值不等的资金可能具有相同的价值。也可以解释为"与某一时间点上一定金额的实际经济价值相等的另一时间点上的价值"。在以后的讨论中,我们把等效值简称为等值。

例如,现在借入 10 000 元,年利率是 15%,一年后要还的本利和为 11 500 元。这就是说,现在的 10 000 元与一年后的 11 500 元虽然绝对值不等,但它们是等值的,即其实际经济价值相等。

通常情况下,在资金等效值计算的过程中,人们把资金运动起点时的金额称为现值,把资金运动结束时与现值等值的金额称为终值或未来值,而把资金运动过程中某一时间点上与现值等值的金额称为时值。

2) 复利计算

(1) 常用符号。在复利计算和考虑资金时间因素的计算中,常用的符号包括 P、F、A、G、s、n 和 i 等,各符号的具体含义如下:

P——现值;

F——终值(未来值);

A——连续出现在各计息周期期末的等额支付金额,简称年值;

G——每一时间间隔收入或支出的等差变化值;

s——每一时间间隔收入或支出的等比变化值;

n——计息周期数;

i——每个计息周期的利率。

(2) 公式与系数。

① 一次支付的现值系数和终值系数。如图 1.6 所示,如果在时间点 $t=0$ 时的资金现值

为 P，并且利率 i 已定，则复利计息的 n 个计息周期后的终值 F 的计算公式为

$$F=P(1+i)^n \tag{1-7}$$

式(1-7)中的 $(1+i)^n$ 称为一次支付终值系数。

当已知终值 F 和利率 i 时，很容易得到复利计息条件下现值的计算公式

$$P=F[1/(1+i)^n] \tag{1-8}$$

式(1-8)中的 $1/(1+i)^n$ 称为一次支付现值系数。

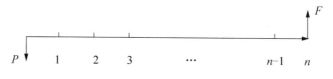

图 1.6 一次支付现金流量图

② 等额序列支付的现值系数和资金回收系数。如图 1.7 所示，等额序列支付是指在现金流量图上的每一个计息周期期末都有一个等额支付金额 A。此时，其现值可以这样确定：把每一个 A 看作是一次支付中的 F，用一次支付复利计算公式求其现值，然后相加，即可得到所求的现值。计算公式是

$$P=A[(1+i)^n-1]/[i \cdot (1+i)^n]=A/i \cdot [1-1/(1+i)^n] \tag{1-9}$$

式中的 $[(1+i)^n-1]/[i \cdot (1+i)^n]$ 称为等额序列支付现值系数。

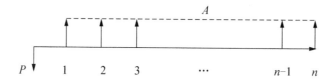

图 1.7 等额系列支付现值现金流量图

由式(1-9)可以得到当现值 P 和利率 i 为已知时，求复利计息的等额序列支付年值 A 的计算公式

$$A=P \cdot i \cdot (1+i)^n/[(1+i)^n-1]=P \cdot i+P \cdot i/[(1+i)^n-1] \tag{1-10}$$

式中的 $i \cdot (1+i)^n/[(1+i)^n-1]$ 称为等额序列支付资金回收系数或抵押贷款常数。

③ 等额序列支付的终值系数和储存基金系数。如图 1.8 所示，等额序列支付的终值系数和储存基金系数就是在已知 F 的情况下求 A，或在已知 A 的情况下求 F。因为前面已经有了 P 和 A 之间的关系，我们也已经知道了 P 和 F 之间的关系，所以很容易就可以推导出 F 和 A 之间的关系。计算公式为

$$A=F[i/(1+i)^n-1] \tag{1-11}$$

式(1-11)中的 $[i/(1+i)^n-1]$ 称为等额序列支付储存基金系数。

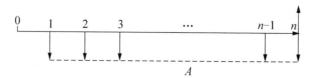

图 1.8 等额系列支付终值现金流量图

通过式(1-11)，我们可以很容易地推导出

$$F = A[(1+i)^n - 1]/i \tag{1-12}$$

式(1-12)中的$[(1+i)^n - 1]/i$称为等额序列支付终值系数。

④ 等额序列的现值系数和年费用系数。

如图1.9所示，等差序列是一种等额增加(或减少)现金流量序列。也就是说，这种现金流量序列的收入(或支出)，每年(或计息周期)以相同的数量发生变化。

图1.9 等差系列支付现金流量图

A. 如果以G表示收入(或支出)的等差变化值，已知第一年的现金收入或支出的流量A_1，则第n年年初现金收入(支出)的流量为$A_1+(n-1)G$。计算等差序列现值系数公式为

$$P = A_1\left[\frac{(1+i)^n - 1}{i(1+i)^n}\right] + \frac{G}{i}\left[\frac{(1+i)^n - 1}{i(1+i)^n} - \frac{n}{(1+i)^n}\right] \tag{1-13}$$

式中的$\frac{G}{i}\left[\frac{(1+i)^n - 1}{i(1+i)^n} - \frac{n}{(1+i)^n}\right]$称为等差数列现值系数。

B. 若要将等差现金流量序列换算成等值等额序列支付A，则公式为

$$A = A_1 + G\left[\frac{1}{i} - \frac{n}{(1+i)^n - 1}\right] \tag{1-14}$$

式中$\left[\frac{1}{i} - \frac{n}{(1+i)^n - 1}\right]$称等差序列年费用系数。

⑤ 等比序列的现金系数和年费用系数

如图1.10所示，等比序列是一种等比例增加或减少的现金流量序列，也就是说，这种现金流量的收入(或支出)每年以一个固定的比例发生变化，如建筑物的建造成本每一年以10%的比例逐年增加，房地产的价格或租金水平每年以5%速度逐年增加等。

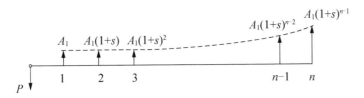

图1.10 等比系列支付现金流量图

A. 如果以等比系数s表示收入或支出每年变化的百分率，第一年的现金收入或支出流量为A_1，则第n年年初现金收入或支出的流量为$A_1(1+s)^{n-1}$，计算等比序列现值系数公式为

$$P = \begin{cases} \dfrac{A_1}{i-s}\left[1-\left(\dfrac{1+s}{1+i}\right)^n\right] & (i \neq s) \\ nA_1/(1+i) & (i = s) \end{cases} \quad (1\text{-}15)$$

式中 $\dfrac{A_1}{i-s}\left[1-\left(\dfrac{1+s}{1+i}\right)^n\right]$ 称为等比序列现值系数。

B. 若要将等比现金流量序列换算成等值等额序列支付 A，则公式为

$$A = A_1 \cdot \dfrac{i}{i-s}\left[1-\dfrac{(1+s)^n-1}{(1+i)^n-1}\right] \quad (1\text{-}16)$$

式中 $\dfrac{i}{i-s}\left[1-\dfrac{(1+s)^n-1}{(1+i)^n-1}\right]$ 称为等比序列年费系数。

(3) 复利系数的标准表示法。为了减少书写上述复利系数时的麻烦，可采用一种标准表示法来表示各种系数。这种标准表示法的一般形式为 $(X/Y, i, n)$。X 表示所求的是什么，Y、i、n 表示已知的是什么。例如，F/P 表示"已知 P 求 F"，而 $(F/P, 10\%, 25)$ 表示一个系数。这个系数若与现值 P 相乘，便可求得按年利率为 10% 复利计息时 25 年后的终值 F。表 1-3 汇总了上述 10 个复利系数的标准表示法，以及系数用标准表示法表示的复利计算公式。

表 1-3 复利系数标准表示法及复利计算公式汇总

系 数 名 称	标准表示法	所求	已知	公 式
一次支付现值系数	$(P/F, i, n)$	P	F	$P=F(P/F, i, n)$
一次支付终值系数	$(F/P, i, n)$	F	P	$F=P(F/P, i, n)$
等额序列支付现值系数	$(P/A, i, n)$	P	A	$P=A(P/A, i, n)$
等额序列支付资金回收系数	$(A/P, i, n)$	A	P	$A=P(A/P, i, n)$
等额序列支付储存基金系数	$(A/F, i, n)$	A	F	$A=F(A/F, i, n)$
等额序列支付终值系数	$(F/A, i, n)$	F	A	$F=A(F/A, i, n)$
等差序列支付现值系数	$(P/G, i, n)$	P	G, A_1	$P=A_1(P/A, i, n)+G(P/G, i, n)$
等差序列年费用系数	$(A/G, i, n)$	A	G	$A=A_1+G(A/G, i, n)$
等比序列现值系数	$(P/s, i, n)$	P	s, A_1	$P=A_1(P/s, i, n)$
等比序列年费用系数	$(A/s, I, n)$	A	s, A_1	$A=A_1(A/s, I, n)$

知识链接

现 金 流 量

1. 现金流量的概念

现金流量(Cash Flow)管理是现代企业理财活动的一项重要职能，建立完善的现金流量管理体系，是确保企业的生存与发展、提高企业市场竞争力的重要保障。

现金流量是现代理财学中的一个重要概念，是指企业在一定会计期间按照现金收付实

现制，通过一定经济活动(包括经营活动、投资活动、筹资活动和非经常性项目)而产生的现金流入、现金流出及其总量情况的总称，即企业一定时期的现金和现金等价物的流入和流出的数量。例如，销售商品、提供劳务、出售固定资产、收回投资、借入资金等，形成企业的现金流入；购买商品、接受劳务、购建固定资产、现金投资、偿还债务等，形成企业的现金流出。衡量企业经营状况是否良好，是否有足够的现金偿还债务，资产的变现能力等，现金流量是非常重要的指标。

工程经济中的现金流量是拟建项目在整个项目计算期内各个时点上实际发生的现金流入、流出，以及流入和流出的差额(又称净现金流量)。现金流量一般以计息周期(年、季、月等)为时间量的单位，用现金流量图或现金流量表来表示。

房地产投资活动可以从实物形态和货币形态两个方面进行考查，现在我们来看看房地产投资现金流量。从实物形态上看，房地产置业投资活动表现为投资者利用所购置的房地产，通过物业管理活动，最终为租户提供可入住的生产或生活空间。从货币形态上看，房地产置业投资活动表现为投入一定量的资金，花费一定量的成本，通过房屋出租或出售获得一定量的货币收入。

对于一个特定的经济系统而言，投入的资金、花费的成本和获取的收益，都可以看成是货币形式(包括现金和其他货币支付形式)体现的资金流出或资金流入。在房地产投资分析中，把某一项投资活动作为一个独立的系统，把一定时期各时点上实际发生的资金流出或流入叫作现金流量。其中，流出系统的资金叫作现金流出，流入系统的资金叫作现金流入。现金流出与现金流入之差称为净现金流量。

经济活动的类型和特点不同，现金流入和现金流出的具体表现形式也会有很大差异。对于房地产开发投资项目来说，现金流入通常包括销售收入、出租收入、利息收入和贷款本金收入等，现金流出主要包括土地费用、建造费用、还本付息、运营费用、税金等。

房地产投资分析的目的，是要根据特定房地产投资项目所要达到的目标和所拥有的资源条件，考查项目在不同运行模式或技术方案下的现金流出与现金流入，选择合适的运行模式或技术方案，以获取最好的经济效果。

2. 现金流量的表达形式

现金流量表达方式有现金流量表和现金流量图两种。

1) 现金流量表

现金流量表以现金的流入和流出反映企业在一定会计期间内的经营活动、投资活动和筹资活动的动态情况，反映企业现金流入和流出的全貌。用表格的形式描述不同时点上发生的各种现金流量的大小和方向，可以明确表示该项目在不同时点上所发生的相应数额的现金流入和现金流出的情况，还可以计算出不同时点上的净现金流量和累计净现金流量，为投资分析分析直接提供所需数据。具体形式见表1-4。

表1-4 现金流量表

年末	0	1	2	3	4	…	$n-1$	n
现金流入								
现金流出								

续表

年　末	0	1	2	3	4	…	$n-1$	n
净现金流量								
累计净现金流量								

2) 现金流量图

一个项目的建设与运营,要经历一个项目周期,在项目寿命期内,各种现金流入和现金流出的数额和发生的时间都不尽相同,为了便于分析,通常采用表格形式表示特定系统在一段时间内发生的现金流量。

现金流量图是一种反映特定系统资金运动状态的图式,即把现金流量绘入一时间坐标图中,表示出各现金流入、流出与相应时间的对应关系,如图1.11所示。运用现金流量,就可全面、形象、直观地表达特定系统的资金运动状态。

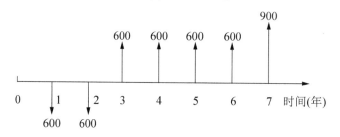

图1.11 现金流量图

现以图1.11为例说明现金流量图绘图方法和规则。

(1) 以横轴为时间轴,向右延伸表示时间的延续,轴线等分成若干间隔,每一间隔代表一个时间单位,通常是"年"(在特殊情况下也可以是季或半年等)。时间轴上的点称为时点,通常表示的是该年年末的时点,同时也是下一年的年初。零时点即为第一年开始之时点,代表"现值"。

(2) 与横轴相连的垂直箭线代表不同时点的现金流量情况,垂直箭线的长度根据现金流量的大小按比例画出。箭头向下表示现金流出;箭头向上表示现金流入。在各箭线的上方(或下方)注明现金流量的数值。

总之,要正确绘制现金流量图,必须把握好现金流量的三要素,即现金流量的大小(现金数额)、方向(现金流入或流出)和时点(现金流量发生的时间)。

【例1-3】 有一项投资项目,固定资产投资为50万元,流动资金投资为20万元,全部为贷款,利率8%。项目于第2年投产,产品销售收入第2年为50万元,第3~8年为80万元;经营成本第2年为30万元,第3~8年为45万元;第2~8年折旧费用为6万元;第8年年末处理固定资产可得收入8万元。根据以上条件做出项目投资现金流量表并画出现金流量图。

解:项目投资现金流量表见表1-5。

表 1-5　项目现金流量表

单位：万元

项目 \ 年份	0	1	2	3～7	8
1．投资	50	20			
① 固定资产投资	50				
② 流动资金		20			
2．销售收入			50	80	80
3．经营成本			30	45	45
4．期末残值					8
5．流动资金回收					20
6．净现金流量	-50	-20	20	35	63

项目投资现金流量图如图 1.12 所示。

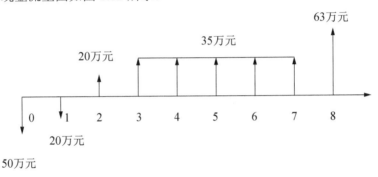

图 1.12　项目现金流量图

【例 1-4】　某项目第 1 年和第 2 年各有固定资产投资 400 万元，第 2 年投入流动资金 300 万元并当年达产，每年有销售收入 580 万元，生产总成本 350 万元，折旧费 70 万元，项目寿命期共 10 年，期末有固定资产残值 50 万元。请制作现金流量表，并画出现金流量图。

解：项目投资现金流量表见表 1-6。

表 1-6　项目现金流量表

单位：万元

项目 \ 年份	0	1	2～9	10
1．投资	400	700		
① 固定资产投资	400	400		
② 流动资金		300		

续表

项目 \ 年份	0	1	2~9	10
2. 销售收入			580	580
3. 经营成本			280	280
① 总成本			350	350
② 折旧			70	70
4. 期末残值				50
5. 流动资金回收				300
6. 净现金流量	−400	−700	300	720

项目投资现金流量图如图 1.13 所示。

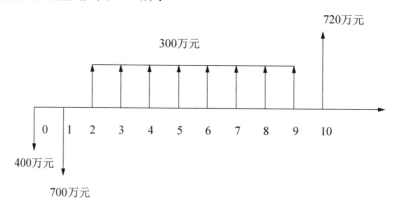

图 1.13　项目现金流量图

3. 月还款额计算

1) 还款方式

(1) 等额本息还款。这是目前最为普遍，也是大部分银行长期推荐的方式。把按揭贷款的本金总额与利息总额相加，然后平均分摊到还款期限的每个月中。还款人每个月还给银行固定金额，但每月还款额中的本金比例逐月递增、利息比例逐月递减。

等额本息还款计算方式为

每月还款金额=[贷款本金×月利率×$(1+月利率)^{还款月数}$]÷[$(1+月利率)^{还款月数}-1$]　　(1-17)

采用这种还款方式，贷款人每月还相同的数额，操作相对简单。每月承担相同的款项也方便安排收支。尤其是收入处于稳定状态的家庭，买房自住，经济条件不允许前期投入过大，可以选择这种方式。公务员、教师等职业属于收入和工作机会相对稳定的群体，很适合这种还款方式。

但是，它也有缺陷，由于利息不会随本金数额归还而减少，银行资金占用时间长，还款总利息较以下要介绍的等额本金还款法高。

(2) 等额本金还款。所谓等额本金还款，又称利随本清、等本不等息还款法。贷款人将本金分摊到每个月内，同时付清上一交易日至本次还款日之间的利息。这种还款方式相对等额本息而言，总的利息支出较低，但是前期支付的本金和利息较多，还款负担逐月递减。

等额本金还款计算公式为

每月还款金额=(贷款本金/还款月数)+(本金-已归还本金累计额)×每月利率　　(1-18)

使用等额本金还款，开始时每月负担比等额本息要重。尤其是在贷款总额比较大的情况下，相差可能达千元。但是，随着时间推移，还款负担逐渐减轻。这种方式很适合目前收入较高，但是已经预计到将来收入会减少的人群。实际上，很多中年以上的人群，经过一段时间事业打拼，有一定的经济基础，考虑到年纪渐长，收入可能随着退休等其他因素减少，就可以选择这种方式进行还款。

(3) 一次还本付息。此前，银行对这种还款方式的规定是，贷款期限在一年(含一年)以下的，实行到期一次还本付息，利随本清。但是，随着还款方式变革，一年的期限有望最高延长至5年。该方式银行审批严格，一般只对小额短期贷款开放。

这种还款方式，操作很简单，但是，适应的人群面比较窄，必须注意的是，此方式容易使贷款人缺少还款强迫外力，造成信用损害。采用这种贷款，贷款人最好有较好的自我安排能力。

(4) 按期付息还本。按期付息还本就是借款人通过和银行协商，为贷款本金和利息归还制定不同还款时间单位，即自主决定按月、季度或年等时间间隔还款。实际上，就是借款人按照不同财务状况，把每个月要还的钱凑成几个月一起还。据悉，目前采取按期付息还本的还款方式的银行是招商银行。

例如，20万元贷款，10年期，借款人可以把利息和本金分开还，利息仍然按月和季度还款，数目递减。按照规定，借款人一次最少要还6个月的本金，为10 000元，下一次还本金不能超过一年时限。

按期付息还本方式适用于收入不稳定人群，以及个体经营工商业者。在当前中小企业融资较为困难的情况下，以住房抵押从银行借到一笔资金比通过企业本身向银行申请流动资金贷款容易得多。因此，一些本来购房有足够一次性付款的人仍选择按揭。不过，据了解，目前很多年轻购房者也有选择按期付息还本方式的倾向。

(5) 本金归还计划。贷款人经过与银行协商，每次本金还款不少于10 000元，两次还款间隔不超过12个月，利息可以按月或按季度归还。

这是等额本金还款的变体。例如，20万元贷款，15年期，采用等额本金还款，首个月本金为1 111元左右，利息为918元。贷款人可以把利息和本金分开还，利息仍然按月和季度还款，数目递减。按照规定，贷款人最少一次要还10个月的本金，为11 110元，超过10 000元的限制。下一次还本金不能超过一年时限。

此种还款方式银行专为非月收入人群制定，尤其考虑到年终有大额奖金的人群。而目前流行的在家办公一族，很多没有每月固定收入，但是，每完成一个作品都有比较大笔的收入，如网络作家、艺术家、设计师和软件设计员等新兴职业适用这种方式。

(6) 等额递增和等额递减。这两种还款方式没有本质上的差异。作为目前几大银行的主推方式，它是等额本息还款方式的另一种变体。它把还款年限进行了细化分割，每个分割单位中，还款方式等同于等额本息。区别在于，每个时间分割单位的还款数额可能是等额增加或者等额递减。

以贷款 10 万元，期限 10 年为例，如果按照最普通的等额本息还款方式，贷款人如果不提前还贷，那么这 10 年期间每个月还款金额就是 1 085.76 元。如果选择等额递增还款，假设把 10 年时间分成等分的 5 个阶段，那么第一个两年内可能每个月只要还 700 多元，第二个两年每月还款额增加到 900 多元，第三个两年每月还款额增加到 1 100 多元，依此类推。等额递减恰恰相反，第一个两年需要还 1 300 多元每月，随后每两年递减 200 元，直到最后一个两年减至每个月 700 多元。

等额递增方式适用于目前还款能力较弱，但是已经预期到未来会逐步增加的人群。很多年轻人需要买房，并且工作业绩不错，虽然目前的收入负担房贷较困难，但是考虑到未来升迁后的收入大幅增加，可以采用等额递增还款。相反，如果预计到收入将减少，或者目前经济很宽裕，可以选择等额递减。

2) 应用举例

【例 1-5】 某家庭以 14 000 元/平方米的价格购买了一套建筑面积为 100 平方米的住宅，银行为其提供了 30 年期的住房抵押贷款，该贷款的年利率为 6%，首付款比例为 30%，等额本息还款。该家庭贷款月还款额是多少？

解：(1) 住宅总价=1.4×100=140(万元)。

(2) 首付款=140×30%=42(万元)，抵押贷款总额=140-140×0.3=140-42=98(万元)。

(3) 贷款的月利率=6%/12=0.5%，还款月数=30×12=360(月)。

(4) 根据式(1-17)得

月还款额=[980 000×0.5%×$(1+0.5\%)^{360}$]/ [$(1+0.5\%)^{360}$-1] ≈ 5 875.60(元)

【例 1-6】 某购房者拟向银行申请 60 万元的住房抵押贷款，银行根据购房者未来收入增长的情况，为他安排了等比递增还款抵押贷款。若年抵押贷款利率为 6.6%，期限为 15 年，购房者的月还款额增长率为 0.5%，该购房者第 10 年最后一个月份的月还款额是多少？

解：(1)贷款总额 P=60 万元，贷款月利率 i=6.6%/12 ≈ 0.55%，月还款额增长率=0.5%，还款月数 n=15×10=180(月)。

(2) 根据式(1-15)得

第一个月的还款额 A_1=600 000×(0.55%-0.5%)/[1-(1+0.5%)/(1+0.55%)] ≈ 3 503.07(元)。

(3) 该购房者第 10 年最后一个月份的月还款额为

$$A_n=A_1\times(1+s)^{n-1}=3\ 503.07\times(1+0.5\%)^{120-1}=6\ 341.77(元)$$

提示： 对于等比序列现值系数公式，大家要记住 $i=s$、$i\neq s$ 两种情况，尤其是 $i=s$ 时。对于公式 $A_n=A_1\times(1+s)^{n-1}$ 也应掌握。

【例 1-7】 某家庭预购买一套面积为 80 平方米的经济适用住宅，单价为 13 500 元/平方米，首付款为房价的 30%，其余申请公积金和商业组合抵押贷款。已知公积金和商业贷款的利率分别为 4.8%和 6.6%，期限均为 20 年，公积金贷款的最高限额为 50 万元。该家庭申请组合抵押贷款后的最低月还款额是多少？

解：(1)住宅总价=1.35×80=108(万元)。

(2) 首付款=108×30%=32.40(万元)，申请贷款总额=108-32.40=75.60(万元)。

(3) 商业贷款总额=75.60-50=25.60(万元)。

(4) 公积金贷款月利率=4.8%/12=0.4%，商业银行贷款月利率=6.6%/12=0.55%；还款月数=20×12=240(月)。

(5) 根据式(1-13)得：

公积金贷款月还款额 A_1=[500 000×0.4%×(1+0.4%)^{240}]/ [(1+0.4%)^{240}−1]

≈ 3 244.79(元)

商业贷款月还款额 A_2=[256 000×0.55%×(1+0.55%)^{240}]/ [(1+0.55%)^{240}−1]

≈ 1 923.77(元)

(6) 家庭申请组合抵押贷款后的最低月还款额 $A=A_1+A_2$=3 244.79+1 923.77=5 168.56(元)。

【例 1-8】 某家庭以 40 000 元/平方米的价格购买了一套建筑面积为 120 平方米的住宅，银行为其提供了 20 年期的住房抵押贷款，该贷款的年利率为 6%，抵押贷款价值比率为 70%。如该家庭在按月等额还款 10 年后，于第 10 年年初一次提前偿还了贷款本金 80 万元，从第 10 年开始的抵押贷款月还款额是多少？

解：(1) 住宅总价=4×120=480(万元)。

(2) 贷款总额=480×70%=336(万元)。

(3) 根据式(1-13)得该家庭前 10 年的月还款额为

A= [3 360 000×0.5%×(1+0.5%)^{240}]/ [(1+0.5%)^{240}−1]=24 072.08(元)。

(4) 根据式(1-13)得提前还款后减少的月还款额为

A_1=[800 000×0.5%×(1+0.5%)^{240}]/ [(1+0.5%)^{240}−1]=5 731.45(元)。

(5) 该家庭从第 10 年开始的抵押贷款月还款额 $A'=A-A_1$=24 072.08−5 731.45=18 340.63(元)。

提示：此题意在为大家提供解题思路，这样的提前还款情况在现实中比较常见。一次还清 80 万元则每月还款额会减少多少，则是与前者还款数相减。

1.3.3 还款能力指数计算

上面我们主要讨论了买房后的月还款额，实际上我们购买住宅时，首先要根据现有存款或能筹集的资金及家庭的年收入来决定购买多大面积、什么价位的住宅。商业银行一般根据"借款人偿还住房贷款的月支出不得高于其月收入的 50%"标准合理核定贷款成数。

【例 1-9】 某家庭预计在今后 10 年内的月收入为 16 000 元，如果其中的 30%可用于支付住房抵押贷款的月还款额，年贷款利率为 12%，该家庭有偿还能力的最大抵押贷款申请额是多少？

解：(1) 该家庭每月可用于支付抵押贷款的月还款额 A=16 000×30%=4 800(元)；

月贷款利率 I=12%/12=1%，计息周期数 n=10×12=120(月)；

(2) 根据式(1-9)，得该家庭有偿还能力的最大抵押贷款额为

P=0.48×[(1+1%)^{120}−1]/[1%(1+1%)^{120}] ≈ 33.46(万元)

【例 1-10】 某家庭以抵押贷款的方式购买了一套价值为 250 万元的住宅，首付款为房价的 30%，其余房款用抵押贷款支付，抵押贷款的期限为 20 年，按月等额偿还，年贷款利率为 12%则月还款额为多少？如果该家庭 50%的收入可以用来支付抵押贷款月还款额，该家庭须月收入多少，才能购买上述住宅？

解：(1) 根据式(1-10)，得该家庭月还款额为

$A=[2\ 500\ 000×(1-30\%)×1\%×(1+1\%)^{240}]/\ [(1+1\%)^{240}-1] ≈ 19\ 269.01(元)$

(2) 该家庭至少月收入=19 269.01÷50%=38 538.02(元)。

1.4 住宅置业投资决策分析

购房者进行住宅置业投资，要注意自住和投资兼顾，不仅要考虑住宅现在所处的现状，还要考虑未来住宅升值潜力，特别是现在大多数购房者购买的期房，更加要关注该地区经济社会未来的发展趋势和该楼盘的升值潜力，要对这些因素进行综合评价之后再做出购买决策。本书力求从依据定性和定量相结合的分析方法，对影响购房的客观因素进行分析。

1.4.1 客观因素权重确定

影响购房决策的客观因素有很多，特别是现在有些城市的购房政策如购房落户、购房入学等都是影响购买决策的现实因素，甚至是影响购房的决定性因素。这里我们主要从区域因素(地段位置、自然环境、周边配套、交通出行、楼盘品质)、个别因素(户型、得房率、楼层、朝向、物业服务)等出发进行综合分析决策。

我们利用0~1评分法确定各因素权重，具体确定见表1-7。

表1-7 0~1评分法确定各因素权重计算表

因素	地段位置	自然环境	周边配套	交通出行	楼盘品质	户型	得房率	楼层	朝向	物业服务	合计	权重
地段位置	1	1	1	1	1	1	1	1	1	1	10	0.18
自然环境	0	1	1	1	1	1	1	1	1	1	9	0.16
周边配套	0	0	1	1	1	1	1	1	1	1	8	0.15
交通出行	0	0	0	1	1	1	1	1	1	1	7	0.13
楼盘品质	0	0	0	0	1	1	1	1	1	1	6	0.11
物业服务	0	0	0	0	0	1	1	1	1	1	5	0.09
得房率	0	0	0	0	0	0	1	1	1	1	4	0.07
户型	0	0	0	0	0	0	0	1	1	1	3	0.05
楼层	0	0	0	0	0	0	0	0	1	1	2	0.04
朝向	0	0	0	0	0	0	0	0	0	1	1	0.02
合计	—										55	1

1.4.2 购买方案比选

理性购房者都会仔细分析有意向的几个楼盘,对影响购买的因素进行对比分析,结合价格(包括总价和单价)与家庭经济承受能力,做出购买决策。本书从定量分析的角度,利用比较法的思想,综合评价各因素,为购房者提供购买决策参考。以下用某购房者可以选择的 3 个楼盘为例进行分析探讨。

1. 意向楼盘基本概况

意向 A:新明半岛,位于余杭闲林镇以西 02 省道南侧新明大道,占地面积约 57 万平方米,总建筑面积约 76 万平方米,规划 5 000 户,配套相当齐全。在这 57 万平方米景观型成熟生活区中,配备餐饮娱乐、超市、优质教育资源和医疗保健中心,不仅满足日常生活所需,更把人的生活完全解放。365 米景观大道私家路,艺术灯柱两旁林立,配合高低错落坡地建筑,整个社区遍布着鱼雕、叠水喷泉、景观泳池、珍稀林木,涵盖运动健康、大型商务活动、高尚文化品位三大主题。钢混结构,建筑面积约 380 平方米,成交单价为 45 460 元/平方米。

意向 B:绿城云栖玫瑰园,位于之江国家旅游度假区核心位置,之江路 168 号,距离市中心武林广场 18 千米,距离西湖 11 千米,距离钱江新城约市民中心 17 千米(车行距离),城市景观大道之江路、梅灵路交会并流,使得云栖玫瑰园周边交通极为便捷。依托之江度假区内的优秀资源,医疗、购物、休闲等配套齐全,高尔夫等高端休闲资源触手可及,亦可近享主城区及钱江新城 CBD 完善的城市配套。项目占地面积约 220 亩(1 亩 ≈ 666.7 平方米),背靠五云山脉,地势东北高、西南低,东北部为 35°左右山坡地,逐渐向西、南趋于平坦,园内环抱约 40 亩景观湖,容积率仅约 0.29,建筑规划顺应湖泊位置及天然地势仅规划 88 户法式园景排屋、园景合院、山景合院,中式大宅,整个园区内绵延江南临水而居的风雅气韵,是继绿城九溪玫瑰园后之江又一个"山水之间的理想家园"。钢混结构,建筑面积为 560 平方米,成交单价为 42 850 元/平方米。

意向 C:金成江南春城竹海水韵,是金成集团倾力打造的高品质精装修楼盘,采用德国旭勒、德国汉斯格雅、乐家、乐思龙等众多世界一线家居品牌。位于杭州大城西板块,杭州景观大道天目山路延伸段北侧。楼盘附近就是西溪国家湿地公园、梧桐港、小白菜文化园,沿途及周边风景秀丽,具有良好的自然生态环境。总建筑面积约 64 万平方米,项目规划由芦花洲、润泽园、荷塘轩、咏竹园、竹邻间等组团组成。低密度高尚水岸社区内以别墅、多层建筑和高层建筑为主,由精品公馆、精装联排别墅、精装叠加别墅、精装电梯花园洋房等类型丰富的高品质物业组成,建筑风格稳重大气。景观设计由世界知名公司澳大利亚 PLACE 完成。钢混结构,建筑面积为 500 平方米,成交单价为 43 150 元/平方米。

2. 对案例别墅与投资者希望购买的别墅标准进行比较分析

购房标准与各意向楼盘各因素对比见表 1-8。

表 1-8 对比因素分析

比较因素	权重	购房标准	意向 A	意向 B	意向 C
地段位置	0.18	距市中心不超过 15 千米	距市中心 35 千米	距市中心 14 千米	距市中心 20 千米
自然环境	0.16	绿化率大于 50%，容积率小于 1	绿化率 45%，容积率 1.2	绿化率 55%，容积率小于 0.8	绿化率 45%，容积率 1.0
周边配套	0.15	基本齐全	不齐全	基本齐全	基本齐全
交通出行	0.13	附近有交通生活型主干道	附近有交通型主干道	附近有交通生活型主干道	附近有交通主干道
楼盘品质	0.11	品牌房地产开发商开发	新明集团	绿城集团	金成集团
物业服务	0.09	品牌物业服务企业管理	绿城物业	绿城物业	金成物业
得房率	0.07	90%以上	92%	85%	88%
户型	0.05	平面布局基本合理、功能基本齐全	平面布局较合理、功能基本齐全	平面布局合理、功能齐全	平面布局基本合理、功能齐全
楼层	0.04	地下一层、地上两层	地下一层、地上三层	地下一层、地上两层	地下一层、地上两层
装修	0.02	简装	中端精装	高端精修	简装
合计	1	—	—	—	—

3．按照评分标准进行赋分

(1) 赋分标准。

① 地段位置距离市中心 15 千米为 100 分，每减少 1 千米可加 1 分，每增加 1 千米可减 1 分。

② 自然环境综合考虑绿化率和宗地容积率、景观设计和植被的档次等，绿化率 50% 为 100 分，每增加 1 个百分点加 1 分，每减少 1 个百分点减 1 分；容积率每增加 0.1 减 1 分，每减少 0.1 加 1 分；景观设计和植被的档次酌情加减分，控制在±10 分以内。

③ 周边配套分为齐全、较齐全、基本齐全、不齐全、没有配套 5 个档次，以基本齐全为 100 分，每上升 1 档加 2 分，每下降 1 档减 2 分。

④ 交通出行，主要考虑周边道路类型，分为交通型主干道、交通生活型主干道、生活型主干道、生活型次干道、支路 5 种类型，以交通生活型主干道为 100 分，每上升 1 档加 5 分，每下降 1 档减 5 分。

⑤ 楼盘品质主要以品牌实力为评分依据，分全国品牌、省内品牌、市级品牌、小品牌、无品牌 5 个档次，以全国品牌为 100 分，每降低 1 档减 5 分。

⑥ 物业服务主要以品牌实力为评分依据，分全国品牌、省内品牌、市级品牌、小品牌、无品牌 5 个档次，以全国品牌为 100 分，每降低 1 档减 5 分。

⑦ 得房率是套内使用面积占建筑面积的比例，以得房率 90% 为 100 分，每上升 1 个百分点加 1 分，每降低 1 个百分点减 1 分。

⑧ 户型主要考虑建筑设计，功能分区，屋顶形式，有无露台、花园、车库、游泳池等，以平面布局基本合理、功能基本齐全为 100 分，平面布局分为合理、较合理、基本合理、较不合理、不合理 5 个等级，功能分齐全、较齐全、基本齐全、较不齐全、不齐全 5 个等级，每上升 1 个等级加 5 分，降低 1 个等级减 5 分。

⑨ 楼层综合考虑地上地下情况，以地下一层、地上两层为标准 100 分，地下增加 1 层减 10 分，地上增加 1 层减 10 分，地下无建筑面积减 10 分。

⑩ 装修情况以简单装修 100 分、毛坯房 80 分、中端精装修 110 分、高端精装修 120 分进行打分。

(2) 对有购买意向的别墅进行赋分，具体见表 1-9。

表 1-9 对比因素赋分表

比较因素	权重	购房标准	意向 A	意向 B	意向 C
地段位置	0.18	100	80	101	95
自然环境	0.16	100	93	107	95
周边配套	0.15	100	98	100	100
交通出行	0.13	100	105	100	105
楼盘品质	0.11	100	90	100	90
物业服务	0.09	100	100	100	90
得房率	0.07	100	102	95	98
户型	0.05	100	105	120	105
楼层	0.04	100	90	100	100
装修	0.02	100	110	120	100
加权合计	1	100	94.72	102.35	97.06

4．决策建议

在家庭经济能力可以承受的范围内，建议购买投资意向 B 绿城云栖玫瑰园中的别墅。购买豪宅时要注意的问题：第一，高端房产必须处在城市的核心位置，如商业中心、教育中心、科技中心等，因为这些地段的资源相对集中，有很强的抗风险能力。再者就是买精品，不要撒大网捕小鱼。第二，关注稀缺地块的高端房产，因为它们往往临河、临湖、临江、临公园，具有不可复制性，以后很难再有。第三，选择适宜居住的高端房产，因为越是宜居，拿出来卖的就少，物以稀为贵。第四，注意开发商的品牌实力，同时物业管理的品质也是楼盘品质的重要组成部分。第五，关注建筑本身的品质，品质绝对它的价值和发展潜力，因为差的开发商造不好品质高的房产。第六，注重考察园林设计，好的高端房产必须要善于在有限的空间内营造有深度的园林。第七，考虑周围的居住圈层，广交朋友，子女在好的居住圈内也可以受到熏陶。第八，视自己的经济实力而定。

小 结

本学习情境主要从认识住宅开始，分析住宅置业投资的影响因素，并利用资金时间价值的原理进行投资估算与财务分析，重点要求掌握家庭还款能力分析和应负担的各种税费，相关住宅置业的相关金融政策，最后简单介绍了住宅置业投资决策过程分析。

练 习 题

一、单项选择题(共 8 题，每题 1 分。每题的备选答案中只有 1 个最符合题意，请把正确答案的编号填在对应的括号中)

1. 著名历史学家周谷城说过："文化都是从解决衣食住行的问题开始的。"文化是人类行为的精神内涵，居住作为人的最主要的行为之一，也是文化的一项基本内容。这体现了住宅的(   )。

    A. 舒适性   B. 文化性   C. 信息性   D. 生态性

2. 下列属于居住房地产的是(   )。

    A. 商铺   B. 集体宿舍   C. 旅馆   D. 娱乐房产

3. Townhouse 是(   )。

    A. 独栋别墅   B. 联排别墅   C. 城镇   D. 乡间别墅

4. 投资者进行房地产投资的主要目的一般是(   )。

    A. 获取房地产当期收益   B. 获取房地产未来收益

    C. 直接从事房地产开发经营活动   D. 间接参与房地产开发经营活动

5. 投资者对房地产内部使用功能的变动(如在公寓内设置自助洗衣房提供洗衣服务等)，体现了投资者对房地产投资(   )的重视。

    A. 各异性   B. 适应性

    C. 相互影响性   D. 专业管理依赖性

6. 当房地产开发商将建成后的物业用于出租或(   )时，短期开发投资就转变成了长期置业投资。

    A. 出售   B. 抵押   C. 转让   D. 经营

7. 买卖双方要经过多次搜寻或长时间议价才能完成房地产交易，这个过程反映了房地产的(   )。

    A. 不可移动性   B. 适应性   C. 变现性差   D. 相互影响性

8. 在下列房地产投资行为中，不能体现房地产置业投资特点的有(   )。

    A. 买地—建房—卖房   B. 买房—经营

    C. 买房—出租—转售   D. 买房—出租

二、计算题(共 4 小题，40 分。要求列出算式、计算过程；需按公式计算的，要写出公式；仅有计算结果而无计算过程的，不得分。计算结果保留小数点后两位)

1. 某家庭购买一套住宅，单价为 6 000 元/平方米，该家庭月收入 12 000 元，其中 50%可用来支付房款，银行可为其提供 30 年期的住房抵押抵押贷款，贷款利率为 6%，抵押贷款价值比例最大为 70%。根据该家庭的支付能力，最多可以购买多少平方米的住宅？(8 分)

2. 某家庭估计在今后 10 年内的月收入为 16 000 元，如果月收入的 50%可以用于支付住房抵押贷款的月还款，在年贷款利率为 12%的情况下，该家庭有偿还能力的最大抵押贷款额是多少？(月收入发生在月初)(8 分)

3. 某家庭过去 5 年月收入 24 000 元，每月存入银行 50%准备购房，现利用该存款本利作为部分购房款，其余房款向银行申请住房抵押贷款。银行要求贷款 10 年还清，家庭收入目前为 30 000 元/月，预计月增 0.6%，初步安排月收入的 40%用于还款。该家庭有偿还能力的住房价格应控制在多少？如市房价为 24 000 元/平方米，则所选住房建筑面积应控制在多少？(银行存款利率 6%，贷款利率 9.6%，复利按月计息)(12 分)

4. 某家庭准备以抵押贷款方式购买一套住房。该家庭月总收入 7 000 元，最多能以月总收入的 25%支付住房贷款的月还款额。年贷款利率为 6%，最长贷款期限 20 年。最低首付款为房价的 30%，若采用按月等额偿还方式：

(1) 该家庭能购买此房的最高总价是多少？

(2) 若第 5 年年末银行贷款利率上调为 9%，为保持原月偿还额不变，则该家庭需在第 6 年年初一次性提前偿还贷款多少元？(12 分)

【参考答案】

实 训 题

1. 某先生一家 4 口，包括 1 个老人，家有存款 12 万元，家庭月收入 6 000 元，日常开销约为 3 000 元。在购房时，有如表 1-10 所示的几种户型、面积、价格及付款方式可供选择。

表 1-10 置业投资选择

户　　型	两房两厅	三房两厅	三房两厅	四房两厅
面积/平方米	80	100	120	140
价格/元	3 500	3 500	3 000	3 000
标准	成品房	成品房	毛坯房	毛坯房

其他条件如下：

(1) 抵押贷款付款方式：首付三成；贷款七成，20 年，贷款年利率 5.7%。

(2) 预计办理购房各类手续费和税费共计 1 万元。

(3) 室内装修成本每平方米约 500 元，家居装饰成本每平方米约 200 元。

根据上述条件，请你为这位先生提供合理的置业建议。

2. 撰写"任务导入"中的住宅置业分析报告(2 000～3 000 字)，并制作 PPT 汇报。

学习情境 2 商铺置业投资分析

学习目标

掌握商铺置业投资的政策环境分析，掌握动态置业投资的计算方法，学会编制现金流量表和计算简单的财务指标。

学习要求

知识要点	能力要求	相关知识	所占分值 (100分)	自评分数
对商铺的认识	能认识商铺的未来发展趋势	①我国商铺的分类；②商铺的特性。	20	
影响商铺置业投资的因素	能准确全面分析影响各类商铺置业投资的因素	①各类型商铺的特点；②各类型商铺的投资策略；③影响商铺投资的因素	30	
商铺置业投资估算及财务分析	能根据当地目前及未来商铺租金收益，编制商铺的全部投资现金流量表和自有资金现金流量表，判断置业者的收益能力	①商业房地产金融政策；②月还款额的计算；③投资回收期和投资回收率、财务净现值、财务内部收益率等指标的计算方法；④全部投资现金流量表和自有资金现金流量表的编制	30	
商铺置业投资方案比选	能根据相关决策方法，对商铺置业投资方案进行比选	互斥方案比选方法	20	

任务导入

2015年，一位公司经理想在杭州市区买一间30～80平方米的商铺，具体要求：
(1) 位置：城东区域。
(2) 单价控制在20 000～40 000元/平方米，总价控制在200万元以内。

(3) 首付五成，商业贷款。

(4) 商业氛围基本成熟，商铺有专业的物业资产公司负责运营管理等。

(5) 附近有火车站或地铁站。

(6) 该经理家庭年收入在30万元左右，属于首次投资置业，目前无银行贷款、无负债，个人信用良好。期望2016年7月后有租金收益，期望租金水平为20元/(日·平方米)。

请根据具体要求为这位经理出具一份商铺置业投资分析建议报告。

2.1 认识商铺

2.1.1 商铺的概念

【参考图文】

商铺，由"市"演变而来，《说文解字》将"市"解释为"集中交易之场所"，也就是今日之商铺。唐宋是中国封建社会鼎盛时期，唐都城长安是当时东西文化、商贸交流的中心，长安东西两市，商贾云集，店肆无数，商业十分繁荣。北宋时，商铺和市场是分开的，首都东京(开封)是当时最大的商业中心城市。据历史记载，(东京)东大街至新宋门，鱼市、肉市、漆器、金银铺最为集中；西大街至新郑门有鲜果市场、珠宝玉器行；皇城东华门外，无所不有。《清明上河图》曾翔实地记录了古代商铺、商业街市的境况。

上海位于长江三角洲东端，北濒长江口，南临杭州湾，明清时期仅为江苏省的一个县。上海的第一次崛起，是在20个世纪二三十年代，当时的上海已成为全国最大的经济和商业中心，远东最大的商业中心城市。据《上海通史》记载，1933年上海共有商铺7.2万户，平均每平方千米136.5户，各地巨贾名商纷纷落户上海，十六铺、南京路、静安寺、霞飞路(今淮海路)等商业中心街区初具雏形。

根据以上对商铺历史的回顾，我们可以对"商铺"做以下定义：商铺是专门用于商业经营活动的房地产，是经营者为消费者提供商品交易、服务及感受体验的场所。广义的商铺，其概念范畴不仅包括零售商业，还包括娱乐业、餐饮业、旅游业所使用的房地产，营利性的展览馆厅、体育场所、浴室，以及银行、证券等营业性的有建筑物实物存在的经营交易场所。现代商铺的定义和过去商铺的定义相比有相同的地方，即商铺首先是商品交易的场所；区别之处是现代商铺不仅包含了交易功能，而且包含了服务功能和感受体验的功能。

商铺作为交易的场所，很容易理解，从百货、超市、专卖店到汽车4S店都是规模不等的商品交易场所。

商铺作为提供服务的场所，简单举例很容易理解，如餐饮设施、美容美发设施等。消费者在这种商铺里，通过得到经营者提供的服务，享受服务的品质。

商铺作为提供感受体验的场所，如电影城、KTV量贩、健身设施等，消费者在这类商铺里充分感受经营者创造的特别的情景、设施、氛围等，从中得到美感、娱乐、健康等，而经营者在此过程中实现收益。

从商铺的概念中我们可以发现，商铺已经经历了很大的发展，已经从最初的经营物品商品，上升到经营服务商品、体验商品的层面。很显然，以上不同经营商品的形态将直接影响商铺的位置、交通条件、定位、大小、空间、结构、装修方法、风格、商品类型、配套条件等。在此，对商铺的概念做足够的分析，有利于商铺投资者在投资过程中做初步的判断。

2.1.2 商铺的分类

从商铺的概念可以看出，其范围极为宽泛，不对它进行有效分类是无法深入进行相关研究，更不要说对商铺投资进行专业的分析。

商铺的形式多种多样，在各种商业区、住宅区、专业市场，以及大型购物中心等商业房地产中随处可见，商业设施就是由大大小小的商铺组成的。尽管都是商铺，但很显然，不同地方、不同类型的商铺，其商业环境、运营特点、投资特点都有明显不同。

1. 按照开发形式进行分类

1) 商业街商铺

【参考图文】

图2.1　商业街商铺

商业街指以平面形式按照街的形式布置的单层或多层商业房地产形式，其沿街两侧的铺面及商业楼里面的铺位都属于商业街商铺（图2.1）。

商业街在国内取得了良好的发展，其中包括建材街、汽车配件街、服装精品街、酒吧街、美容美发用品街等。上述以某类商品为经营内容的商业街起步较早的，大多数已经取得了成功。也有不少商业街采取各类商品混业经营的方式，商业街的命名只体现地点特征，取得成功的较少。

与商业街的发展紧密联系的就是商业街商铺，商业街商铺的经营情况完全依赖于整个商业街的经营状况：运营良好的商业街，其投资者大多数收益丰厚；运营不好的商业街，自然令投资商、商铺租户、商铺经营者都面临损失。

2) 市场类商铺

在这里，我们所说的"市场"是指各种用于某类或综合商品批发、零售、经营的商业楼宇，有些是单层建筑，大多是多层建筑。这类市场里面的铺位即我们所谈的市场类商铺，如图2.2所示。

市场类商铺在零售业中所占比重比较高，在全国各地都有大量从事某种商品经营的专业批发和零售市场，如服装市场、图书交易市场、电子市场、家用电器市场、家具城、建材城等。

3) 社区商铺

社区商铺指位于住宅社区内的商用铺位,其经营对象主要是社区的居民。社区商铺的表现形式主要是 1～3 层商业楼或建筑底层,或者商业用途裙房,如图 2.3 所示。社区商铺打破原来以铺位形式为主的特点,铺面形式逐渐成为社区商铺的主流。社区商铺可以按照商铺的投资形式分为零售型社区商铺和服务型社区商铺两类。

图 2.2 市场类商铺

图 2.3 社区商铺

4) 住宅底层商铺

住宅底层商铺指位于住宅等建筑物底层(包括地下一、二层及地上一、二层,或其中部分楼层)的商用铺位,如图 2.4 所示。

住宅底层商铺是目前市场极为关注、投资者热衷的商铺投资形式,很多房地产开发商充分认可住宅底层商铺的巨大价值。对于住宅底层商铺的投资者来讲,鉴于住宅底层商铺上面建筑将会带来稳定的客户流,住宅底层未来的客户基础将相对可靠,换言之,投资者的投资风险相对较小。

5) 购物中心商铺

购物中心商铺指各种类型购物中心内的铺位,如图 2.5 所示。各种类型购物中心的运营好坏对其中商铺的经营状况影响直接而深远。目前,国内有很多这类正在运营的项目,另外也有不少大型购物项目在国内多个大中城市开发建设。

图 2.4 住宅底层商铺

图 2.5 购物中心商铺

6) 商务楼、写字楼商铺

商务楼、写字楼商铺指诸如酒店、商住公寓、俱乐部、会所、展览中心、写字楼等内部可用于商业用途的空间,如图 2.6 所示。这类商铺的规模相对较小,但商业价值很值得关注。

7) 交通设施商铺

交通设施商铺指位于地铁站、火车站、汽车客运站、飞机场等交通设施内及周围的商铺，以及道路两侧各类中小型商铺，如图2.7所示。

图 2.6　商务楼商铺

图 2.7　交通设施商铺

以上是按照商铺的开发形式对商铺进行的划分。该种分类方式便于投资者对商铺项目的类型从开发形式的角度进行理解，并形成不同的开发观念。

2．按照投资价值分类

商铺作为房地产中新兴的典型投资形式，其投资收益能力及其投资价值无疑是商铺置业投资者最关心的问题。所投资的商铺如果投资价值不高，对于商铺投资者来讲，至少意味着短期的失败。对于街区商业的定价应该是住宅定价的2～3倍，而核心商圈的商铺的售价可以达到住宅售价的3～5倍。

鉴于商铺投资价值的重要性，下面按照商铺的投资价值对商铺进行分类，便于投资者从投资收益的角度去判断投资方向及投资目标。

1）"都市型"商铺

"都市型"商铺指位于城市商业中心地段的商铺。鉴于其特殊的位置以及所在地区自身的商业价值，通常，"都市型"商铺的客流量长期比较稳定，换言之，该类商铺的商业运营收益水平较高，如北京王府井大街、西单商业街、上海南京路、杭州湖滨路步行街等地的商铺都属于典型的"都市型"商铺。

"都市型"商铺多用作物品业态的经营，体验业态和服务业态占的比重相对比较少，这比较符合商业价值原则。在客流量很大的地区，单位面积商业价值很高，只有物品业态才能够实现这一目标。但随着电子商务的发展，体验业态和服务业态的占比将大为增加。

2）"社区型"商铺

"社区型"商铺和"社区商铺"属于同样的概念。商铺所在社区通常都要经过从无到有，从不成熟到成熟的过程。实际上，一个社区成熟的过程就是其价值提升的过程：一个新的社区就好像证券市场的原始股，只要项目定位准确，发展环境良好，社区成熟所带来的商铺价值提升毋庸置疑。

需要指出的是，社区商铺价值增长的特点并不代表商铺的价格将永远增长。社区商铺价值提升的同时，也存在商铺价值提早被透支的情况。有些操作策划能力很强的开发商在商铺投资市场不成熟的阶段，通过对商铺项目良好的包装，从而达到提高市场预期的目的，最终商铺销售创新高，如单价最初仅 1.5 万/平方米的商铺，最高可以卖到 2.5 万/平方米，事实上，最高售价相当于该商铺 5 年以后，甚至 10 年以后的价值，如果商铺投资者在这种氛围下进行投资，其投资安全性降低，其投资收益极有可能缩减到只有商铺租金收入。

3）"便利型"商铺

"便利型"商铺指以食品、日常生活用品等经营为主，位于社区周边、社区内、写字楼内、写字楼周边等位置，用于补充大百货商场不足的小面积商铺。之所以称其为"便利型"商铺，是因为其所经营的商品均属于"便利"类型，如写字楼内的小超市、公寓社区内的小超市、住宅社区的干洗店等都属于该种类型。

鉴于"便利型"商铺的功能性特点和所处位置，其经营收益并不低，属于商铺市场细分的类型。目前在国内外有很多从事"便利型"商铺经营的零售商，7-Eleven 就属于典型的便利店运营商，其市场规模极大。

"便利型"商铺通常面积不是很大，从经营的角度来看也不需要很大，这无疑降低了对投资者资金实力的要求，另外，鉴于其适应性较强，所以出租、转让、转租都比较容易。

4）专业街商铺

专业街商铺指经营某类特定商品的商业街或专业市场内的商铺。该类商铺的价值和商业街或专业市场所经营的产品关系密切。例如，北京中关村海龙电子市场属于经营计算机整机、计算机配件、数码产品、存储设备、网络设备、计算机耗材、软件等的专业市场。

5）其他商铺

其他商铺指上述四大类商铺以外的商铺，包括超市、购物中心、商品批发市场、非专业类商业街等内的商铺。这类商铺通常由大型投资机构、开发商进行投资开发，主要采取出租经营的方式，散户可投资的空间相对较小，加上这类项目专业性较强，投资风险不易控制。从投资收益的角度看，如果该类商铺的投资商、开发商、管理商足够专业，对项目定位、市场规模、市场策略的判断足够准确，那么该类商铺的投资收益绝不会低。

3．按照位置分类

按照商铺的形式可以将商铺分为铺面房和铺位。铺面房，是指临街有门面，可开设商店的房屋，俗称店铺或街铺。铺位，一般只是指大型综合百货商场、大卖场、专业特色街、购物中心等整体商用物业中的某一独立单元或某些独立的售货亭、角等，俗称店中店。由于物业本身属性的不同，必然导致其差异性的存在。

2.1.3 商铺的特点

1．收益性强，但具有不确定性

商铺属于经营性房地产，其主要特点是能够用以获得收益。住宅地产的收益来源于售价和建造成本之差，房屋交割完毕后，交易也就结束了，其现金流是确定并且是一次性的。而商铺的收益不但有销售收入，还有租金，同时随着商业经营的开展还会产生递延的附加值。租金是贯穿整个地产生命周期的持续的现金流，随着周边环境的不断变化而不断改变，具有不确定性和高收益性。

2．经营内容多，业态多样

在同一宗商铺，特别是大体量商业房地产中，往往会有不同的经营业态和内容，如一部分经营商品零售，一部分经营餐饮，一部分经营娱乐等。不同的经营内容(或不同的用途)一般会有不同的收益水平，因此对商铺进行投资分析时需要区分不同的经营内容分别进行投资测算，例如应在市场调查分析的基础上测算不同经营内容商铺的收益水平，并对各种商业经营业态采取不同的收益率。

3. 出租、转租经营多，产权分散复杂

商铺往往是销售给个体业主或公司，业主又常常将其拥有的房地产出租给他人经营或自营，有的承租人从业主手上整体承租后又分割转租给第三者，造成商铺产权分散、复杂，因此在进行商铺投资分析时要调查清楚产权状况，分清房地产产权人和承租人的身份。

4. 装修高档且复杂

为了营造舒适宜人的购物消费环境，商铺通常会有相对高档的装修，而且形式各异，估价时需要准确单独估算其价值。另外，商业用房装修升级快，有些经营者买下或承租他人经营的商业用房后，为了保持或建立自己的经营风格或品牌效应，一般会重新装修。因此在投资时应充分分析现有装修状况能否有效利用，如无法利用应考虑追加装修投入对投资价值的影响。

5. 垂直空间价值衰减性明显

商铺的价值在垂直空间范围内表现出明显的衰减性。一般来说，商业物业的价值以底层为高(高层商业物业顶层有景观等因素，比较特殊)，向上的方向其价值呈现快速的衰减，越到后面，价值衰减则越慢。这是因为底层对于消费者而言具有最便捷的通达度，不需要借助于垂直的交通工具。而向上的楼层需要借助垂直交通工具，通达的便捷度随之减弱。

观察与思考

你所在的城市目前有哪些类型的商铺？

【参考图文】

2.2 认识商铺置业投资

2.2.1 商铺置业投资的概念

所谓商铺投资，是指投资者为了获取经济利益而投入一定资金购买商铺的经济行为。商铺是一种不可多得的投资品种，它有较高的保值增值功能，而且风险小、回报高。商铺投资作为房地产中比较常见的投资类型，具有很高的市场关注率。商铺的投资价值是商铺投资真正的市场吸引力。尽管电子商务对商业地产特别是商铺产生冲击，但随着业态的不断调整、线上线下的整合联动、商铺价格的回归，商铺

的投资价值显现，商铺仍然受到很多投资者的关注。关于商铺的投资价值在商铺投资的特点部分将具体进行介绍。

2.2.2 商铺置业投资的种类

商铺置业投资可以有很多种分类的方法，在本书中按照商铺的开发形式对商铺进行分类：
① 商业街商铺置业投资；
② 市场类商铺置业投资；
③ 社区商铺置业投资；
④ 住宅底商商铺置业投资；
⑤ 百货商场、购物中心商铺置业投资；
⑥ 商务楼、写字楼商铺置业投资；
⑦ 交通设施商铺置业投资。

2.2.3 商铺置业投资的特点

一般来说，一个市场繁荣的程度从当地商铺经营的收入情况可以一目了然，而经营收入的多少会直接影响到商铺的租金多少，可以说，商铺的交易行情是消费市场的"晴雨表"。尽管目前由于电商迅猛发展、商业地产供需失衡等多方面原因，商铺受到冲击比较大，但作为房地产的重要组成部分，商铺随着线上线下的融合发展，特别是体验式消费服务商业模式的不断创新，其发展潜力仍然被看好，投资回报率还是高于其他投资，所以受到投资者的关注。

1．投资收益稳定

住宅的租约期限一般为半年至一年，相对较短，而商铺的租约通常为3～5年或更长。承租户对商铺的装修投资、盈利预期及长期规划，决定了商铺租约的稳定性。此外，租金的递增保证了商铺长期的收益增长。租金预付的付款方式使租金收取也较有保障。

2．投资价值增值性强

商铺投资是一个长期过程，它不会因房龄增长而降低其投资价值。相反，好的商铺因其稀有性或特定供应条件，会随着商圈的发展成熟不断升值，价值提升的同时，租金的增长是必然的。从资金成本的角度考虑，长期租用肯定不如买下来划算，那样会带来更多的经济利润。

3．商铺投资回报率较高

与人们传统的资本增值方式比起来，投资商铺利润率高。据业内人士分析，尽管前几年，北京等大城市涉外公寓、别墅的投资回报率曾高达15%～20%，但目前，住宅用房的投资回报率基本下降到6%～8%，但商铺的投资回报率仅租金收益一项则可能达10%～15%，有的甚至达到20%以上。购买社区商铺，随着业主入住，人气上升，商铺价值提升成为必然。

需要指出的是，除商铺租金收益之外，精明的商铺投资者还充分利用商铺增值提高投资收益，在商铺买价升值到一定水平时及时卖出，完成该商铺的投资过程。

4．商铺投资方式灵活

调查显示，商铺的投资者主要有两种：一是专业的商铺投资商，拥有较雄厚的经济实力，通常会做大型商铺交易，即购买一些商铺的产权或经营权，然后出租给各个经营商，自己也捎带经营，但不以经营为主。二是小型商铺投资商，通常是拥有一定闲置资金，投资一两个商铺。这种类型的投资者中有55%的人是为了出租后盈利而购买商铺的，而出于自营目的的购买商铺的人为35%，另外有10%的人纯粹是为了在买进卖出中赚取差价。

5．商铺置业投资关注商业新业态

目前的商铺市场需求变化主要呈现出以下几个方面的特点：一是受到电商冲击，导致部分商铺的需求出现回落，如经营电子类产品的商铺；二是消费者的需求出现变化，更加注重体验，所以能满足体验式消费的场所更有前途。因此现阶段置业投资选择商铺，首先，要尽可能避免日渐没落的商业模式，如经营电子产品等类似产品的商铺；其次，尽量选择能够满足新的需求的商铺，如增加体验式和服务性消费需求，以及善于挖掘新的机会。

2.2.4 商铺置业投资的主体

商铺投资的主体指投资商铺的是个人还是机构。在此对商铺投资的主体加以区分，完全在于商铺投资的特殊性：并非所有商铺都适合任何类型的投资者，可能有些商铺适合个人投资，但有些商铺适合机构投资。

显然，个人商铺投资者和机构商铺投资者的区别并不仅仅在于资金规模上，而是由于商铺隶属项目的类型、规模、定位等所引发的深层区别。在后面章节将对各类商铺的投资主体适应性进行分析、介绍。

2.2.5 商铺置业投资的形式

商铺置业投资的形式主要分为购买和租赁两种。购买和租赁同时也是其他各种房地产通常的投资形式，有极大的相似性。但仔细对商铺投资进行研究可以发现，其中包含很多个性化的内容。

1．商铺购买

1) 初始交易购买

商铺上市初始交易购买，即商铺投资者从商铺的开发商手里购买的、尚未投入运营或尽管已经投入运营，但产权依然在开发商手里的商铺购买形式。商铺上市初始交易购买方式发生在商铺投资者和开发商之间，显然商铺投资者在投资过程中面对的大多是擅长房地产市场运作的开发商，商铺投资者能否通过开发商对该商业房地产项目的包装，对该商业房地产项目的价值做出准确的判断，似乎并不是一件容易的事情。商铺投资者在此过程中的辨别能力、专业能力将决定其投资成败及投资收益的高低。

2) 二手购买

二手商铺购买，指商铺投资者从其他商铺投资者手里购买商铺的商铺投资方式。二手购买方式发生在商铺投资者之间，所以与原始商铺购买方式不同。在这种商铺购买方式中，商铺投资者需要判断拟购商铺的价值，如果需要也可以委托专业商铺咨询机构进行指导。

在二手商铺购买过程中，购买价格是核心的谈判内容。商铺投资者的投资操作如果足

够科学、准确，那么他最终可以买到物美价廉的商铺，就仿佛从股市上买到后来股价翻番的股票一样；与此相反，商铺投资者可能成了接力赛中的最后一个选手，购买后无法盈利出手，更坏的是，万一买上"垃圾"商铺，那么投资失败将不可避免。

2．商铺租赁

1) 商铺直接租赁

商铺直接租赁，指商铺投资者从商铺产权方直接租用商铺，目的不是自己经营，而是出租的投资方式。即商铺投资者以比较低的租金将商铺租下来，再转租。

进行商铺直接租赁的投资者如果不能与商铺产权方以足够低的租金达成协议，那么这种投资的可行性是值得怀疑的。如果租金太高，和市场租金之间的差距不大，那么在加入市场费用及管理费用等后，极有可能发生投资亏损。

2) 转租

转租指投资者从商铺租户手上租赁商铺，目的也不是自己经营，而是出租的投资方式。转租投资的情况较少发生，而且操作难度比较大，毕竟经过转租后，留给投资者的利润空间已经很少了。但位置比较好的商业旺铺转租时，可以得到一定数额的转让费即承租权收益，是对优先续租权的一种购买，是一种垄断利润。

2.3　商业街商铺置业投资特点分析

2.3.1　商业街商铺的类型

商业街商铺的分类多种多样：可以按照经营商品的复合程度划分，可以按照铺面商铺和商业建筑里面铺位划分，也可以按照商业街建筑的单层或多层建筑形式进行划分。按照商业街经营的商品专业类别，我们将商业街商铺分为专业商业街商铺和复合商业街商铺。专业商业街商铺往往集中经营某一类(种)商品，如建材商业街、汽车配件商业街、酒吧街、休闲娱乐街等；复合商业街商铺对经营的商品不加确定，经营者可以按照自己的设想随意经营，如上海南京路商业街、武汉江汉路商业步行街等。

需要指出的是，鉴于专业商业街商铺经营商品的统一性特点，整个商业街的市场成本比较低，只要商业街的开发商对整个商业街恰当进行包装，那么所有的商铺就可以享受开发商统一市场宣传所带来的市场效果。从此特点可以得出结论：专业商业街从运营成本的角度符合市场规律和竞争规律。另外，由于专业商业街经营商品的品种简单化特点，其规划设计的复杂程度较低，不太容易出现因为开发商对商业街的规划设计不合理，最终对整个项目的运营产生负面影响的情况。

就复合商业街来讲，因为经营商品没有统一性、协调性，所以开发商对项目的市场宣传所能带给经营者的利益相对较少，这一点并不符合竞争规则。除此因素以外，复合商业街的规划设计难度较高，开发商如操作不当，就会发生因投资者、经营者不认同项目的规划设计方案而导致的项目失败，也有可能出现因项目市场成本太高而引起竞争力降低的情况。复合商业街在国内成功的案例很多，但基本上都属于经过几十年市场长期锤炼的品牌化商业房地产综合形式。北京的王府井商业街、西单商业街、前门大栅栏商业街、上海南京路都属于典型的复合商业街形式，它们都经过了长期的市场培育，在国内已经成为耳熟能详的商业品牌，所以它们的成功是自然的，必然的，也是值得借鉴的。在大城市往往已经形成了几个有市场影响力的复合商业街项目，如果再想新建其他复合商业街项目，市场风险无疑会比较大。对于中小城市来讲，复合商业街在有的城市尚处在初始发展阶段，甚至是当地的第一个复合商业街项目，这种情况下，项目的风险相对比较低，但是必须谨慎判断项目的规模、定位等。

2.3.2 专业商业街及其商铺的特点

1．商业街规模特点

专业商业街规模大小不一，和经营的商品类型有关。例如，经营服装的商业街和经营建材的商业街，其规模可能会有较大的差别。北京的"女人街"属于典型的女性服装商业街，每个独立的"女人街"规模在一万多平方米；而北京十里河建材街，建筑规模远远超过一万平方米，达到近十万平方米。商业街的规模必须体现市场需求，符合所经营商品适合的经营规模。如果盲目追求规模效应，那么商业街将会面临市场承接力不够引发的经营困境。

2．商业街规划设计特点

沿街两侧布置商铺，单层建筑居多；商业街可以是一条街，也可以是一条主街，多条副街；商业街的长度不能太长，超过 600 米，消费者就可能产生疲劳、厌倦的感觉。一个商业街项目到底如何进行规划设计，如何把握规划设计准则，对于开发商来讲是一个重要的问题。

3．商业街名称特点

专业商业街的名称往往体现商业街所在的位置和所经营的商品类型两大要素。例如，"北京三里屯酒吧街"，名称中就准确包含了位置元素"三里屯"和经营商品类型元素"酒吧"，这样的例子不胜枚举。正如我们在前文所谈到的，专业商业街会节省商铺经营者的市场成本，从北京三里屯酒吧街的例子中不难看出，消费者从其名称就可以得到他们所需要的信息，便于消费决策。另外，以位于北京西三环至西四环、由北京世纪金源投资集团开发的金源大酒店"不夜城"为例，消费者从其名称就可以很容易地搞清楚该商业街项目的位置及其提供的服务等。

4．专业商业街商铺的特点

1) 商铺的形式

有些专业商业街完全采取铺面形式，如北京三里屯酒吧街；有些则完全采取铺位形式，如北京"女人街"；其他专业商业街采取铺位、铺面结合的方式，如北京十里河建材街。

铺面形式对商铺投资者而言意味着高售价、高租金和高收益，但对于商铺开发商来讲，却意味着可开发面积减少。物品购买业态的商业街因为针对的客户群广泛，所以很少采取铺面形式，这样可以建设更多铺位；服务业态、体验业态商业街则恰好相反，主要采取铺面形式。需要关注的是，凡是采取铺面形式的专业商业街，整个街取得成功的比例很高。

2）投资回报形式

出租经营为专业商业街店铺的主要投资回报形式。个别商业街的商铺采取出售的方式。有些专业商业街由于销售手续不容易拿到，开发商采取商铺一定年限使用权出售的方式。

2.3.3 复合商业街及其商铺的特点

1．商业街规模特点

复合商业街大多数规模庞大。无论是北京的王府井商业街，还是上海的南京路，都是商业"巨无霸"，沿街商业房地产开发面积达几十万平方米。新开发复合商业街的规模决策对开发商来讲是一个考验，如果开发面积太大，超过了市场需求，开发商很容易失败。

2．商业街规划设计特点

沿街两侧布置，大多数为多层建筑，长度往往比较长(有的达到2～3千米)。复合商业街规模庞大，对规划设计的水平有较高要求。设计商必须合理、科学考虑交通组织、停车场规划、消防、环境、商业引导概念等问题，如果对上述问题未予考虑，或考虑得不够充分，轻者影响项目功能，重则会导致项目失败。以北京平安大街为例，这条街初始规划目标是建成一条老北京特色街，但其最终的发展情况令人失望。发生以上情况的原因何在？专家通过分析，认为该项目的规划设计问题比较大，首先是未充分考虑停车问题，没有足够的停车位，绝大多数商家无法正常经营；另外这条街的宽度是按照交通干道的标准确定的，所以与商业经营的功能需求有很大冲突。以上两个原因中的任何一个都会直接导致项目失败。

3．商业街名称特点

复合商业街的名称主要体现其所在的位置，如杭州湖滨商业街。既然复合商业街的名称主要体现其所在地名，那么这个地名的品牌价值需要很高，至少比较高，否则，开发商在项目运营过程中将面临极大的困难。一个很陌生的、新开发的复合商业街，其市场前景值得商铺投资者谨慎考虑。

4．复合商业街商铺的特点

1）商铺的形式

复合商业街主要是铺位，铺面商铺数量较少。在运营成熟的复合商业街，铺面商铺的价值极高。如果有人在北京王府井商业街拥有铺面房，这个房东一定收益颇丰。

2）投资回收形式

复合商业街主要采取出租经营的方式。有些很大规模的复合商业街往往将沿街的土地出让给不同的开发商，由不同的开发商各自开发。针对这种多家开发商共同开发大规模商业街的情况，商铺投资者不仅要考虑拟投资项目的个案情况，而且要考虑商业街整体的规划等问题。也有一些新建复合商业街采取出售经营的方式。如果该类商业街是一个没有历史铺垫的项目，投资风险会比较大。

2.3.4 商业街商铺投资策略

专业商业街商铺不仅适合机构进行投资，也适合个人投资者。商铺的出售面积整体较小，所需要投入的资金数量不是很大，其投资风险也相对较低。租金收益水平尚可，有较大的升值空间，但商铺的自主权不高。

复合商业街商铺适合机构投资者和个人投资者进行投资，预期投资收益无论是租金收益还是升值收益都比较高，但因为复合商业街的市场打造、成熟度受较多因素影响，所以投资风险也比较高，投资周期比较长，建议个人投资者谨慎对待该投资品种。

2.4 市场类商铺置业投资特点分析

2.4.1 市场类商铺的类型

市场类商铺的分类标准也有很多。按照市场经营的商品是单一类别还是综合类型，我们将市场类商铺分为专业市场商铺和综合市场商铺。专业市场商铺往往集中经营某一类(种)商品，如建材市场、电子市场等；综合市场商铺经营的商品虽然有范围，但基本覆盖的是某一大类商品，如深圳华强北电子市场、杭州新时代家居生活广场等。

需要指出的是，鉴于专业市场类商铺经营商品的统一性特点，整个市场的营销成本比较低，只要该市场的开发商对整个市场的定位准确，那么所有的商铺就可以享受开发商统一市场宣传所带来的市场效果。从此特点可以得出结论：专业市场商铺的运营成本比较低。另外，由于专业市场商铺经营商品的品种简单化特点，其规划设计的复杂程度较低，有利于开发商对项目进行合理规划。而综合市场，因为经营商品没有统一性，所以开发商对项目的市场宣传所能带给经营者的利益相对较少。除此因素以外，综合市场的规划设计难度相对专业市场而言较高，对开发商的专业能力有要求。

2.4.2 专业市场及其商铺的特点

1. 专业市场规模特点

专业市场的规模大小和经营的商品的类型没有关系，往往和市场所处地域的市场支撑能力、投资商的实力及市场经营的方式等因素密不可分。例如，同样是电子市场，专业经营计算机、配件、耗材及辅助设备的北京中关村的海龙电子市场，规模庞大；而位于北京东南三环的亿客隆南城电子总汇则规模较小，其规模差别的原因在于中关村和北京南城电子消费市场需求存在差别。不同实力的投资商即使在同一个地区投资建设同样类型的专业市场，专业市场的规模也会差别很大，当然盈利能力也会差别很大。这种情况一旦摆在商铺投资者面前，选择不可避免。经营同样商品的专业市场，批发、零售的投资形式对其规模的影响很大。例如，位于北京南城沙子口的办公用品批发市场，其规模约 1 万平方米，专业批发办公所需的各类用品，在北京有很高的知名度，这种规模对于办公用品零售来讲一定是不恰当的。

2．专业市场规划设计特点

专业市场的规划设计并不复杂，开发商往往将每层合理分区或分成几条步行街，商铺沿街布置或按照"岛"型布置。步行街的长度建议不要超过 600 米，否则消费者可能产生疲劳、厌倦的感觉。

3．专业市场名称特点

专业市场的名称体现所在的位置和所经营的商品类型两大要素。这种命名方式可以为消费者提供尽可能多的信息，如海宁皮革城、绍兴纺织城等。

4．专业市场商铺的特点

1) 商铺的形式

专业市场商铺的主要形式为铺位形式，极少采用铺面形式。

2) 投资回收形式

专业市场商铺的投资回收形式有采取商铺出租的，也有些采取商铺出售方式，因此，专业市场商铺的投资回收形式差别较大。例如，东方家园、百安居、宜家家居都属于专营家居建材用品的专业市场，这类专业市场基本上都是由经营商统一经营管理；北京沙子口办公用品批发市场属于批发类专业市场，经营商采取出租经营的方式；杭州四季青服装批发也属于专业市场，开发商采取商铺出售、经营商接受业主委托统一经营管理的方式。需要指出的是，进行商铺投资的投资者在选择专业市场商铺的时候，需要对商铺的投资形式进行深入了解，而且专业市场的规模越大，项目的管理对商铺价值的影响力越大。

2.4.3 综合市场及其商铺的特点

1．综合市场规模的特点

综合市场的规模有大有小，其大小受所经营商品的类型影响比较大。但研究者认为，在同等运营条件下，综合市场的竞争力比专业市场的竞争力要差，同样的成本可以打造出一个具有市场影响力的专业市场，但却未必可以打造出一个经营良好的综合市场。尤其当开发商在综合市场开发过程中，对项目的定位不科学，市场策略缺乏创新时，较大规模的综合市场将面临风险。

2．综合市场规划设计特点

综合市场规划设计的难度较高，需要解决各商品分区的功能协调问题，也需要解决各商品分区自身的功能需要问题，还需要解决总体客流引导、货物流疏导等问题，这些对规划设计单位的市场意识有很高的要求，设计师不能简单只从建筑的角度确定设计方案。北京万通新世界商品交易市场属于综合市场类型，所经营的产品包括化妆用品、皮具、钟表眼镜、饰品、服装、家居用品、礼品、床上用品、办公用品、通信设备等，产品种类繁多。管理商将该市场定位为批发中低档生活、办公用品的批发市场。由于经营的商品种类庞杂，管理商对该市场进行了合理功能分区，首先按层进行划分，各层商品的种类与大型百货店的布置方式类似；各层进行区域划分，各区域之间及区域内均利用宽 2 米左右的主通道和宽 1.3 米左右的辅助通道连通。万通小商品批发市场的内部设计比较拥挤，但这种拥挤的设计方式还是比较符合目标消费者的需求的。万通的规划设计解决的大多数是"小商品"的零售商和消费者的需求，因为是小商品，所以通道不需要太宽，里面也可以拥挤一点，但如果是经营其他类型的商品，规划设计必然体现不同的技术要点。

3．综合市场名称特点

综合市场的名称往往体现其建筑名称或地理位置名称、所经营的商品的类别及经营的方式三大要素。以上信息最大限度体现在名称里，便于市场推广，如义乌小商品批发市场。

4．综合市场商铺的特点

1) 商铺的形式

综合市场店铺的形式主要是铺位，铺面商铺数量较少。

2) 投资回收形式

综合市场店铺大多数采取出租商铺的投资回收形式，现在陆续有一些项目采取商铺销售的形式。

2.4.4 投资策略

专业市场商铺是比较适合个人投资者投资的品种，目前在商铺投资市场以高价成交的商铺不少出自专业市场项目。从专业市场发展情况看，无论是在产品选择、定位、规模，还是在市场策略、管理运营等方面，国内开发商都已经有了比较丰富的经验，所以尽管投资收益水平未必最高，但较低投资风险下较高的投资收益率是值得选择的。当然，在专业市场商铺投资过程中，投资者必须对专业市场项目的市场环境做出准确判断。

综合市场外部的市场条件是商铺投资的核心因素，商铺价值更多来自该综合市场的价值，具体商铺的个性化因素对商铺投资价值的影响不是很大。与专业市场商铺相比，综合市场商铺的投资风险相对较大。个人商铺投资者在投资过程中，应该谨慎对待综合市场项目。

2.5 社区商铺置业投资特点分析

2.5.1 社区商铺的类型

按照消费者的消费行为将商业房地产分为物品业态、服务业态和体验业态。结合社区商铺的特点，按照商铺的投资形式，社区商铺可以分为零售型社区商铺和服务型社区商铺两类。其中似乎少了体验业态，这实际上是比较符合社区商铺的经营特点的。

社区商铺主要用来进行与人们生活密切相关的生活用品的销售和作为生活服务设施等。零售型社区商铺的商业形态为便利店、中小型超市、药店、小卖部、书报亭，以及少量服装店等；服务型社区商铺的商业形态主要为餐厅、健身设施、美容美发店、银行、干洗店、彩扩店、花店、咖啡店、酒吧、房屋中介公司、装饰公司、幼儿园等。

从以上社区商铺可能的商业形态可以看出，社区商铺具有广泛的功能特点，而且大多数投资小，容易出租、转让。

2.5.2 社区商铺的特点

社区商铺作为与人们的生活密切相关的商业房地产形式，其市场极为成熟，只要商铺投资者保持理性的投资思维，不是以过度透支的价格购买商铺，就不会面临大的投资风险。

1．零售型社区商铺

1) 规模特点

零售型社区商铺的规模有大有小。其中，用作便利店、中小型超市的社区商铺规模较大，面积大的约 1 000 平方米，小的约 100 平方米。例如，药店一般面积在 100 平方米左右，便利店面积一般为 20~30 平方米，书报亭面积仅有 4~5 平方米。

2) 规划设计特点

零售型社区商铺的规划设计通常没有特殊的要求：3.5 米的层高是基本要求；如果是做中型超市，规划设计时应考虑合理的柱距，避免柱网太密，影响使用效率。

3) 经营特点

零售型社区商铺的主要形式为铺面形式，投资回收方式包括出租和出售两种，从市场发展趋势来看，出售方式越来越吸引市场的关注，而且社区商铺的买家将逐渐从散户向商业投资机构转化。例如，随着智慧社区、社区电子商务的发展，投资机构需要社区商铺建立 E 邮站、商品自取点等。

2．服务型社区商铺

1) 规模特点

随着人们生活水平的提高，服务型社区商铺的规模有逐渐扩大的趋势。过去，社区商铺比较多的是小型餐厅、小型美容美发店、彩扩店、花店等，到现在，餐厅的规模越来越大，大型专业美容美发院成为大型社区的重要配套，健身设施从无到有，并不断有知名品牌健身机构进入市场，包括早教中心在内的其他服务设施都对商铺的规模有较高要求，1 000 平方米左右的商铺具有良好的市场空间。

2) 规划设计特点

服务型社区商铺的层高也不能低于 3.5 米，柱网设计过程中要在设计安全可靠的前提下，最大限度实现柱子数量最少化；由于餐厅、美容美发、健身等设施对水、电、暖、天然气、排污、消防等有相关要求，规划设计过程中要对以上内容加以考虑。上述设施越完善，商铺越容易出租。

3) 经营特点

服务型社区商铺的形式有铺面商铺和铺位商铺两大类。对铺面商铺不可能进行统一管理，尤其当采取出售投资形式的时候，开发商不可能在经营阶段干预商铺投资者的投资形式或经营类型,在此情况下,如果社区商铺的规模太大,这种没有统一定位、统一经营理念的社区商铺项目将有可能面临经营困局。有些社区建设专门的社区商业楼,里面的商铺主要是铺位形式,其"可视性"肯定不如铺面形式,但其优点在于这种铺位商铺有可能在统一定位、统一经营理念影响下,使竞争力得到提升,换言之,当社区商铺的开发商专业化水平很高时,铺位型社区商铺的价值未必不如铺面社区商铺。

目前,不少从事服务类商铺经营的经营商已经逐渐在改变租用商铺的方式,原因是多方面的:①过去的餐饮业经营商、美容美发店经营商等财力不足,所以只能租用商铺,但现在就不同了,很多从事服务类经营的企业、个人已经具备了投资购买商铺的实力;②这些经营商不得不面对商铺房东一再涨租金的现实,所以这些经营商会转而选择购买商铺。从上面的分析可以得出结论:服务型社区商铺会逐渐成为商铺销售市场的重要品种。

2.5.3 投资策略

尽管社区商铺的目标客户范围大多局限在社区内,但由于其市场成熟度高,市场基础稳定,所以成为商业房地产投资成交热点。如果所属社区定位高端、社区规模庞大,入住率高,那么其社区商铺的价值将被大大提升,社区规模成长的空间将预示着社区商铺价值的升值空间。

社区商铺适合机构和个人投资者投资,对个人投资者来说,由于市场风险较低,因此社区商铺的销售异常火爆。需要指出的是,社区商铺的风险较低,有一个前提,就是购买商铺时,不能被开发商的过分炒作所迷惑,不要买得太贵,以免被套牢。

2.6 住宅底层商铺置业投资特点分析

2.6.1 住宅底层商铺的类型

住宅底商可以按照服务区间及市场理念来划分。

1. 按照服务区间划分

按照服务区间的区别,可以将住宅底商分为服务于内部和服务于外部两种。有些住宅底商主要的客户对象是住宅社区内的居民,而其他住宅底商则不止将客户范围局限在住宅社区内。

对于大型的住宅社区,底商主要以社区内部居民为服务对象。在功能设定上要结合小区业主的消费档次、消费需求、消费心理、生活习惯。这样的店铺投资少,风险不大,资金回笼也较快。

对于服务于小区外部的商铺,则应考虑周边商业业态、街区功能来确定商铺功能。这样的商铺应位于交通便利,商业气氛浓郁的地区,店铺面积不宜过小(最好在 1 000 平方米以上），主要有大型超市、各种专卖店、大型百货商场等。

2．按照市场理念划分

随着越来越多的住宅项目进行住宅底商的开发，房地产开发商逐渐意识到住宅底商具有很大的市场潜力，但不同项目的竞争将成为今后住宅底商市场的主旋律，住宅底商项目市场运作将对住宅底商项目的成功发挥重要作用。

按照住宅底商市场运作的特点，我们将住宅底商分为概念型住宅底商、潜力型住宅底商和商圈型住宅底商三种类型。

1）概念型住宅底商

概念型住宅底商，指开发商在开发过程中注重突出项目的概念和主题包装。从以"欧式商业步行街"概念炒作成功的"现代城""欧陆经典"，到"珠江骏景"，再到"老番街"，住宅底商一改过去纯粹的配套服务功能。不过，为底商做主题包装只是第一步，后期对主题概念的实施和控制更加重要。新颖的主题包装无疑为项目增色不少，但绝不应是开发商的制胜法宝。

2）潜力型住宅底商

潜力型住宅底商，指具有巨大市场潜力的住宅底商项目。相对于借助炒作概念而走俏市场的概念型住宅底商项目而言，某些住宅底商无须炒作却也热销。原因主要是巨大的市场潜力使此类项目被众多投资者所看好。例如，位于亚运村的"风林绿洲"，由于与奥运村及奥运会场馆预留地毗邻，人气凝聚力强大，近几年内的市场潜力不容忽视，是难得的投资宝地。

潜力型住宅底商前景固然广阔，但同时也存在风险，无论投资者是自营、出租，还是转手出售，所面临的最大问题将是"时间"问题，也就是商户通常说的"养店铺的时间"。因此，投资者要正确评估自身承受能力，在核算回报率时应充分考虑时间因素。

3）商圈型住宅底商

商圈型住宅底商，指已经形成一定的商业氛围，拥有大量的、稳定的消费群体的住宅底商项目。凭借有利位置，抓住市场需求点，部分住宅底商项目尽管价格不菲但仍能创造佳绩。

商圈型住宅底商周边的商业已形成一定气候，投资风险相对小，回报率高。不过，需要指出的是，成熟商圈内的住宅底商，虽然位置和人气占有绝对优势，但是，投资商铺的其他条件(如楼层、格局、层高、广告位、硬件设施等)也十分重要。例如，北京科技会展中心，其首层店铺的出租效果很好，虽然发展商也采取了如加修直通三层的手扶滚梯，将过街天桥与二层直接相连等措施吸引客流，但仍难弥补二层、三层在设计上的缺陷，部分店铺仍有空置现象。

最需要指出的是，商圈型住宅底商的价值升值收益空间往往被缩小，而且如果商铺投资者不谨慎，很可能以过高价位购买商铺，最终被高位套牢。

2.6.2 住宅底商的特点

住宅底商有其区别于其他商铺形式的特点，这些特点对其经营、市场有方方面面的影响。

1．建筑形式特点

住宅底商在建筑形式上表现为依附于住宅楼的特点，整栋楼的一层、二层或/和地下层的用途为商业，楼上建筑的用途为居住。为了确保居住、商业运营两种功能的有效性，开发商会通过合理规划设计对居民和底商的消费者与经营者进行独立引导，将出入口独立开来，以保证楼上居民的生活尽可能少受底商的影响。

需要指出的是，如果规划设计不够合理，住宅底商会在一定程度上影响住宅的销售。

另外，对住宅底商的规模要恰当控制，当规模超过2万平方米时，开发商必须对该商业房地产项目的市场环境做必要的调查和研究，不能一概用底商的简单概念去确定项目定位、规模、市场策略等，否则项目会面临开发困境。

2．铺面、铺位类型

住宅底商的类型多数是铺面形式，少数是铺位形式。铺位住宅底商良好的"可视性"使其价值最大化有了可能性，这也是住宅底商引起市场关注的原因，或者说是住宅底商得到商铺投资者青睐的原因。

有些开发商在进行住宅底商设计时，为了使其标新立异，在住宅底商有限的空间里进行了超越通常意义的底商开发，可能将此住宅底商项目开发成为规模较大的步行街，或其他形式，这些市场意义的创新，使住宅底商的概念复杂化，无论是规模还是形式都要求开发商从更加专业的角度进行规划设计、定位等，否则，用普通底商的思维去开发步行街、百货商场或其他商业房地产形式，会加大项目的风险。

3．经营形态特点

住宅底商作为社区商铺的一大类，也主要用作与人们生活密切相关的生活用品销售和生活服务设施，其中零售型住宅底商的商业形态为便利店、中小型超市、药店、小卖部、书报亭，以及少量服装店等；服务型住宅底商的商业形态主要为餐厅、健身设施、美容美发店、银行、干洗店、彩扩店、花店、咖啡店、酒吧、房屋中介公司、装饰公司、幼儿园等。

4．投资回收形式

目前，越来越多的住宅底商的投资回收形式为底商出售形式，主要的投资者包括散户投资者和机构投资者。长期看来，机构商铺投资者会逐渐成为商铺购买的主力，这会影响国内商铺开发模式及投资模式。

2.6.3 投资策略

住宅底商作为市场基础最成熟的商业房地产类型，很适合个人投资者。一方面，只要售价合理，投资风险就相对比较低，空租率比较低，租金收益可以得到保证；另一方面，如果住宅项目规模大，居住人口消费能力强，其投资收益可以得到很好的保证。

2.7 百货商场、购物中心商铺置业投资特点分析

2.7.1 百货商场、购物中心商铺的类型

百货商场是指经营包括服装、鞋帽、首饰、化妆品、装饰品、家电、家庭用品等众多种类商品的大型零售商店。它是在一个大建筑物内，根据不同商品部门设销售区，采取柜台销售和开架面售方式，注重服务功能，满足目标顾客追求生活时尚和品位需求的零售业态。

购物中心是指一群建筑，是组合在一起的商业设施，按商圈确定其位置、规模，将多种店铺作为一个整体来计划、开发和经营，并且拥有一定规模的停车场。根据购物中心的建筑、设施和形态的不同，国际购物中心协会又将购物中心细分为"摩尔"(Mall，停车场与店铺间有一定的距离，通常在整体建筑的地下或外围，而店铺间有专门的步行街连接，如区域型、超区域型购物中心)和带状中心(店铺前各有停车场，店铺间通常没有专门的步道连接，如邻里型、社区型等)。

百货商场、购物中心商铺指百货商场、各种类型购物中心内的铺位。百货商场及各种类型购物中心的运营好坏对其中商铺的经营状况影响直接而深远。

2.7.2 百货商场及其商铺的特点

1．百货商场规模特点

百货商场规模通常在 2 万平方米左右。

2．百货商场规划设计特点

百货商场通常采用 3~5 层的多层建筑，不需要对设计荷载做过多的考虑，除层高、柱网、消防、外部交通方案、电梯、货物流、包括 POS 系统在内的各种智能化系统之外，商场内对消费者的有效引导，即动线布置和公共空间的设计都将是百货商场规划设计中的重要问题。

3．百货商场运营特点

百货商场主要采取统一经营的管理模式，由运营商对项目的定位、市场策略、管理模式等进行基于战略考虑的统一运作。统一经营的管理模式有利于打造项目的品牌价值，提升项目的竞争力。

4．百货商场商铺的特点

1) 商铺的形式

百货商场商铺基本上都是铺位形式，个别百货商场会将一层某些或某个铺面出租或出售给商家，如宾利汽车租用北京赛特购物中心一层的铺面做汽车展示，宝马汽车租用北京永安里贵友大厦一层的铺面做汽车展示等。

2) 投资回收形式

百货商场铺位商铺有的是专卖店的形式,从空间上相对独立;部分是采取柜台的形式;大部分采取开放空间内专卖区的形式,各个品牌销售区只是通过地块的划分有所区别。百货商场铺位绝大多数采取出租或按照营业额流水提成的方式,也有些采取租金和流水提成结合的方式。

2.7.3 购物中心及其商铺的特点

1. 购物中心规模特点

购物中心业态经营比例为购物:餐饮:休闲=1:1:1。

(1) 社区购物中心(Community Shopping Center)是在城市的区域商业中心建立的,面积在 5 万平方米以内的购物中心。

(2) 市区购物中心(Regional Shopping Center)是在城市的商业中心建立的,面积在 10 万平方米以内的购物中心。商圈半径为 10~20 千米,有 40~100 个租赁店,包括百货店、大型综合超市、各种专业店、专卖店、饮食店、杂品店以及娱乐服务设施等,停车位在 1 000 个以上,各个租赁店独立开展经营活动,使用各自的信息系统。

(3) 城郊购物中心(Super-regional Shopping Center)是在城市的郊区建立的,面积在 10 万平方米以上的购物中心。目前在国内大型商业房地产开发领域,具有投资价值的超级购物中心项目值得商铺投资者首先对它们建立基本的了解,有助于商铺投资者辨析市场机会,规避投资风险。

2. 购物中心规划设计特点

购物中心项目的规划设计包括购物中心项目的方案设计、初步设计及施工图设计等。项目规划与设计对于项目的成败有极大的决定作用,尤其以方案设计为重中之重。方案设计可以称为宏观设计,牵涉到用地分配、功能分区和规划、外部交通设计及城市环境设计,将决定购物中心项目的外部布局、内部功能、土地的利用效率、室内空间的利用效率、商铺出租的价格潜力、室内空间的合理动线布局等。初步设计及施工图设计可以称为微观设计,即在方案设计基础上进行纯建筑工程角度的深化、细化。购物中心规模庞大,业态复合程度极高,客流量大,所面对的两级客户——零售商和消费者有复杂的需求组合,这些对购物中心的规划设计提出了要求;同时购物中心规划设计又必须体现设计师的建筑美学概念和市场概念,如果不能实现这样的目标,无疑其设计是失败的,投资商、开发商将承受因此造成的损失。总之,购物中心的规划设计体现的是建筑美学概念和市场理念的充分结合,需要解决大量客流和广泛类型零售商所带来的复杂需求,这些就是购物中心规划设计的特点。

3. 购物中心运营特点

绝大多数购物中心采取运营商统一出租经营的管理方式,很少有购物中心采取出售商铺的方式。购物中心规模越大,采取出售商铺方式的可能性越小。当然可能有一些开发商看好某个购物中心项目,但鉴于资金压力,不得不采取将项目整体出售给投资机构,首先解决开发资金需求,在项目建设完成并投入运营后再回购的方式进行购物中心开发。这种购物中心从形式上看是采取出售的方式,需要指出的是,这种出售所面对的主要客户对象是投资机构,较少有散户投资者。

4. 购物中心商铺的特点

1) 商铺的形式

购物中心商铺的主要形式是铺位的形式,铺面形式比较少。商铺面积大小不一,差别很大,从几平方米到几万平方米不等。

2) 投资回收形式

购物中心牵涉到的经营业态有主力店、半主力店、专卖店、娱乐设施、餐饮设施等。不同规模的购物中心内的业态类型有多有少,其中超级购物中心内的业态组合最全、最多。以上各种经营业态的经营商基本上都是采取租用商铺的形式,其中主力店作为购物中心的重要组成部分,往往有一定的独立性,面积规模在 1.5 万到 2 万平方米;半主力店、专卖店、餐饮、娱乐等设施基本上都以独立铺位商铺的形式分布其中。购物中心内的商铺主要采取出租的形式,有些运营商会采取按照经营流水提成的形式,或者采取租金和提成结合的方式。

2.7.4 投资策略

百货商场类商铺投资比较适合投资机构,其优势可以在百货商场的开发、建设、管理过程中得到比较充分的发挥。

购物中心商铺也主要适合投资机构,毕竟该类项目规模庞大,项目定位、规模确定、市场策略、开发建设、运营管理等各种问题都需要采取系统化运作,而系统化运作正是投资机构的长处。即使有些购物中心项目由于资金原因,不得不采取商铺出售的方式,那么开发商必须选择有效的操作方案,一方面吸引个人投资者进来,另一方面考虑管理运营机构"返租"等方式,以最大限度地保证项目经营管理的整体性。

对于个人投资者来说,购物中心商铺的投资风险相对比较高,虽然这些项目一旦成功,所创造的价值升值会比较大,但该类项目面对市场成熟问题,以及竞争市场环境等问题,风险始终相伴。

2.8 商务楼、写字楼商铺置业投资特点分析

2.8.1 商务楼、写字楼商铺的类型

商务楼、写字楼商铺可以按照商铺项目在整个建筑中的规模进行划分,分为两大类:

底商商铺项目和零散商铺。前者代表开发商将底层个别楼层或多个楼层整体作为商业用途；而后者代表开发商只将底层和各楼层中部分建筑面积做商业用途。

商务楼、写字楼底商商铺和住宅底商商铺有明显的共同点，即都是以上层住户、租户为目标客户群；不同点在于，商务楼、写字楼底商商铺的定位基本上都高于住宅底商的定位。例如，北京王府饭店世界精品街汇集世界一线品牌；北京丰联广场上面是写字楼，下面四层是商业，以高档专卖店、知名特色餐饮设施和银行为主要租户等。

2.8.2 商务楼、写字楼底商商铺项目的特点

1. 建筑形式特点

商务楼、写字楼底商商铺项目指开发商将酒店、商住公寓、俱乐部、会所、写字楼等底层(可能包括一层、二层、三层和/或地下层)部分大规模用作底层商铺项目的发展，规模大，牵涉到整体定位、整体包装、整体商业组合等问题，所有商铺作为一个完整的商业项目的内容而存在。例如，北京的王府饭店、北京丰联广场、北京时代广场、北京嘉里中心底层商业都属于大规模商务楼、写字楼底商商铺项目，面积规模比较大，项目本身具有很强的市场吸引力，其主要客户范围已经超越了上层住户、租户，而是通过其市场运作将周边，甚至所在城市的某个消费阶层吸引进来。

2. 铺面、铺位类型

商务楼、写字楼底商商铺项目一层店铺会有不少属于铺面形式，其他楼层基本上都是铺位形式。

3. 经营业态特点

商务楼、写字楼底商商铺项目经营业态主要包括服装专卖店、超市、便利店、咖啡店、特色餐饮、银行、美容美发店、旅行社、机票代理、干洗店、彩扩店、国际诊所、娱乐项目等，其定位通常为中高档消费者，而且国际品牌在当中占很大的比例。

4. 投资回收特点

商务楼、写字楼底商商铺的投资回收形态有出租和出售两种。对于规模超过2万平方米的该类项目，只要开发商实力足够，为了确保对整个底商商铺项目整体运营的有效引导，建议开发商只要采取出租的方式，即使出售，也应该以投资机构为主要销售对象。

2.8.3 投资策略

商铺投资者对商务楼、写字楼底商商铺进行选择的原则是：首先确定哪个商铺从外部、内部具有最好的"可视性"；选择较好的楼层；以客流量为考虑参数，进行深入挑选；最后结合拟选择商铺的上述条件及自身资金状况，与开发商进行购买价格或租金的洽商。

商务楼、写字楼商铺的规模相对比较小，但投资风险并不高，比较适合个人投资者投资。

2.9 交通设施商铺置业投资特点分析

2.9.1 交通设施内部商铺的特点

1．规模特点

交通设施内部商铺的总体规模与该交通设施的客流量正相关，即客流量越大，内部商铺的总体规模越大，这体现出市场对经营的直接影响。个案商铺的规模从整体来讲以中小型商铺为主，中型商铺主要用作餐饮、咖啡厅、便利店，小型商铺主要用作专卖店、快餐店、书店等。以北京首都国际机场为例，依托庞大的客户流，北京首都国际机场出港前厅的几个商铺的面积为80～200平方米，主要有咖啡厅、便利店；出港后厅的商铺包括较大规模的便利店、中餐厅，以及规模较小的专卖店，便利店的面积较大的为200平方米左右，较小的为80平方米左右，中餐厅的面积较大，大约为500平方米。这些商铺成为服务于广大乘客的重要商业设施。

2．规划设计特点

交通设施的规划设计从属于交通设施主要功能的规划设计。规划设计首先考虑整个交通设施交通功能的需求，然后才考虑包括商业配套在内的配套设施，而且通常把大大小小的商铺布置在客流主要活动空间的周边、沿途，一方面方便消费者，另一方面有利于提高商铺的"可视性"，提升商铺的价值。

3．运营特点

交通设施内部商铺主要的服务对象是各类乘客，乘客的需求引导商铺的运营方向。乘客基本的饮食需求是从事餐饮生意的商铺的主要市场基础；乘客购买礼品的需求是各种便利店商铺的主要市场基础；乘客打发时光的需求是售卖图书、期刊的书店的主要市场前提……以上内容体现了交通设施商铺的基本运营特点。

4．商铺形式特点

交通设施内部商铺主要是铺位形式，较少铺面形式。

5．投资回收形式特点

交通设施内部商铺主要的投资形式是出租经营，比较少采取出售经营的方式。主要原因在于交通设施内部商铺总体规模比较小，仅相当于整个设施的很小的部分，交通设施的运营商进行商铺开发的目的主要是保证功能配套的完整性。

2.9.2 交通设施外部商铺的特点

1．规模特点

交通设施外部商铺规模和内部商铺规模的大小关系不确定。机场外部商铺的规模要比内部商铺的规模小；火车站外部商铺的规模要比内部商铺的规模大；地铁内部、外部商铺规模的大小关系不好确定，除交通条件以外，其他因素也会产生影响。交通设施外部商铺，以火车站和地铁出入口外部商铺的规模较大，除规模在 200 平方米左右的便利店外，各类规模在 100 平方米左右的餐饮设施数量很多。

2．规划设计特点

交通设施外部商铺通常隶属于不同的单位，或由不同的单位开发，所以缺乏统一的规划设计，唯一共同的地方就是最大化其"可视性"。

3．运营特点

交通设施外部商铺主要的经营业态包括便利店、餐饮设施、书报亭等。其中便利店主要以经营普通食品、特色食品、烟酒、茶、礼品用品、少量服装等为主；餐饮设施普遍为中小型，种类繁多；书报亭经营的图书、报纸、杂志等是乘客普遍喜欢用来消遣的商品。以上三大类经营业态完全体现了交通设施乘客的需求特点。

4．商铺形式特点

交通设施外部商铺有些是铺位形式，但绝大多数属于铺面形式。铺面形式对于大多数不熟悉本地市场的乘客来讲，其"可视性"价值低，所以交通设施，尤其是火车站周边的铺面房普遍价格不菲。

5．投资回收形式特点

交通设施外部商铺的投资回收形式为出租和出售两种形式。采取出租形式的该类商铺，大多数产权单位对商业不熟悉，只好以出租的方式赚取租金；采取出售方式的该类商铺，大多属于产权单位因为资金需求而将商铺出售，较少属于开发商开发，整个项目进行出售的情况。

2.9.3 道路两侧商铺的特点

1．规模特点

道路两侧商铺的规模没有固定特点，换言之，其规模大小没有统一性，大的可能一两千平方米，小的可能仅仅几平方米。

2．规划设计特点

道路两侧商铺的规划设计具有极大的个性化，当然，个性化要以不违背商业规律为前提。

3．运营特点

道路两侧商铺的经营业态主要有餐饮设施、美容美发、专卖店、普通服装店、各类商店、打字社、小超市、各类便利店、汽车专卖店、汽车服务店、银行、摄影店、书店、房地产中介商、网吧等。我们对于这些经营业态最熟悉不过了，它们和我们的生活紧密联系在一起。

4．商铺形式特点

道路两侧商铺的形式主要是铺面形式，铺位形式较少。铺位形式在有些道路两侧的小型市场里存在，这类铺位形式的商铺的竞争力相对较低。

5．投资回收形式特点

目前国内道路两侧商铺的投资回收形式主要是出租的方式，产权单位或产权人普遍是长期拥有商铺产权的业主，很少有新购买商铺的业主，更值得一提的是有不少商铺是在政府大规模的市政建设过程中突然"变成"的，这类商铺可能过去是以住宅价格买入的，一夜之间变成商铺，那么其投资收益会相当高。

道路两侧商铺采取出售方式的案例比较少，主要是二手商铺的出售。当然，随着国内商业房地产业的持续发展，道路两侧销售商铺项目将会逐渐增加。

2.9.4 投资策略

交通设施内部商铺的租金收益是投资收益的主要内容，价值升值空间有限，如果商铺售价较高，租金收益率低于10%，建议商铺投资者采取谨慎态度。

交通设施外部商铺的租金收益和升值收益成为投资收益的良好组合。交通设施服务乘客规模的升级，将提升租金收益水平；交通设施周边房地产的发展，将打开该类商铺价值的升值空间。考虑到价值升值空间因素，该类商铺租金收益率不低于10%，可以考虑投资。

道路两侧商铺的租金收益和价值升值收益形成投资收益的收益组合，鉴于城市再开发的原因，寻觅价值升值空间大的道路两侧的商铺，应成为商铺投资者重要的目标。考虑到价值升值空间的因素，道路两侧商铺的租金收益率只要不低于10%，就可考虑选择投资。

2.10 商铺置业投资因素分析

商铺投资收益(P_r)包括租金收益(R)和价值升值收益(V)，租金收益(R)的水平取决于商铺所在位置的商业氛围(商情因子 E)、客流量(P_o)、"可视性"(V_i)、楼层(F)、交通条件(T)、停车设施(P)、商铺硬件条件(C)、整个项目规划的科学性(D)、经营商品的类型(G)、隶属项目的运营特点(M)等因素；价值升值收益的水平取决于商铺所在地区的商业氛围(E)、初始售价(P_c)、整个项目规划的科学性(D)、楼层(F)、经营商品的类型(G)、隶属项目的运营特点(M)及未来周边居住、办公类、房地产及旅游房地产等的发展趋势(R_e)等，即

$$P_r = R + V \tag{2-1}$$

$$R = F(E, P_o, V_i, F, T, P, C, D, G, M) \tag{2-2}$$

$$V = F(E, P_c, D, F, G, M, R_e) \tag{2-3}$$

如果投资者持有商铺的时间为 N 年，那么静态投资回报率为

$$R_i = P_r / (N \times P_c) \tag{2-4}$$

针对不同的商铺类型，当 R_i 达到某种水准时，商铺投资者才可以做出投资决策。最终决策必须适合其自身资金特点、风险程度大小等。

2.10.1 商铺周边房地产发展趋势

对于商铺投资者来讲,商铺价值提升是一个动态的过程,任何一个商业房地产项目从项目开始进入市场到走向成熟,都必须经历从不成熟到成熟的过程,租金从低到高,商铺的价值从低到高。在商铺价值提升的过程中,上述因素普遍属于静态因素,但商铺周边房地产发展的状况及趋势将对商铺的价值产生重要的影响。周边房地产项目包括诸如住宅项目、写字楼项目、旅游房地产项目、综合配套设施、政府规划性景观项目等各类房地产项目,这些项目都通过其不同的方式吸引所在地区的人气,增加所在地区的客流量。如果一个商业房地产项目其周边的人气持续提升,客流量大幅增加,那么该项目的增值将是必然的。商铺投资者如何判断拟投资商铺未来周边房地产发展的趋势呢?不同的商业房地产项目,其所面临的周边规划差别很大,投资者必须结合具体项目进行个案判断。

2.10.2 经营商品的类型

经营商品的类型与商铺的租金收益及价值升值收益有密切关系。不同的商品,其利润空间显著不同,将经营计算机的商铺和经营低档服装的商铺相比较,前者的经营利润比后者的经营利润大。如果商铺投资者在进行商铺投资时能够清楚判断未来商铺适合经营的商品类型,那么该商铺投资者一定胜人一筹。

2.10.3 整个项目规划设计的科学性

众所周知,规划设计对于商业房地产项目的价值具有重要影响。规划设计单位往往只是从建筑美学的角度对项目进行规划设计,很少从功能的角度进行考虑,但鉴于商业房地产两级客户的需求,其功能性比其他房地产形式都要复杂,而且会直接影响项目的成败。目前国内专业从事商业房地产设计的设计单位很少,可供选择的有成功商业房地产规划设计经验的设计单位则更少。通常,开发商需要在此阶段引入市场顾问机构,从市场的角度对项目规划设计进行调整。以上工作做得好坏,将决定该商业房地产项目规划设计的科学性程度。项目的规划设计越多体现零售商、消费者的需求,项目成功的概率越高。

2.10.4 交通条件

交通条件对于商铺价值的重要性毋庸置疑,交通条件往往意味着可能到访客流量的潜力。假如一个商铺所处的位置偏僻,出行困难,那么其价值会显著降低。交通条件对商铺投资者的重要性并不难理解,关键是如何在具体商铺投资过程中应用。

2.10.5 "可视性"

"可视性"概念对于商铺的价值至关重要。商铺的"可视性"指经过建筑师创造性的设计,最大限度使得商铺在平面范围内极容易被看到。换言之,购物者在外部、步行街或中庭广场等各种位置都能够看到商铺。对于零售商而言，这必然是他们租店铺时要特别关注的问题，商铺的"可视性"越好，零售商越容易接受，租金越高。"可视性"原则在商业房地产项目的规划设计中也普遍得到强调，"可视性"的体现实际上是零售商、消费者对商铺接受程度的体现，也是各项设计原则中唯一与市场相关的原则。如果一个商业房地产项目的外部"可视性"和内部"可视性"都得以充分实现，只要项目周边市场条件可行，商铺投资者将极容易找到进驻零售商。

2.10.6 商情因子

商情因子指商铺所在地区商业环境、商业竞争状态及所吸引的主要客户群的规模及覆盖范围等。在判断商铺价值的过程中，必须对商铺所在地区的商业氛围有足够的了解：商业氛围的好坏直接影响商铺的价值、租金水平，以及价值升值空间。在进行商铺投资的过程中，要同时对商铺所在地区现实商情和未来预期商情进行分析，看商情因子变化的空间，从中可以发掘商铺价值升值收益的趋势和潜力。

对商情的准确把握需要深入的分析，将商情因子分为 A、B、C、D、E 5 级。

A 级：现代改造型、知名大型繁华商业区，商业氛围极为浓厚，竞争激烈但呈现共存共荣的状态，商铺价值极高，针对的客户群体覆盖本城市人口及外地人口，如北京王府井大街、北京西单商业街、上海南京路等。

B 级：城市大型商业设施区域，商业氛围浓厚，大中城市里同业项目竞争程度较高，小城市里同业项目竞争程度较低，针对的客户群体覆盖本城市某个消费阶层，如北京国贸商城、北京东方广场、上海东方新天地、上海恒隆广场等。

C 级：地区性商业设施区域，商业氛围较浓厚，同业项目竞争程度较高，针对的客户群体指其周边消费群，如北京十里河建材街、杭州西溪印象城等。

D 级：交通设施、商务楼、写字楼商业设施区域，针对的客户群主要是其服务客户、周边客户群。

E 级：社区型商业设施区域，同业项目竞争程度较高，针对的客户群体以社区内居民为主，消费主体的内容比较复杂。

以上 A、B、C、D、E 5 个级别商业氛围依次降低，整体来看，租金水平按照以上水平依次降低，但商铺价值升值的空间按照以上级别呈增长的趋势。租金收益和价值升值收益的矛盾性是任何商铺投资者都必须面对的问题，既想有很高的租金收益，又要保证价值升值收益良好的空间，对于普通的投资者来讲，是很困难的事情。

2.10.7 租金收益

出租方式回收投资是房地产业资金流转的基本方式之一，当然对于商铺来讲也不例外。租金收益水平是是否投资商铺的关键。

2.10.8 商铺初始售价

商铺初始售价的高低将影响商铺投资的收益。正如式(2-4)中所表达的，商铺初始售价越高，投资收益率越低，资金风险也会越高。同样一个商铺楼盘，项目不同阶段其售价可能会不同，越是接近现房，售价越高。对于商铺投资者而言，售价高就意味着需要支付更多的资金，更多的首付款，前期资金压力变大不说，完全有可能以高价买入，最终被高位套牢。

2.10.9 硬件条件

商铺的硬件条件具体指商铺的规划设计和能源状况等，包括面宽、进深、层高，以及对消费者的有效引导，还有商铺的水、电、煤气、污水排放等技术性内容，以上因素对商铺的功能影响很大。从商铺功能多方面适应性的角度来看，商铺的规划设计状况必须有广泛的适应性，如果能够满足多种商业运营商的经营需要，那么商铺投资者在商铺出租过程中将有较多的选择。如果租户数量多，正所谓"水涨船高"，投资者得到高租金是自然的事情。

目前，国内从事商业房地产设计的专业设计单位数量很少，严格地讲，中国几乎没有真正有大型商业房地产项目实践经验的设计单位。不少开发商采用委托国外设计单位进行设计的方式，但我们认为无论是国内设计单位，还是国外设计单位，作为建筑师，他们更多表达的是建筑美学概念等，普遍缺乏对市场的了解。一个成功的商业房地产设计，需要商业策划公司的参与，从市场的角度对设计方案进行修正。

2.10.10 停车条件

停车条件具体来讲就是小汽车停车位的情况。在过去，商铺投资者可能不太注意停车条件的问题，但现在投资者要谨慎判断停车问题。过去，私家车数量有限，自行车是中国人的主要交通工具，所以商业设施都对自行车停车场做了充分的考虑，但现在的情况是私家车在国内强劲增长，对商业、零售业的经营影响颇大，如果商业房地产项目不能有效解决停车场问题，那么项目最终面临经营困局几乎是不可避免的；另外私家车消费者的消费势力强劲，尽管人数仅占消费者总体人数的30%左右，但其带来的营业额却可能在总营业额的70%左右……从上述分析可以得出结论：如果一个商业房地产项目不能为有车族提供足够的便利保证，那么在一定程度上就等于放弃了一个极富消费潜力的客户群。当然，对于目标客户不是中高端客户的项目来讲，停车条件可以放在次要位置。

车位比一方面有相关规定，不同城市、不同区域的车位比规定都是不一样的。一般大城市要求的车位比比较高，小城市要低一些。楼盘的车位比不能低于政府规定的最低标准，但是可以超过。而且高档的楼盘都要超过，高档写字楼更是。车位配比该设置多少，必须根据不同城市的具体情况来定。最好的办法是去调查周边的商铺、超市、写字楼和剧院的车位比，然后判断楼盘的人流和停车比例与这些地方比较是会更多还是更少，以此合理确定车位比。

1. 西方国家的停车标准

以美国公用物业停车标准作为测算基础，其停车位标准规范为行政办公每100平方米3～5个，中型零售业每100平方米5个，公寓每户1.5个。按照标准停车位每个35～50平方米(包括停车位所占面积、车库行车道路、转弯半径、行车进出引道等)计算，一栋大型高端写字楼停车位面积将超过建筑使用面积；即使按照欧洲的高端写字楼停车位标准(每平方米2～3.5个)计算，高端写字楼的停车位面积也基本与建筑使用面积持平。

2．我国停车位配比规定

国家规定停车场用地总面积按规划人口每人0.8～1平方米设计。一座写字楼每100平方米的建筑面积配备机动车位的指标是0.5个，娱乐性质建筑的指标是1.5～2个，餐饮性质的指标是2.5个。剧院的车位不是按面积而是按人头来计算的，关键是看有多少座位。例如，国家大剧院机动车停车位共设有1 000个，其中贵宾车位80个，供内部工作人员使用车位120个，社会车辆停靠车位800个。每辆机动车按1.5人配比，共有约1 200人采用自驾车方式进入剧场，占大剧院总容量数(5 500人)的20%左右。一般的剧院没有这么高。在一般的省会城市，暂时按临街商业每1万平方米40个测算，写字楼1个/300平方米，综合性超市100个车位，剧院40个左右。商业购物中心最低配置为10 000平方米至少要配置100个。

3．国内其他城市车位配比经验

(1) 沿海及发达城市已经要求新建住宅小区车位比要达到1∶1，也就是一户一个车位。上海、广州、深圳、北京等一线城市许多高档住宅的停车规划设计比例最高的已经达到1∶2。在经济较发达的南方城市，如"全民经商"的浙江省义乌市，新楼盘设计停车配置最少也从1∶0.8起步，有些楼盘达到1∶1.4以上的设计配置。

(2) 根据《杭州市住宅区配套公建建设管理暂行规定》，车位配置标准为：户型建筑面积在150平方米以上的，不少于1车位/户；户型建筑面积在100～149平方米的，不少于0.7车位/户；户型建筑面积在80～100平方米的，不少于0.5车位/户。户型建筑面积在79平方米以下的，不少于0.15车位/户。而办公楼停车位的配比必须达到每100平方米0.5个车位。

(3) 南京办公楼的停车位规划要点的主要依据是2003年下达的《南京市建筑配建停车设施设置标准和准则》，老城区要求达到每100平方米0.5车位，新城区是每100平方米0.8车位，这些数据都是针对单纯的写字楼的，如果有餐饮类的，要求就更高了。

(4) 《北京地区建设工程规划设计通则》规定机动车位配比标准(表2-1)：

① 凡本市行政区域内建设下列大中型公共建筑，均须按照本规定配套建设停车场(含停车库，以下简称停车场)：建筑面积1 000平方米以上(含1 000平方米)的饭庄；建筑面积2 000平方米以上(含2 000平方米)的电影院；建筑面积5 000平方米以上(含5 000平方米)的旅馆、外国人公寓、办公楼、商店、医院、展览馆、剧院、体育场(馆)等公共建筑。现有停车场不符合本规定要求的，应按本规定逐步补建、扩建。

表2-1 北京市大中型公共建筑停车场标准

建筑类别		计算单位	标准车位数/辆	
			小型汽车	自行车
旅馆	一类	每套客房	0.6	
	二类	同上	0.4	
	三类	同上	0.2	
办公楼		每1 000平方米建筑面积	6.5	20

续表

建筑类别		计算单位	标准车位数/辆	
			小型汽车	自行车
餐饮		每1 000平方米建筑面积	7	40
商场	一类	每1 000平方米建筑面积	6.5	40
	二类	同上	4.5	40
医院	市级	同上	6.5	40
	区级	同上	4.5	40
展览馆		同上	7	45
电影院		每100座位	3	每1 000平方米45辆
剧院(音乐厅)		同上	10	同上
体育场馆	一类	同上	4.2	同上
	二类	同上	1.2	同上

注：①露天停车场的占地面积，小型汽车按每车位25平方米计算，自行车按每车位1.2平方米计算。停车库的建筑面积，小型汽车按每车位40平方米计算，自行车按每车位1.8平方米计算。②旅馆中的一类指《旅游旅馆设计暂行标准》规定的一级旅游旅馆，二类指该标准规定的二、三级旅游旅馆，三类指该标准规定的四级旅游旅馆。③餐饮中的一类指特级饭庄，二类指一级饭庄。④商场中的一类指建筑面积10 000平方米以上的商场，二类指建筑面积不足10 000平方米的商场。⑤体育场馆中的一类指15 000座位以上的体育场或3 000座位以上的体育馆，二类指不足15 000座位的体育场或不足3 000座位的体育馆。⑥多功能的综合性大中型公共建筑，停车场车位按各单位标准总和80%计算。

② 居住区配套停车位要求：普通居住区按照三环路以内3辆/10户，三环路以外5辆/10户；公寓按照1辆/户；别墅区按照2辆/户。

2.10.11 楼层

众所周知，商铺所在的楼层不同，价值也不同，一层的商铺无论是租金还是售价都要比二层、三层的商铺高出很多。关于楼层的价值，从"可视性"的角度也可以理解，一层商铺的"可视性"普遍比二层、三层商铺的"可视性"要好。

2.10.12 客流量

客流量对于商铺的价值至关重要。商情所阐释的是商铺所在地区的宏观商业状况，但客流量是针对商铺个案进行的商铺价值的微观量化。商业经营者对商铺门前客流量极为关注，也许两个距离50米的商铺因为其他原因，客流量会差距很大，所以客流量是商业经营者取得运营成功的重要客观条件之一。

2.10.13 价值升值收益

价值升值收益实际上是商铺二手交易实现的卖价和初始买价的差额。实现价值升值收益对于一般的商铺投资者有不小的难度，投资选择得力，不仅会创造较高的租金收益，而且会轻松获得买家飞涨的报价；如果投资选择失当，不仅商铺不好出租，而且完全有可能被迫"挥泪降价甩卖"，价值升值收益就成了负数。租金收益和价值升值收益共存，但也存在矛盾。对于一个租金收益水平很高的商铺来讲，其价值升值收益空间就会相对比较小；相反，价值升值收益空间大的商铺，其租金水平最开始往往比较低，呈现逐渐提升的态势。

对于商铺投资者而言，创造最大商铺投资收益的方案是最大化租金收益和价值升值收益之和，这显然是一个数学求最大值的问题。但是鉴于多种因素对商铺价值的影响，目前尚没有统一表达商铺收益的函数，所以在投资判断过程中，我们只能暂时从最大化价值升值收益的角度来看待一个新兴商业房地产市场的商铺投资问题，这种投资策略符合市场初始发展阶段的投资趋势。

2.10.14 商铺投资收益

商铺投资收益是所有商铺投资者所关注的问题，但一般的投资者对商铺投资收益的理解仅局限在租金收入上。实际情况是，租金收益属于商铺投资收益中常规的收益项目，属于普通意义的收益内容，而商铺价值升值收益对于成熟、专业的商铺投资者来讲，无疑成为他们创造财富的重要手段。

在这里，商铺投资收益指商铺为投资者创造的收益的总和。在其测算中，商铺投资者势必依据市场状况和趋势对后期的收益做出推测，当然也包括卖出后的升值收益。如果一个投资者不考虑在未来卖出商铺，假设预测年租为 R_0，那么商铺的投资收益率就简化为 $R_i = R_0 / P_c$。

2.10.15 商铺投资政策性规定

与商铺投资有关的政策性规定有 7 项，包括出让金、贷款政策、面积标准、水电费用、物业管理费、特殊要求、空置等相关政策。

在前期购买环节应注意：

(1) 商业建筑的土地出让金要比住宅高，土地出让年限只有 40 年。

(2) 在贷款政策方面，购置商铺可贷款五成，年限是 10 年，利率是同期基准利率的 1.1 倍。但只有工程具备竣工备案条件后，银行才会放款。因此，商铺贷款的月供是在房子即将投入使用时才发生的。

(3) 商铺不是按套销售，而是按最小销售面积销售。具体面积标准因项目而异，有 100 平方米的，也有 1 000 平方米的，也有不分割卖的。

在后期使用过程中以及硬件配备上应注意的有：

(1) 水、电、气、热等需按专门的商业市政标准缴费。

(2) 物业管理费高于普通住宅。

(3) 根据经营范围，各行业的主管部门对房屋有些特殊要求，如餐饮业要专设污水隔油池等特殊设备。

(4) 由于按面积出租，刚性的空置是商铺经营不可避免的。

以上对商铺投资原理中的主要参数进行了简要介绍。如果商铺投资者在商铺投资过程中能够将上述各因素都分析清楚，相信其投资是不会失败的。

2.11 商铺置业投资估算

2.11.1 商业地产金融政策

2007年9月27日中国人民银行和银监会联合发布的《关于加强商业性房地产信贷管理通知》规定，利用贷款购买的商业用房应为已竣工验收的房屋。商业用房购房贷款首付款比例不得低于50%，期限不得超过10年，贷款利率不得低于中国人民银行公布的同期同档次利率的1.1倍，具体的首付款比例、贷款期限和利率水平由商业银行根据贷款风险管理相关原则自主确定；对以"商住两用房"名义申请贷款的，首付款比例不得低于45%，贷款期限和利率水平按照商业性用房贷款管理规定执行。

2.11.2 相关税费政策

【参考图文】

商铺属于商业地产，与住宅相比，在交易的过程中涉及的税费缴纳比例和优惠政策有很大不同。

1) 契税

商业性房地产在交易时，根据《中华人民共和国契税暂行条例》第三款规定，税率为3%~5%；按照交易价或评估价计征。

2) 印花税

商业房地产交易时，印花税是按照售价的0.05%全额征收。

3) 物业维修基金

商业房地产的物业维修基金是参照住宅类物业的标准执行，在购入新房时一次性缴纳，后期不足时，再根据召开业主大会商议归集缴纳标准；二手房转售购入时不用再行缴纳。

4) 交易手续费

住宅以外的房地产交易时，主要针对转让方收取一定的手续费，按照建筑面积计征，涉及二手房时，交易双方各承担50%的交易手续费。杭州市是新建商品房按照6元/平方米征收，存量房按照12元/平方米征收(每宗交易手续费超过5 000元按5 000元计算)，交易双方各承担50%。

5) 增值税及附加

如果所售房产是非住宅类如商铺、写字间或厂房等，则不论购买年限是否超过

5年都需要全额征收增值税，具体标准参照住宅执行。但要注意商业地产个人或企业在购房时不用缴纳增值税及附加，转让方必须缴纳，按照售价扣除原购入价差额的5.5%～5.6%征收；商铺在出租期间一般按照租金收入计价征收或者核定征收，具体按照各地规定执行。

6) 房产税

商铺在出租期间必须按照规定缴纳一定数额的房产税，一般按照租金收入的12%缴纳。

7) 土地增值税

土地增值税实际上就是反房地产暴利税，是指房地产经营企业等单位和个人，有偿转让国有土地使用权及在房屋销售过程中获得的收入，扣除开发或者置业成本等支出后的增值部分，要按一定比例向国家缴纳的一种税费。计税方式分两种情况。

(1) 核定征收，按照转让二手房交易价格全额的1%征收率征收，这种模式类似于目前的个人所得税征收方式。如成交价为125万元，土地增值税税额应为1 250 000×1%=12 500(元)。

(2) 减除法定扣除项目金额后，按四级超率累进税率征收，税率见表2-2。其中又分两种情况：一是能够提供购房发票，二是不能够提供发票，但能够提供房地产评估机构的评估报告。

① 能够提供购房发票的，可减除以下项目金额：取得房地产时有效发票所载的金额；按发票所载金额从购买年度起至转让年度止，每年加计5%的金额；按国家规定统一交纳的与转让房地产有关税金；取得房地产时所缴纳的契税。

② 不能够提供购房发票，但能够提供房地产评估机构按照重置成本评估法提供的房屋及建筑物价格评估报告的，扣除项目金额按以下标准确认：取得国有土地使用权时所支付的金额证明；中介机构评定的房屋及建筑物价格(不包括土地评估价值)，需经地方主管税务机关对评定的房屋及建筑物价格进行确认；按国家规定统一交纳的与转让房地产有关的税金和价格评估费用。

计算公式

应纳税额=增值额×适用税率-扣除项目金额×速算扣除系数

表2-2 土地增值税率表

级数	计税依据	适用税率	速算扣除率
1	增值额未超过扣除项目金额50%的部分	30%	0
2	增值额超过扣除项目金额50%、未超过扣除项目金额100%的部分	40%	5%
3	增值额超过扣除项目金额100%、未超过扣除项目金额200%的部分	50%	15%
4	增值额超过扣除项目金额200%的部分	60%	35%

注：房地产企业建设普通住宅出售的，增值额未超过扣除金额20%的，免征土地增值税。

【例2-1】 假设张先生于2014年12月以50万元购买了一间商铺，2016年12月将以70万来出售。

(1) 张先生不能提供购房发票证明，又不能提供房屋及建筑物价格评估报告的，其以核定方式来缴纳，则需要缴纳的土地增值税为700 000×1%=7 000(元)。

(2) 如果张先生能够提供购房发票，发票所载金额为50万元，那么可扣除：

房屋原值：500 000 元；

加计金额：500 000×5%+500 000×(1+5%)×5%=51 250(元)；

税金：契税为 7 500 元(500 000×1.5%)，转让时缴纳的增值税及附加为 38 500 元(700 000×5.5%)，个人所得税按核定方式缴纳为 7 000 元(700 000×1%)，印花税 350 元。那么该套房屋的增值额为 700 000-500 000-51 250-7 500-38 500-7 000-350=95 400(元)，未超过扣除项目金额的 50%，按照 30%的税率计算。那么，土地增值税税额为 95 400×30%=28 620(元)。

8) 个人所得税

个人所得税的税率为 20%，但纳税基数是房屋的增值部分，具体计算公式为：应纳税额=成交价-房屋原值(买入价)-合理费用(合理费用包括各种税费、装修费用)×20%；房屋原值是指出售方取得该房屋时所支付的购置价格或建造费用，以及其他有关费用；合理费用是指购入该房屋时缴纳的装修费、契税、印花税、交易手续费、评估费及出售该房屋时缴纳的印花税、增值税及城建税、教育费附加、土地增值税、评估费、交易手续费等。纳税义务人应提供合法、完整、准确的房屋原值凭证及税费缴纳凭证。纳税人未能提供完整、准确的有关扣除合理费用的凭证，不能正确计算应纳税额的，采取核定征税，目前暂按成交价的一定比例来执行(一般在 1%～3%)。

2.11.3 商铺投资估算举例

下面以例证方式来呈现商铺的投资估算。

杭州某公司经理 2014 年 1 月 1 日以 2.20 万元/平方米的价格购买了杭州主城区某商业步行街的一楼的商铺，产权面积为 65.58 平方米。试进行投资估算分析。

(1) 该套商铺单价 22 000 元/平方米，按照建筑面积 65.58 平方米计算，则

购房总价=2.2×65.58=144.28(万元)，首付 50%，首付款=144.28×0.5=72.14(万元)。

(2) 需要缴纳契税=144.28×0.03≈4.33(万元)，由于商铺是非住宅房屋，按照杭州市规定的缴纳契税适用税率取 3%。

(3) 需要缴纳印花税=144.28×0.05%=0.07(万元)。

(4) 需要缴纳的物业维修基金=65.58×65=0.43(万元)，该商铺为带电梯多层，参照杭州市住宅缴纳物业维修金标准，缴纳标准为 65 元/平方米。

(5) 产权登记办证代理等费用大约为 400 元，即 0.04 万元。

(6) 交房时，还要一次性缴纳一年物业服务费，按照 10 元/(平方米·月)估算，物业服务费=10×65.58×12=0.79(万元)。

(7) 估算结果如下：

共需资金=144.28+4.33+0.43+0.04+0.79+0.07=149.94(万元)

首付 72.14 万元

后期费用=4.33+0.43+0.04+0.79+0.07=5.66(万元)

贷款总额=144.28-72.14=72.14(万元)

2.12 商铺置业投资财务分析

房地产置业投资的经济效果主要表现为租金收益、物业增值、股权增加三个方面。租金通常表现为月租金收入，而物业增值和股权增加效果则既可在处置(转让)物业时实现，也可在以针对物业的再融资行为中实现(如申请二次抵押贷款)。其经济效果明显受市场状况和物业特性变化的影响。个人或企业进行房地产置业投资的目的就是要获得预期的经济效果，但其在没有成为到手的现金流之前，仅仅是一个美好的期望。因此，房地产置业投资经济效果表现形式只是说明投资者可以获得的利益类型，在没有成为一个特定时点的现金流量之前，经济效果是无法量化的。

2.12.1 编制现金流量表

1. 现金流量表的含义

现金流量表是指反映项目在计算期内各年的现金流入、现金流出和净现金流量的计算表格。

2. 现金流量表的种类

按照投资计算基础的不同，现金流量表一般分为全部投资现金流量表和资本金现金流量表。

1) 全部投资现金流量表

全部投资现金流量表是不分投资资金来源，以全部投资作为计算基础(即假定全部投资均为自有资金)，用以计算全部投资所得税前及所得税后财务内部收益率、财务净现值及投资回收期等评价指标的计算表格。其目的是考查项目全部投资的盈利能力，为各个方案进行比较建立共同基础，其表格形式见表2-3。

表2-3 全部投资财务现金流量表

单位：万元

序号	项目名称	时间								
		0	1	2	3	4	5	6	…	n-1	n
1	现金流入										
1.1	租金收入										
1.2	转售收入										
2	现金流出										
2.1	购房总价										
2.2	契税										

续表

序号	项目名称	时间									
		0	1	2	3	4	5	6	…	n-1	n
2.3	印花税										
2.4	物业维修基金										
2.5	交易手续费										
2.6	物业服务费										
2.7	房产税										
2.8	增值税及附加										
2.9	土地增值税										
2.10	所得税										
…	……										
3	净现金流量										

2) 资本金现金流量表

资本金是项目投资者自己拥有的资金。资本金现金流量表从投资者整体的角度出发，以投资者的出资额作为计算基础，把借款本金偿还和利息支付作为现金流出，用以计算资本金财务内部收益率、财务净现值等评价指标，考查项目资本金的盈利能力，其表格形式见表2-4。

表2-4 自有资金投资财务现金流量表

单位：万元

序号	项目名称	时间									
		0	1	2	3	4	5	6	…	n-1	n
1	现金流入										
1.1	租金收入										
1.2	转售收入										
2	现金流出										
2.1	首付款										
2.2	年还本付息额										
2.3	契税										
2.4	印花税										
2.5	物业维修基金										
2.6	交易手续费										
2.7	物业服务费										
2.8	房产税										
2.9	营业税及附加										
2.10	土地增值税										

续表

序号	项目名称	时间									
		0	1	2	3	4	5	6	…	n-1	n
2.11	所得税										
…	…										
3	净现金流量										

2.12.2 基本财务指标

房地产置业投资经济评价指标体系中反映盈利能力的静态指标有静态投资回收期、现金回报率、投资回报率等、投资利润率、资本金利润率、资本金净利润率等招标,动态指标有财务净现值、财务内部收益率、动态投资回收期等。该学习情境中主要掌握静态投资回收期、现金回报率、动态投资回收期、投资回报率、财务内部收益率、财务净现值等指标。

1. 静态指标

1) 静态投资回收期

静态投资回收期(P'_b),是指当不考虑现金流折现时,项目以净收益抵偿全部投资所需的时间。一般以年表示,对房地产投资项目来说,静态投资回收期自投资起始点算起。其计算公式为

$$\sum_{t=0}^{P'_b}(CI-CO)_t = 0 \tag{2-5}$$

详细计算公式为

$$P'_b = [累计净现金流量开始出现正值期数-1]$$
$$+[上期累计净现金流量的绝对值/当期净现金流量] \tag{2-6}$$

上式得出的是以期为单位的静态投资回收期,应该再把它换算成以年为单位的静态投资回收期,其中的小数部分也可以折算成月数,以年和月表示,如3年零9个月或3.75年。

商铺投资合理的回收期限一般为8~12年。

2) 现金回报率

现金回报率指房地产置业投资过程中,每年所获得的现金报酬与投资者初始投入的权益资本的比率,见式(2-7):

$$现金回报率 = 年现金报酬/权益资本数额 \tag{2-7}$$

该指标反映了初始现金投资或首付款与年现金收入之间的关系。现金回报率有税前现金回报率和税后现金回报率(这里所指的税是企业所得税或者个人所得税)。其中,税前现金回报率等于净经营收入扣除还本付息后的净现金流量除以投资者的初始现金投资;税后现金回报率等于税后净现金流量除以投资者的初始现金投资。

【例2-2】 某商业店铺的购买价格为60万元,其中40万元由金融机构提供抵押贷款,余款20万元由投资者用现金支付。如果该项投资的经营收入扣除运营费用和抵押贷款还本付息后的年净现金流量为2.8万元,则根据式(2-7)得

该项投资的税前现金回报率=2.8/20×100%=14%

如果该项投资年税后净现金流量为 2.2 万元,则根据式(2-7)得

该项投资的税后现金回报率=2.2/20×100%=11%

现金回报率指标非常简单明了:它与资本化率不同,因为资本化率通常不考虑还本付息的影响;与一般意义上的回报率也不同,因为该回报率可能是税前的,也可能是税后的。

3) 投资回报率

投资回报率指房地产置业投资过程中,每年所获得的净收益与投资者初始投入的权益资本的比率,公式如下:

$$\text{投资回报率}=\text{年净收益}/\text{权益资本数额} \tag{2-8}$$

相对于现金回报率来说,投资回报率中的收益包括了还本付息中投资者所获得的物业权益增加的价值,还可以考虑将物业升值所带来的收益计入投资收益。该指标反映了初始权益投资与投资者实际获得的收益之比。

在不考虑物业增值收益时,投资回报率的计算公式如下:

$$\text{投资回报率}=(\text{税后现金流量}+\text{投资者权益增加值})/\text{权益投资数额} \tag{2-9}$$

在考虑物业增值收益时,投资回报率的计算公式如下:

$$\text{投资回报率}=(\text{税后现金流量}+\text{投资者权益增加值}+\text{物业增值收益})/\text{权益投资数额} \tag{2-10}$$

投资者权益增加实际就是还本付息收益即抵押贷款还本付息中还本所带来的收益,计算公式如下:

$$\text{还本付息收益}=\text{年等额还款}\ A-\text{本金}\times\text{年利率} \tag{2-11}$$

由于等额还本付息随着时间推移,其中归还的本金越来越多、利息越来越少,因此还本收益会越来越多。第一年的还本收益计算公式见式(2-12),第 n 年的还本收益计算公式见式(2-13):

$$\text{第一年的还本收益}=\text{年等额还款}\ A-\text{本金}\times\text{年利率} \tag{2-12}$$

$$\text{第}\ n\ \text{年的还本收益}=\text{第一年的还本收益}\times[(1+\text{年利率})^n-1]\ (n=2,\cdots,n) \tag{2-13}$$

收益中的一部分用于偿还贷款本金,这部分资金在年纯收益中没有得到体现,而是随同抵押贷款还本付息一同被减掉了。其体现的投资回报中不含每年用于支付贷款本金的部分,可以说是一种隐性收益。如果自有资金考虑了这部分收益,那么其收益率就会大大提高。商铺投资合理的年投资回报率一般为 8%~12%。

目前市场上出售或者出租的商铺一般分为沿街商铺和社区商铺,由于商铺受地理位置及人流量等影响较大,价位差异也相当大,因此投资回报率也会不同程度上受到影响。

另外,投资中除了投资者的购买初始投资外,还应包括税费、贷款利息、物业管理费用、取暖费用、折旧费用,甚至还有通货膨胀带来的价格贬值和央行加息后带来的利差等方面的因素。同时,投资者还必须考虑到商铺有一定的空置期。

2. 动态指标

1) 财务净现值

财务净现值(NPV),是指项目按行业的基准收益率或设定的目标收益率 i_c,将项

【计算表格】

目计算期内各年的净现金流量折算到开发活动起始点的现值之和，是房地产置业项目财务评价中的一个重要经济指标。

商铺置业投资计算期为经营准备期和经营期之和，经营准备期为开业准备活动所占的时间，从获取物业所有权(使用权)开始，到出租经营或自营活动正式开始截止；经营准备期的时间短，与购入物业的初始装修状态等因素相关。

基准收益率是净现值计算中反映资金时间价值的基准参数，是导致投资行为发生所要求的最低投资回报率，称为最低要求收益率(MARR)。决定基准收益率大小的因素主要是资金成本和项目风险。

财务净现值的计算公式为

$$\text{NPV} = \sum_{t=0}^{n}(CI-CO)_t(1+i_c)^{-t} \tag{2-14}$$

式中，NPV——项目在起始时间点的财务净现值；

i_c——基准收益率或设定的目标收益率。

如果 NPV≥0，说明该项目的获利能力达到或超过了基准收益率的要求，因而在财务上是可以接受的。如果 NPV<0，则项目不可接受。

【例 2-3】 已知某投资项目的净现金流量见表 2-5，如果投资者目标收益率为 10%，求该投资项目的财务净现值。

表 2-5 某投资项目现金流量表

单位：万元

年份	0	1	2	3	4	5
现金流入		300	300	300	300	300
现金流出	1 000					
净现金流量	-1 000	300	300	300	300	300

解：因为 i_c=10%，利用式(2-14)，可知该项目的财务净现值为

NPV=-1 000+300×(P/A，10%，5)

=-1 000+300×3.791

≈137.24(万元)

2) 财务内部收益率

财务内部收益率(IRR)，是指项目在整个计算期内，各年净现金流量现值累计等于零时的折现率，是评估项目营利性的基本指标。其计算公式为

$$\sum_{t=0}^{n}(CI-CO)_t(1+\text{IRR})^{-t} = 0 \tag{2-15}$$

【计算表格】

式中，CI——现金流入量；

CO——现金流出量；

$(CI-CO)_t$——项目在 t 年的净现金流量；

n——计算期，即项目的开发或经营周期(年、半年、季度或月)。

财务内部收益率的经济含义是在项目寿命期内项目内部未收回投资每年的净收

益率。同时意味着，到项目寿命期终了时，所有投资可以被完全收回。

财务内部收益率可以通过内插法求得，即先按目标收益率或基准收益率求得项目的财务净现值，如为正，则采用更高的折现率使净现值为接近于零的正值和负值各一个，最后用内插公式求出，内插法公式为

$$IRR = i_1 + \frac{|NPV_1| \times (i_2 - i_1)}{|NPV_1| + |NPV_2|} \tag{2-12}$$

式中，i_1=当净现值为接近于零的正值时的折现率；

i_2=当净现值为接近于零的负值时的折现率；

NPV_1=采用低折现率时净现值的正值；

NPV_2=采用高折现率时净现值的负值。

式中，i_1 和 i_2 之差不应超过2%，否则，折现率 i_1、i_2 和净现值之间不一定呈线性关系，从而使所求得的内部收益率失真。

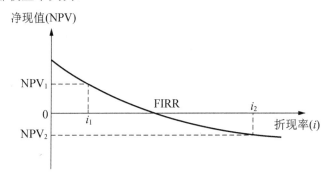

图2.8 财务净现值函数图

内部收益率表明了项目投资所能支付的最高贷款利率。如果贷款利率高于内部收益率，项目投资就会面临亏损。因此所求出的内部收益率是可以接受贷款的最高利率。将所求出的内部收益率与行业基准收益率或目标收益率 i_c 比较，当 IRR 只大于 i_c 时，则认为项目在财务上是可以接受的。如 IRR 小于 i_c，则项目不可接受。

当投资项目的现金流量具有一个内部收益率时，其财务净现值函数 NPV(i) 如图 2.8 所示。从图 2.8 中可以看出，当 i 值小于 IRR 时，对于所有的 i 值，NPV 都是正值；当 i 值大于 IRR 时，对于所有的 i 值，NPV 都是负值。

值得注意的是，求解 IRR 的理论方程应有 n 个解，这也就引发了对项目内部收益率唯一性的讨论。研究表明：对于常规项目(净现金流量的正负号在项目寿命期内仅有一次变化)，IRR 有唯一实数解；对于非常规项目(净现金流量的正负号在项目寿命期内有多次变化)，计算 IRR 的方程可能但不一定有多个实数解。因为项目的 IRR 是唯一的，如果计算 IRR 的方程有多个实数解，这些解都不是项目的 IRR。因此，对非常规项目，需根据 IRR 的经济含义对计算出的 IRR 进行检验，以确定是否能用 IRR 评价该项目。

3．动态投资回收期

动态投资回收期(P_b)，是指当考虑现金流折现时，项目以净收益抵偿全部投资所需的时

间，是反映开发项目投资回收能力的重要指标。对房地产投资项目来说，动态投资回收期自投资起始点算起，累计净现值等于零或出现正值的年份即为投资回收终止年份，其计算公式为

$$\sum_{t=0}^{P_b}(CI-CO)_t(1+i_c)=0 \qquad (2\text{-}17)$$

【计算表格】

动态投资回收期以年表示，其详细计算公式为

P_b=[累计净现金流量现值开始出现正值期数−1]
　　+[上期累计净现金流量现值的绝对值/当期净现金流量现值]　(2-18)

根据式(2-17)得出的是以期为单位的动态投资回收期，应该再把它换算成以年为单位的动态投资回收期，其中的小数部分也可以折算成月数，以年和月表示，如3年零9个月或3.75年。

在项目财务评价中，动态投资回收期(P_b)与基准回收期(P_c)相比较，如果$P_b \leqslant P_c$，则置业项目在财务上就是可以接受的。动态投资回收期指标一般用于评价开发完结后用来出租经营或自营的房地产开发项目，也可用来评价置业投资项目。

【例2-4】 已知某投资项目的净现金流量如表2-6所示，求该投资项目的财务内部收益率。如果投资者目标收益率为12%，求该投资项目的动态投资回收期。

表2-6　某投资项目现金流量表

【计算表格】

单位：万元

年　份	0	1	2	3	4	5	6
现金流入		300	300	350	400	400	600
现金流出	1 200						
净现金流量	−1 200	300	300	350	400	400	600

解： 根据表2-6和式(2-15)不断试算，最终得出i_1=20%、i_2=21%时，NPV的值接近0，具体计算过程见表2-7。

表2-7　财务净现值计算表

单位：万元

年份		0	1	2	3	4	5	6
现金流入			300.00	300.00	350.00	400.00	400.00	600.00
现金流出		1 200.00						
净现金流量		−1 200.00	300.00	300.00	350.00	400.00	400.00	600.00
NPV_1 (i_1=20%)	净现值	−1 200.00	250.00	208.33	202.55	192.90	160.75	200.94
	累计净现值	−1 200.00	−950.00	−741.67	−539.12	−346.22	−185.47	15.47
NPV_2 (i_2=21%)	净现值	−1 200.00	247.93	204.90	197.57	186.60	154.22	191.18
	累计净现值	−1 200.00	−952.07	−747.16	−549.60	−362.99	−208.78	−17.60
NPV (i_c=12%)	净现值	−1 200.00	267.86	239.16	249.12	254.21	226.97	303.98
	累计净现值	−1 200.00	−932.14	−692.98	−443.86	−189.65	37.32	341.30

(1) 当 i_1=20%时，NPV_1=15.47 万元。

(2) 当 i_2=21%时，NPV_2=-17.60 万元。

(3) 所以根据式(2-16)得

$$IRR=20\%+[15.47/(15.47+17.60)]\times 1\% \approx 20.47\%$$

(4) 因为项目在第 5 年累计净现金流量出现正值，根据式(2-18)得

$$P_b=(5-1)+189.65/226.97 \approx 4.84(年)$$

4．清偿能力指标

清偿能力指标是指考查项目计算期内偿债能力的指标。不仅投资者关注，为项目提供融资的金融机构也会更加重视此类指标。主要包括借款偿还期、偿债备付率、资产负债率、流动比例、速动比率等，该类指标我们将在下一学习情境再详细分析。

2.12.3 商铺置业投资财务分析实例

我们继续以上一节的实例分析：商铺在 2015 年 3 月份可以交付，并可以在 2015 年 7 月份出租，收取租金，每月可以获得 1.50 万元租金收入。假设该经理在购买该商铺 11 年后于 2025 年 6 月底把该商铺转售，获得转售收入 280 万元。下面主要分析一下该商铺在这 11 年期间的现金流问题。

1．现金流入

(1) 年租金收入：从 2015 年 7 月至 2025 年 6 月，10 年期间每年可以收取租金收入 1.5×12=18(万元)。

(2) 转售收入：2025 年 6 月底转售收入 280 万元。

2．现金流出

(1) 2014 年购房总价为 144.28 万元，首付款为 72.14 万元，贷款总额为 72.14 万元，按年等额还款，贷款期限为 10 年，从 2015 年开始还款，每年还款额=72.14×6.55%×1.1×$(1+6.55\%\times 1.1)^{10}/[(1+6.55\%\times 1.1)^{10}-1] \approx 10.37$(万元)。

(2) 2015 年需要缴纳契税=144.28×0.03 ≈ 4.33(万元)。

(3) 2015 年需要缴纳印花税=144.28×0.05% ≈ 0.07(万元)。

(4) 2015 年需要缴纳的物业维修基金=65.58×65 ≈ 0.43(万元)。

(5) 2015 年产权登记办证代理等费用大约为 400 元，即 0.04 万元。

(6) 2015 年交房每年需要缴纳物业服务费=10×65.58×12 ≈ 0.79(万元)。

(7) 2015—2025 年出租期间每年还需要缴纳增值税、城建税、教育费附加、地方教育附加、房产税、印花税、个人所得税。按照杭州市的《杭州市地方税务局个人出租房屋税收征收管理实施办法》(杭地税征〔2007〕23 号)的规定，此商铺最低租金标准为 45 元/(月•平方米)，综合税率为 18.20%，因此出租期间年综合税费=18×18.20% ≈ 3.28(万元)。

(8) 2025 年转售时需要缴纳：

① 增值税及附加=(280-144.28)×5.6% ≈ 7.60(万元)；

② 个人所得税=280×1%=2.80(万元)；

③ 土地增值税=280×0.5%=1.40(万元)；

④ 印花税=280×0.05%=0.14(万元)；

⑤ 交易手续费=6×65.58=0.04(万元)；

小计=①+②+③+④+⑤=7.6+2.8+1.4+0.14+0.04=11.98(万元)。

3．编制现金流量表

全部投资财务现金流量表见表2-8，自有资金投资财务现金流量表见表2-9。

表2-8 全部投资财务现金流量表

【计算表格】

单位：万元

序号	项目名称	时间											
		2014	2015	2016	2017	2018	2019	2020	2021	2022	2023	2024	2025
1	现金流入	0.00	18.00	18.00	18.00	18.00	18.00	18.00	18.00	18.00	18.00	18.00	280.00
1.1	租金收入		18.00	18.00	18.00	18.00	18.00	18.00	18.00	18.00	18.00	18.00	
1.2	转售收入												280.00
2	现金流出	144.28	8.94	4.07	4.07	4.07	4.07	4.07	4.07	4.07	4.07	4.07	11.98
2.1	购房总价	144.28											
2.2	契税		4.33										
2.3	印花税		0.07										
2.4	物业维修基金		0.43										
2.5	产权代办费		0.04										
2.6	物业服务费		0.79	0.79	0.79	0.79	0.79	0.79	0.79	0.79	0.79	0.79	
2.7	出租综合税费		3.28	3.28	3.28	3.28	3.28	3.28	3.28	3.28	3.28	3.28	
2.8	转售综合税费												11.98
3	净现金流量	−144.28	9.06	13.93	13.93	13.93	13.93	13.93	13.93	13.93	13.93	13.93	268.02
4	累计净现金流量	−144.28	−135.22	−121.29	−107.36	−93.43	−79.5	−65.57	−51.64	−37.71	−23.78	−9.85	258.17
5	净现金流量现值	−144.28	8.24	11.51	10.47	9.51	8.65	7.86	7.15	6.50	5.91	5.37	93.94
6	累计净现金流量现值	−144.28	−136.04	−124.53	−114.07	−104.55	−95.90	−88.04	−80.89	−74.39	−68.48	−63.11	30.83

表 2-9　自有资金投资财务现金流量表

单位：万元

序号	项目名称	2014	2015	2016	2017	2018	2019	2020	2021	2022	2023	2024	2025
1	现金流入	0.00	18.00	18.00	18.00	18.00	18.00	18.00	18.00	18.00	18.00	18.00	280.00
1.1	租金收入		18.00	18.00	18.00	18.00	18.00	18.00	18.00	18.00	18.00	18.00	
1.2	转售收入												280.00
2	现金流出	72.14	19.31	14.44	14.44	14.44	14.44	14.44	14.44	14.44	14.44	14.44	11.98
2.1	首付款	72.14											
2.2	年还本付息款		10.37	10.37	10.37	10.37	10.37	10.37	10.37	10.37	10.37	10.37	
2.3	契税		4.33										
2.4	印花税		0.07										
2.5	物业维修基金		0.43										
2.6	产权代办费		0.04										
2.7	物业服务费		0.79	0.79	0.79	0.79	0.79	0.79	0.79	0.79	0.79	0.79	
2.8	出租综合税费		3.28	3.28	3.28	3.28	3.28	3.28	3.28	3.28	3.28	3.28	
2.9	转售综合税费												11.98
3	净现金流量	-72.14	-1.31	3.56	3.56	3.56	3.56	3.56	3.56	3.56	3.56	3.56	268.02
4	累计净现金流量	-72.14	-73.45	-69.89	-66.33	-62.77	-59.21	-55.65	-52.09	-48.53	-44.97	-41.41	226.61
5	净现金流量现值	-72.14	-1.19	2.94	2.67	2.43	2.21	2.01	1.83	1.66	1.51	1.37	93.94
6	累计净现金流量现值	-72.14	-73.33	-70.39	-67.71	-65.28	-63.07	-61.06	-59.24	-57.57	-56.07	-54.69	39.25

4．计算财务指标

1) 静态指标

(1) 静态投资回收期。根据式(2-6)得

全部投资：$P_b'=11-1+9.85/268.02 \approx 10.04$(年)；

自有资金：$P_b'=11-1+41.41/268.02 \approx 10.15$(年)。

(2) 根据式(2-3)，税后现金回报率=$3.56/72.14 \approx 4.93\%$；

(3) 当考虑物业增值收益时，根据计算公式(2-6)得

投资回报率=$[3.56+6.01+(268.02-144.28)/11]/72.14 \times 100 \approx 28.86\%$

2) 动态指标

(1) 财务净现值。根据式(2-15)得

全部投资：当基准收益率 i_c=10%，NPV=30.83 万元；

自有资金：当基准收益率 i_c=10%，NPV=39.25 万元。

(2) 财务内部收益率。根据式(2-16)得

全部投资：IRR=12.68%；

自有资金：IRR=14.86%。

(3) 动态投资回收期。根据式(2-18)得

全部投资：P_b=11-1+63.11/91.11 ≈ 10.69(年)；

自有资金：P_b=11-1+54.69/91.11 ≈ 10.60(年)。

5．财务分析总结

根据基准收益率 i_c=10%，NPV>0；

财务内部收益率：全部投资 IRR=12.47%>10%，自有资金 IRR=14.57%>10%；该商铺投资回收期约为 10 年多，也符合商铺投资回收期在 8～12 年的一般要求，因此，该商铺投资在财务上是可行的。

2.13 商铺置业投资方案比选

当某一投资项目有若干个备选方案可供选择，但在一定的条件限制下，只能选择其中一个而不能同时接受其他备选方案，则这些备选方案称为相互排斥方案，简称互斥方案。互斥方案具有排他性。例如，购买一套住宅，是选择在市中心购买，还是在郊区购买，选择其中一个地点，就意味着排斥了另一个地点，这样的一组方案就是互斥方案。互斥型方案又可称为排他型方案、对立型方案、替代型方案等。一般来说，进行房地产置业投资遇到的多为互斥型方案的选择问题。

2.13.1 服务期相同的互斥方案的比较与选择

1．净现值法

(1) 净现值大于零的方案是可接受的。

(2) 所有互斥方案中净现值最大的方案为最优方案。

(3) 有资金保证的方案才是可行方案。

净现值法方案选择程序：

(1) 绘制各互斥方案的现金流量图或表。

(2) 分别计算出各互斥方案的净现值，确定可接受方案，剔除净现值小于或等于零的方案。

(3) 比较可接受方案净现值的大小，确定最优方案。

(4) 按资金限制条件，判断最优方案的可行性，确定可行情况下的净现值最大的方案。

【计算表格】

【例2-5】 某经理准备投资商铺，目前有意向的三个楼盘 A、B、C，价格分别为 170 万元、260 万元、300 万元，商铺交付后出租给使用单位年净收益分别为 44 万元、59 万元、68 万元。设三个方案的租赁期都为 10 年，年折现率均为 10%，现金流量见表2-10，试选择最佳方案。

表2-10 各方案现金流量表

单位：万元

方案\年份	0	1	2	3	4	5	6	7	8	9	10
楼盘 A	-170	44	44	44	44	44	44	44	44	44	44
楼盘 B	-260	59	59	59	59	59	59	59	59	59	59
楼盘 C	-300	68	68	68	68	68	68	68	68	68	68

解：(1) 根据式(2-15)，分别计算 3 种方案的财务净现值：

$$NPV_A = -170 + 44 \times [1 - 1/(1+10\%)^{10}]/10\% \approx 100.36 (万元)$$
$$NPV_B = -260 + 59 \times [1 - 1/(1+10\%)^{10}]/10\% \approx 102.53 (万元)$$
$$NPV_C = -300 + 68 \times [1 - 1/(1+10\%)^{10}]/10\% \approx 117.83 (万元)$$

(2) 由于 3 个方案的财务净现值都大于零，均可接受。

(3) $NPV_A < NPV_B < NPV_C$，在资金允许的条件下，方案 C 是最优方案。

2．差额内部收益率法

通过计算差额内部收益率进行方案的比选。当差额内部收益率大于或等于基准收益率或折现率时，则认为投资规模大的方案优于投资规模小的方案，增量投资是有效的；反之，投资规模小的方案优。

采用差额内部收益率法对互斥方案进行比选的步骤如下：

第一步，计算各备选方案的 IRR。

第二步，将 IRR$\geqslant i_c$ 的方案按投资规模由小到大依次排列。

第三步，计算排在最前面的两个方案的差额内部收益率 ΔIRR。

如果 $\Delta IRR \geqslant i_c$，则说明投资大的方案优于投资小的方案，保留投资大的方案，反之则保留投资小的方案。

第四步，将保留的较优方案依次与相邻方案两两逐对比较，直至全部方案比较完毕，则最后保留的方案就是最优方案。

【计算表格】

【例2-6】 沿用例 2-5 资料，采用差额内部收益率法选择最佳方案。

解：(1) 根据式(2-16)和表 2-8 计算各备选方案的 IRR，得 $IRR_A = 22.64\%$，$IRR_B = 18.56\%$，$IRR_C = 18.53\%$，均大于 i_c。

(2) 按投资额由小到大顺序排列为 A、B、C。

(3) 先对 A 和 B 进行比较，根据式(2-15)得

$$-260+170+\sum_{t=1}^{10}[(59-44)(1+\Delta\text{IRR}_{\text{B-A}})^{-t}]=0$$

再根据式(2-16)得 $\Delta\text{IRR}_{\text{B-A}}=10.58\%>i_c$,说明方案 B 优于方案 A,应保留方案 B,继续与 C 方案比较。

(4) 对方案 B 和方案 C 进行比较,根据式(2-15)得

$$-300+260+\sum_{t=1}^{10}[(68-59)(1+\Delta\text{IRR}_{\text{C-B}})^{-t}]=0$$

再根据式(2-16)得 $\Delta\text{IRR}_{\text{C-B}}=14.48\%>i_c$,说明方案 C 优于方案 B,因此 C 方案是最优方案。

3. 投资回收期法

投资回收期法应用于方案比较时,根据回收期的长短给出如下比选标准。

(1) 投资回收期最短的方案为最优方案。

(2) 最短投资回收期小于或等于标准投资回收期,并且小于或等于项目有效使用期的方案为可接受方案。

所谓标准投资回收期是指国家或企业根据项目性质及地区工业经济发达程度制定的一个最高可以接受的回收期限。

不同国家和地区的标准回收期是不同的,如美国和日本为 3 年,俄罗斯和中国香港为 4~5 年,而中国内地目前尚无明确规定,一般认为是 8 年。对于房地产项目的标准回收期,同样没有一个统一的标准。

2.13.2 服务期不同的投资方案的比较与选择

1. 等额年值法

该方法是将各方案的现金流量转化为等额年值,通过比较等额年值的大小来决定方案的优劣和取舍。

年值 AV 的计算公式为:

$$AV = \text{NPV} \cdot \frac{i_c(1+i_c)^n}{(1+i_c)^n-1} \tag{2-19}$$

【例 2-7】某投资项目有 A、B 两个方案,其净现金流量情况见表 2-11。若 i=10%,试用等额年值法对方案进行比选。

表 2-11 A、B 两方案的净现金流量

单位:万元

方案 \ 年份	1	2~5	6~9	10
A	-300	80	80	100
B	-100	50	—	—

【计算表格】

解:根据式(2-15),先求出 A、B 两个方案的净现值:

$$NPV_A = -\frac{300}{1+10\%} + \frac{80}{10\%(1+10\%)}\left[1-\frac{1}{(1+10\%)^8}\right] + \frac{100}{(1+10\%)^{10}} \approx 153.82(万元)$$

$$NPV_B = -\frac{100}{1+10\%} + \frac{50}{10\%(1+10\%)}\left[1-\frac{1}{(1+10\%)^4}\right] \approx 53.18(万元)$$

再根据式(2-19)求 A、B 两个方案的等额年值：

$$AV_A = NPV_A \cdot \frac{i_c(1+i_c)^n}{(1+i_c)^n - 1} = 153.82 \times \frac{10\%(1+10\%)^{10}}{(1+10\%)^{10} - 1} \approx 25.03(万元)$$

$$AV_B = NPV_B \cdot \frac{i_c(1+i_c)^n}{(1+i_c)^n - 1} = 53.18 \times \frac{10\%(1+10\%)^5}{(1+10\%)^5 - 1} \approx 14.03(万元)$$

由于 $AV_A > AV_B$，故 A 方案为最佳方案。

2．最小公倍数法

该方法的程序如下。

(1) 先求出各备选方案服务期的最小公倍数，确定各方案的"共同研究周期"。

(2) 将各方案的现金流量图在"共同研究周期"内重复，重复的次数等于最小公倍数除以该方案的服务期。

(3) 由重复所得到的各方案在"共同研究周期"内的现金流量图计算出各方案的净现值，由净现值的大小决定方案的优劣。

【**例 2-8**】 沿用例 2-7 资料，采用最小公倍数法进行 A、B 两个方案的比选。

【计算表格】

解： 在计算期为 10 年的情况下，根据式(2-15)得

$$NPV_A = 153.83 \text{ 万元}$$

$$NPV_B = -\frac{100}{1+10\%} + \frac{50}{10\%(1+10\%)}\left[1-\frac{1}{(1+10\%)^4}\right] - \frac{100}{(1+10\%)^6}$$
$$+ \frac{50}{10\%(1+10\%)^6}\left[1-\frac{1}{(1+10\%)^4}\right]$$
$$\approx 86.20(万元)$$

由于 $NPV_A > NPV_B$，故 A 方案为最佳方案。

小　结

本学习情境主要对商铺进行介绍，要求学生熟悉商铺的规划设计和特点，掌握各类商铺的投资特点和投资策略，能熟练编制全部投资现金流量表和自有资金现金流量表，准确计算基本的财务指标，并根据财务指标，运用方案选择的方法进行决策分析。

练习题

一、单项选择题(共8题,每题1分。每题的备选答案中只有1个最符合题意,请把正确答案的编号填在对应的括号中)

1. 某投资者将其商铺出租经营,租期20年,预计第1年的净租金收入为8万元,且每年递增6%,年租金均发生在年末。若折现率为6%,该商铺净租金收入的现值为(   )万元。

  A. 91.76 B. 142.40 C. 150.94 D. 160.00

2. 张某用1 000万元购买了一间商铺用于出租经营,其要求的投资收益率为10%,经营期为20年,如果每年经营净收益相等,则该投资者的年投资回报为(   )万元。

  A. 17.46 B. 100.00 C. 117.46 D. 672.75

3. 如果某项目NPV等于零,说明该项目的获利能力(   )。

  A. 达到了基准收益率的要求 B. 超过了基准收益率的要求

  C. 未达到财务内部收益率的要求 D. 达到了财务内部收益率的要求

4. 某商铺的购买价格为100万元,其中60万元来自银行贷款。该贷款在10年内按年等额偿还,年利率为7%,预计该商铺第1年税后净现金流量为3万元,如果不考虑物业增值收益,则第1年的投资回报率为(   )。

  A. 5.00% B. 7.50% C. 18.36% D. 28.85%

5. 房地产投资方案比选通常是在(   )之间进行。

  A. 独立方案 B. 互斥方案 C. 净现值法 D. 等额年费用法

6. 对经营期不同的房地产投资方案进行比选时,应采用的方法是(   )。

  A. 等额年值法 B. 差额投资内部收益率法

  C. 净现值法 D. 等额年费用法

7. 将借款本息视为现金流出的基本报表是(   )。

  A. 全部投资现金流量表 B. 资本金现金流量表

  C. 借款还本付息估算表 D. 投资计划与资金筹措表

8. 动态投资回收期是指项目以(   )抵偿全部投资所需的时间。

  A. 净现金 B. 净收益 C. 净现值 D. 财务净现值

二、多项选择题(共5题,每题2分。每题的备选答案中有2个或2个以上符合题意,请把正确答案的编号填在对应的括号中。全部选对的,得2分;错选或多选的,不得分;少选且选择正确的,每个选项得0.5分)

1. 房地产置业投资的经济效果主要表现为(   )等。

  A. 企业实力提升 B. 租金收入 C. 对社会贡献增加

  D. 物业增值 E. 物业权益份额增加

2. 下列关于内部收益率的表述中,正确的有(   )。

  A. 内部收益率总是大于目标收益率

B. 内部收益率是当项目寿命期终了时所有投资正好被收回的收益率
C. 同一项目的全投资内部收益率一定高于资本金内部收益率
D. 内部收益率是投资者可以接受的最高贷款利率
E. 内部收益率越高，投资风险就越小

3. 在下列房地产投资行为中，体现房地产置业投资特点的有(   )。
   A. 买地—建房—卖房　　　　B. 买房—经营
   C. 买房—出租—转售　　　　D. 买房—出租
   E. 买地—开发—转让

4. 商铺按照开发形式可分为(   )。
   A. 都市型商铺　　B. 便利型商铺　　C. 市场类商铺
   D. 商业街商铺　　E. 购物中心商铺

5. 商铺的特点包括(   )。
   A. 垂直空间价值衰减性明显　　B. 产权分散
   C. 收益高　　　　　　　　　　D. 业态多样
   E. 收益稳定

三、计算题(共 2 题，共 20 分。要求列出算式，计算过程；需按公式计算的，要写出公式；仅有计算结果而无计算过程的，不得分。计算结果保留小数点后两位)

1. 某消费者现在以 30 万元买进一间商铺，用以出租，如果年租金收入为 3.2 万元，年物业管理费为 2 000 元，预计 10 年后以 25 万元价格卖出，试分析投资该商铺的税前内部收益率。若该消费者自己使用，可接受的收益水平为 8%，拥有该商铺的等额年成本为多少？

2. 某投资者以 1.8 万元/平方米的价格购买了一个建筑面积为 60 平方米的店铺，用于出租经营。该投资者以自有资金支付了总价款的 30%，其余用银行提供的抵押贷款支付。该抵押贷款期限为 10 年，年利率为 5.31%基础上上浮 1.5 个百分点，按年等额偿还。经营费用为毛租金收入的 25%。投资者希望该店铺投资在抵押贷款还贷期内的税前现金回报率不低于 12%。试计算在还贷期内满足投资者最低现金回报率要求的月租金单价(每平方米建筑面积月毛租金)。

3. 试对表 2-10 中 3 项寿命不等的互斥投资方案 A、B、C 采用等额年值法做出评价。其中，基准收益率 i_c=15%。

表 2-10　投资方案 A、B、C 现金流量表

方　案	A	B	C
初始投资/万元	6 000	7 000	9 000
残值/万元	0	200	300
年度支出/万元	1 000	1 000	1 500
年度收入/万元	3 000	4 000	4 500
寿命/年	3	4	6

【参考答案】

实 训 题

撰写"任务导入"中的商铺置业投资分析报告。

(1) 报告的基本格式：Word 电子文档，有封面、目录、正文，要求目录有链接，目录和正文页眉要有"商铺置业投资分析报告"字样、页脚有页码，封面、目录与正文分节，正文每部分分节。

(2) 报告基本内容：①城市经济社会发展概况；②城市商铺市场行情分析；③推荐商铺的基本概况；④投资估算分析；⑤财务分析；⑥决策分析。

(3) 现金流量表插于 Excel 表格，设置公示自动计算，并用 Excel 的函数计算财务净现值、财务内部收益率等指标。

学习情境 3 写字楼置业投资分析

学习目标

掌握影响写字楼置业投资的因素分析，掌握写字楼置业投资的清偿能力指标、盈利能力指标的计算，学会编制损益表和利润表、借款偿还表。

学习要求

知识要点	能力要求	相关知识	所占分值（100分）	自评分数
对写字楼的认识	能认识写字楼的未来发展趋势	①写字楼的分类；②写字楼的特性	20	
影响写字楼置业投资的因素	能准确全面分析影响各类写字楼置业投资的因素	①各类型写字楼的特点；②各类型写字楼的投资策略；③影响写字楼投资的因素	30	
写字楼置业投资估算及财务分析	能根据当地目前及未来写字楼租金收益，编制写字楼的全部投资现金流量表和自有资金现金流量表，判断投资的写字楼的盈利能力和偿债能力	①投资利润率和资本金利润率、资本金净利润率、借款偿还期、利息备付率、偿债备付率等指标的计算方法；②损益表和利润表、借款偿还表的编制	30	
写字楼置业投资方案比选	能根据相关决策方法，对写字楼置业投资进行方案比选	独立方案比选方法	20	

任务导入

某公司主要从事涉外贸易，公司收入比较稳定，现租住钱江新城某一写字楼内办公，2014年计划在杭州市区买一间300～500平方米的写字楼，具体要求：

(1) 位置：钱江新城区域。
(2) 单价控制在 20 000～40 000 元/平方米，总价控制在 1 000 万元以内。

(3) 首付五成，商业贷款，2014年年末贷款，2015年开始等额还本付息。

(4) 商业氛围基本成熟，写字楼有专业的物业资产公司负责运营管理等。

(5) 该公司目前租赁的写字楼办公，如果在2014年购买，计划2015年7月后能入住，并准备长期持有，这样每年可以省租金12万元。

请根据具体要求为该公司出具一份写字楼置业投资分析建议报告。

3.1 认识写字楼

3.1.1 写字楼的概念

"写字楼"一词起源于英文中的office，后经港澳翻译成"写字楼"。20世纪80年代随着港产电影进入内地，首先在东南沿海的广州、深圳等经济发达城市流行起来。后来由于港澳地产商进入北京、上海等地，"写字楼"这一叫法逐渐成为国内房地产行业中商务办公物业的代名词。它不仅限于人们以往观念中的办公场所，还包括发展成为新兴的服务行业所必需生产空间。因此，写字楼必然有为它服务的饭店及公寓、商业、餐饮业、娱乐设施等相应的综合配套建筑，而这些建筑综合在一起便形成了现代城市的中心，也就是中心商务区。

写字楼原意是指用于办公的建筑物，或者说是由办公室组成的大楼(图3.1)。1971年，Rhodes和Kan提出："写字楼的作用是集中进行信息的收集、决策的制定、文书工作的处理和其他形式的经济活动管理。"从这个意义上讲，写字楼是指国家机关、企事业单位用于办理行政事务或从事业务活动的建筑物，其使用者包括营利性的经济实体和非营利性的管理机构，是随着经济的发展，为满足公司办公、高效率工作需要而产生的。现代办公楼正向综合化、一体化方向发展，由于城市土地紧俏，特别是市中心区地价猛涨、建筑物逐步向高层发展，许多中小企事业单位难以独立修建办公楼，因此，房地产综合开发企业修建办公楼，分层出售，出租的业务迅速兴起，如图3.2所示。

图3.1 传统写字楼

图3.2 现代写字楼

3.1.2 写字楼的分类

【参考图文】

1. 按照开发目分类

按照开发目,写字楼物业大体上可以分为出租出售型写字楼和公司总部型写字楼两大类型。

1) 出租出售型写字楼

出租出售型写字楼是市场上的主体。写字楼发展商在项目规划之初,通过大量市场调查,确定开发项目的明确客户群,有针对性地设计,兼顾办公、会议、休闲、培训等功能,市场需求层次清晰。

2) 公司总部型写字楼

公司总部型写字楼就是大型企业,特别是金融、保险业企业的区域性总部。通常是公司自己置地,自己进行建筑设计。这些企业喜欢将写字楼建在城市中心地带,但不一定能拿到土地自己开发,因而它们寻找购买建成或在建设的项目作为公司地区总部。这种总部往往有特殊的要求,如需要底层有营业大厅、证券交易等特殊功能,这种类型的地产要求开发商在项目初期就要针对其需求进行设计。

2. 按照物业档次分类

对于超大城市(如北京、上海、深圳)在办公物业划分时除要一般考虑楼宇品质外,还要充分考虑城市交通和城市规划(CBD 布局)的因素。

1) 顶级物业(国际写字楼)

(1) 楼宇品质:建筑物的物理状况和品质均是一流,建筑质量达到或超过有关建筑条例或规范的要求;建筑物具有灵活的平面布局和高使用率,达到 70% 的使用率;楼层面积大,大堂和走道宽敞,从垫高地板到悬挂顶棚的净高度不少于 2.6 米。

(2) 装饰标准:外立面采用高档次的国际化外装修如大理石外墙和玻璃幕墙,采用进口高标准的大理石、铝板、玻璃幕墙等材料;有宽敞的大理石大堂和走廊;公共部分的地面应为大理石、花岗岩、高级地砖或铺高级地毯,墙面应为大理石或高级墙纸或高级漆,应有吊顶,电梯间应为不锈钢、大理石;卫生间安置进口名牌洁具,如科马、科勒、美标、TOTO 等。

(3) 配套设施:应有配套商务、生活设施,如会议室、邮局、银行、票务中心、员工餐厅等,满足日常生活的商店、适合商务会餐的饭店、宾馆、午间放松或娱乐设施等有专用地上、地下停车场,停车位充足;其他如公园、运动设施和图书馆。

(4) 电梯系统:良好的电梯系统,电梯设施先进并对乘客和商品进行分区,一般每 4 000 平方米一部电梯,平均候梯时间 30 秒左右。

(5) 设备标准:应有名牌中央空调,中央空调系统高效;有楼宇自控;有安全报警;有综合布线。

(6) 建筑规模:超过 50 000 平方米。

(7) 客户类型:国外知名公司的租户组合;知名的跨国、国内外大公司、财团。

(8) 物业服务:由经验丰富且一流的知名品牌公司管理,配备实用的计算机物业管理软件，实现办公物业管理计算机化，建立办公管理信息系统，并对办公物业各系统实现连通和统一的管理，有24小时的维护维修及保安服务。

(9) 交通便利：位于重要地段，具有极佳的可接近性，临近两条以上的主干道。有多种交通工具和地铁直达。

(10) 所属区位：位于主要商务区的核心区。

(11) 智能化：5A。

(12) 开发商的背景：经验丰富并且资金雄厚。在项目开发的早期年份具有财务弹性，并且具有大规模房地产投资的丰富经验，这些开发商或是海外公司如来自美国、马来西亚、中国香港、韩国，或者有海外经营成功经验的优质国有企业。

2) 高档物业(甲级写字楼)

(1) 楼宇品质：建筑物的物理状况优良，建筑质量达到或超过有关建筑条例或规范的要求；其收益能力能与新建成的办公楼建筑媲美。

(2) 装饰标准：外立面采用大理石、高级面砖、铝板、玻璃幕墙等材料；有大堂，大堂地面应为大理石、花岗岩、天然石材等，墙面应为大理石、花岗岩或高级墙纸等材料，应有吊顶，柱应包大理石、不锈钢等材料；公共部分的地面应为大理石、花岗岩、高级地砖或铺高级地毯，墙面应为高级墙纸或高级漆(如立邦漆等)，应有吊顶，电梯间应有不锈钢、大理石或木门套；卫生间安置进口名牌洁具，如科马、科勒、美标、TOTO等。

(3) 配套设施：应有配套商务、生活设施，如会议室、邮局、银行、票务中心、员工餐厅等，专用地上、地下停车场，停车位充足。

(4) 设备标准：应有名牌中央空调；有楼宇自控；有安全报警；有综合布线。

(5) 建筑规模：1万～5万平方米。

(6) 客户进驻：知名的国内外大公司，大多开展研发、技术服务、电子商务或知名品牌代理等方面的业务。

(7) 物业服务：由经验丰富的知名公司管理，提供完善的物业管理服务，包括24小时的维护维修及保安服务。

(8) 交通便利：有多种交通工具直达。

(9) 所属区位：位于主要商务区或副都心区。

(10) 智能化：5A。

3) 中档物业(乙级写字楼)

(1) 楼宇品质：建筑物的物理状况良好，建筑质量达到有关建筑条例或规范的要求；但建筑物的功能不是最先进的(有功能陈旧因素影响)，有自然磨损存在，收益能力低于新落成的同类建筑物。

(2) 装饰标准：外立面采用面砖或瓷砖；有大堂，大堂地面为地砖，墙面为瓷砖或高级漆，有吊顶；公共部分的地面为地砖或铺中档地毯，墙面刷白；卫生间采用合资或国产中高档洁具等。

(3) 配套设施：有专用地上、地下停车场。

(4) 设备标准：有中央空调系统；无楼宇自控；有安全报警；无综合布线。

(5) 建筑规模：无限制。

(6) 客户进驻：客户多为国内的中小公司，从事销售代理、产品研发。

(7) 物业服务：有物业公司服务。

(8) 交通便利：有交通线路到达，交通较方便。

(9) 所属区位：副都心或较好的城区位置。

4) 低档物业(丙级写字楼)

(1) 楼宇品质：物业已使用的年限较长，建筑物在某些方面不能满足新的建筑条例或规范的要求；建筑物存在较明显的物理磨损和功能陈旧，但仍能满足较低收入承租人的需求。

(2) 装饰标准：外立面采用涂料；无大堂；公共部分的地面为普通地砖或水磨石；卫生间采用普通国产洁具。

(3) 配套设施：无。

(4) 设备标准：分体空调；无楼宇自控；无安全报警；无综合布线。

(5) 规模：无限制。

(6) 客户进驻：客户基本是小型私企，从事简单的销售业务。

(7) 物业服务：可有一般性的物业服务，如卫生、收发、值班。

(8) 交通便利：有交通线路到达。

(9) 所属区位：一般城区位置。

3．按照物业功能分类

从功能上，写字楼楼可区分为单一功能的办公楼及包括办公在内多种用途的办公综合楼。第二次世界大战后，发达国家的许多城市在强调功能分区建筑理论的潮流引导下，为追求建筑的纯粹性，将中心商务区绝对化。在美国的许多城市，单一功能的写字楼是中心商务区中占大多数的建筑形态。美国纽约的曼哈顿形成了两个中心商务区：一个是以下城的华尔街为中心的金融区，晚上一片萧条；另一个是以中城洛克菲勒中心建筑群体为核心的办公、商业、居住综合区，夜幕降临后却灯火通明。其原因是前者只强调了中心商务区的首要功能，忽视了中心商务区作为城市生活整体的一部分所必须具有的其他功能。相反，后者则重视城市生活的多功能性，使商业发展与城市生活融为一体。这是中国城市今后发展中应当汲取的经验。

由于对现代建筑潮流和现代城市中心功能的重新认识，办公综合楼建筑形态现在得到大量发展，包含办公功能的多种用途的办公综合楼的数量显著增加。

1) 单一功能的写字楼

世界最高的 100 座高楼中，单一功能的写字楼所占比例约为 80%，多用途办公综合楼仅占约 20%。美国芝加哥的西尔斯大厦、纽约的帝国大厦、中国香港的中国银行总部、中环的交易广场均为著名的单一功能的高层写字楼。与多用途办公综合楼相比，单一功能的写字楼优点在于结构及机电设备系统比较简单，建造速度相对较快，造价成本相对较低，物业管理比较容易。

2) 多用途办公综合楼

办公综合楼是以写字楼为主体，附带其他用途的综合楼建筑单体和综合楼群。开发商都深知，有了写字楼就需要吸引公司和企业来租用或购买，有了诸多公司在写字楼营业就会有许多客户来联系业务；无论是公司内部成员还是客户，都需要有住宿的地方，这就要求有饭店或公寓，他们还需要有餐厅和购物娱乐的去处。如果将这些综合性需要都合在一起建在同一个大楼或同一个建筑群中，就形成了办公综合楼或办公综合群体。

(1) 办公综合楼具有聚合效应，优势互补。现在中国各大中城市正在加紧建设，城市交通经常堵塞，在这种公共交通还不便捷的环境下，许多公司租楼或购楼就更喜爱综合楼，因为办公综合楼给使用者带来了极大的便利，规模越大，综合的内容越多，带来的便利也就越大。

(2) 办公综合楼节约了土地资源和能源，减轻了城市的交通压力。公司的商业活动及人们 8 小时以外的活动都可能在综合楼或者综合体内进行，这样也减轻了城市的交通压力。由于综合楼内既包括了人们工作时间所需的场所，又有休息、娱乐的地方，因此综合楼内的多种设施可以得到更为合理的使用，从而节约了土地资源和能源。例如，单一功能写字楼的停车场，下班后会有许多车位空置，但综合楼的大型停车场，不仅白天可提供上班的人脉使用，晚间还可供住在综合楼公寓或酒店的居住者停车，提高了使用率。

3) 商业综合体

商业综合体是综合楼的高级形态，又称综合性建筑或复合型建筑，是集写字楼、公寓、酒店、商场、会议、展览及娱乐建筑于一身的微型城市；其特点是功能协同、空间紧凑、品质突出。建筑综合体因其规模宏大、功能齐全而被称为"城中之城"，在城市规划建设中扮演着非同寻常的角色，如曼哈顿的洛克菲勒中心、东京的阳光城、北京的国贸中心等都属于大型建筑综合体。它是创新活动基地、文化交流之地、财富荟萃之地，是地标性建筑，反映城市风貌和经济实力，聚集着大批的精英阶层和成熟的公司企业，是高档办公、居住、消费娱乐活动场所。

3.1.3 写字楼的发展趋势

1. 建筑设计

1) 外形设计亮点

在目前推出的写字楼项目中，外观设计特色主要体现在 3 个方面。

(1) 外立面的灯光设计。例如，北京中关村金融中心除顶部灯光外，沿其独特的弧线立面线条布有泛光设计，自上而下逐渐退晕，强调间接照明的柔和色调。又如，深圳世界金融中心采用楼体照明系统和顶部智能化变光系统。

(2) 不再片面追求建筑物高度，开始关注差异化的外观段计。例如，上海企业天地的外观设计从 20 世纪 30 年代风靡上海的 Art Deco 装饰风格中汲取灵感，营造了一种历史和现代交融的文化氛围。Art Deco 装饰风格在外滩建筑群中被大量采用。又如，北京总部基地和东莞的星河传说 IEO 国际街区的写字楼外观设计，将写字楼单体建筑面积缩小，一个单体表现一个或一类企业的个体形象。

(3) 外观造型设计。例如，北京中关村金融中心的双曲面立面新颖。又如，融科资讯独特的 V 形建筑设计，使办公空间享有更多与绿色环境的接触面。该项目同时利用建筑底层架空和设置柱廊，营造空间流通感。A、B、C 座整体连通，以采光井引入阳光。A 座首层、二层与顶层后退，底层形成一排柱廊，顶层则形成屋顶花园。C 座南北两塔底层双层挑空，让出许多绿地空间，让人们享受更多自然气息。再如，北京中环世贸中心 U 形敞开式建筑体形设计，使可视景观的建筑面积大大增加。U 形敞开式设计多用于与广场相连的建筑，它可以扩大建筑的视觉空间，造成更为强烈的视觉效果，使广场更开阔、更伸展，使得楼内空间更舒展、自然，具有流动性、开放性等特点。中美节能示范楼的外观设计采用十字形建筑外形，十字形建筑方案比同面积的矩形建筑节能 10%。此外，还有广州的中泰国际和深圳的中洲中心都将板楼设计风格引入写字楼。其外观设计值得关注的写字楼项目如图 3.3～图 3.5 所示。

图 3.3　中关村金融中心　　　图 3.4　企业天地　　　图 3.5　安联大厦

2) 结构设计创新

结构设计有特色的项目包括深圳蓝牙水晶、北京 LG 大厦、上海企业天地和深圳世界金融中心。

深圳蓝牙水晶就是由建筑师、生态工程师、结构工程师合作，从功能、结构、设备、建材各个方面协作完成的一个智能生态化的建筑设计，如图 3.6 所示。LG 大厦特别的环形无柱平面设计，配合 12～15 米进深，起到充分引入光线，开阔视野的效果。上海企业天地在楼宇的中部核心筒处加上了重负荷载，大大增加了标准层的载重能力，有利于某些特殊行业的办公需求，如律师的办公室中书籍多，重量大；一些公司的保险柜重量也较大，均对承重有特殊要求。世界金融中心的十字式核心筒设计，将公共设施全部集中于核心筒内，办公面积实用率提高，中高层单位还能在核心筒内得到更多空间。此外，该项目由于采用了劲性钢筋结构设计和施工新工艺，确保办公区在 12 米跨度下所有的空间均能在无柱状态中，自由间隔。

图 3.6　深圳蓝牙水晶

3) 公共区域设计

北京、上海和广州、深圳四地新推出的写字楼产品中，公共区域的设计和装饰装修成为提升写字楼整体品质的重要方面。这些公共区域主要包括大堂、候客区、中庭、走廊、休闲区、卫生间和电梯间。例如,北京锦秋国际的大堂高度为9.6米,设计有玻璃空中走廊,使空间更加生动流畅;融科资讯A座设有高达8米的双层中庭,形成人与阳光、自然的交融空间。融科资讯C座顶层配有空中花园,入口处灵秀的水景更是点睛之笔。深圳国际商会中心大堂高18米高,共3000平方米。在公共区域的生态环境营造方面,广州写字楼相对比较多地采用水系景观,如中信广场和中泰国际。广州保利国际广场除了其外部特有的自然资源优势外,还计划建造内部绿化广场,配以水系、乔木和灌木,将办公环境远离喧闹的市中心,另辟一片新地。从大部分公共区域设计比较好的写字楼项目来看,大堂设计、空中花园设计、中庭设计和候客区配套等会成为卖点,而其他一些细部设计,如水幕、电梯间装饰等不会是卖点,只用于提升物业整体品质。

4) 办公舒适度

写字楼办公单元的舒适度主要体现在3个方面,一是单元空间尺度,二是自然采光和通风,三是配套设施和内部装修。

从单元空间尺度看,主要表现在加大标准层面积、柱距、层高和进深。例如,上海企业天地标准层面积超过2000平方米,上海花旗大厦标准层面积达到2600平方米。这样有利于大型公司在一层上设立,而不需要租用多层。柱距有9~12米的,如上海嘉华中心,以此实现无强制的空间分割,使得入驻企业可以根据自身特点分隔办公空间。无论是存量写字楼还是新建的顶级写字楼均把净高作为衡量写字楼品质的重要标准,新建甲A级写字楼层高在2.7~2.8米,如上海金贸大厦净高2.8米。深圳地王大厦由于是在20世纪80年代建成的,因此电梯、网络配置等硬件设施相对并不理想,但是其开间、进深、过道、层高、电梯开间和轿厢高度的设计在深圳写字楼市场仍是独树一帜。尤其值得一提的是其过道达到1.8米,适宜的内部空间尺寸设计使地王大厦即使面临硬件配套的不足仍受到外企和入驻外籍人士的欢迎和认同。

从自然采光和通风看,中美节能示范楼找到光照好而能量散失小的最佳点,室内开间大,自然光线和自然通风效果好。通常办公室临窗区域存在炫目的现象,而室内离窗远的地方则光线不足。中美节能示范楼在窗户上设计了一个反光板,把光巧妙地反射到室内各个角落,近处不刺眼,最远处的光也适合读书看报,上班就不用开灯了。上海企业天地利用透明玻璃采光,照明亮度达到750勒克斯,一般的写字楼在450勒克斯左右。

从配套设施和内部装修看,顶级写字楼为入驻企业提供预留水井道和烟道,便于其建造内部卫生间、沐浴间和茶室等,如企业天地。上海来福士广场选用暖色调和木质材料装修办公空间,给使用者一种温暖的办公环境。尽管这样使成本提高,但是突出了写字楼品质,租户反映良好。广州珠江新城CBD区域内的勤建商务大厦推出了复式的办公空间和内部空中花园。

2. 建筑材料

写字楼外墙材料主要采用玻璃幕墙、铝合金、石材和遮阳板。顶级和部分甲级写字楼玻璃幕墙采用门窗式中空Low-e单层镀膜或双层镀膜钢化玻璃。该种玻璃幕墙具有低污染、低辐射、折射率高、隔声隔热等效果。北京融科资讯C座采用的双层玻璃幕墙,前后层玻璃间隔60厘米,配有自由开启百叶。LG大厦引入全自动感应的大型绿色落地玻璃窗,采用来自美国 Interpane 公司的 6+12 A+6 隔绝低辐射的 Azurlite 玻璃,隔绝紫外线与室外噪声,避免灼热。北京中环世贸中心采用 Low-e 高通透中空单镀玻璃和断热冷桥幕墙,结合局部开放式的幕墙构造系统实现透明度高、传热系数低的效果。在中环世贸中心标准层中,可开启窗占有效幕墙面积的 1/4(一般为 1/12～1/8),可开启窗采用目前世界上最先进的下旋式开启方式,即在靠近地面位置向内开启,使得新鲜空气自下而上,更容易到达人的头部,使人的呼吸更舒适、顺畅。由于春秋两季室内外温差不大,可不使用中央空调系统调节室内温度及空气质量,直接采用自然通风。

写字楼外墙遮阳板主要材料为铝和陶瓷玻璃,多为水平设置。广州的发展中心大厦采用德国进口旋转遮阳板垂直设置。北京锦秋国际南立面和东立面装有大截面梭形铝合金百叶窗,西立面采用外挑的彩釉玻璃遮阳板,解决西晒问题,这是国内首先使用的。中关村金融中心采用单元式玻璃幕墙,通透的低辐射玻璃大大降低了紫外线辐射与光污染,连廊幕墙装置了感应式遮阳百叶,避免强光照射。

此外,清华大学的超低能耗示范楼在活动地板中布置了相变蓄能材料。在冬季白天,该种材料蓄存由玻璃幕墙和窗户进入室内的太阳辐射热,晚上向室内放出蓄存的热量。

3. 电梯

写字楼电梯品质主要体现在数量、速度、载重和轿厢 3 个方面,在数量上,顶级写字楼能够实现 2 层一部电梯的数量配置,如深圳华润大厦。从地区比较看,上海写字楼电梯配置相对较多,广州和深圳相对较少,就连广州中信广场也会出现上班高峰排起长队等候电梯的现象。在速度上,高速客用电梯可达到 6 米/秒。从分区看,低区约 5 米/秒,中区约 7 米/秒,高区约 7～8 米/秒。配置较高的写字楼电梯平均等候时间为 30～45 秒,高峰时间约 45 秒。在载重上,顶级写字楼的客用电梯容量均在 20 人以上。在轿厢尺寸上,新建写字楼与存量写字楼相比有明显改进,加大了电梯轿厢的高、宽、深,尤其是在宽度与深度方面有明显提升,宽×深×高达到 2.7 米×2.2 米×3 米。深圳地王大厦轿厢高度和广州金利来大厦电梯轿厢进深超过同类写字楼项目。从实地调研获得信息看,写字楼电梯品牌主要有三菱(进口,合资)、德国 OTIS、合资 OTIS、日立、东芝、蒂森、迅达(深圳华润大厦)、G&C(中信泰福广场)和 Schindler(如企业天地)。

在电梯智能化方面,写字楼大多采用电梯分区,个别项目引入外呼式智能控制系统,根据楼层优化原则,即时提供搭乘的电梯,如北京腾达大厦、深圳华润大厦等。中环世贸中心的电梯系统在大堂的入口处就设置声音感应系统。来客说出要去的楼层,系统自动就指示该搭乘的电梯号,减少了等待的时间。招商银行大厦配套有门禁系统,周末必须使用入驻企业门卡才能开动电梯。

4. 空调通风系统

现阶段写字楼采用的空调系统仍以中央空调系统、离心式冷水机组和风机盘管方式为主。设计室内温度多为夏季 24～26℃,冬季 18～22℃;相对湿度一般在 30%～55%。部分写字楼中央空调系统不能根据使用者数量的变化进行调整,能耗比较大;不能根据个人的需要调节温度和湿度,舒适度不佳。从实地调研情况看,写字楼空调通风系统的改善主要体现在 3 个方面,其一是两套空调系统分时控制;其二是空调开启和温度分区控制;其三是地下送风。所谓两套空调系统是指一套运用冷冻水的空调系统,加一套运用冷却水的空调系统。下班后等空调需求较少的时段，可以采用冷却水制冷系统。而空调开启和温度分区控制，则主要通过引入 VAV 系统(变风量风机盘管系统)。例如，北京 LG 大厦采用四管制 HVAC 空调系统，每层有 8 套独立控制的 VAV 可变空气量系统，实现分区控制，自动调节温度与新风量。专用的 AHU 系统将强制变温和严格过滤的空气输送至每层，独有的湿度控制系统将湿度保持在最佳状态，消音震动装置可屏蔽管道传来的噪声。又如，中关村金融中心的四管制 VAV 空调，配套世界领先的集中冰蓄冷低温送风技术，并在新风系统中设计有双层过滤和消毒系统，为使用者带来绿色、健康的办公空间。深圳华润大厦的 VAV 系统可以根据不同房间、不同人的需要局部调节温度，采用的 Honeywell 控制器，比风机盘管清洁。风机盘管在湿环境下工作，对环境污染较大。该项目的水泵和冷却塔部分采用变频技术，可以有效节能。融科资讯采用集中式全空气风机盘管，实现内外分区控制。其 C 座采用模块式再分区，分为内区、外区南向、外区北向 3 个区域，可满足不同负荷特点分别供应冷热的要求。用户计算机房专用空调：独立 24 小时空调冷却水供应。

在下送风系统中，中美示范工程楼是一个很好的例子。其采用了下送风的中央空调，冷空气由下到上。目前安装的空调多是上送风，用的是空气对流降温的道理，人们为了保持 21℃的温度，往往要把开关调到 18℃。尽管下送风系统购置成本高于上送风，但其运行费用低和节能效果好。此外，世界金融中心采用高效能 UACS(地下送风空调系统)，又称灵活空间送风系统。内藏式室内空气处理机把处理后的空气送入活动板下的送风区，再由装在活动板下的送风终端机从地板上的送风口送到人的呼吸区内，由装在地板上的回风口进入地板下的回风区，回到空气处理机，处理后再送到室内。如此气流循环，打破了传统空调气流组织形式，使室内温度均匀。房间平面分割可以灵活布置，不受空间局限。出风速度、温度均可由个人设定调节，空气处理机设有新风入口和灭菌、过滤装置，使室内空气更洁净、舒适、健康。该系统比传统空调系统节电 1/3。广州保利国际广场也利用了地下送风系统。

从市场上看，空调主机主流品牌为约克、开利和特灵。写字楼标准工作时间是周一到周五 8:00～18:00/19:00，周六 8:00～12:00/13:00。超时空调费主要以使用面积或者单元数量、风口数量来计算。中信泰福利用单元数来测算，超时空调费为 230 元/时；来福士广场利用面积测算，超时空调费为 0.4 元/(小时·平方米)；嘉华中心主要看客户的空调风口量，超时空调费为 0.5 元/(时·风口)；而深圳诺德中心加班时间的空调计费按照热流量计算。

5．智能化配置

1) 楼宇控制

在楼宇控制系统(BAS)方面，主流品牌包括德国西门子、美国江森和 Honeywell。楼宇控制系统是利用先进的计算机控制技术和计算机网络通信技术，对大厦内各类机电设备实施有机的管理和监控，达到降低设备的运行能耗，节约运行成本，延长设备使用时间，提高工作效率，降低人员开支等目的。例如，在空调系统中，一方面可以通过 BA 系统综合各空调负荷参数，控制适中的室内环境，合理开启各空调末端设备，同时由主机综合各点制冷需求，控制主机开启台数，根据主机需要合理开停配套水泵台数，从而实现全系统的节能要求；另一方面，利用 BA 系统可以有效监视各设备的运行状态，自动轮流开停每台设备，使得设备的磨损程度趋于平衡。又如，对公共照明系统的管理，可以通过 BA 系统控制大厦内若干处照明的开停时间，实现无人值守便可按要求开停，从而减少用电浪费，提高控制的准确性、合理性。

2) 通信

在通信方面，顶级和部分甲级写字楼接入光纤主干，采用 12～24 芯光纤通信电缆，超 5 类、6 类线，百兆带宽到用户端口。以被誉为中关村"信息化样板园区"的融科资讯为例，其直接与中国电信骨干节点相连，带宽 622 兆比特/秒，并可扩容至 2.5 吉比特/秒，随时满足客户带宽需求；引入无线上网设施，可以在楼下咖啡厅，大堂茶座，甚至楼顶花园无线上网，满足移动办公的现实需求，无线传输速率达 11 兆比特/秒。同时有中国电信、网通、联通等多家电信运营商提供各类服务。项目配备远程视频会议、同声传译、卫星有线电视、32 方电话会议、数字电影播放、无线宽带上网、有线宽带上网等功能，可提供超大高清晰背投、高清晰前投、多媒体投影机、专业高性能电子白板先进影碟录像播放系统、高保真专业会议音响等先进的设备支持。C 座数据通信的外部光缆由中国电信城域骨干网光节点引入，传输带宽达 2.5 吉比特/秒。

此外，LG 大厦附加通信系统：数字电话交换系统，实现完全自动程序化设计，客户可以不必安装公司内部的电话转换系统。从实地调研收集的资料看，一般的电信运营商包括电信、网通两家，部分顶级写字楼提供联通入网服务，如上海嘉华中心，极少数提供长城宽带业务。上海企业天地则同时与这四家电信运营商合作。

3) 布线

甲 A 级写字楼大多采用综合布线系统。以融资资讯的布线系统为例，其语音采用三类大对数电缆，A 座数据采用 6 芯多模光纤，C 座数据采用 18 芯多模光纤。A 座将楼宇自控管理系统(BAS)、火灾报警及联动控制系统(FAS)、停车场管理系统(CPS)、安全防范系统(SAS)各子系统通过楼宇综合布线系统进行联网，实现相互联动控制，具有良好的可扩展性，开放的通信接口和通用的通信协议为将来扩展为 IBMS 提供可能性。又如，LG 大厦采用新一代多功能缆线系统，声音系统采用 cat-5 的 25 对骨干缆线，数据系统采用千兆比特/秒的光缆骨干，水平分系统采用 cat-6 缆线，同时无须增加任何设备，可随环境改变而升级。

配合综合布线系统，网络地板也在多个新推出的写字楼项目中被引用，改变了地下线槽的传统方式。例如，融科资讯写字楼层全面铺设钢质防静电架空网络线槽地板，高度 8 厘米。LG 大厦的网络钢质架空地板厚度为 10 厘米。网络地板的应用解决了一部分办公楼布线困难、办公空间自由分隔受限的问题。从实地调研收集的数据看，网络地板一般在 10 厘米以上，以配合大型外资企业布线多的要求。上海企业天地网络地板厚度达到 20 厘米；嘉华中心采用通过 ISO 9001 认证的华通架空地板，厚度为 10 厘米；来福士广场网络地板厚度为 13 厘米，汇亚大厦网络地板厚度为 15 厘米。

4) 照明和安保消防

在写字楼照明智能化控制方面，中美节能示范楼的室内灯是自动控制的二级开关，能根据室外亮度控制室内灯光。当室内光线充分时，即使开灯灯也不会亮。LG 大厦采用全隐蔽、高输出、低炫光的荧光灯提供照明，使计算机屏幕消除反光现象，消除视觉疲劳。照明监控系统由中央系统统一管理，客户通过电话、网络、开关实现温度和照明的加班预设置。从实地调研收集数据看，火灾报警系统主流品牌为辛普利斯、爱德华、Honeywell 和西门子。大多数甲 A 写字楼的消防报警系统都实现消防泵栓、人工泵和警铃联动。保安系统主要是闭路电视，停车场采用智能卡管理和车位引导。LG 大厦智能停车设施采用自动缴费装置和停车引导设施，自动显示车位信息。固定车辆采用 RFID 卡出入。

6．商业和商务配套

商业和商务配套方面分成 3 种情况。

(1) 单独写字楼，商业和商务配套在写字楼低区，一般在 1 层设有咖啡吧及休息区、银行、健身中心，在地下 1 层设有餐饮娱乐配套中心。以融科资讯为例，其商业和商务配套包括：A 座——俏江南餐厅，中国银行，多功能会议厅，邮局，瑞尔齿科，派力蒙咖啡，意大利西餐厅等；C 座——4 000 平方米健身中心，阳光泳池，美容美体，茶餐厅，专卖店，银行，商务中心，会议室，高档餐饮。

(2) 写字楼与商铺结合。该种模式又可细分为两种情况。若商铺面积不大，则以销售高档奢侈品为主，如企业天地低区两层的专卖店；若商铺面积较大，则可能形成业态丰富的购物中心，如恒隆广场在 1 层和 2 层设立了国际名牌专卖店，在 3 层配置了美容服饰店，在 4 层安排了时尚家居中心，5 层为商务中心。

(3) 附楼或者裙房支持。例如，金贸大厦的裙房总建筑面积为 32 270 平方米，地下 1 层为小吃广场，地面层设有会议厅、宴会厅和影剧场等；地上 3～6 层为大型购物、娱乐中心。裙房的设计为金贸大厦提供了良好的商务配套。广州和深圳写字楼多具备 1～2 层或多层底商和百货商场，如中信广场、中泰国际、地王大厦、华润大厦等，这可能是岭南建筑底商的传承。相比于北京和上海，深圳和广州写字楼个别区域写字楼外部、周边的商务配套不理想，尤其是两地的 CBD。

7．交通组织

交通组织表现出三大特征：

(1) 充分利用外部配套的交通基础设施建设，如地铁、立体车库和广场停车场等。例如北京中关村金融中心利用中关村广场地下 1 层在国内首次采用贯通所有建筑的交通环廊组织内外部交通。中关村广场所有建筑物 2 层通过连廊和平台相互连通，成为全天候的 2 层步行系统，先进的立体交通系统整体实现了社区的人车分流。再如，深圳 CBD，即规划建设的中心区内，以国际商会大厦、中央商务大厦为典型的 7 栋写字楼聚集区内配套有统一的区内停车广场和地下停车库。

(2) 充分利用地下资源。在地下设有由计算机停车管理系统控制的停车库，分层(一般为地下 1 层与地下 2 层)分区(可以分成面包车停放区与轿车停放区)。有些写字楼直接将地下通道与地铁相连。由于深圳写字楼批地面积都相对较小，很难看到写字楼项目具备开阔的广场，项目与项目之间比较局促。因此，较多运用地下停车和地下交通组织。

(3) 人车分流设计。例如，中环世贸中心规划的出发点是各出入口独立，商业办公分流，人车分流，同时留有一定的改造余地。机动车入口设置在建筑用地东侧及南侧。东侧机动车入口主要为北侧两栋超高层建筑服务，南侧机动车入口为南侧两栋超高层建筑服务。进入北侧两栋高楼的办公人流可从建筑群北侧广场直接进入，进入南侧两栋超高层建筑的办公人流从建筑群南侧城市道路直接进入。商业人流可通过北侧两栋超高层间的独立门厅直接进入地下商业区。机动车停车位主要布置在地下，地上车位主要供访客临时使用。又如，总部基地由于建筑密度和容积率比较小，停车场就设置在单体建筑的周围，按照每 10 000 平方米建筑面积 100 辆车位的标准设计。按照庭院围合的方式组织交通，每个庭院至少有两个机动车入口，形成庭院内交通环路，庭院外通过四车道的主干道和公路连接。

观察与思考

你所在的城市目前有哪些类型的写字楼？

知识链接

写字楼 5A 标准

5A 标准是目前较流行的评定方式，狭义的指针对智能化硬件方面的评定，包括对 OA(办公智能化)、BA(楼宇自动化)、CA(通信传输智能化)、FA(消防智能化)、SA(安保智能化)等的评定；广义的指综合 A 级评定标准，具体如下。

1. 楼宇品牌标准 A 级

写字楼是一个城市创造文化与财富的特定空间，写字楼的品牌形成需要产品的差异化特征、商务文化特征、服务经营理念、地域标志性物业和城市历史记忆。从一定意义上说，处于"生产链条最高级"的写字楼的发展脉络，折射出了一个城市的发展历程和特性。因此，成为城市商务区地标性建筑的写字楼，其品牌要与城市有极大的关联性，对城市的未来发展具备重要的价值。因此，具备较大的区域影响力、能与城市品牌和谐统一的写字楼品牌将评定为楼宇品牌标准 A 级。

2. 地理位置标准 A 级

地理位置是投资和购买写字楼的关键要素之一。只有区位在城市现有或潜在商务区、地段良好、具有较高投资价值的写字楼才能评定为地理位置标准 A 级。

3. 客户层次标准 A 级

客户层次指的是入驻写字楼的业主或租户的层次。大多数写字楼客户都有择邻而居的心理，因此一个写字楼的客户层次通常是趋同的。同时，客户层次的高低也直接影响了新的业主或租户的投资决策，因为写字楼较高的客户层次对其公司形象有较好的提升作用。

4. 服务品质标准 A 级

服务品质一方面体现在高效的物业管理上，另一方面体现在对入驻企业的专业化商务服务上。两者俱佳，将认为其具备服务品质 A 级标准。

5. 硬件设施标准 A 级

在硬件设施方面主要考核建筑设计和建筑功能的创新，及其所用的建筑技术、标准层高、标准承重、弱电系统、新风系统，以及电梯、智能等。上述方面如果有两项以上不能达到优良，则不能被评定为硬件设施标准 A 级。

3.2 写字楼投资特点分析

【参考图文】

3.2.1 写字楼的区域分布特点

1. 写字楼区域分布的影响因素

1) 产业环境

写字楼的客户一般可以分成客户导向型和资源导向型两类。对于第一类客户来说,由于写字楼的目标用户绝大部分属于服务性行业,而服务性行业特性决定其必须和客户及时沟通,并适时考虑面对面的沟通成本。因此,如果某一咨询公司的主要客户都在某一区域办公,那么该公司也会选择入驻该地区。对于第二客户类来说,某些关键性的资源对企业的发展和业务开展至关重要,那么这些用户也会选择离这类资源最近的物业。因此,在许多城市都存在一些关联行业聚集的区域。例如在上海,金融机构集中于浦东小陆家嘴地区,小陆家嘴区有包括早期的中银大厦、汇丰大厦、人寿保险大厦等在内由金融机构自建的典型写字楼,其他一些金融机构则选择采用在如金贸大厦等顶级写字楼租用办公室的形式。

同时,写字楼物业的产业集聚效应也直接促使不同的写字楼区域自身定位和形象相对于其他地区有明显的差异,在某一个城市中形成若干个写字楼热点区域,如北京的 CBD、金融街、中关村等。而作为写字楼主要客户群的国际性跨国公司在选择办公地点时,会慎重考虑不同区域的区域特点和形象,同类型行业分布等,从这一点出发,可以说产业聚集导致写字楼区域形成不同的区域特点,而不同的区域形象又加剧了各产业的聚集。

2) 政府行为与政策环境

政府行为对写字楼区域的分布影响较大,有时甚至是决定性的作用。一方面,城市政府对于不同的地块可能有不同的规划要求,对于那些本来就规划成为商务中心的地区来说无疑是一剂强心针。例如,1997 年,上海市规划浦东新区时就对写字楼的建造有一定的优惠政策,对写字楼客户的入驻也有鼓励措施,促进了此地区写字楼的繁荣,并在一定程度上带动了区域经济的发展。另一方面,城市中各个区政府行为也直接影响写字楼建造选址,如果一个区政府想要在本区内大力发展商务区,那么就会推行诸如税收优惠等具体的政府措施,吸引开发商到本区域建造写字楼,形成新的城市商务中心,同时,由于目前建立中心商务区也是各个区政府规划工作的一个重点,因此,近几年的新建写字楼的选址与各城市不同区政府的政策有密切联系,促成写字楼的楼宇经济。例如,北京市海淀区政府提出实现区域产业集群经济的战略目标,牵头联合清华科技园、融科资讯中心、首创 CEO 拓展大厦、银科大厦、银谷大厦、1+1 大厦 6 家中关村核心区域的甲级写字楼进行合作推广,意欲提升整个海淀区的国际化商务环境水平，为区内产业集群经济发展提供有效的硬件基础。

除了政府行为的影响以外，一些时事效应也是促进写字楼区域发展的重要原因。例如，奥运会的举办给北京市带来了"奥运经济"，在奥运会选址区域，西奥中心以"第一个具有公共建筑特征的甲级写字楼"的形式出现，奥运场馆以西的商务气氛浓厚，"西奥商务板块"逐渐形成规模；在上海，世博会的举办促使世博会周围土地的升值，造成存量写字楼以及新建写字楼的租金上涨，同时也吸引了更多的开发商到此区域建造写字楼。

3）交通因素

典型的写字楼聚集区域一般在城市中心的交通枢纽地带，来往道路比较开阔，地铁与多路公车汇集，便于写字楼的办公人员上下班通勤，同时与城区的其他办公、商务、休闲中心区域之间均可快速便捷地通达；此外，由于城市规划以及城市基础设施建设也是从写字楼核心区域开始不断完善，因此，主要写字楼区域到城市机场的时间均较短。例如，上海的南京西路、淮海中路等商务集中区到虹桥和浦东两个机场的开车时间均在 30～40 分钟，极大地方便了在城市商务区办公的跨国公司的办公出行。

4）写字楼与其他物业发展的关系

商业地产的发展和繁荣能带动一个地区的楼宇经济，购物、餐饮、娱乐、休闲和商务活动是写字楼入驻企业的办公人员日常不可缺少的，同时商业配套的完善能在一定程度上集聚人气，使一个地区的人流量扩大，形成区域性繁华。例如，在上海市的徐汇区，商务配套设施齐全，人口密度相对比较大，是上海典型的商圈之一，近几年徐汇区的写字楼建设呈现出大规模、高规格的趋势，完工后的港汇广场将成为徐汇区的标志性建筑。

除了商业地产的带动以外，一个地区的住宅物业的发展也会吸引大量开发商去建设写字楼，因为写字楼的入驻企业的员工的通勤成本一般是写字楼客户要考虑的一个重要因素。"因住而商"的趋势已经凸显，例如，北京市望京本来是典型的住宅区，但是现在此区域顶级写字楼日益增多，摩托罗拉公司、西门子公司等大型跨国公司也纷纷进入该地区。

2．写字楼的非核心化发展趋势

由于城市中心的土地极为昂贵，同时中心土地开发趋于饱和，因此，写字楼将出现非核心化趋势(Decentralization)。非核心化趋势主要是指写字楼的选址将以城市中心为辐射区向郊区发展。一方面，城市交通以及市政配套设施建设加速，大量城市人口外移，随着居住区域的不断向外延伸，以住宅先行带动写字楼的趋势不容忽视；另一方面，城市中心区域的甲级写字楼租金水平不断上涨，土地的稀缺性又决定中心城区的新建写字楼数量将逐年递减，因此有预见性的开发商纷纷选择在城市郊区建造写字楼，减少了建造成本，还可以获得政府所提供的税收等优惠政策支持。当然，由于郊区商业和商务配套不完善，交通便利性不强，人流量相对城市中心要少得多，对顶级写字楼需求量较大的金融保险企业、投资咨询公司等客户群定位明确，一般不会轻易搬离城市中心区域，因此，目前建在郊区的写字楼主要还是一些面向对区域要求不太高的中小客户的中档写字楼，也不乏一些产权型的中低档写字楼。

1）挖掘区域优势建写字楼

写字楼选址的影响因素比较多，一个重要的方面就是选址地的区位优势，充分利用此区域的独特的配套环境可以吸引众多企业入驻此地。例如，北京的中关村就是依据周围大学城的优势,建立了以高科技企业为核心的写字楼聚集区。由于可利用土地不断减少,而处于城市非中心的区域对于投资房地产一般有一定的优惠政策,因此,充分挖掘区域的优势来建设写字楼将成为未来写字楼发展的趋势,这一点在上海已有所体现。上海市的五角场地区是大学集中区,周围有同济大学、复旦大学等著名高校,高科技的氛围已经吸引了众多开发商到此区域投资建造甲级写字楼,此类甲级写字楼主要面向以研发为主的专业性企业。而上海市的北外滩附近则充分利用其优越的江景,大力发展楼宇经济,并以住宅建设带动写字楼发展,为形成上海的城市副中心打下了基础。

2) 在郊区建设独栋写字楼

许多发达国家都在城市边缘新城建造以低密度、独栋为主要特征的小体量办公楼。此类写字楼不仅可以在规划设计上留有大量的绿化空间,低层、低密度使人对阳光和空气的追求得以满足;而且企业独门独户,可以自行决定物业的建筑风格,并独享冠名权以显示其不凡实力。独栋写字楼作为未来写字楼发展的主流建筑形态,对于那些不强烈依赖商务交流运营的科技企业有不可抗拒的吸引力。上海目前此类写字楼形态已有所发展,在闵行区已经建立了上海科技绿洲(Shanghai Business Park)和漕河泾新兴技术开发区(Caohejing Hi-tech Park)两个新型写字楼区域。而在北京市,亦庄北京经济技术开发区(BDA)推出了"BDA 国际企业大道"项目。"BDA 国际企业大道"地处 BDA 核心位置,由 43 栋三四层高的小独栋研发楼群构成,设计成为低密度、高绿化率的生态型国际化研发办公社区。因此,边缘化的新型独栋写字楼在不远的将来也是写字楼区域发展趋向之一。

3.2.2 写字楼的开发运营方式

写字楼的开发运营方式大致分成 3 种:只租不售、销售和租售结合。

(1) 只租不售。顶级写字楼一般只租不售。这主要是考虑到产权问题、物业管理问题,以及入驻方式和客户层次的选择。销售可能带来客户层次参差不齐,内部的装修管理较为混乱。写字楼租赁期多为 2~3 年。如果是整层或者多层租赁,租期可以延长至 5 年。如果续租,将优先考虑此租户。在客户选择上主要考虑公司背景、行业特性和租用面积。租户以外资企业为主。例如,上海来福士广场在目标客户定位上,只关注外资企业,不考虑国内企业。主力租户以律师行和船运公司为主。金贸大厦有多家国际 500 强企业入驻,如通用电气公司租用了金贸大厦两层。企业天地 B 楼整栋出租给 PWC 会计师事务所。

(2) 租售结合。采用这种运营模式的大多不是顶级写字楼。例如,上海均瑶国际除了 3 个标准层为集团自用以外,30%地区办公楼出售。

(3) 销售型,如深圳国际商会中心。上海嘉德置地(Capita Land)旗下甲级办公楼新茂大厦将 95%的权益出让给来自澳洲的联胜公司(Lend Lease Global Properties)。

北京、上海、深圳、广州四地比较来看,北京写字楼开发运营以出售为主,并出现整栋出售和出租的现象,零散销售在顶级写字楼中不多。同时各个区域也有不同,CBD 出租比较多,中关村和金融街则主要是出售。上海写字楼开发运营以只租不售为主。深圳个别写字楼采用只租不售的方式,如华润大厦和招商银行大厦,这主要与开发商背景和发展战略有关;大多数写字楼仍是销售型物业。广州顶级写字楼也以出租为主,而珠江新城的中档甲级写字楼多以销售为主。

此外,上海写字楼市场已经出现预租现象,在建成前就开始预出租。由于上海写字楼质量高,开发商的实力让人信服,同时市场供应低于市场需求,因此,一般顶级写字楼的预租率达到60%。深圳个别写字楼在预售之前也存在支付诚意金预订的现象。

3.2.3 写字楼市场特点

【参考图文】

根据对当前国内写字楼市场的差异化研究及细致调研,以及当前市场的需求状况及产品走势,写字楼产品将陆续呈现以下特征。

1. 市场需求差异化明显

不同区域和城市的写字楼发展呈现分化态势。一个区域和城市的写字楼需求旺盛程度与当地的宏观经济发展状况密切相关。从国内的经济发展格局来看,以珠江三角洲、长江三角洲和环渤海经济圈为代表的大城市群正在快速崛起,而以北京、上海、广州、深圳为代表的城市经济趋于稳定性增长。在这样的背景下,一线城市写字楼市场自20世纪90年代末期开始逐步走向成熟,而租售需求也相对旺盛。上海甲级写字楼的租金水平自亚洲金融风暴之后就稳步上升,而北京市场对每年巨大新增供应量的消化能力也让人对其前景保持乐观。

与此同时,随着中国经济的逐步发展,中国概念成为国际资本青睐的对象。近两年来,国际资本进入内地一线城市(主要是北京、上海两地),收购成熟写字楼物业的事件时有发生。我们认为,只要全球资本流动性过剩的格局没有发生根本改变,人民币稳步升值的态势继续保持下去,那么国际资本对一线城市成熟写字楼的收购需求仍将存在。而且,亚洲REITs市场的建立,为这些国际资本的退出提供了一条便捷通道,从而解除了其后顾之忧。

相对而言,二、三线城市的写字楼市场起步较晚,有待进一步的市场培育。对二、三线城市的写字楼市场进行考察,需要关注这些城市的区域经济发展前景和产业结构。按照一般规律,在一个总部集中和高端服务业发达的地区和城市,写字楼的需求更为强劲,如天津的滨海新区,作为国家新批的金融改革试点区域,这一区域的写字楼需求在未来几年的上升趋势应该会比较明显。而在珠江三角洲地带,核心城市周边的二、三线城市,一般是沿着"三来一补"的模式发展起来的,对写字楼的需求就相对较少。

除了地域的差异性,不同行业和企业对写字楼的需求差异呈现细化趋势。事实上,这种需求差异在市场上客观存在。一些企业的研发中心倾向于选择在城市边缘区域、强调自然环境的办公物业;一些大型的商业开发客户需要城市中心地带、交通便利、繁华区域内的办公物业;一些中小型企业则更愿意选择成本经济、内部硬件条件良好的城区边缘地带的办公物业。我们认为,在未来几年中,国内写字楼的进一步细分趋势值得关注。即使在同一公司,办公场所的选择也不尽相同。大型公司由于不同部门的工作性质要求,对形象、交通、内部硬件条件等选择因素的侧重不同,可以选择不同的办公区域。例如,大型企业的营销策划部门多注重形象,可能会选择城市中心区域的顶级写字楼作为办公场所，而研发部门则多选择城郊的办公场所。

从整体市场结构来看，需求的差异化将直接导致城市不同区域的写字楼定位更为明确。以北京的CBD为例，该区域的写字楼租户出现大规模的"进退"现象。原有大型制造业的国有企业和跨国公司逐步撤离CBD，迁往中关村和望京区域，而新来的租户以"短小精悍"的服务行业企业为主。由此，CBD的服务中心定位初具轮廓。此外，园区型写字楼的兴起，也是市场需求差异细化的结果。它的定位根据来自于园区企业的需求，与整个园区的主题明确相关。

随着由写字楼市场需求引发市场细分，办公空间与建筑设计更趋于个性化，表现为针对目标客户群而进行的产品设计由同质化、混合型走向更具个性化的道路，并且根据目标群体的不同需求，诞生了一批新型的写字楼物业——主题式写字楼。以个性化、艺术化的形式，为某些特定的群体量身打造写字楼，专业化、主题化的趋势日益鲜明，逐渐成为未来市场发展的新趋势。

2．写字楼的商品化程度提高

从国内写字楼的开发经营模式来看，写字楼产品的投资特性将逐步显现。在市场化程度不高的时期，国内企业建造写字楼的开发模式以零散销售为主，便于及时回收资金。这一方式在各城市中低档次写字楼的开发上仍然可以看到，其选择很大程度上是由于开发商的资金约束。

随着市场对写字楼产品的理解加深，收取租金的经营模式开始受到市场的追捧，尤其是在顶级和甲级写字楼的开发上表现突出。选择这一模式的开发商通常具有一定的资金实力和长期的耐心，同时对所开发物业的价值升值潜力表现出很强的自信。同时，这一模式有利于开发商对写字楼产品的整体运营，在较长期的运营过程中树立企业品牌。

但这并不能说明租赁模式优于销售模式。从近两年的市场情况来看，整幢收购和企业自建高档写字楼的情况逐渐增多。其中，外资基金、大型国企和跨国企业扮演买方角色的机会较多。我们认为，这一现象并非对租赁模式的否定，而是从另一方面说明，写字楼的投资价值已经凸显。未来几年，主要一线城市中心的写字楼土地供应稀缺，现有高档写字楼产品也相对较少，再加上人民币的稳步升值，未来城市中心的高档写字楼价值上升的潜力明显增加。在此背景下，抢占市场稀缺资源，一方面可以提升企业形象，另一方面可以坐拥物业升值，对于"财大气粗"的购买方而言，是不二之选。一个最新的现象也从另外的角度说明写字楼产品的价值。在2006年，上海的写字楼开始流行"命名权、标示权"冠名交易。其中，汇丰等知名企业就通过购买或大面积租赁等方式，取得相关地标性写字楼的冠名权。这一现象足以说明市场对写字楼产品投资价值的挖掘上升到新的层次。

3．高端写字楼配置升级

高端写字楼更加重视城市交通、硬件设施、物业服务等要求。未来几年写字楼产品品质的提高也集中反映在这3个方面，这是市场竞争的重点和开发的重要环节。

(1) 区位及交通因素更加重要。在企业选址的因素中，交通流线越来越拥有更重要的权重。高素质的外资企业是高档写字楼的主力客户，约占42%。随着外企的进驻，对高档写字楼需求加大，外企更多地考虑招聘本地员工。交通状况成为影响入驻企业效率和发展速度的首要因素。具有较好成长空间的高端写字楼通常位于黄金区位的交通核心区域，临近两条以上的主干道,有多种交通工具和地铁直达。

(2) 建筑硬件设施水平提高。在经历激烈动荡的高速发展之后,成熟的开发商已不看重华而不实的外装内饰,而更加看重写字楼高效的办公商务环境和健康舒适的室内空间。

① 高端写字楼更加注重电梯配置,电梯数量同电梯的组合形式、控制方式、运行速度都有密切的关系。一些地理环境很好、外观相当不错的写字楼在出租市场遭到冷落,就是由于电梯数量不足,高峰时期长时期拥挤等候,导致租户流失。成功案例如上海外滩中心,它拥有 2 200 平方米的标准楼层面积,共 50 层,配备了 21 部电梯,候梯时间不超过 30 秒,很好地解决了内部竖向交通问题。

② 高端写字楼在空调方面将会使用四管制的空调系统,以充分保证办公室温度,在季节交替期也能舒适稳定。

③ 高端写字楼的布线会倾向于采用架空地板,创造高度灵活、极具效率的办公环境。

④ 高端写字楼设有智能化消防报警系统、通信和数据处理设备、智能楼宇管理系统等。

⑤ 在满足一定层高要求的基础上,未来写字楼还要保证足够的室内空间。层高的确定与结构形式、通风系统都有着密切的关系。近年写字楼层高稳健提升,趋向于 3.9 米以上。

(3) 趋向于向多功能综合体发展。对于以租赁和出售为主要开发目的的高档写字楼项目,未来必定具备一定的整体规模,以建筑综合体的综合优势体显项目的高档品质,资源集中配置,全体共享。写字楼发展的重要趋势是将城市中商业、办公、居住、酒店、展览、餐饮、会议、文化娱乐等丰富的共享资源进行组合,使客户享受到更广泛的特色服务和资源支持,在各部分之间建立一种互相依存、互补、互助的能动关系,从而形成一个多功能、高效率的复杂而有机统一的综合体。例如,上海外滩中心内部配备了顶级酒店,极大地提升了写字楼的档次,是一座融合了商务、居住、餐饮和娱乐等多功能的时尚建筑。

(4) 物业系统趋于独立完整专业化。未来高档写字楼的服务一方面将体现在高效的物业管理上,具备统一独立完整的物业系统,保障高端写字楼物业的纯粹性和独立性。另一方面将体现在对入驻企业的专业化商务服务上。酒店式服务甚至可以包括卫星会议、活动策划、会展中心等服务。目前已经出现一些新兴写字楼项目,不仅能够实现全天候空调节假日无休,而且还配有送餐、夜餐甚至代办员工地铁月票等服务。

4. 小户型写字楼将成为投资新宠

中国经济的快速增长促使中小型企业大量涌现。这些企业需要更多办公空间,对写字楼物业管理、配套等要求并不高,面积在 100~400 平方米的办公空间即可满足这部分企业的办公需求。这类企业主要有 3 种类型:一类是以贸易为主的小公司,注重地段性和交通;另一类是外地公司投资一线城市的房地产,占地面积不需太大;还有一类是高科技企业的办事处,看中的是写字楼升值潜力和智能化系统。

近年来投资者对商住楼的投资热度开始急剧下降。个别投资者闲散的资金只有几十万元,不够投资高端写字楼,投资商铺也买不了多大面积,于是这部分投资者就把投资目标转向适合投资的小户型写字楼产品上,他们对小户型写字楼追捧有加的原因就在于其租金持续走高及投资小户型写字楼首付比较低,未来升值潜力非常大。小户型写字楼市场走势一直向好,市场中的一些小波动不会影响投资者对小户型写字楼的看好。

2006 年 6 月 19 日,北京市工商局登记部门下发的《关于从严审查住所使用证明文件的通知》(北京市工商局〔2006〕第 14 号文件)正式实施。该通知明确提出"暂停利用居民住宅从事经营活动的登记注册"。此规定使一大批小公司、创业型公司失去低成本的办公场所,如各种创意产业公司、网络商贸公司等。这部分公司受行业特点、资金实力等方面的限制,一般不需要大面积的办公场所,很难支付写字楼高额的租金和物业费,但同时更需要与写字楼相似的办公环境和配套服务,这就极大地促进了小户型写字楼市场的发展。随着住宅"禁商令"的政策出台,商务公寓的风头受到冲击,小户型写字楼开始大举入市,迎来了良好的发展契机,颇受中小型企业关注。不少中小企业纷纷将办公室迁到租金和管理费相对较便宜的小户型写字楼办公,促使小户型写字楼租赁成交活跃起来。

总体来看,随着写字楼的专业化更加清晰,成长性办公写字楼发展迅速。这类写字楼以中档为主,物业管理水平不高,客源充足,销售较快,由于位置、配套较好,租赁活跃,较受投资者的青睐。这种趋势将迫使写字楼市场重新进行定位调整,真正符合小公司需要、符合区域经济发展的小户型物业会相继出现,继续保持租售两旺的良好势头。FILL 空间模式和"街区"设计理念就是为了迎合这种需求而产生的。

FILL 空间就是自由的、激发灵感的、透明开放的,与艺术性相结合的生活空间,它在复式、挑高的基础上,引入富有舞台效果的楼梯和鲜艳明快的墙面色彩,倡导办公、居住两种功能有机相融,功能区隔和精致设计完全迎合了创意工作者缺乏规律性和时间性的工作特性和审美需求。

"街区"设计理念的运用更是小户型写字楼市场的一大进步,同时也为旧房改造做出了贡献。"街区"概念相对严肃、压抑的写字楼氛围而提出,以低密度和张扬的个性取胜,经过改造的废弃工厂和仓库尽显此类写字楼的特征,同时引进新的工作场所,以旧房新建的方式打造了商务办公、休闲娱乐、城市居住等诸多功能于一体的办公单元。

5. 独立性企业总部写字楼模式将进一步发展

传统写字楼宣传企业形象的能力较弱,而总部型写字楼的发展标志着写字楼地产新趋势的出现——写字楼从表现公司群体形象转变为表现公司个体形象。这种强调企业独立性的总部写字楼模式包括区域集群式总部和独立式总部两种类型。

全球 500 强企业中有 300 家左右在中国建立了总部,仅在北京,具有跨国公司地区总部性质的投资公司已达 100 多家。它们均看好北京拥有国际化大都市的资源。依托总部型经济的辐射效应,在中国一线城市获取立足之地并树立品牌形象已经成为企业的发展战略。总部型写字楼模式能充分满足企业建立公司品牌和展现公司张力的需要,同时也能通过独立的运营来满足企业文化的营造及企业管理的需要。这类写字楼已成为企业自身形象的载体,所代表的不再是一个群体的形象,而成为某个单体的专属形象。这无疑可以满足那些希望彰显企业自身魅力与形象的公司的办公需求。

综观目前国内一线城市,不仅在城市郊区地带出现了以突出企业自身形象、显示自身特征和实力的写字楼产品,在用地紧张的城市中心区繁华地段也开始出现小规模的独栋式企业总部组团,目前对独立性企业总部写字楼有强烈需求的主要有三类客户:一是"中"字头企业,以占据最显要的区位和突出外在形象作为第一诉求;二是外地进驻一线城市的企业,主要是受一线城市总部资源的辐射而设立总部型机构的企业;三是各行业的龙头企业,企业发展已经比较成熟,业务稳定,但亟须行业品牌的提升。就专业来说这类写字楼适合电子、通信、信息技术等高科技及保密性要求较高的行业。

独栋写字楼虽然是小众的、个性化的产品，但是它是市场细分的结果，它实际上是顺应企业需求的趋势而产生的，所以它应该是一个很有前景的建筑形态，适应新需求的写字楼产品，如总部基地、创意产业型写字楼等会大量出现，针对独立性企业总部写字楼的办公场所相对独立性、代表企业特有形象、高品质生态及绿化环境、高舒适度及高档次办公环境、高配置生态节能等的研究将进一步加强。

6. 绿色生态节能型和可持续写字楼将进一步发展

在全球范围内，建筑生态智能化有两大发展趋势：一是调动一切技术构造手段，达到低能耗、减少污染并可持续性发展的目的；二是在深入研究室内热功环境(光、声、热、气流等)和人体工程学(人体对环境生理、心理上的反应)的基础上，创造健康舒适而高效的居住空间。

世界范围内的能源危机和中国能源的紧缺都使得建筑能耗问题受到越来越多的关注。2015年11月1日更新的国家标准GB 50189—2015《公共建筑节能设计标准》对于新一代写字楼产品进行更为严格的限制。建筑节能已成为开发商和业主共同关注的问题，建筑能耗直接影响到后期的运营成本，国外资料显示，一栋写字楼产品使用寿命按30年计算，它的运营成本将是这个建筑投资的3倍。对业主，特别是持有物业的业主来说，能耗是不得不关注的一个问题。节能无疑成为生态节能型写字楼开发的核心目标。

目前开发商对于绿色建筑标识的兴趣可能在于促进市场销售，而并不是出于环境意识。长远来看，绿色建筑可节能 30%~70%，维护和运营费用便相应地减少，而且出租率也将得到提高，因为许多公司都更青睐健康的办公室；对于业主和使用者来说，他们承担运行费用，更多考虑的是室内环境品质、服务及舒适性对他们商业活动的影响。国内写字楼过去多半为并不节能的全封闭写字楼，片面学习国外写字楼外观形象，没有真正理解欧洲节能技术的要点，某些项目断章取义使用一些具体的单项建筑技术(如盲目采用封闭式双层玻璃幕墙)，或者盲目提高装修标准或堆砌高新技术。这些采用节能技术的方式并不适合中国气候，不能达到生态节能的目的，反而带来高能耗。

要想综合解决写字楼保温隔热、遮阳、自然通风、防火、防噪声、便于清洁等方面的要求，只有在设计上深入研究，才能开发出适合中国不同地区气候的外墙系统和整体节能技术。预计未来一年中绿色与可持续写字楼将得到明显的发展。

7. 专业聚集特征愈加鲜明

随着中国加入WTO的深入及奥运经济的带动，越来越多的国内外企业因为业务量的迅速增长，或扩租，或搬迁至城市的一个大区域，形成区域写字楼市场的专业聚集群。这种专业聚集群可以称为商务生态圈。例如，北京市已经发展了多个具有清晰区域地位和区域形象的商务圈，形成CBD、中关村、金融街为主题的"3+X"的成熟、热点商务区。上海形成陆家嘴、徐家汇、虹桥、静安、南京西路恒隆一带等商务区。这些商务圈在区域产业、便利状况、区域配套等方面都已经或逐步走向成熟。

未来的商务生态圈，不是简单地把高档写字楼集中在一起。如果只做单一的同质化的物业，只提供为跨国集团总部服务的写字楼，即使档次再高，其最后也很难生存。未来的商务生态圈应该是多种层次和类型的物业、产业相互结合共生发展的一个有机体，产业链级次递减，低级作为配套为高级服务。分布在生态圈内的众多相互关联、相互影响、相互依存的上下游企业,可以左右逢源,创造一种互动的关系,共同构成一个完整的产业生态链或商务群落,进而形成一个完整的竞争联合体,共同降低商务成本,提升竞争力,具有强烈的价值互动功能。

当这种互动处于良性的状态时,就能够为整体区域的发展提供长期的价值支撑,从而使得整个商务生态圈形成一个庞大的产业簇群。例如,较为典型的中关村科技产业簇群发展已经比较完善了,周边高校密集,为产业提供了众多公共实验室和高素质、低成本的人力资源;科技类一级产业的聚集也带动了元配件研发、制作、配送等二级产业的发展;以科技类产品展示、销售市场,以及风险基金、企业顾问等服务体系类为代表的三级产业也已经发展形成。科技类企业及其上下游企业共同进驻,区域整体租金相对较高,但是为区域内企业提供了更大的发展空间、更多的商务机会。同样,CBD 国际贸易产业群落、金融街的金融产业群落也吸引着众多相关企业入驻。CBD 是世界 500 强企业最密集的地区,世界 500 强企业中有约 120 家企业在此设立办公机构。而其周边地区也聚集了与其配套的法律、金融、旅游等相关服务产业。

另外,很多城市已形成影视、广告等传媒企业聚集区域,以及金融、电信、证券、保险企业聚集区域,这些主体行业下一步所辐射的有关商务、服务机构也将集中在这个区域。这种具有专业集中特点的商务区域,优势更为明显,机会更大,发展前景越来越被看好。作为代言城市发展的指标和城市品牌形象的"名片",商务生态圈将在城市经济中产生聚集效应,成为各大商圈发展的核心驱动力。

8. 人性化设计

在商务中营造人性化的氛围是写字楼开发商考虑的重点,不仅要在产品的设计中融合人性化的元素,还要在物业管理中时时体现人性化。

写字楼的最终目的是为大量的公司提供办公服务。因此,在设计产品时就应该从客户的实际需要出发,以人性化的思想指导产品设计,这在目前新建的顶级写字楼设计上已经有所体现。例如,在采光方面,上海的企业天地写字楼利用透明玻璃大大提高了写字楼内部的照明亮度;而上海的嘉华中心则运用合理的建筑设计,利用弧形吊顶提高室内采光品质。在噪声处理方面,许多处于地铁口附近的新建写字楼均利用优质的开孔金属板来隔声,与存量写字楼相比,大大提高了写字楼客户的满意度。在配套设施的建设方面,许多新建写字楼均考虑到了客户的商业和商务需求,在写字楼主楼边上辅以具有会展功能、餐饮娱乐功能的裙楼,增强了写字楼的商务概念,提升了写字楼的品质。

人性化体现的第二个方面是写字楼的物业管理方面,包括对写字楼进行科学的管理,提供周到、安全的服务等。人性化的物业管理也越来越成为大型跨国公司选择写字楼的重要标准之一,这也是区别顶级写字楼和甲级写字楼的标准之一。前几年的存量写字楼并没有过多关注写字楼的保养问题,忽视物业管理人员的素质,造成大量甲级写字楼建成时间不长,看上去却比较陈旧。近几年,许多新建的写字楼均聘请了专业的物业管理公司进行管理,并提出了 24 小时人性化服务,开始注重写字楼的保养和维修问题。例如,上海来福士广场等写字楼聘请定点机构专门负责写字楼的物业管理,而定点机构则专门为此物业配置特定的项目经理,有针对性的管理大大提高了物业服务的水平。又如,上海的汇亚大厦配置了 24 小时专业服务前台以及专供驾驶员使用的等候厅等,将人性化体现得淋漓尽致。

存量写字楼也可以通过在建成之后不断改进局部设计来满足人性化的品质要求。例如，上海金贸大厦在建成后，定期对客户进行满意度调查，利用社区文化对写字楼进行服务和管理。

将智能化和人性化结合也是未来写字楼发展的一个趋势。例如，设立指纹门禁系统，每个员工凭指纹进出楼层，员工动向可在写字楼平台网络上体现；利用局域网络为各个公司提供商务信息服务，进行网上点餐等。

9. 注重细节设计

大量的海外开发商均非常注重写字楼的细部设计，从而带动了整个写字楼产品的细节化趋势，这体现在写字楼产品的多个方面。例如，在电梯厅设计上，许多新建写字楼均采用了壁挂式电视，使办公人员在候梯时能有轻松的心情。在电梯内部设计上，上海的企业天地等写字楼设置了 LCD 彩色显示屏，并配有语音提示音，同时减少了电梯的晃动感，增加了乘梯的舒适程度。在智能化布线上，大量新建的写字楼均以 300 毫米高的架空地板作为交房的重要标准，而上海世纪商贸广场则达到了 500 毫米；由于架空地板的高度直接决定了客户铺设电缆的多少，因此这也成为海外客户衡量写字楼品质的重要标准。在商业配套上，上海汇亚大厦还为金融公司、外资银行特别设计了交易楼层，方便金融机构的交流合作；上海的企业天地利用中心核心筒设计大大提高了楼板的活荷载，为对承重有特殊要求的律师业等提供了方便。

总之，未来的写字楼将出现主题化、个性化、生态化、人性化等特点，满足人们对办公环境越来越高的要求。

 知识链接

酒店式公寓

酒店式公寓是一种提供酒店式管理服务的公寓，集住宅、酒店、会所等多功能于一体，具有自用和投资两大功效，但其本质仍然是公寓。酒店式公寓既吸收了星级酒店的服务功能和管理模式，又吸收了信息时代写字楼的特点，拥有良好的通信条件，可针对性地提供秘书、信息、翻译等商务服务。购买者拥有单元产权，既可以自住、出租，也可以转售，是一种既提供酒店专业服务又拥有私人公寓秘密性和生活风格的综合物业。相关的业态包括服务式公寓、白领公寓、创业公寓、青年SOHO、青年客栈等。

【参考图文】

1. 酒店式公寓的特点

1) 户型

酒店式公寓的户型，从几十平方米到几百平方米不等，可以满足使用者的个性化需求，在装修上统一为精装修，提供全套的家居设计和电器。酒店式服务公寓的户型功能比较齐全，有居家的格局和良好的居住功能，具备较大的空间，以及比较个人的环境和家居化的家具。再加上提供家居式服务，使酒店式服务公寓更增添家的味道。附属设施还增加了银行、会所、小超市等其他项目。

2) 设计

酒店式公寓项目本身的设计也是个性化的，不流于一般形式，因为酒店式公寓的客户群是知名跨国企业高级员工、经理、总裁等,它的物业管理服务是由星级酒店直接管理或有酒店背景的物业公司提供,这就消除了房东对物业管理公司水平的怀疑,可以为住客提供高档、到位的各种服务。

3) 产权

业主拥有酒店独立产权。投资者通过一次性付款或分期或按揭的方式获取客房的独立产权。大多数酒店式公寓,投资者在一定期限内只拥有客房的所有权,而没有经营权。

4) 管理

酒店式公寓借鉴豪华酒店的服务及管理模式,提供酒店式服务,主要包括家政服务、安全服务、交通服务等,还可提供24小时送餐、社区聚会、幼儿看护等家庭式服务。酒店式服务公寓融合了酒店式星级服务和家庭式温馨服务,较普通高档公寓更完善,服务内容更多,更加人性化。

5) 功能

酒店式公寓兼具居住度假与投资两种功能,既可以用来居住、度假,也可以用来投资,或两者兼而有之。

2. 酒店式公寓的分类

1) 商务酒店式公寓

商务酒店式公寓与商住酒店式公寓相比,有更好的商务氛围。目前酒店式公寓一般以商务酒店式公寓为主。

2) 商住酒店式公寓

这类物业基本上具有住的功能,但是由于地处繁华商业地段,因此具备了既可居住又可商住的价值,所以称为商住的物业。虽然商住酒店式公寓商务环境还不错,但却没有写字楼、商务酒店式公寓的那种商务气氛。商与住混合在一座楼中,办公环境就大打折扣。但由于商住酒店式公寓投入少、成本低、资金回收快、风险相对较低,以中小户型为主,房款总价不高,其在市场上具有一定的竞争力,甚至从中低档写字楼中抢了一部分市场。

3) 新生代酒店式公寓

这是一种集酒店、公寓、写字楼三类物业于一体的公寓新品种,即"三合一"的新生代酒店式公寓,比商住式更有氛围,比商务式更便捷,同时在同样品质的环境与氛围中,在生活与工作上又比商务酒店式公寓更便捷。

3. 酒店式公寓的优缺点分析

1) 优势

(1) 总价低、投资灵活。酒店式公寓一般以小户型为主,面积一般在50平方米左右,由于总价较低,就有不少投资者受出租回报的吸引,热力追捧。

(2) 空间分割灵活。由于很多酒店式公寓项目在产品设计时就考虑以办公为主,所以在空间分割上比传统的公寓具有更大的灵活性。

(3) 建筑设计的创新和工程技术的全面应用,也给了该类物业更大的发挥空间。与一般公寓有区别的是,酒店式公寓在提供这些物业、家政服务的渠道上比较畅通,只要想得到,基本上酒店管理公司都能办得到。

2) 劣势

(1) 从经济性来讲，就产品的供应方来讲，每层空间的大分割量增加了小户型的造价成本，包括重新安装管道(水、电、煤)、增加消防通道等；就需求方而言，由于户型不规则，造成使用率较低。

(2) 从舒适性来说，暗房出现，影响居住生活的舒适度；在技术指标控制范围内，开发商选择利润最大化的设计原则，于是，在有限空间分割出更多单元，导致小户型在设计上对生活实用性的考虑较少，其格局更接近于家庭旅馆。

(3) 从实用性来说，每天上下班大量人流上、下电梯，等待极不方便。

(4) 从观赏性来说，因为窗户的增加占据更多外墙面，破坏了原本很规则的建筑立面。

(5) 从安全性来说，标准层户数的增多，造成居住人群参差不齐；如果增加电梯，会对施工造成隐患。

(6) 从服务性来讲，因为容积率的制约，服务配套很难跟上。

3.3 写字楼客户分析

3.3.1 写字楼客户分类

与住宅类产品一样，写字楼客户也分为两类：自用型客户和投资型客户。

1. 自用型客户分析

目前市场上的写字楼所面向的客户群以本省、外省与国际性分公司、办事处为主。行业主要是金融行业、科技通信、IT、贸易、保险、房地产、装饰、律师事务所、广告、咨询等中介行业。需求的面积一般在100～500平方米。这类客户对产品的价格很敏感并且对产品的配套、环境等因素很挑剔，对银行、商务中心、餐厅、邮局等相关配套设施比较重视，具体分类特征见表3-1。

表3-1 写字楼自用型客户分类

分　　类	消费行为特征
具有雄厚实力和发展历史的大中型公司	这类公司积蓄多年，实力雄厚，能承受得起高档写字楼不菲的售价或租金；而且，公司在市场中树立起良好的信誉和形象，选择形象高档写字楼是实力的见证
发展中的中小型公司	这类公司起步较晚，但正处于发展上升期，对自身形象建设较为在意，如有可能，它们仍然愿意选择形象好、品质高的写字楼物业
刚刚起步的小型公司	起步艰难，为求公司立足生存，限于财力，会选择低廉实惠的中低档物业
个人工作室或部门承包人	对办公面积要求不大，工作时间自由，出现办公、居住一体的SOHO工作间，商住楼为主要承载空间

其中大中型客户群主要包括以下 4 类：

(1) 政府机构转制出来的大集团以及将要转制的大集团。

(2) 国内外的金融机构，包括各级银行、保险、证券、期货及其他非银行金融性机构。

(3) 大型股份制公司及外省市集团，包括上市公司。

(4) 国内外大型的专业公司，如服务咨询行业、广告行业、IT 行业、通信行业等。

2．投资型客户分析

根据投资客户对购买的写字楼产品采取的不同处理方式和受益方式，我们将投资客户分为纯投资型客户和兼顾型投资客户。

1) 纯投资型客户

该类客户将购买的写字楼完全出租，以获得租金收入为主。这类客户可分为两种：一种是有足够空余资金的个体，包括外商、港澳台客户及省内外个体老板，一般购买的面积较小，他们在升值未得的情况下，投资以获得租金收入；另一种是国内外的专业投资机构和投资基金，它们可能会整层或多层购买，它们购置物业主要是为了长期持有经营。

2) 兼顾型投资客户

这类投资客户购买的主要目的其实还是自用，但是在购买时有前瞻性的判断，为企业留下了充裕的空间，富余的那部分对外出租；另一部分在自用之余作长期投资。

3.3.2 写字楼客户主要考虑的细节

客户在购买写字楼时更多考虑的是商务功能，主要有以下方面。

【参考图文】

1．地段优势

好的地段决定了好的交通状况、完善的配套设施等。相对于住宅产品而言，写字楼更加倚重地段的优势，不论是投资租用型业主还是自用型业主，都是想买一个良好的增值前景。因此，在购买决策时应关注写字楼所在区域环境、政策、技术创新、人才、商贸、人气等方面情况，关注该区域基础设施和其他配套设施的建设及今后的发展，并了解周边有哪些国内外知名企业加入。

同时，因为房产的增值主要来源于土地的增值，而城市的主中心区及商贸繁荣区土地的稀缺性更强，增值的空间更大。这些区域的人流、物流、信息流、资金流汇聚，商机勃发，区位资源优势得天独厚。因此，是否位于城市的主中心区，是衡量一幢写字楼的档次和是否具有投资价值的首选要素。

2．写字楼的档次

随着社会经济的发展和各企业经济实力的不断增强，客户对写字楼的要求越来越高，写字楼已经成为企业身份的表征。特别是给人第一直观印象的外立面，作为建筑语言，是企业形象和实力的表现。租户选择写字楼办公的首要目的就是提升企业形象，很多知名企业都将写字楼的档次形象作为仅次于区位的主要因素来考虑。

值得一提的是，如果投资独立式写字间或商务公寓，应将该目标租户的业态和经营形式作为重点考虑，因为中小型或成长型企业一般规模不大，所需的写字间面积也不多，但是舒适、方便、够档次的办公环境依然是其首选。

3．品质直接关系使用性

如果用生产效率来衡量写字楼设计是否合理，那么好的写字楼并不只是外立面风光，而且能激发员工灵感，更好地进行创造财富。不论是投资型业主还是自用型业主，写字楼的品质都至关重要，它包含了很多方面的内容，如建筑立面，建筑品质，办公区的文化环境的营造，交通便利程度，空调系统、供暖系统、车位设计情况，供水情况，结构布局，采光通风状况等。写字楼投资者在进行投资决策时要逐一比较，现场观察，实地感受。

4．智能自动化

随着社会的发展和人们办公环境的改善，办公智能化、自动化逐渐成为写字楼产品必不可少的因素。5A 系统[楼宇信息管理系统(OA)、自动消防报警系统(FA)、安全防范系统(SA)、通信自动化系统(CA)、楼宇自动控制系统(BA)]及停车管理系统(PA)的发展水平已经成为衡量一个写字楼档次的标准。

5．投资回报率

无论是对自用型客户还是投资型客户来说，投资回报率都是一个相当重要的参考因子。一般来说，写字楼的投资回报率在10%左右，如果该区域写字楼的投资回报率能接近甚至高于这个数值，那无疑会吸引众多投资者的目光。

置业门槛的高低决定了投入的大小，写字楼投资者在做出购买决策时要考虑是否能通过银行按揭购买，是否只需交纳首付款，后续通过"以租养贷"的方式来供楼，即让租用的企业为你供楼，几年后就可净享长达几十年的高额租金回报。

3.4 写字楼置业投资估算实例

写字楼置业适用的地产金融政策及相关税费政策与商铺置业适用的政策相同，详见2.11.1 节和 2.11.2 节。

下面以例证方式来呈现写字楼的投资估算。

杭州某公司于 2014 年 7 月 1 日以 3.20 万元/平方米的价格购买了杭州钱江新城某写字楼，产权面积为 300 平方米。试进行投资估算分析：

(1) 该套写字楼单价 32 000 元/平方米，按照建筑面积 300 平方米计算，则购房总价=3.2×300=960.00(万元)，首付 50%，首付款=960×0.5=480.00(万元)。

(2) 由于写字楼是非住宅房屋，按照杭州市规定，缴纳契税适用税率取 3%。需要缴纳契税=960×0.03=28.80(万元)。

(3) 需要缴纳印花税=960×0.05%=0.48(万元)。

(4) 该写字楼为带电梯多层，参照杭州市住宅缴纳物业维修金标准，缴纳标准为 65 元/平方米。需要缴纳的物业维修基金=300×65=19 500(元)。

(5) 产权登记办证代理等费用大约为 400 元，即 0.04 万元。

(6) 交房时，还要一次性缴纳一年物业服务费，按照 10 元/(平方米·月)估算，物业服务费=10×300×12=3.60(万元)。

(7) 估算结果：

共需资金=960+28.8+1.95+0.04+3.6+0.48≈994.87(万元)

首付 480 万元

后期费用=28.8+1.95+0.04+3.6+0.48≈6.07(万元)

贷款总额=960-480=480(万元)

3.5 写字楼置业财务分析

3.5.1 编制现金流量表

写字楼置业的现金流量表编制方法与商铺置业的现金流量表编制方法相同，详见2.12.1节，本节不再赘述。

3.5.2 编制资金来源与运用表

1. 资金来源与运用表的含义

资金来源与运用表是反映房地产投资项目在计算期内各年的资金盈余或短缺情况以及项目的资金筹措方案和贷款偿还计划的财务报表，它为项目资产负债表的编制及资金平衡分析提供了重要的财务信息，其表格形式见表 3-2。

表 3-2 资金来源与运用表

单位：万元

序号	项目名称	合计	1	2	3	…	n
1	资金来源						
1.1	销售收入						
1.2	出租收入						
1.3	自营收入						
1.4	资本金						
1.5	长期借款						

续表

序号	项 目 名 称	合计	1	2	3	…	n
1.6	短期借款						
1.7	回收固定资产余值						
1.8	回收经营资金						
1.9	净转售收入						
2	资金运用						
2.1	置业投资						
2.2	经营资金						
2.3	运营费用						
2.4	修理费用						
2.5	经营税金及附加						
2.6	土地增值税						
2.7	所得税						
2.8	应付利润						
2.9	借款本金偿还						
2.10	借款利息支付						
3	盈余资金(1-2)						
4	累计盈余资金						

注：本表与现金流量表有着本质的不同。

2．资金平衡分析

表 3-2 给出的盈余资金表示当年资金来源(现金流入)多于资金运用(现金流出)的数额。当盈余资金为负值时，表示该年的资金短缺数。作为资金的平衡，并不要求每年的盈余资金不出现负值，而要求从投资开始至各年累计的盈余资金大于零或等于零。

作为项目投资实施的必要条件，每期的盈余资金应不小于零。因而，房地产投资项目资金平衡分析关注的重点是资金来源与运用表的"累计盈余资金"栏。

3．不同置业目的分析

写字楼置业投资是长期持有自用还是长期出租或是持有一段时间转售，资金来源与运用表中的项目有所差别，应注意区分。

3.5.3 编制利润表

1．利润表的含义

利润表是反映房地产投资项目计算期内各年的利润总额、所得税及各年税后利润的分配等情况的财务报表。通过该表提供的投资项目经济效益静态分析的信息资料，可以计算投资利润率、投资利税率、资本金利润率、资本金净利润率等指标，其表格形式见表 3-3。

表 3-3 利润表

单位：万元

序号	项目名称	合计	1	2	3	…	n
1	经营收入						
1.1	销售收入						
1.2	出租收入						
1.3	自营收入						
2	经营成本						
2.1	商品房经营成本						
2.2	出租房经营成本						
3	运营费用						
4	修理费用						
5	经营税金及附加						
6	土地增值税						
7	利润总额						
8	所得税						
9	税后利润						
9.1	盈余公积金						
9.2	应付利润						
9.3	未分配利润						

2．利润表的内容及计算

1) 利润总额

利润表中利润总额的计算公式为

$$\text{利润总额}=\text{经营收入}-\text{经营成本}-\text{运营费用}-\text{修理费用}-\text{经营税金与附加}-\text{土地增值税} \tag{3-1}$$

2) 税后利润

简捷利润计算公式为

$$\text{税后利润}=\text{利润总额}-\text{所得税} \tag{3-2}$$

其中：

$$\text{所得税}=\text{应纳税所得额}\times\text{所得税税率} \tag{3-3}$$

一般情况下，应纳税所得额(或应纳税收入)就是前面计算出来的利润总额。

企业的所得税税率一般为25%。

3) 利润分配

企业缴纳所得税后的利润为税后利润，税后利润等于可供分配利润，一般按照下列顺序分配：

(1) 弥补企业以前年度亏损。

(2) 提取盈余公积金(法定盈余公积金10%，累计最高不超过注册资本金的50%，公益金5%～10%)。

(3) 向投资者分配利润，即表中的应付利润。

考虑了这 3 项因素后(大部分情况下只有后两项因素)，余额即为表中的未分配利润，未分配利润主要是用于归还借款。当借款还清后，一般应将这部分利润补分给投资者。

3.5.4 编制项目贷款还本付息估算表

项目贷款还本付息估算表见表 3-4。

表 3-4 项目贷款还本付息估算表

单位：万元

序号	年份 项目	建设期		经营期				
		1	2	3	4	5	6	...
1	还款资金来源(1.1+1.2)							
1.1	可还款现金							
1.2	其他资金							
2	借款偿还							
2.1	年初借款累计							
2.2	年内借款支用							
2.3	本年付息							
2.4	本年还本							
2.5	年末借款累计(2.1+2.2-2.4)							

3.5.5 计算基本财务指标

1．写字楼置业投资的盈利能力指标计算

学习情境 2 介绍了盈利能力指标中的动态指标，包括财务内部收益率、财务净现值、动态投资回收期等指标，以及静态指标中的现金回报率、投资回报率、静态投资回收期等指标。下面介绍静态盈利能力指标中的投资利润率、资本金利润率和资本金净利润率等指标。

1) 置业投资利润率

置业投资利润率是指项目经营期内一个正常年份的年利润总额或项目经营期内年平均利润总额与项目总投资的比率，它是考查项目单位投资盈利能力的静态指标。对经营期内各年的利润变化幅度较大的项目，应计算经营期内年平均利润总额与项目总投资的比率，其计算公式为

$$\text{投资利润率} = \text{年利润总额或年平均利润总额}/\text{项目总投资} \times 100\% \quad (3\text{-}4)$$

其中：

$$\text{利润总额} = \text{经营收入(含销售、出租、自营)} - \text{经营成本} - \text{运营费用} - \text{销售税金} \quad (3\text{-}5)$$

$$\text{销售税金} = \text{营业税} + \text{城市维护建设税} + \text{教育费附加} \quad (3\text{-}6)$$

$$\text{项目总投资}=\text{置业投资资金}+\text{经营资金} \qquad (3\text{-}7)$$

投资利润率可以根据损益表中的有关数据计算求得。在财务评价中,将投资利润率与行业平均利润率对比,以判别项目单位投资盈利能力是否达到本行业的平均水平。

2) 资本金利润率

资本金利润率是指项目经营期内一个正常年份的年利润总额或项目经营期内的年平均利润总额与资本金的比率,它反映投入项目的资本金的盈利能力。资本金是投资者为房地产置业投资项目投入的资本金或权益资本。资本金利润率的计算公式为

$$\text{资本金利润率}=\text{年利润总额或年平均利润总额}/\text{资本金}\times 100\% \qquad (3\text{-}8)$$

3) 资本金净利润率

资本金净利润率是指项目经营期内一个正常年份的年税后利润总额或项目经营期内的年平均税后利润总额与资本金的比率,它反映投入项目的资本金的盈利能力。其计算公式为

$$\text{资本金净利润率}=\text{年税后利润总额或年税后平均利润总额}/\text{资本金}\times 100\% \qquad (3\text{-}9)$$

【例 3-1】 某公司投资购买一写字楼项目,购买金额为 5 000 万元,流动资金为 500 万元。该公司投入的权益资本为 2 000 万元,经营期内年平均利润总额为 650 万元、年平均税后利润总额为 500 万元。试求该投资项目的投资利润率、资本金利润率、资本净净利润率。

解: (1) 根据式(3-4)得

$$\text{投资利润率}=650/(5\,000+500)\times 100\% \approx 11.82\%$$

(2) 根据式(3-8)得

$$\text{资本金利润率}=650/2\,000\times 100\%=32.50\%$$

(3) 根据式(3-9)得

$$\text{资本金净利润率}=500/2\,000\times 100\%=25\%$$

2. 写字楼置业清偿能力指标计算

1) 借款偿还期

借款偿还期是指在国家规定及房地产投资项目具体财务条件下,项目开发经营期内使用可用作还款的利润、折旧、摊销及其他还款资金偿还项目借款本息所需要的时间。对房地产置业投资项目和房地产开发之后进行出租经营或自营的项目,需要计算借款偿还期。房地产开发项目用于销售时,不计算借款偿还期。

借款偿还期的计算公式为

$$I_\mathrm{d}=\sum_{t=1}^{P_\mathrm{d}} R_t \qquad (3\text{-}10)$$

式中,I_d——项目借款还本付息数额(不包括已用资本金支付的建设期利息);

P_d——借款偿还期(从借款开始期计算);

R_t——第 t 期可用于还款的资金(包括利润、折旧、摊销及其他还款资金)。

借款偿还期可用资金来源与运用表或借款还本付息计算表直接计算,其详细计算公式为

$$P_\mathrm{d}=[\text{借款偿还后开始出现盈余期数}]-\text{开始借款期数}$$

$$+[上期偿还借款额/当期可用于还款的资金额] \quad (3-11)$$

上述计算是以计算周期为单位，实际应用中应注意将其转换成以年为单位。当借款偿还期满足贷款机构的要求期限时，即认为项目是有清偿能力的。

2) 偿债备付率

偿债备付率(Debt Coverage Ratio，DCR)，指项目在借款偿还期内各年用于还本付息的资金与当期应还本付息金额的比率。其计算公式为

$$偿债备付率=可用于还本付息资金/当期应还本付息资金 \quad (3-12)$$

可用于还本付息资金，包括可用于还款的折旧和摊销，在成本中列支的利息费用，可用于还款的利润等。当期应还本付息金额包括当期应还贷款本金及计入成本的利息。

在商业房地产金融和投资中，偿债备付率是用于判断物业净运营收入的现金流是否能够支撑其债务负担的重要指标。其计算公式通常简化为

$$偿债备付率=净运营收入/还本付息金额 \quad (3-13)$$

偿债备付率可以按年计算，也可以按整个借款期计算。偿债备付率表示可用于还本付息的资金偿还借款本息的保障倍数。对于一般商业房地产投资项目，商业银行要求该指标值应在 1.15～1.35。当指标小于 1.15 时，表示当期资金来源不足以偿付当期债务，需要通过短期借款来偿还已到期的债务。

3) 资产负债率

资产负债率是反映项目各年所面临的财务风险程度及偿债能力的指标，属长期偿债能力指标，反映债权人所提供的资金占全部资产的比例，即总资产中有多大比例是通过借债来筹集的，它可以用来衡量客户在清算时保护债权人利益的程度。其表达式为

$$资产负债率=负债合计/资产合计×100\% \quad (3-14)$$

资产负债率高，则企业的资本金不足，对负债的依赖性强，在经济萎缩或信贷政策有所改变时，应变能力较差；资产负债率低则企业的资本金充裕，企业应变能力强。

4) 流动比率

流动比率是反映项目各年偿付流动负债能力的指标。其表达式为

$$流动比率=流动资产总额/流动负债总额×100\% \quad (3-15)$$

流动比率越高，说明营运资本(即流动资产减流动负债的余额)越多，对债权人而言，其债权就越安全。通过这个指标可以看出百元流动负债有几百元流动资产来抵偿，故又称偿债能力比率。在国际上银行一般要求这一比率维持在200%以上，因此人们称之为"银行家比率"或"二对一比率"。

5) 速动比率

速动比率是反映项目快速偿付流动负债能力的指标。其表达式为

$$速动比率=(资产总额-存货)/流动负债总额×100\% \quad (3-16)$$

该指标属短期偿债能力指标。它反映项目流动资产总体变现或近期偿债的能力，因此它必须在流动资产中扣除存货部分，因为存货变现能力差，至少也需要经过销售和收账两个过程，且会受到价格下跌、损坏、不易销售等因素的影响。

【例 3-2】 某公司购买了一栋写字楼用于出租经营，该项目所需的投资和经营期间的年净收入情况见表 3-5。如果当前房地产市场上写字楼物业的投资收益率为 18%，试计算

该投资项目的财务净现值和财务内部收益率,并判断该投资项目的可行性;如果在10年经营期内年平均通货膨胀率为5%,公司投入该项目资本的实际收益率是多少?

表3-5 项目现金流量表

单位:万元

年份	0	1	2	3	4	5	6	7	8	9	10
购楼投资	24 450										
净租金收入		4 500	4 700	5 000	5 100	4 900	5 100	5 300	4 900	4 800	4 300
净转售收入											16 000

解:(1) 在不考虑通货膨胀的情况下,计算项目实际现金流量的财务净现值和财务内部收益率,计算过程见表3-6。

表3-6 财务净现值和财务内部收益率计算表

【计算表格】

单位:万元

年份	净现金流量	I_c=18%		I=19%	
		净现值	累计净现值	净现值	累计净现值
0	−24 550	−24 550.00	−24 550.00	−24 550.00	−24 550.00
1	4 500	3 813.56	−20 736.44	3 781.51	−20 768.49
2	4 700	3 375.47	−17 360.97	3 318.97	−17 449.51
3	5 000	3 043.15	−14 317.62	2 967.08	−14 482.43
4	5 100	2 630.52	−11 687.30	2 543.21	−11 939.22
5	4 900	2 141.84	−9 545.46	2 053.34	−9 885.88
6	5 100	1 889.20	−7 656.26	1 795.93	−8 089.96
7	5 300	1 663.80	−5 992.46	1 568.36	−6 521.59
8	4 900	1 303.59	−4 688.87	1 218.49	−5 303.10
9	4 800	1 082.19	−3 606.68	1 003.04	−4 300.06
10	20 300	3 878.61	271.93	3 564.73	−735.34

从表3-8的计算可以得出,该投资项目的财务净现值为271.93万元。

根据式(2-11),项目的财务内部收益率或表面收益率为

IRR=18%+1.0%×271.93/[271.93−(−735.34)] ≈ 18.27%>18%

由于该项目的财务净现值大于零,财务内部收益率大于写字楼平均投资收益率水平,因此该项目可行。

(2) 计算项目实际收益率。实际收益率(R_r)、表面收益率(R_a)和通货膨胀率(R_d)之间的关系为

$$(1+R_a)=(1+R_r)(1+R_d)$$

通过计算已得到R_a≈18.27%,又知R_d≈5%,通过上述公式得

$$(1+0.1827)=(1+R_r)(1+0.05)$$

求解得 $R_r \approx 12.64\%$。

因此,该项目投资的实际收益率为12.64%。

【例 3-3】 某小型写字楼的购买价格为 50 万元,其中投资者投入的权益资本为 20 万元,另外 30 万元为年利率为 7.5%、期限为 30 年、按年等额还款的抵押贷款。建筑物的价值为 40 万元,按有关规定可在 25 年内直线折旧。预计该写字楼的年毛租金收入为 10 万元,空置和收租损失为毛租金收入的 10%,包括房产税、保险费、维修费、管理费、设备使用费和大修基金在内的年运营费用为毛租金收入的 30%。试计算该写字楼投资项目的投资回报指标。

解: 该写字楼项目的投资回报指标计算过程见表 3-7。

表 3-7 写字楼项目投资回报指标计算表

单位:元

序号	项目	数额	备注
1	年毛租金收入	100 000	
2	空置和租金损失(10%)	10 000	
3	年运营费用(30%)	30 000	
4	年净经营收入	60 000	
5	年还本付息	25 400	
6	净现金流	34 600	
7	现金回报率	17.3%	34 600/200 000
8	还本收益	2 900	25 400−300 000×7.5%
9	扣除折旧前的应纳税收入	37 500	34 600+2 900
10	折旧	16 000	
11	应纳税收入	21 500	37 500−16 000
12	所得税(税率为33%)	7 095	21 500×33%
13	税后净现金流	27 505	34 600−7 095
14	税后现金回报率	13.8%	27 505/200 000
15	投资者权益增加值	2 900	
16	投资回报率	15.2%	30 405/200 000
17	写字楼市场价值增值额	10 000	2%×500 000
18	考虑增值后的投资回报率	20.2%	40 405/200 000
19	偿债备付率	2.36	60 000/25 400

【例 3-4】 从某房地产投资项目的资产负债表中可以得到如下项目信息:负债合计为 3 000 万元,资产合计为 5 000 万元,流动资产和流动负债分别为 2 500 万元和 1 250 万元,存货为 1 500 万元。试计算该房地产投资项目的资产负债率、流动比率和速动比率。

解:(1)根据式(3-14)得

资产负债率=3 000/5 000×100%=60%

(2) 根据式(3-15)得

$$流动比率=2\ 500/1\ 250\times100\%=200\%$$

(3) 根据式(3-16)得

$$速动比率=(2\ 500-1\ 500)/1\ 250\times100\%=80\%$$

3.5.6 写字楼置业投资财务分析实例

【计算表格】

沿用 3.4.2 节中的资料,该写字楼在 2015 年 1 月份可以交付,并于 2015 年 7 月份可以入住,这样每月可以节省 12 万元租金。假设该公司购买的该写字楼 2011 年 6 月取得国有土地使用权,并长期持有该写字楼产权,并用此产权作为抵押物申请公司流动资金。下面主要分析该公司投资该写字楼是否可行:

1. 现金流入

(1) 年租金收入:从 2015 年 7 月至 2051 年 6 月,36 年期间每年可以节省的租金收入为 12×12=144(万元)。

(2) 其他收入:无。

2. 现金流出

(1) 2014 年购房总价为 960 万元,首付款为 480 万元,贷款总额为 480 万元,按年等额还款,贷款期限为 10 年,从 2015 年开始还款,每年还款额=480×6.55%×1.1×(1+6.55%×1.1)10/ [(1+6.55%×1.1)10-1] ≈ 68.99(万元)。

(2) 2015 年需要缴纳契税=960×0.03=28.80(万元)。

(3) 2015 年需要缴纳印花税=960×0.05%=0.48(万元)。

(4) 2015 年需要缴纳的物业维修基金=300×65=19 500(元)。

(5) 2015 年产权登记办证代理等费用大约为 400 元,即 0.04 万元。

(6) 2015 年交房后每年需要支出物业服务费等运营费用=10×300×12=3.60(万元)。

(7) 2015—2025 年出租期间每年还需要缴纳房产税:

$$房产税=房屋原值\times70\%\times1.2\%$$

因此,

$$出租期间年房产税=960\times70\%\times1.2\%=8.06(万元)$$

(8) 2015—2025 年出租期间每年其他运营费用约为租金收入的 10%,即为 14.40 万元。

3. 编制现金流量表

(1) 全部投资现金流量表具体见表 3-8。

(2) 自有资金现金流量表具体见表 3-9。

表 3-8 全部投资财务现金流量表

单位：万元

序号	项目名称	2014	2015	2016	2017	2018	2019	2020	2021	2022	2023	2024	2025	2026	2027	2028	2029	2030	2031	2032	2033
1	现金流入	0.00	72.00	144.00	144.00	144.00	144.00	144.00	144.00	144.00	144.00	144.00	144.00	144.00	144.00	144.00	144.00	144.00	144.00	144.00	144.00
1.1	租金收入		72.00	144.00	144.00	144.00	144.00	144.00	144.00	144.00	144.00	144.00	144.00	144.00	144.00	144.00	144.00	144.00	144.00	144.00	144.00
1.2	其他收入																				
2	现金流出	960.00	37.10	11.66	11.66	11.66	11.66	11.66	11.66	11.66	11.66	11.66	11.66	11.66	11.66	11.66	11.66	11.66	11.66	11.66	11.66
2.1	购房总价	960.00																			
2.2	契税		28.80																		
2.3	印花税		0.48																		
2.4	物业维修基金		1.95																		
2.5	产权代办费		0.04																		
2.6	运营费用		1.80	3.60	3.60	3.60	3.60	3.60	3.60	3.60	3.60	3.60	3.60	3.60	3.60	3.60	3.60	3.60	3.60	3.60	3.60
2.7	房产税		4.03	8.06	8.06	8.06	8.06	8.06	8.06	8.06	8.06	8.06	8.06	8.06	8.06	8.06	8.06	8.06	8.06	8.06	8.06
3	净现金流量	−960.00	34.90	132.34	132.34	132.34	132.34	132.34	132.34	132.34	132.34	132.34	132.34	132.34	132.34	132.34	132.34	132.34	132.34	132.34	132.34
4	累计净现金流量	−960.00	−925.10	−792.76	−660.42	−528.08	−395.74	−263.40	−131.06	1.28	133.62	265.96	398.30	530.64	662.98	795.32	927.66	1 060.00	1 192.34	1 324.68	1 457.02
5	净现金流量现值	−960.00	31.73	109.37	99.43	90.39	82.17	74.70	67.91	61.74	56.13	51.02	46.38	42.17	38.33	34.85	31.68	28.80	26.18	23.80	21.64
6	累计净现金流量现值	−960.00	−928.27	−818.90	−719.47	−629.08	−546.91	−472.21	−404.30	−342.56	−286.43	−235.41	−189.03	−146.86	−108.52	−73.67	−41.99	−13.19	12.99	36.79	58.43

续表

序号	项目名称	2034	2035	2036	2037	2038	2039	2040	2041	2042	2043	2044	2045	2046	2047	2048	2049	2050	2051
1	现金流入	144.00	144.00	144.00	144.00	144.00	144.00	144.00	144.00	144.00	144.00	144.00	144.00	144.00	144.00	144.00	144.00	144.00	72.00
1.1	租金收入	144.00	144.00	144.00	144.00	144.00	144.00	144.00	144.00	144.00	144.00	144.00	144.00	144.00	144.00	144.00	144.00	144.00	72.00
1.2	其他收入	11.66	11.66	11.66	11.66	11.66	11.66	11.66	11.66	11.66	11.66	11.66	11.66	11.66	11.66	11.66	11.66	11.66	5.83
2	现金流出																		
2.1	购房总价																		
2.2	契税																		
2.3	印花税																		
2.4	物业维修基金																		
2.5	产权代办费																		
2.6	运营费用	3.60	3.60	3.60	3.60	3.60	3.60	3.60	3.60	3.60	3.60	3.60	3.60	3.60	3.60	3.60	3.60	3.60	1.80
2.7	房产税	8.06	8.06	8.06	8.06	8.06	8.06	8.06	8.06	8.06	8.06	8.06	8.06	8.06	8.06	8.06	8.06	8.06	4.03
3	净现金流量	132.34	132.34	132.34	132.34	132.34	132.34	132.34	132.34	132.34	132.34	132.34	132.34	132.34	132.34	132.34	132.34	132.34	66.17
4	累计净现金流量	1 589.36	1 721.70	1 854.04	1 986.38	2 118.72	2 251.06	2 383.40	2 515.74	2 648.08	2 780.42	2 912.76	3 045.10	3 177.44	3 309.78	3 442.12	3 574.46	3 706.80	3 772.97
5	净现金流量现值	19.67	17.88	16.26	14.78	13.44	12.21	11.10	10.09	9.18	8.34	7.58	6.89	6.27	5.70	5.18	4.71	4.28	1.95
6	累计净现金流量现值	78.10	95.99	112.24	127.02	140.46	152.67	163.78	173.87	183.05	191.39	198.98	205.87	212.14	217.84	223.02	227.73	232.01	233.95

表 3-9 自有资金投资财务现金流量表

单位：万元

序号	项目名称	2014	2015	2016	2017	2018	2019	2020	2021	2022	2023	2024	2025	2026	2027	2028	2029	2030	2031	2032	2033
1	现金流入	0.00	72.00	144.00	144.00	144.00	144.00	144.00	144.00	144.00	144.00	144.00	144.00	144.00	144.00	144.00	144.00	144.00	144.00	144.00	144.00
1.1	租金收入		72.00	144.00	144.00	144.00	144.00	144.00	144.00	144.00	144.00	144.00	144.00	144.00	144.00	144.00	144.00	144.00	144.00	144.00	144.00
1.2	其他收入																				
2	现金流出	480.00	106.09	80.65	80.65	80.65	80.65	80.65	80.65	80.65	80.65	80.65	11.66	11.66	11.66	11.66	11.66	11.66	11.66	11.66	11.66
2.1	首付款	480.00																			
2.2	还本付息额		68.99	68.99	68.99	68.99	68.99	68.99	68.99	68.99	68.99	68.99									
2.3	契税		28.80																		
2.4	印花税		0.48																		
2.5	物业维修基金		1.95																		
2.6	产权代办费		0.04																		
2.7	运营费用		1.80	3.60	3.60	3.60	3.60	3.60	3.60	3.60	3.60	3.60	3.60	3.60	3.60	3.60	3.60	3.60	3.60	3.60	3.60
2.8	房产税		4.03	8.06	8.06	8.06	8.06	8.06	8.06	8.06	8.06	8.06	8.06	8.06	8.06	8.06	8.06	8.06	8.06	8.06	8.06
3	净现金流量	-480.00	-34.09	63.35	63.35	63.35	63.35	63.35	63.35	63.35	63.35	63.35	132.34	132.34	132.34	132.34	132.34	132.34	132.34	132.34	132.34
4	累计净现金流量	-480.00	-514.09	-450.74	-387.39	-324.04	-260.69	-197.34	-133.99	-70.64	-7.29	56.06	188.40	320.74	453.08	585.42	717.76	850.10	982.44	1 114.78	1 247.12
5	净现金流量现值	-480.00	-30.99	52.36	47.60	43.27	39.34	35.76	32.51	29.55	26.87	24.42	46.38	42.17	38.33	34.85	31.68	28.80	26.18	23.80	21.64
6	累计净现金流量现值	-480.00	-510.99	-458.64	-411.04	-367.77	-328.44	-292.68	-260.17	-230.61	-203.75	-179.32	-132.94	-90.77	-52.44	-17.59	14.09	42.89	69.08	92.88	114.52

续表

序号	项目名称	时间																
		2034	2035	2036	2037	2038	2039	2040	2041	2042	2043	2044	2045	2046	2047	2048	2049	2050	2051
1	现金流入	144.00	144.00	144.00	144.00	144.00	144.00	144.00	144.00	144.00	144.00	144.00	144.00	144.00	144.00	144.00	144.00	144.00	72.00
1.1	租金收入	144.00	144.00	144.00	144.00	144.00	144.00	144.00	144.00	144.00	144.00	144.00	144.00	144.00	144.00	144.00	144.00	144.00	72.00
1.2	其他收入																		
2	现金流出	11.66	11.66	11.66	11.66	11.66	11.66	11.66	11.66	11.66	11.66	11.66	11.66	11.66	11.66	11.66	11.66	11.66	5.83
2.1	首付款																		
2.2	还本付息额																		
2.3	契税																		
2.4	印花税																		
2.5	物业维修基金																		
2.6	产权代办费																		
2.7	运营费用	3.60	3.60	3.60	3.60	3.60	3.60	3.60	3.60	3.60	3.60	3.60	3.60	3.60	3.60	3.60	3.60	3.60	1.80
2.8	房产税	8.06	8.06	8.06	8.06	8.06	8.06	8.06	8.06	8.06	8.06	8.06	8.06	8.06	8.06	8.06	8.06	8.06	4.03
3	净现金流量	132.34	132.34	132.34	132.34	132.34	132.34	132.34	132.34	132.34	132.34	132.34	132.34	132.34	132.34	132.34	132.34	132.34	66.17
4	累计净现金流量	1 379.46	1 511.80	1 644.14	1 776.48	1 908.82	2 041.16	2 173.50	2 305.84	2 438.18	2 570.52	2 702.86	2 835.20	2 967.54	3 099.88	3 232.22	3 364.56	3 496.90	3 563.07
5	净现金流量现值	19.67	17.88	16.26	14.78	13.44	12.21	11.10	10.09	9.18	8.34	7.58	6.89	6.27	5.70	5.18	4.71	4.28	1.95
6	累计净现金流量现值	134.19	152.07	168.33	183.11	196.55	208.76	219.86	229.96	239.14	247.48	255.06	261.96	268.23	273.92	279.10	283.81	288.09	290.04

4. 编制资金来源与运用表

资金来源与运用表见表3-10。

表3-10 资金来源与运用表

单位：万元

序号	项目名称	时间																	
		2014	2015	2016	2017	2018	2019	2020	2021	2022	2023	2024	2025	2026	2027	2028	2029	2030	2031
1	资金来源	960.00	72.00	144.00	144.00	144.00	144.00	144.00	144.00	144.00	144.00	144.00	144.00	144.00	144.00	144.00	144.00	144.00	144.00
1.1	出租收入		72.00	144.00	144.00	144.00	144.00	144.00	144.00	144.00	144.00	144.00	144.00	144.00	144.00	144.00	144.00	144.00	144.00
1.2	资本金	480.00																	
1.3	长期借款	480.00																	
2	资金运用	960.00	74.82	80.65	80.65	80.65	80.65	80.65	80.65	80.65	80.65	80.65	11.66	11.66	11.66	11.66	11.66	11.66	11.66
2.1	置业投资	960.00																	
2.2	运营费用		1.80	3.60	3.60	3.60	3.60	3.60	3.60	3.60	3.60	3.60	3.60	3.60	3.60	3.60	3.60	3.60	3.60
2.3	房产税		4.03	8.06	8.06	8.06	8.06	8.06	8.06	8.06	8.06	8.06	8.06	8.06	8.06	8.06	8.06	8.06	8.06
2.4	借款本金偿还		34.41	36.88	39.54	42.39	45.45	48.72	52.23	55.99	60.03	64.35							
2.5	借款利息支付		34.58	32.11	29.45	26.60	23.54	20.27	16.76	13.00	8.96	4.64							
3	盈余资金(1-2)	0.00	-2.82	63.35	63.35	63.35	63.35	63.35	63.35	63.35	63.35	63.35	132.34	132.34	132.34	132.34	132.34	132.34	132.34
4	累计盈余资金	0.00	-2.82	60.53	123.88	187.23	250.58	313.93	377.28	440.63	503.98	567.33	699.67	832.01	964.35	1 096.69	1 229.03	1 361.37	1 493.71

续表

序号	项目名称	时间																			
		2032	2033	2034	2035	2036	2037	2038	2039	2040	2041	2042	2043	2044	2045	2046	2047	2048	2049	2050	2051
1	资金来源	144.00	144.00	144.00	144.00	144.00	144.00	144.00	144.00	144.00	144.00	144.00	144.00	144.00	144.00	144.00	144.00	144.00	144.00	144.00	72.00
1.1	出租收入	144.00	144.00	144.00	144.00	144.00	144.00	144.00	144.00	144.00	144.00	144.00	144.00	144.00	144.00	144.00	144.00	144.00	144.00	144.00	72.00
1.2	资本金																				
1.3	长期借款																				
2	资金运用	11.66	11.66	11.66	11.66	11.66	11.66	11.66	11.66	11.66	11.66	11.66	11.66	11.66	11.66	11.66	11.66	11.66	11.66	11.66	5.83
2.1	置业投资																				
2.2	运营费用	3.60	3.60	3.60	3.60	3.60	3.60	3.60	3.60	3.60	3.60	3.60	3.60	3.60	3.60	3.60	3.60	3.60	3.60	3.60	1.80
2.3	房产税	8.06	8.06	8.06	8.06	8.06	8.06	8.06	8.06	8.06	8.06	8.06	8.06	8.06	8.06	8.06	8.06	8.06	8.06	8.06	4.03
2.4	借款本金偿还																				
2.5	借款利息支付																				
3	盈余资金(1-2)	132.34	132.34	132.34	132.34	132.34	132.34	132.34	132.34	132.34	132.34	132.34	132.34	132.34	132.34	132.34	132.34	132.34	132.34	132.34	66.17
4	累计盈余资金	1 626.05	1 758.39	1 890.73	2 023.07	2 155.41	2 287.75	2 420.09	2 552.43	2 684.77	2 817.11	2 949.45	3 081.79	3 214.13	3 346.47	3 478.81	3 611.15	3 743.49	3 875.83	4 008.17	4 074.34

5. 编制损益表

损益表见表 3-11。

表 3-11 损益表

单位：万元

序号	项目名称	时间																	
		2014	2015	2016	2017	2018	2019	2020	2021	2022	2023	2024	2025	2026	2027	2028	2029	2030	2031
1	经营收入	0	72	144	144	144	144	144	144	144	144	144	144	144	144	144	144	144	144
1.1	销售收入																		
1.2	出租收入	0	72	144	144	144	144	144	144	144	144	144	144	144	144	144	144	144	144
1.3	自营收入																		
2	运营费用	0	1.8	3.6	3.6	3.6	3.6	3.6	3.6	3.6	3.6	3.6	3.6	3.6	3.6	3.6	3.6	3.6	3.6
3	房产税	0	4.03	8.06	8.06	8.06	8.06	8.06	8.06	8.06	8.06	8.06	8.06	8.06	8.06	8.06	8.06	8.06	8.06
4	利润总额	0	66.17	132.34	132.34	132.34	132.34	132.34	132.34	132.34	132.34	132.34	132.34	132.34	132.34	132.34	132.34	132.34	132.34

续表

序号	项目名称	时间																		
		2032	2033	2034	2035	2036	2037	2038	2039	2040	2041	2042	2043	2044	2045	2046	2047	2048	2049	2050	2051
1	经营收入	144	144	144	144	144	144	144	144	144	144	144	144	144	144	144	144	144	144	144	72
1.1	销售收入																				
1.2	出租收入	144	144	144	144	144	144	144	144	144	144	144	144	144	144	144	144	144	144	144	72
1.3	自营收入																				
2	运营费用	3.6	3.6	3.6	3.6	3.6	3.6	3.6	3.6	3.6	3.6	3.6	3.6	3.6	3.6	3.6	3.6	3.6	3.6	3.6	1.8
3	房产税	8.06	8.06	8.06	8.06	8.06	8.06	8.06	8.06	8.06	8.06	8.06	8.06	8.06	8.06	8.06	8.06	8.06	8.06	8.06	4.03
4	利润总额	132.34	132.34	132.34	132.34	132.34	132.34	132.34	132.34	132.34	132.34	132.34	132.34	132.34	132.34	132.34	132.34	132.34	132.34	132.34	66.17

6. 编制项目贷款还本付息估算表

项目贷款还本付息估算表见表 3-12 和表 3-13。

表 3-12 项目贷款还本付息估算表（及时还款）

单位：万元

序号	项 目		经营期					
		2014	2015	2016	2017	2018	2019	2020
1	还款资金来源	0	66.17	132.34	132.34	132.34	132.34	132.34
1.1	可还款现金	0	66.17	132.34	132.34	132.34	132.34	132.34
2	借款偿还							
2.1	年初借款累计	0.00	480.00	448.41	348.38	241.14	126.18	2.93
2.2	年内借款支用	480.00						
2.3	本年付息		34.58	32.31	25.10	17.37	9.09	0.21
2.4	本年还本		31.59	100.03	107.24	114.97	123.25	2.93
2.5	年末借款累计	480.00	448.41	348.38	241.14	126.18	2.93	0.00

表 3-13 项目贷款还本付息估算表（按时等额还款）

单位：万元

序号	项 目		经营期									
		2014	2015	2016	2017	2018	2019	2020	2021	2022	2023	2024
1	还款资金来源	0	68.99	132.34	132.34	132.34	132.34	132.34	132.34	132.34	132.34	132.34
1.1	可还款现金	0	66.17	132.34	132.34	132.34	132.34	132.34	132.34	132.34	132.34	132.34
1.2	其他资金		2.82									
2	借款偿还											
2.1	年初借款累计	0.00	480.00	445.59	408.71	369.17	326.77	281.33	232.61	180.38	124.38	64.36
2.2	年内借款支用	480.00										
2.3	本年付息		34.58	32.11	29.45	26.60	23.54	20.27	16.76	13.00	8.96	4.64
2.4	本年还本		34.41	36.88	39.54	42.39	45.45	48.72	52.23	55.99	60.03	64.35
2.5	年末借款累计	480.00	445.59	408.71	369.17	326.77	281.33	232.61	180.38	124.38	64.36	0.00

7. 计算财务指标

1) 计算盈利能力指标

(1) 静态指标。

① 静态投资回收期。

全部投资：
$$P_b' = 8-1+131.06/132.34 \approx 7.99(年)$$

自有资金：
$$P_b' = 10-1+7.29/63.35 \approx 9.12(年)$$

② 税前现金回报率=132.34/480×100%≈27.57%；

税后现金回报率=132.34×(1-25%)/480×100%≈20.68%；

③ 不考虑物业增值的情况下：

投资回报率=[132.34×(1-25%)+68.99-480×6.55%×1.1]/480×100%≈27.85%

考虑物业增值的情况下，假设该写字楼年增值率为2%，则

投资回报率=[132.34×(1-25%)+68.99-480×6.55%×1.1+960×2%]/480×100%≈47.05%

④ 投资利润率=132.34/(960+28.80+0.48+1.95+0.04)≈13.35%。

⑤ 资本金利润率=132.34/(480+28.80+0.48+1.95+0.04)≈25.88%。

⑥ 资本金净利润率=132.34×(1-25%)/(480+28.80+0.48+1.95+0.04)≈19.41%。

(2) 动态指标。

① 财务净现值。

全部投资：当基准收益率 i_c=10%时，NPV=233.95 万元；

自有资金：当基准收益率 i_c=10%时，NPV=290.04 万元。

② 财务内部收益率。

全部投资：IRR=12.47%。自有资金：IRR=14.25%。

③ 动态投资回收期

全部投资：P_b=17-1+13.19/26.18≈16.50(年)

自有资金：P_b=15-1+17.59/31.68≈14.56(年)。

2) 计算清偿能力指标

(1) 借款偿还期=2 020-2 015+(2.93+0.21)/132.34≈5.02 年，小于贷款期限 10 年。

(2) 偿债备付率=132.34/68.99≈1.92，大于 1.15，符合银行对该指标的要求。

8. 财务分析总结

(1) 根据基准收益率 i_c=10%，NPV>0；

(2) 财务内部收益率：

全部投资：IRR≈12.47%>10%；自有资金：IRR≈14.25%>10%；该写字楼投资回收期在 15 年左右的时间，也符合写字楼投资回收期在 10～15 年的一般要求，因此，该写字楼投资在财务上是可行的。

3.6 写字楼置业投资决策分析

3.6.1 独立方案的比选

独立方案是指方案的采纳与否只受自身条件的制约，方案之间不具有排斥性。也就是说，在独立方案中，选择某一方案并不排斥另一方案，它们在经济上互不相关，接受或放弃某个方案并不影响其他方案的取舍。相互独立方案之间的效果具有可加性，即投资、经营费用与投资收益之间具有可加性。由于可能存在的资金约束，独立型方案的选择可能出现两种情况：

一种是企业可利用的资金足够多，即通常所说的无资金限制条件，这时方案的选择和前面章节所介绍的单方案的经济评价方法相同。只要分别计算各方案的 NPV 或 IRR，选择所有 NPV≥0 或 IRR≥i_c 的项目即可。

另一种是企业可利用的资金是有限制的。在不超出资金限额的条件下，选出最佳的方案组合。在这种条件下，独立关系转化为一定程度上的互斥关系，这样就可以参照互斥型方案的比选方法选择最佳方案。

企业不能按某一固定的资金成本无限制地增加其资金，而存在着某个资金总额(C 为临界点)，在这点外，企业要付出越来越高的资金费用。原因可能是贷款人觉得进一步增大对企业的贷款会冒较大的风险。对于这类问题，比选的目标没有变化，仍然是要达到收益最大化，即取得最佳的经济效益，在有资金约束的情况下选择项目组合，使总体收益最大化。常用的在资金约束条件下独立方案的比选方法有两种，即互斥组合法和净现值率排序法。

1. 互斥组合法

互斥组合法是工程经济分析的传统方法，它是指在有资金约束的条件下，将相互独立的方案组合成总投资额不超过投资限额的组合方案，这样各个组合方案之间的关系就变成了互斥的关系，利用前述互斥方案的比较方法，就可以选择出最优的组合方案。其具体实现步骤是：

(1) 将所有可能的各种互斥方案组合，把所有的项目组合全部列举出来，每个组合都代表一个满足约束条件的相互排斥的项目组合中的一个方案。

(2) 按各方案组合的投资从小到大排列起来。

(3) 在总的初始投资小于投资限额的方案组合中，按互斥方案的比选原则选择最优的方案组合。

【例 3-5】 有 A、B、C 3 个方案，其净现金流量见表 3-14。

已知总投资限额为 800 万元，i_c=10%，试作出最佳投资决策。

表 3-14　A、B、C 3 个方案的净现金流量

单位：万元

项目＼年序	1	2～10	11
A	−350	62	80
B	−200	39	51
C	−400	76	97

解：首先计算 3 个方案的净现值：

$$NPV_A = -\frac{350}{1+10\%} + \frac{62}{10\%} \times \left[1 - \frac{1}{(1+10\%)^9}\right] + \frac{80}{(1+10\%)^{11}} \approx 34.46(万元)$$

$$NPV_B = -\frac{200}{1+10\%} + \frac{39}{10\%} \times \left[1 - \frac{1}{(1+10\%)^9}\right] + \frac{51}{(1+10\%)^{11}} \approx 40.24(万元)$$

$$NPV_C = -\frac{420}{1+10\%} + \frac{76}{10\%} \times \left[1 - \frac{1}{(1+10\%)^9}\right] + \frac{97}{(1+10\%)^{11}} \approx 50.08(万元)$$

用独立方案互斥组合法进行选择，其步骤如下：首先，列出不超过总投资限额的所有投资组合方案，这些投资组合方案之间就是互斥关系。其次，将各投资组合方案按投资额由小到大顺序排列，分别计算各组合方案之间的净现值，见表 3-15，以净现值最大的组合方案为最佳方案。

表 3-15　用互斥组合法比选最佳组合方案

单位：万元

序　号	组 合 方 案	总 投 资 额	净　现　值
1	B	200	40.24
2	A	350	34.46
3	C	420	50.08
4	A+B	550	74.70
5	B+C	620	90.32
6	A+C	770	84.54

可以看出，方案 B 与方案 C 组合的方案为最佳投资组合方案。

当参选项目个数较少时，这种方法简便实用，但当项目个数增加时，其组合方案数将成倍增加，用这种方案就显得相当麻烦。不过，这种方法可以保证得到已知条件下最优的方案组合。

2．净现值率排序法

净现值率是净现值与总投资现值的比率，反映单位投资所带来的净收益，净现值率越大，说明资金的使用效率越高。因此在资金紧张的情况下，对于若干个独立方案，应优先选用净现值率大的方案。净现值率排序法是在一定资金限制下，根据

各方案的净现值率的大小确定各方案的优先次序并分配资金,直到资金限额分配完为止的一种方案选择方法。具体做法是:

(1) 首先计算各项目的净现值率(NPVR)。

$$\text{NPVR} = \frac{\text{NPV}}{I_\text{P}} \tag{3-17}$$

(2) 按净现值率由大到小排序。

(3) 按净现值率排序选择项目,至资金约束条件为止。

【例 3-6】 6 个独立投资项目的净现金流量见表 3-16,设 $i_\text{c}=14\%$,投资限额为 36 000 万元。试按净现值率排序法进行最佳项目组合的选择。

表 3-16 独立项目净现金流量表

单位:万元

项 目	投 资	寿命/年	净 收 益
A	10 000	6	2 870
B	15 000	9	2 930
C	8 000	5	2 680
D	21 000	3	9 500
E	13 000	10	2 600
F	6 000	4	2 540

【计算表格】

解:(1) 计算出各项目的 NPVR 并排序,可得表 3-17。

表 3-17 NPVR 排序

单位:万元

项 目	投 资	NPVR	累计投资额
F	6 000	0.42	6 000
C	8 000	0.23	14 000
A	10 000	0.12	24 000
D	21 000	0.11	—
E	13 000	0.04	—
B	15 000	−0.03	—

(2) 根据排序和资金约束条件,得出方案的选择顺序为 F-C-A。由于资金限额为 36 000 万元,故最佳投资决策为方案 F-C-A 的组合。但这一选择比按 NPV 排序的选择 F-C-D 组合少 819 万元的 NPV,用这种方法评选独立方案,一般能得到投资经济效果较大的方案组合,但不一定是最优的方案组合。

【例 3-7】 沿用例 3-5 的资料,利用净现值率排序法做出最佳投资决策。

解:(1) 计算三个方案的净现值率:

$$\text{NPVR}_\text{A} = \frac{34.36}{350/(1+10\%)} \times 100\% \approx 10.83\%$$

【计算表格】

$$\text{NPVR}_B = \frac{40.24}{200/(1+10\%)} \times 100\% \approx 22.13\%$$

$$\text{NPVR}_C = \frac{50.08}{420/(1+10\%)} \times 100\% \approx 13.12\%$$

（2）将各个方案按净现值从大到小排序，具体见表 3-18。

表 3-18　各方案净现值排序

方　案	净现值率	投资额/万元	累计投资额/万元
B	22.13%	200	200
C	13.12%	420	620
A	10.83%	350	970

方案的选择顺序是 B-C-A，由于投资限额为 800 万元，故最佳投资决策为方案 B 与方案 C 的组合。

净现值率排序法的优点是计算简便，选择方法简明扼要，缺点是由于投资方案的不可分性，经常会出现资金未被充分利用的情况，因而不一定能保证获得最佳组合方案。

3．内部收益率法

在资金限值条件下，各组合方案的投资总值均小于或等于资金限值。计算组合方案的内部收益率时，假定资金限值与组合方案投资总值之间的差值部分通过其他途径可达到预期收益水平 B_j，则组合方案的内部收益率按下式计算：

$$i_{组合} = \frac{\sum_{j=1}^{n} P_j i_j + \Delta P i_0}{P} \tag{3-18}$$

式中，P_j、i_j——分别为第 j 个方案的投资额和内部收益率；

　　　　ΔP——资金限值与组合方案投资总值的差值；

　　　　i_0——预期收益水平；

　　　　P——投资限值。

3.6.2　决策分析方法应用

【计算表格】

【**例 3-8**】　某房地产公司限定的投资预算额为 1 000 万元，现有 4 个方案可供选择：A 方案为投资 250 万元购置地产；B 方案为投资 300 万元与另一企业合建一幢商住楼；C 方案为投资 300 万元建 3 幢别墅；D 方案为投资 350 万元购一幢公寓楼。投资一年后，上述 4 类房地产均能出售，所得净收益分别为：A 方案 300 万元，B 方案 400 万元，C 方案 380 万元，D 方案 400 万元。如果预期收益水平不低于 12%，试按内部收益率法进行最佳组合方案的选择。

解：（1）计算各方案的内部收益率。根据式(2-11)和式(2-12)可得：

A 方案：$-250+300\times[1\div(1+i_A)]=0$，$i_A=20\%$。

B 方案：$-300+400\times[1\div(1+i_B)]=0$，$i_B=33.3\%$。
C 方案：$-300+380\times[1\div(1+i_C)]=0$，$i_C=26.67\%$。
D 方案：$-350+400\times[1\div(1+i_D)]=0$，$i_D=14.3\%$。

上述 4 个方案的内部收益率均大于预期收益水平($i_0=12\%$)，所以，都有可能被选择。

(2) 按各方案内部收益率大小排列上述各方案，见表 3-19。

表 3-19　方案排列表

单位：万元

方案排列	方案代号	内部收益率	投资额
1	B	33.33%	300
2	C	26.67%	300
3	A	20%	250
4	D	14.3%	350

(3) 确定可能出现的组合方案。由于受投资预算额 1 000 万元限制，上述 4 个方案(总投资 1 200 万元)不能同时被选择，而可能出现的与资金限值相近的组合方案为 BCA、BCD、CAD 和 BAD。

(4) 计算可能出现组合方案的内部收益率，判定最佳组合方案：

$i_{BCA}=(300\times33.3\%+300\times26.67\%+250\times20\%+150\times12\%)\div1\,000\approx24.79\%$

$i_{BCD}=(300\times33.3\%+300\times26.67\%+350\times14.3\%+50\times12\%)\div1\,000\approx23.60\%$

$i_{CAD}=(300\times26.67\%+250\times20\%+350\times14.3\%+100\times12\%)\div1\,000\approx19.21\%$

$i_{BAD}=(300\times33.3\%+250\times20\%+350\times14.3\%+100\times12\%)\div1\,000\approx21.20\%$

$i_{BCA}=24.78\%$，是资金限值条件下所有可能的组合方案中内部收益率最高的，所以，组合方案 BCA 是最佳组合方案。

当资金限值并不非常严格时，可以依据最高内部收益率组合方案对原资金限值进行调整。本例中，BACD 组合方案的内部收益率为

$i_{BACD}=(300\times33.3\%+300\times26.67\%+250\times20\%+350\times14.3\%)\div1\,200\approx23.33\%$

如果选择该组合方案，必须将资金限值调整为 1 200 万元。

小　结

本学习情境主要对写字楼置业进行介绍，要求学生熟悉写字楼的规划设计和特点，掌握各类写字楼的投资特点和投资策略，能够熟练编制全部投资现金流量表和自有资金现金流量表、资金来源与运用表、损益表、借款还本付息表，准确计算基本的财务指标，并根据财务指标，运用独立方案比较选择的方法进行决策分析。

练 习 题

一、单项选择题(共9题,每题1分。每题的备选答案中只有1个最符合题意,请把正确答案的编号填在对应的括号中)

1. 某幢办公楼目前处在空置状态,那么这幢办公楼属于( )。
   A. 非收益性房地产　　　　　　　　B. 收益性房地产
   C. 暂时无收益房地产　　　　　　　D. 潜在收益房地产

2. 某投资项目每年可获得50 000元的资金用于偿付年还本付息,贷款人要求偿债备付率不低于1.3,贷款利率为12%,贷款期限为20年,按月等额还本付息。则该项目投资人所能申请到的最大贷款额为( )万元。
   A. 28.73　　　　B. 29.11　　　　C. 344.74　　　　D. 349.31

3. 某写字楼月潜在毛租金收入为100万元,月平均运营费用为60万元,月平均空置率为5%,月平均租金损失率为2%,月平均其他收入为潜在毛租金收入的3%,则该写字楼的月净经营收入是( )万元。
   A. 33.00　　　　B. 33.10　　　　C. 36.00　　　　D. 36.10

4. 某办公物业的购买价为100万元,其中50万元为银行抵押贷款,期限10年,年利率12%,按年等额偿还。如该物业年净经营收入为30万元,则该其投资的还本付息比率为( )。
   A. 0.18　　　　B. 0.12　　　　C. 3.39　　　　D. 5.00

5. 甲写字楼购买价格为100万元,年净经营收入为30万元,年还本付息额为15万元;乙写字楼购买价格为200万元,年净经营收入为50万元,年还本付息额为30万元。若不考虑其他因素的影响,则甲、乙两写字楼投资之现金回报率的关系为( )。
   A. 甲>乙　　　　B. 甲<乙　　　　C. 甲=乙　　　　D. 无法判断

6. 对于一般的商用房地产投资项目,其偿债备付率至少应大于( )。
   A. 1.2　　　　B. 1.5　　　　C. 1.8　　　　D. 2.0

7. 若某房地产投资项目的表面收益率为18%,年租金增长率为8%,通货膨胀率为6%,则该项房地产投资的实际收益率为( )。
   A. 9.26%　　　　B. 10%　　　　C. 11.32%　　　　D. 12%

8. 某房地产投资项目的总投资为5 000万元,其中投资者投入的权益资本为2 000万元,经营期内的年平均利润总额为600万元,年平均税后利润为480万元,则该投资项目的资本金利润率为( )。
   A. 12%　　　　B. 20%　　　　C. 24%　　　　D. 30%

9. 某单位拥有的一出租物业的原值为5 000万元,年租金收入为600万元,则该单位应缴纳的年房产税数额为( )万元。
   A. 42.00　　　　B. 50.40　　　　C. 60.00　　　　D. 72.00

二、多项选择题(共3题,每题2分。每题的备选答案中有2个或2个以上符合题意,请把正确答案的编号填在对应的括号中。全部选对的,得2分;错选或多选的,不得分;少选且选择正确的,每个选项得0.5分)

1. 写字楼分类过程中要考虑的因素包括( )。
   A. 物业所处位置　　　　　　　　B. 辐射区域的范围
   C. 建筑设备系统　　　　　　　　D. 建造年代
   E. 客户类型

2. 房地产企业的经营净收入、利润和税金之间存在的数量关系有( )。
   A. 经营收入=销售收入+出租收入+自营收入
   B. 利润总额=经营利润+营业外收支净额
   C. 税后利润=利润总额-所得税
   D. 经营利润=经营收入-经营成本-期间费用-销售税金
   E. 销售税金=营业税+城市维护建设税+房产税+土地使用税

3. 在计算房地产投资项目的偿债备付率时,可用于还本付息的资金包括( )。
   A. 折旧和摊销　　B. 投资回收　　C. 投资回报
   D. 未分配利润　　E. 权益融资

三、判断题(共7题,每题1分。请根据判断结果,在括号内用"√"表示正确,用"×"表示错误)

1. 金融机构在为房地产置业投资发放抵押贷款前,规定权益投资比率的目的是控制信贷风险。( )

2. 借贷还本付息清算表属于基本财务报表,该表中列出了可直接用于计算清偿能力指标的基础数据。( )

3. 一幢写字楼的潜在毛租金减去空置损失后得到的是该写字楼的有效毛收入。( )

4. 损益表反映了房地产项目在开发经营期内各期的利润总额、所得税及各期税后利润的分配情况,可以用来计算内部收益率和投资回收期等评价指标。( )

5. 资本金利润率是年税后利润总额或年平均税后利润总额占资本金的比例。( )

6. 资产负债率属短期偿债能力指标,反映债权人所提供的资金占全部资产的比例。( )

7. 对于置业投资者而言,在租金水平不变的情况下,出租物业空置率的高低与有效毛租金收入的多少呈负相关关系。( )

四、计算题(共3题,共30分。要求列出算式,计算过程;需按公式计算的,要写出公式;仅有计算结果而无计算过程的,不得分。计算结果保留小数点后两位)

1. 某投资者以1 800万元的价格购买了一写字楼物业,该写字楼的可出租面积为10 000平方米,购买后立即可以出租。已知第1~5年的月租金水平为70元/平方米、出租率为70%,第6~10年的月租金水平为80元/平方米、出租率为75%,第11年停止出租,装修后将物业转售。已知整个运营期间的经营成本为租金收入的35%,投资者目标收益率为18%,装修投资及净转售收入分别为400万元和1 200万元。试计算该投资项目的净现金流量、财务净现值和财务内部收益率，并判断该投资项目的经济可行性(设置业投资发生在年初；其他收支均发生在年末)。

2. 某公司以 10 000 元/平方米的价格购买了一栋建筑面积为 27 000 平方米的写字楼用于出租经营，该公司在购买写字楼的过程中，支付了相当于购买价格 5.3%的各种税费(如契税、手续费、律师费用、其他费用等)。其中，相当于楼价 30%的购买投资和各种税费均由该公司的自有资金(股本金)支付，相当于楼价 70%的购买投资来自于期限为 15 年、固定利率为 7.5%、按年等额还款的商业抵押贷款。假设在该写字楼的出租经营期内，其月租金水平始终保持在 160 元/平方米，前 3 年的出租率分别为 65%、75%、85%，从第 4 年开始出租率达到 95%，且在此后的出租经营期内始终保持该出租率。出租经营期间的经营成本为毛租金收入的 28%。如果购买投资发生在第 1 年的年初，每年的净经营收入和抵押贷款还本付息支出均发生在年末，整个出租经营期为 48 年，投资者的目标收益率为 14%。

试从投资者的角度，计算该项目自有资金的财务净现值和财务内部收益率，并判断该项目的可行性。

3. 某写字楼售价 1 950 万元，该楼宇拥有办公单元 60 个，每个单元平均月租金 6 000 元，并以每年 5%的速度递增。设每单元每年的空置及其他损失费为单元月租金收入的 2 倍。第 1 年的经营成本为毛租金收入的 20%，以后每年按 6%的幅度递增。投资者可获得利率为 12%、期限 15 年的 1 500 万元贷款，要求按月等额还本付息。贷款成本(申报费、评估费、活动费等)占贷款额的 2%。

该物业资产使用 15 年，按线性折旧法计算折旧费用。折旧基数为投资额的 85%。若投资者要求的投资收益率为 20%，该项目是否值得投资？

【参考答案】

◎ 实 训 题 ◎

撰写"任务导入"中的写字楼置业投资分析报告。

(1) 报告的基本格式：Word 电子文档，有封面、目录、正文，要求目录有链接，目录和正文页眉要有"写字楼置业投资分析报告"字样，页脚有页码，封面、目录与正文分节，正文每部分分节。

(2) 报告基本内容：①城市经济社会发展概况；②城市写字楼市场行情分析；③推荐写字楼的基本概况；④投资估算分析；⑤财务分析；⑥决策分析。

(3) 财务表格全部用 Excel 表格编制，设置公示自动计算，并建立表格间的链接关系，使表格间的数据相互引用，利用 Excel 的函数计算财务净现值、财务内部收益率等指标。

学习情境 4 住宅小区开发投资分析

学习目标

掌握影响住宅小区开发投资的因素分析，掌握住宅小区开发投资的清偿能力指标、盈利能力指标的计算，学会编制投资估算表、投资计划安排表、现金流量表、利润表、借款还本付息表，能对住宅开发项目进行盈亏平衡分析和敏感性分析。

学习要求

知识要点	能力要求	相关知识	所占分值(100分)	自评分数
住宅开发项目投资环境分析	能在国家、区域、城市、邻里等不同层面上进行投资环境分析	①政治、法律、经济环境；②文化教育环境；③自然条件环境；④城市规划、基础设施条件；⑤住房限购限贷政策	15	
住宅市场状况分析	能准确全面分析当地住宅市场情况	①住宅市场供求；②目前住宅价格、租金水平；③住宅开发成本；④住宅小区企业品牌和物业服务水平	15	
构建住宅小区开发方案	能根据目前市场条件，合理构建住宅小区开发方案	①项目区位的分析与选择；②开发内容和规模的分析与选择；③开发时机的分析与选择；④开发合作方式的分析与选择；⑤项目融资方式和资金结构的分析与选择；⑥住宅小区产品经营方式的分析与选择	10	
住宅小区开发项目投资基础数据分析估算及财务分析	能根据当地住宅价格、税费政策和造价指标，进行住宅小区开发项目投资基础数据分析估算，编制住宅小区的全部投资现金流量表和自有资金现金流量表，判断投资的住宅小区的盈利能力和偿债能力	①总投资和成本构成；②住宅小区项目投资与总成本费用估算；③住宅小区项目的收入、税金估算与资金筹措；④借款还本付息的估算；⑤基本财务报表和计算财务评价指标	40	

续表

知识要点	能力要求	相关知识	所占分值(100分)	自评分数
住宅小区开发项目不确定性分析	能根据住宅小区项目投资风险的大小和特点,确定合理的投资收益水平,提出控制风险的方案,有重点地加强对投资风险的防范和控制	①盈亏平衡分析;②敏感性分析	20	

任务导入

方兴置业(杭州)有限公司于2013年1月10日以237 000万元竞得杭政储出〔2013〕110号地块,该地块位于拱墅区(庆隆单元GS04-01-R21-18地块),东至杭州华策实业有限公司,南至庆隆河,西至规划益乐路,北至规划道路。出让土地面积61 160平方米,地上建筑面积173 088平方米,需要配建保障房面积17 125平方米,地下建筑面积约54 089平方米,用途为住宅(设配套公建)用地。主要规划技术指标见表4-1。

表4-1 项目主要技术经济指标

项目	单位	数量	项目	单位	数量
占地总面积	平方米	61 160	居住户数	户	1 470
总建筑面积	平方米	225 337	居住人数	人	5 145
地上建筑面积	平方米	171 248	平均每户建筑面积	平方米	115.65
地下建筑面积	平方米	54 089	平均每户居住人数	人	3.5
居住面积	平方米	170 000	人均居住用地	平方米	11.89
公建(商铺)面积	平方米	1 000	物业管理用房	平方米	248
绿化用地	平方米	21 406	容积率	—	2.8
道路面积	平方米	24 464	绿地率	—	35%
车库面积(地下)	平方米	1 322			

投资规模:项目总投资约320 000万元人民币(按当时汇价比折合约51 613万美元),注册资本160 000万元人民币(按当时汇价比折合约25 806万美元),由投资方以美元现汇出资。总投资与注册资本的差额部分由投资方自行筹措解决。

请根据具体要求帮该房地产开发公司出具一份住宅小区开发项目投资可行性分析报告。

4.1 住宅小区开发项目投资环境分析

投资环境是投资赖以进行的前提,作为外部制约因素决定了投资的方向、数量和结构,它的好坏直接影响到投资效果,因此,受到投资者的普遍重视。进行房地产投资环境分析,对于投资者制定正确的投资方案,做出正确的房地产投资决策,规避风险有着重大的意义。

4.1.1 认识投资环境的含义及其特征

1. 投资环境的含义

投资环境作为一个独立的经济学概念,其所包含的内容和因素还处于不断的探求之中。狭义的投资环境主要指自然环境和经济环境。广大的投资环境是指影响投资活动整个过程的外部的各种情况和条件的总和,是由决定和影响投资活动的政治要素、经济要素、自然要素等相互依赖、相互完善、相互制约所形成的矛盾统一体。

最初人们关于投资环境的研究,主要是关注投资区域范围内的自然地理环境和基础设施等基本物质条件,即所谓硬环境。随着社会经济的发展。各地为了吸引投资,除了提供基本的物质条件之外,还在经济、制度、立法、服务等方面不断创造各种优惠条件,如减免税收,制定法律、法规和规章保护投资者利益,建立为投资者服务的机构等,即所谓软环境。这些条件和措施对国家或地区引进资金和技术,促进当地经济、社会发展来说意义重大。投资环境的外延已扩展到社会、政治、经济、文化、习俗等领域,其重要性呈不断上升的趋势。

2. 投资环境的特征

投资环境是一个动态的、多层次的、多因素的大系统,其各子系统之间、各子系统中的各因素之间都是相互联系、互为条件、相互制约的。一般来讲,对具体某个投资者而言,投资环境是无法改变也不可能完全控制的,投资者必须努力认清其所处的环境,并努力适应环境,利用环境提供的有利因素,回避不利的因素。投资环境作为区域现实的反映,其基本特征表现在4个方面:系统性、动态性、主导性和区域性。

1) 系统性

投资环境是一个包含多要素的有机整体,系统各要素相互联系、相互制约,无论是自然的还是人为的,物质的还是意识的,经济的还是政治的,只要其中任何一种因素发生变化都会引起其他因素发生连锁反应,进行影响整个环境系统的变化。

2) 动态性

投资环境是一个动态平衡的开发系统,它总是处于不停的运动之中。构成投资环境的诸要素及其评价标准都是在不断变化的,投资环境各要素通过不断调整、组合,不断学习、完善,以适应区域经济结构的发展。投资环境评价标准也会因投资环境的变化而变化。有些标准可能由过去的不重要变得越来越重要,有些因素的地位则不断下降。

3) 主导性

在不同的发展阶段,区域社会经济各要素中各有一个或几个要素居于主导地位,影响和决定这一时期区域经济的性质和特征。在投资环境各要素中,某一时期、某一地区也只有一个或几个主导因素,它们对投资活动的影响居于决定和支配地位。

4) 区域性

这是投资环境最显著的特征,由于所在区域不同,地区之间自然、地理、社会经济等投资环境涉及的内容也就不相同。对于投资者来说,应根据投资项目的特点,选择适合的区域进行投资,以取得最好的投资效益。

4.1.2 建立住宅开发项目投资环境评价体系

正确判别某一项目投资所在地的投资环境,从而选择最佳投资地点、对象和时间,已成为房地产投资决策的重要环节之一。早期对投资环境的认识是非常不全面且不完整的,各要素之间的关系更是毫无系统可言。随着对投资环境研究的深入,人们看到了投资环境各要素的重要性,对投资环境要素的认识开始逐步系统化。这里,我们把投资环境要素概括为八大类,即国家政治因素、法律政策因素、经济环境因素、自然环境因素、社会文化因素、基础设施因素、城市人口因素、城市规划因素等。

1. 国家政治因素

政治环境指的是一个国家的政治制度、政局的稳定性和政策的连续性、政府管理服务水平等方面的基本条件。政治制度是指国家政权的组织形式和管理形式。投资者关注的是某投资国或地区的政治体制变革及政权更迭过程中所体现的渐进性、平和性。

政治局势稳定是社会稳定的重要标志,包括国内局势稳定和对外局势稳定两个方面。国内政局的稳定依赖于经济和社会的稳定,其动荡也一般由政治斗争、社会动乱、重大经济问题等引发;对外局势稳定则依赖于外交的稳定,包括外交政策、边界问题等。无疑,动荡的局势势必阻碍房地产这种长期投资的资金进入。一般来说,一个地区如果政治局势比较稳定,很显然就能够吸引房地产商投资房地产,当地房地产的价格就会逐步攀高;如果政局动荡,甚至发生战争,显然对房地产投资也会造成不利的影响。

政策制度是政府为实现一定时期的一定目标制定的行动准则。投资者所关注的主要是经济政策和产业政策,包括国民经济发展的政策、引进外资的政策、对外开放的政策以及税收政策等。

近年来,随着政府行政职能的进一步转化,政府的管理服务功能进一步加强,从而诞生了另一项评价房地产投资环境好坏的指标——政府管理服务水平。由于房地产投资中政府审批环节多、时间长,因此政府形象是否高效、廉洁,政府管理水平的优劣,政府服务水平的好坏直接关系到是否能够招商引资,是否能够吸引房地产项目的投资。

开发地区的政治环境如何直接关系到投资开发的安全性,是开发商首先应考虑的因素之一。只有政治稳定、社会安定、致力于和平建设的地区才能确保投资的安全,这也是经营获利的首要前提。反之,一个政局动荡、社会不安定的地区,使投资不能得到最基本的保证,会为投资者带来不可估量的风险。

2. 法律政策因素

健全的、相对稳定的法律及法规是保护投资者权利、约束投资者行为的重要保证。只有加强法制建设,才能保护投资企业在市场竞争中的平等、有序、有效。因此,加强法制建设,为投资企业和开发企业创造良好的法制环境,能够对保证投资安全和开发过程的顺利进行起到促进作用。

法律因素主要包括法律的完整性、法制的稳定性和执法的公正性3个方面。法律的完整性主要是从投资项目涉及的法律条文的覆盖上考虑的,体现为法律、法规是否齐全;法制的稳定性主要是研究法规是否变动频繁,是否有效;执法的公正性是指法律纠纷、争议仲裁过程中的客观性、公正性。

对于房地产开发企业来说，法律政策对房地产影响最大的是土地政策及房地产法律法规，还包括国家和当地对于规划建设条件的规定，房地产调控政策包括税收政策、金融政策、限购政策、住房保障政策，这些政策的变换常常导致住宅开发方向、开发重点和盈利模式的重大转变。

3．经济环境因素

经济环境因素是影响投资决策最重要、最直接的基本因素，它对投资效率和安全性的影响极大。因此对经济环境与房地产投资的关联性是开发企业不能忽略的。经济环境因素包括的内容很多，主要有宏观经济环境、市场环境、财务环境及资源环境等方面。

宏观经济环境是一国或地区的总体经济环境，它是影响房地产投资开发的深层次的因素，也是最实质、最关键的因素之一。房地产投资开发需要预见 3 年、5 年，甚至 10 年后的情况。预见的重要内容之一就是宏观经济环境。宏观经济环境分析通常要分析以下指标：该地的国民生产总值、国民收入、国民经济增长率等反映国民经济状况的指标；当地的消费总额、消费结构、居民收入、存款余额、物价指数、利率以及通货膨胀水平等描述社区消费水平和消费能力的指标；反映经济周期的有关指标等。

市场环境是指投资项目面临的市场状况，包括市场现状与未来趋势，如市场吸纳量的现状与未来估计、市场供应量的现状与未来估计、市场购买力的分布状况、同类楼盘的分布状况以及竞争对手的状况、市场价格水平及其走势等方面。

财务环境是指投资项目面临的资金、成本、利润、税收等环境条件，主要包括金融环境，如资金来源渠道、项目融资的可能性以及融资成本；经营环境，如投资费用、项目融资的可能性以及融资成本；经营环境，如投资费用、经营成本、优惠条件、同类项目的社会平均收益水平以及盈利水平等。

资源环境是指从人力资源、土地资源、原材料资源以及能源角度出发研究投资环境。在房地产投资项目中，土地资源获取的难易程度及成本高低会直接影响房地产开发企业进入该国或地区的房地产市场的意愿。

4．自然环境因素

自然环境是指投资项目所在地域的自然条件和地理位置。自然条件指投资地点所处的各种地理条件，如地质地貌、自然风光及气候等因素，尤其是其中的土地状况、环境质量、绿化等要素最为重要；地理位置指投资地点距主要公路、铁路、港口的远近等，即交通的便捷程度，这直接关系到未来住户生活方便的程度，从而影响楼盘的销售或出租。由于自然环境是投资者无法轻易改变的一种客观物质环境，具有相对不变的长久稳定的特点，而住宅投资项目具有地理位置的固定性和不可逆的特点，因而进行住宅投资就必须重视自然环境的分析研究。

在住宅区域投资评价的几个层次中，评价层次越微观，对自然条件评价的依赖程度就越高，其指标也越细。一个好的住宅开发投资项目，必然十分重视项目所在地的地貌特点、自然风光、气候风向等自然环境条件，充分利用其有利的一面，使项目无论是外观、结构，还是使用功能，均能与外在的自然环境协调起来。

现在，人们对生活环境的要求越来越高，也从客观上促使房地产投资尤其是住宅投资对自然因素的重视。当今世界日益追求生存质量，保护环境、优化人居环境，在住宅开发投资中也日益注重小区环境、绿化等，将环境绿化作为重要的卖点，因此，应该重视自然环境的影响因素。

5．社会文化因素

社会文化因素是指拟投资的住宅项目所在地区的社会意识形态，如公民受教育程度、宗教、风俗习惯、社会心理、道德、价值观念、文化传统等。社会文化环境直接决定消费需求的形式和内容、消费结构，也会影响企业的生产、研究、发展、组织和管理，直接影响该项目的开发和经营过程，从而制约投资方案决策。

6．基础设施因素

这里所讲的基础设施包括基础设施和公共配套设施。基础设施即与购房人所买房屋所在小区建设相配套的供水、供电、供热、燃气、通信、电视系统、道路、绿化等设施。公共配套设施，包括与购房人购买房屋所在小区建设相配套的停车设施、娱乐设施及教育、商业、饮食等各种公共建筑。

基础设施环境对住宅开发投资尤显重要，方便的基础设施环境对于住宅开发投资项目具有重要的保证和制约作用。

公共配套设施对住宅开发也有重要的影响。近年来，住宅开发投资项目也越来越重视优质教育资源和地铁交通规划，学区房和地铁房成为人们的置业首选。

7．城市人口因素

1) 人口总量与人口增长

人口总量与住宅的需求成正比。地区人口总量决定了住宅房地产市场需求的最大容量。人口的增长对于住宅房地产业的发展是一把双刃剑。一方面，人口增长速度快，会导致该地区的恩格尔系数上升，削弱居民住房消费的支付能力，减少或延缓对住房消费的需求。同时，人口增长也加剧了资源的稀缺性，使各种资源(包括工作、受教育机会)的人均占有量下降，影响地区经济增长速度，使人均收入水平下降，从而对房地产需求和投资产生影响。人口相对减少，则作用相反。另一方面，人口的增长伴随着城市化的进程。城市人口的增长引发住房需求上涨，从而拉动房地产业发展及房价上升。国际经验表明，城市化程度在30%～60%，房地产市场将进入高速发展期。同时城市人口的增加也促使需求多元化，各种基础设施、配套设施的完善，旧城区改造，城市疆域扩大、新城镇的出现等，激起房地产投资热情和新的需求。

2) 人口结构

(1) 人口年龄结构。区域人口年龄结构变化导致需求主体变化。不同年龄结构的购房者的支付能力，对房屋面积、房型的需求及购房动机有很大的差异。这些都要求在开发住宅前对目标购买者做出明确的定位。

① 婚龄人口。处于婚姻年龄段的青年人口的主要购房需求为婚姻购房。从影响产生的时间上看，由于大部分准备结婚的年轻人购房时间比结婚时间平均要提前1～2年，因此，即将到来的结婚人口数量变动对住宅房地产市场需求的影响将提前1～2年产生。

② 中年人口。相对于婚龄人口，大部分中年人口有较稳定的生活来源，手中掌握一定的资金。因此中年人口中有购房需要的人群更注重住房质量，强调舒适性、房型、装潢等，

需求类型属于改善购房。此外,近几年来,银行存款利率较低、股市低迷、债券市场不稳定,民间的大量闲散资金无处可投,不少高收入者把目光锁定在房地产行业,把购房作为投资方向。

③ 老龄人口。人口老龄化时代到来,会使国民经济快速积累和发展时期缩短,使经济与社会发展需要承担较大的压力。在社会总投入不变的情况下,随着政府用于老年事业投入的增加,经济建设投入就会相对减少,必然会对正常的经济发展速度产生一定影响。一方面,由于老龄化趋势加剧,与儿女同住、多居室房型的需求增加,拥有配套设施的"银色地产"需求增加。另一方面,由于代代相传的生活观念影响,在未来一段时间,老人将房屋传给已有自己住房的子女将产生房屋相对过剩、住宅房地产价格下降等影响。因此在能够预期的时间内应充分对需求进行预测,对市场进行调整。

(2) 人口户籍结构。随着城市化进程不断加快,流动人口对城镇住宅的影响越来越大。一般来说,流动人口与住宅需求成正相关,但流动人口增长过快也会加大人口与用地、公共设施之间的矛盾,给房地产业发展带来负面影响。

3) 家庭规模与结构

家庭是住房需求的最小单位,因此,家庭结构及规模是影响和决定住宅规模和结构的直接因素。受多种因素影响,现代社会的家庭结构正模趋于小型化。在人口总量不变的情况下,家庭规模小型化导致总户数的增加,从而引起对住房总需求的增加。家庭人口数减少,中小户型住宅成为城市住宅需求的主要部分,这些都增加了房地产市场的发展潜力。

人是市场的主体,人口因素的动态变化影响到住宅房地产市场的需求和经济生活的各个方面。通过人口总量、人口增长、家庭规模与结构的变化可以了解到住宅房地产市场的规模及容量的变化。通过对市场规模进行预测,可以调整住宅的供给量,达到供求平衡,从而保持房价稳定。对人口结构进行研究可以明确不同消费者的需求偏好,有利于进一步对住宅房地产市场进行细分,满足各层面上消费者的需求。关注人口因素的变动,对于房地产企业做出正确决策,引导房地产行业良性发展具有深远影响。

8. 城市规划因素

城市规划因素主要包括要城市性质、城市产业政策、城市总体规划、土地利用总体规划、社会经济发展规划以及城市轨道交通规划、对外交通规划、公交快速路规划等方面内容。城市规划为房地产开发提供了大量的信息和依据。城市规划是从宏观的角度来分析城市发展方向和寻求城市整体发展的最优模式,是建立在详细调查和科学论证基础之上的,对城市人口、用地规模、空间布局、功能分区以及中心区位等都要进行分析和预测,其中包含大量指导性和前瞻性信息,可作为开发商的投资参考。譬如,2006年开始实施的《城市规划编制办法》中规定了中心城区规划的18项具体内容,每项内容都包含与房地产开发有关的信息,可为开发商确定开发方案提供依据。分区规划能够大致框定各居住区、片区、组团的用地范围和容量控制指标,因此,其指导作用更加详细具体,有利于投资者增强投资信心、明确投资方向、做出投资决策。城市规划确定城市在一定时期内的发展规模和方向,也就基本确定了该区域的房地产供需状况。城市规划确定了城市用地功能分区和土地的使用性质,而不同性质用地的价格往往相差悬殊,直接影响地产价值。城市规划通过影响地价来影响房地产开发的效益,为房地产开发商选择地段和发展方向提供了依据。城市规划一般对房地产空间布局、开发规模、开发强度、开发时序、开发步骤、项目环境、配套设施等都有具体安排,为房地产开发提供直接指导和帮助。开发商只有按城市规划的要求进行合理开发,才能节省投资,降低成本,创建品牌,才能有好的卖点,才能开发更多、更广的物业,获得更多、更好的效益。

住房和城乡建设部与国土资源部以科学发展观为指导,全面落实新型城镇化的战略要求,坚持以人为本、优化布局、生态文明、传承文化的原则,按照城乡一体、全域管控、部门协作的要求,编制县(市)城乡总体规划,实现经济社会发展、城乡、土地利用规划的"三规合一"或"多规合一",逐步形成统一衔接、功能互补的规划体系。

根据以上分析,建立如表 4-2 所示评价指标体系,共包含 8 个一级评价指标和 33 个二级评价指标。

表 4-2 房地产投资环境评价指标体系

级 别	一级指标	二级指标
房地产投资环境(u)	社会政治环境(u_1)	1. 政治稳定性(u_{11})
		2. 社会秩序(u_{12})
		3. 社会服务(u_{13})
		4. 房地产政策(u_{14})
		5. 税费水平(u_{15})
		6. 行政效率(u_{16})
	法律环境(u_2)	7. 法律完整性(u_{21})
		8. 法制稳定性(u_{22})
		9. 执法公正性(u_{23})
	经济环境(u_3)	10. 居民收入水平(u_{31})
		11. 经济增长水平(u_{32})
		12. 市场状况(u_{33})
		13. 财务环境(u_{34})
		14. 土地供应量(u_{35})
	自然环境(u_4)	15. 地理位置(u_{41})
		16. 地质地貌(u_{42})
		17. 自然风光(u_{43})
		18. 气候(u_{44})
	文化环境(u_5)	19. 区域人口素质(u_{51})
		20. 风俗习惯(u_{52})
		21. 消费观念(u_{53})
	基础设施环境(u_6)	22. 交通状况(u_{61})
		23. 能源供应(u_{62})
		24. 通讯水平(u_{63})
		25. 给排水管网(u_{64})
		26. 生活条件(u_{65})

续表

级　别	一级指标	二级指标
房地产投资环境(u)	城市人口环境(u_7)	27．人口总量与人口增长(u_{71})
		28．人口结构(u_{72})
		29．家庭规模与结构(u_{73})
	城市规划环境(u_8)	30．城乡规划(u_{81})
		31．土地利用规划(u_{82})
		32．社会经济发展规划(u_{83})
		33．产业政策(u_{84})

除了对以上环境因素进行评价外，对已经发生或将要发生的重大事件或政策对房地产项目的影响，也要有充分的了解和准确的估计。

4.1.3　房地产投资环境的分析方法

投资环境分析评估是开发企业对外开发活动中可行性研究的重要组成部分。投资环境分析的结论是开发企业制定投资战略、选择开发地区、确定开发的物业形式和选择投资方式的重要依据。认真做好市场调查和投资环境评估是房地产开发项目成功的基础。

据民间机构的一项调查显示，凡是投资前对目标市场的投资环境和市场潜力作过深入调查研究的项目，大都比较成功；而那些对可行性研究敷衍了事的项目多以失败而告终，这方面的教训的确不少。例如，某公司在中国北方城市进行开发，没有考虑到当地气温影响，而将汽车车位设于地面，因为冬季汽车停在户外会导致长时间无法发动，从而影响到物业销售，进而导致投资回收出现问题，这就是事先环境评估不够的不良后果。

投资环境的分析评估是一项复杂的、涉及面十分广泛的工作。全面评价一个地区的投资环境，不仅要考虑经济因素和经营条件，还要认真研究政治、法律、自然资源等诸方面的因素。一般来说，并非每个企业都拥有上述所有领域的专家，一切评估工作都由自己进行。这就要求评估者根据自身的条件和被评估地的情况，选择适当的评估方式，对投资环境进行科学客观的评价。

投资环境的评估方式主要有专家实地论证、问卷调查评价、咨询机构评估、冷热评估法、关键因素评估法 5 种。

1．专家实地论证

为了解某地区的投资环境，投资者可以派遣一个专家组前往当地进行实地考察和评价。在几天或几周的考察中，专家组不仅要进行广泛的调查，还要同当地的政府官员、有关专家学者、企业家、商人等直接接触和会谈，以尽可能收集到第一手资料。在考察结束后，专家组要提交调查报告，对被调查地区的投资环境进行较为详尽的介绍和评价。

专家组对该地区投资环境进行实地考察论证时，所获得的资料、信息的来源是影响评价结论的重要因素。准确、完整、全面的信息是专家组做出正确评估结论的基础；反之，错误、失真、残缺的信息可能将投资环境的评价引入歧途。

为了获取准确、全面的资料和信息，专家组应该广泛而直接地同该地区各行各业的人接触。这些人员主要包括：①该地区有关机构和部门的官员和工作人员；②银行等金融企业；③当地企业家；④外国企业家和商人；⑤与本公司有间接关系的人员；⑥大学教授及研究人员；⑦新闻机构和报刊；⑧顾客和潜在的顾客。

采用专家实地论证方式评估投资环境，可以增加评价者的感性认识，获得许多从官方公布的统计资料中无法获得的第一手资料，有利于对该地区投资环境做出比较客观的评价。

然而，专家组要想在很短的考察期内，对该地区的政治、经济、社会、自然条件等方面做出详尽、全面的评价是很困难的。而且，尽管要求专家组在调查中力求获取第一手资料，但事实上，他们同该地区的政治、经济、社会实际还是有相当的距离，所得到的可能是千篇一律的介绍，这些介绍以后可能成为他们调查报告的主要内容，由此而可能形成的不切实际的调查报告会令许多投资者做出不恰当的投资决策，甚至蒙受重大损失。

2．问卷调查评价

问卷调查评价就是用函询调查方式，把影响投资环境的因素及其重要程度编写成几个意见征询表，寄给有关的投资者、政府官员和专家，并要求其书面回答并寄回，然后用统计方法来归纳、整理调查结果，最后得出对投资环境的评价。

采用问卷调查方式评价投资环境，一般包括两方面的内容：一是对各个投资环境因素的重要性进行评估；二是评价各个投资环境因素的现状。由于投资者对各因素的重视程度各不相同，这就要求在评价投资环境时，应区别各因素的重要程度，并在问卷调查表中予以反映。

征询调查表是进行问卷调查的重要工具。调查表的制定要求简单明了，重点突出，用词准确，问题的数量也要适当。同时，为了使评价者全面了解情况，调查表一般都有前言，用以简要说明调查的目的和任务，以及评价者的回答在投资环境最终评价中的作用。

选择适当的评价者则是问卷调查评价成败的关键。一般来说，评价者的选择应具备广泛的代表性。至少应包括以下3方面的人员：一是该地区有关部门的官员和工作人员；二是有代表性的投资者；三是有关政治、经济和法律等方面专家学者。

最后，还应对调查结果进行统计归纳和处理。其主要任务是就调查结果的倾向性和一致性做出分析。其中所谓倾向性是指大多数评价者的意见是什么，或者说评价者的主要倾向是什么，这也就是统计上所说的集中趋势。而所谓评价者意见的一致性则是指评价者的意见是否集中，集中到什么程度；这种评价者意见的离散程度，也就是统计上所说的离散趋势。

3．咨询机构评估

投资环境评估也可以委托专门的咨询机构进行。咨询机构接受委托，以专门的知识和经验，通过调查研究取得信息，用现代科学的咨询方法，对该地区的投资环境进行评价，为委托者进行投资决策，或制定改善投资环境的措施提供依据。

同其他研究工作一样，咨询机构的工作也有一定的程序。它大体可分为3个阶段：

1) 评估前的洽谈

这一阶段从委托者提出要求开始直至签订咨询委托合同。该阶段的实施程序主要有：①咨询机构与委托者谈判，明确了解委托者的意图和目标；②在咨询机构内组织课题组，选派知识渊博、经验丰富的通才担任课题组长；③课题组收集信息并做事前调查，根据掌握的信息，编制评估工作计划书；④与委托者确定工作计划书，正式签订咨询委托合同。

2) 评估阶段

在这一阶段，课题组要根据合同的要求，进行广泛调查，收集投资环境所涉及的各方面信息，必要时还应进行实地考察。在占有大量资料的基础上，课题组运用各种分析方法对投资环境做出分析和评价。

3) 评估报告

评估报告是咨询机构进行投资环境评估的最终成果。对它的要求，一般来说既要系统全面，又要简明扼要，以便于委托者做出投资与否的决策，或便于委托者进一步完善投资环境。

4．冷热对比法

冷热对比法是1968年美国学者伊西阿·利特法克和彼得·班廷两人提出的投资环境评估方法。他们归纳出一个地区投资环境"冷热"(即优劣)的七大因素，并从投资者的角度出发，对一些地区的投资环境进行了评价。这些因素包括：

(1) 政治稳定性。有一个由社会各阶层代表所组成的、为广大人民群众所拥护的政府。该政府能够鼓励和促进企业发展，创造出良好的适宜企业长期经营的环境。当一个地区的政治稳定性高时，这一因素被称为"热"因素。

(2) 市场机会。有广大的顾客，对开发商提供的产品和服务有尚未满足的需求，且具有较大的购买力。当市场机会大时，它就被称为"热"因素。

(3) 经济发展与成就。一个地区所处的经济发展阶段、增长率、经济效率及稳定性等，是投资环境分析的重要方面之一。

(4) 文化一元化。一个地区内各阶层人民的相互关系以及风俗习惯、价值观念、宗教信仰等方面的差异程度，都要受到他们的传统文化的影响。当文化一元化的程度高时，它就是一个"热"因素。

(5) 法令阻碍。一个地区的法规繁复，法律制度不健全，并有意或无意地限制和束缚现有企业的生产经营，这将会影响今后的投资环境。若法令阻碍大，这就是一个"冷"因素。

(6) 实质阻碍。一个地区的自然条件，如地形、地理位置、气候、降雨量、风力等，往往会对企业的有效经营产生阻碍。如果实质阻碍高，就是一个"冷"因素。

(7) 地理文化差异。与开发企业总部所在地距离遥远，文化迥异，社会观念、风俗习惯和语言上存在着差异等，都会对相互之间的沟通和联系产生不利影响。如果地理文化差距大，就是一个"冷"因素。

总之，当政治稳定、市场机会大、经济发展快、文化统一、法规限制小、实质阻碍小、地理文化差距小时，就是有利于投资的"热"因素，具备这些条件的地区为"热地区"；反之即为"冷地区"。一个地区的投资环境越好，开发企业在该地区的投资参与成分就越多；相反，若一个地区的投资环境越差，则开发企业参与该地区投资的成分就越少。

上述7个因素又可分为若干个子因素，可以对这些子因素作进一步的"冷热"分析，见表4-3。

表 4-3 冷热对比例表

地名	因素	政治稳定性	市场机会	经济发展成就	文化一元化	法令阻碍	实质阻碍	地理文化差距
A	热	大	大	大	中	小	中	小
B	热	大	中	中	大	小	小	小
C	热	大	大	大	大	中	小	中
D	热	大	大	大	大	大	中	大
E	冷	小	中	中	中	小	中	大
F	冷	小	中	中	中	中	大	大
G	冷	小	中	小	中	大	大	大
H	冷	小	中	中	小	中	大	大
I	冷	中	中	小	中	大	大	大
J	冷	小	小	小	中	大	大	大

冷热对比法是最早的一种投资环境评估方法。虽然在因素的选择及其评判上有些笼统和粗糙，但它却为投资环境评估提供了可资利用的框架，为后来投资环境评估方法的形成和完善奠定了基础。同时，冷热对比分析的结论也是投资者制定投资战略、选择投资区位的重要依据。

5．关键因素评估法

在 1987 年召开的"中国投资环境比较研究"研讨会上，香港中文大学闵建蜀教授在罗氏等级尺度法的基础上，提出了一种多因素评估方法。他将投资环境因素分为 11 类，即政治环境、经济环境、财务环境、市场环境、基础设施、技术条件、辅助工业、法律制度、行政机构效率、文化环境、竞争环境。每一类因素又由一系列子因素构成，如政治环境包括政治稳定性、国有化的可能性、当地政府的外资政策等，具体见表 4-4。

表 4-4 闵氏多因素评估法

影响因素	子因素
1．政治环境	①政治稳定性；②国有化可能性；③当地政府的外资政策
2．经济环境	①经济增长；②物价水平
3．财务环境	①资本和利润汇出；②汇率；③集资和借款的可能性
4．市场环境	①市场规模；②分销网点；③营销辅助机构；④地理位置
5．基础设施	①国际通信设备；②交通与运输；③外部经济
6．技术条件	①科技水平；②合适的劳动力；③专业人才的供应
7．辅助工业	①辅助工业的发展水平；②辅助工业的配套情况
8．法律制度	①各项法律是否健全；②法律是否得到很好的执行
9．行政机构效率	①机构的设置；②办事效率；③工作人员的素质
10．文化环境	①当地社会是否接纳外国公司及对其的信任与合作程度；②外国公司是否适应当地社会风俗
11．竞争环境	①当地竞争对手的强弱；②同类产品进口配额在当地市场所占份额

在具体评估该地区投资环境时,首先对各类因素的子因素做出综合评价;然后据此对该类因素作出优、良、中、可、差的判断;最后,在此基础上计算该国投资环境的总分数。其计算公式如下:

$$G=\sum_{i=1}^{n}W_i(5A_i+4B_i+3C_i+2D_i+E_i) \tag{4-1}$$

式中,G——投资环境总分数;

W_i——第 i 类因素的权重;

A_i、B_i、C_i、D_i、E_i——第 i 类因素被评为优、良、中、可、差的百分比。

投资环境总分数的取值在 11~55,越接近 55,说明投资环境越佳;反之,越接近 11,则说明投资环境越差。

由于多因素评估法侧重于对该地区投资环境作一般性的评价,较少考虑具体项目的投资动机,因此,闵建蜀教授又提出了一种与此相配套的关键因素评估方法。该方法从具体投资项目的动机出发,从影响投资环境的众多因素中找出影响投资动机实现的关键因素,然后根据这些因素对投资环境做出评价。

关键因素评估法把外商投资的动机划分为 6 种:①降低成本;②开拓当地市场;③获得原料和元件的供应;④分散风险;⑤追随竞争者;⑥获得当地的生产和管理技术。每种投资动机又包含若干影响投资环境的关键因素,见表4-5。根据挑选出的关键因素,并采用前述的计算总分的方法来评价投资环境。

表4-5 关键因素评估法

投资动机	影响投资环境的关键因素
降低成本	①适合当地工资水平的劳动生产率;②土地费用;③原料及元件价格;④运输成本
开拓当地市场	①市场规模;②营销辅助机构;③文化环境;④地理位置;⑤运输条件;⑥通信条件
获得原料和元件供应	①资源;②当地货币汇率的变化;③当地的通货膨胀率;④运输条件
分散风险	①政治稳定性;②国有化可能性;③货币汇率;④通货膨胀率
追随竞争者	①市场规模;②地理位置;③营销辅助机构;④法律制度等
获得当地的生产和管理技术	①科技发展水平;②劳动生产率

观察与思考

你所在的城市的住宅开发投资环境如何?

房地产投资分析

知识链接

2015 年房地产市场回顾及 2016 年形势预测

在经济平稳发展背景下,预计 2016 年房地产市场总体有望维持平稳发展,房屋销售、房地产开发投资维持平稳态势。

1. 回顾:2015 年房地产市场运行呈现四个特征

(1) 全国房地产市场仍处于去库存时期。2015 年商品房销售面积为 128 495 万平方米,同比增加 6.5%。商品房销售面积在 2014 年年初至 2015 年 5 月连续 17 个月负增长后,2015 年 6 月以后呈现小幅增加态势。分季度看,1—4 各季度商品房销售面积增幅分别为-9.23%、13.29%、13.48%和 4.76%,市场销售呈现 1 季度低迷、2—3 季度回暖、4 季度增幅回落态势。多数城市二手房交易面积同比增加,增幅在 8 月份达到最高后逐步回落。从住房价格变动看,大中型城市新建商品住房价格在环比下降 12 个月后,于 2015 年 6 月企稳,年底新建商品住房价格环比累计上涨的城市数量为 21 个,价格环比累计稳中下降的城市数量为 49 个。在房屋交易增加的情况下,多数城市住房价格仍为稳中有降,说明 2015 年房地产市场总体仍处于去库存时期。从国房景气指数来看,2015 年房地产市场景气在 6 月份降至最低,之后 3 季度小幅回升,4 季度维持平稳。

(2) 市场区域分化明显,一线城市和少量二线城市市场回暖,其他二、三、四线城市去库存调整。2015 年一线、二线和三四线城市商品房屋销售面积分别同比增加 15.3%、9.2%和 4.3%,一线城市房屋销售增幅明显高于三四线城市。从新建商品住房价格环比累计情况看,2015 年一线城市价格环比累计上涨 18.8%、二线城市价格环比累计上涨 0.8%、三四线城市环比累计下降 2.5%,房价走势分别表现为一线城市上涨、二线城市基本平稳、三四线城市继续下降。大中型城市中,一线城市新建商品住房价格累计环比涨幅最高,其中深圳(楼盘)涨幅达到 47.3%、上海(楼盘)涨幅为 18.4%、北京(楼盘)和广州(楼盘)涨幅在 10%左右;其次 7 个二线城市新建商品住房价格累计涨幅在 2%~7%,分别为南京(楼盘)、厦门(楼盘)、杭州(楼盘)、武汉(楼盘)、宁波(楼盘)、天津(楼盘)、郑州(楼盘);另外还有 10 个城市新建住房价格稳中有升;其他二、三、四线城市共 49 个城市新建住房价格环比下降,降幅较高的城市主要分布在东北地区。

(3) 企业盈利下降,行业转型趋众。2014 年伴随市场低迷调整,房地产开发企业利润率明显下降,从房地产上市公司的数据看,2014 年房地产开发业平均销售利润率只有 10%,比 2009—2013 年超过 20%的平均销售利润率降低 10 个百分点以上。伴随房地产开发盈利水平下降,2015 年房地产企业转型趋众。房地产企业转型主要面向四个方向:第一,延长产业链条,一些企业向项目前端发展泛金融化,与金融结构合作甚至入主商业银行;一些企业向项目后端发展泛服务化,参与物业管理,尝试城市运营商转型。第二,开发产品多样化,房地产开发产品由单纯住宅或商业为主,向养老公寓、文化地产、旅游地产、产业地产等多样化发展。第三,生产方式创新,部分房地产开发企业向互联网+、绿色节能、产业化等新的生产方式不断探

158

索。第四，国际化投资，一些大型房地产企业继续进行海外地产的投资开发。

(4) 市场回暖受政策宽松影响，政策效应有减弱态势。继 2014 年 11 月 22 日央行开启降息通道以来，2015 年央行分别于 3 月 1 日、5 月 11 日、6 月 28 日、8 月 26 日、10 月 24 日连续五次下调金融机构人民币贷款和存款基准利率、连续五次下调金融机构存款准备金率。其中，10 月末金融机构一年期存款利率降为 1.5%，五年期以上银行贷款利率降至 4.9%、五年期以上个人公积金贷款利率降至 3.25% 的历史最低水平。除货币政策持续宽松外，房地产行业管理政策也进一步放宽，"3.30 政策""9.30 政策"分别下降了购房首付比例，8 月份取消了外资购房限制、鼓励棚户区改造实行货币化安置等，房地产市场销售明显增加。但 10 月以来各地房屋销售增幅放缓，尤其多数地区二手房交易量由增加改为减少，住房价格涨幅在 6 月份达到高点后逐步减小，显示政策效应有减弱态势。

受人口结构影响，我国中长期住房需求增长将大大减缓，2016—2020 年我国 25~44 岁群体人口数量将减少大约 1 800 万人。但是，"十三五"时期我国仍然处于城镇化快速发展时期，同时住房改善性需求数量处于高水平，将决定"十三五"时期我国城镇住房需求总量仍维持规模高位。初步估算，"十三五"时期我国城镇住房需求将保持年均 11 亿~12 亿平方米的规模，与"十二五"时期规模大致相当。

以商品房累计新开工与累计租售之间的差额代表房地产库存，1998 年以来商品房库存水平大致经过了四个不同发展阶段：第一个阶段为 1998—2003 年商品房库存水平持续上升，第二个阶段为 2004—2007 年商品房库存水平持续下降，第三个阶段为 2008—2009 年商品房库存水平快速升降波动，第四个阶段为 2010—2014 年商品房库存水平波动上升。2015 年，商品房库存水平出现 2010 年以来的首次下降。初步估算，2015 年年末商品房库存规模约为 50 亿平方米，其中已经竣工尚未销售的商品房库存数量为 7.2 亿平方米，大约 43 亿平方米的商品房已经开工尚未销售。按照 2015 年商品房销售速度估算，2015 年商品房消化周期大约为 3.73 年，低于 2014 年但仍高于正常年份大约 2.5 年的均值。因此，"十三五"初期房地产市场总体仍将处于消化库存时期。

2015 年房地产开发企业资金压力好于去年。2015 年本年房地产开发资金来源/房地产开发投资为 1.30，房地产开发资金来源/房地产开发投资为 1.69，均略高于 2014 年，显然在销售增长带动下，房企资金压力有所缓解。大房企资金充裕，好于行业平均水平。2015 年受益于公司债放宽发行，280 家房企共发公司债 6 793 亿元，比 2014 年增加了 4 400 亿元，有 7 家公司债券融资过百亿元，其中恒大和万达分别融资 400 亿元和 250 亿元债券。

2. 2016 年房地产市场形势预测

按照中央的发展部署，2020 年国内生产总值和城乡居民人均收入要比 2010 年翻一番，意味着"十三五"时期经济将保持中高速增长。2016 年是"十三五"开局之年，2015 年 12 月召开的中央经济工作会议指出，2016 年要稳定经济增长，更加注重供给侧结构性改革，在适度扩大总需求的同时，去产能、去库存、去杠杆、降成本、补短板，提高供给体系质量和效率。同时指出，积极的财政政策要加大力度，实行减税政策，阶段性提高财政赤字率。稳健的货币政策要灵活适度，为结构性改革营造适宜的货币金融环境，降低融资成本，保持流动性合理充裕和社会融资总量适度增长，扩大直接融资比重，优化信贷结构，完善汇率形成机制。可以预见，2016 年经济保持稳定增长，房地产发展环境相对宽松。

中央经济工作会议明确指出，要促进化解房地产库存。要按照加快提高户籍人口城镇化率和深化住房制度改革的要求，通过加快农民工市民化，扩大有效需求，打通供需通道，消化库存，稳定房地产市场。要落实户籍制度改革方案，允许农业转移人口等非户籍人口在就业地落户，使他们形成在就业地买房或长期租房的预期和需求。要明确深化住房制度改革方向，以满足新市民住房需求为主要出发点，以建立购租并举的住房制度为主要方向，把公租房扩大到非户籍人口。要发展住房租赁市场，鼓励自然人和各类机构投资者购买库存商品房，成为租赁市场的房源提供者，鼓励发展以住房租赁为主营业务的专业化企业。要鼓励房地产开发企业顺应市场规律调整营销策略，适当降低商品住房价格，促进房地产业兼并重组，提高产业集中度。要取消过时的限制性措施。

2015年，棚改货币化安置162万户，比2014年增加了大约120万户。2016年棚改任务计划完成600万套，各地按照原则上不低于50%的比例确定货币化安置，预计将带来至少300万套的拆迁安置需求，大约相当于近年年均销量的30%。棚改货币化安置在消化库存过程中发挥了重要贡献。

综上所述，在经济平稳发展背景下，预计2016年房地产市场总体有望维持平稳发展，房屋销售、房地产开发投资维持平稳态势。

(资料来源：新华网)

4.2 住宅市场分析

住宅市场分析应在住宅开发投资环境分析的基础上进行，主要是对房地产的供求状况，如供给量、有效需求量、空置量和空置率等进行分析。其中供给量分析包括对已完成的项目、在建的项目、已审批立项的项目、潜在的竞争项目的分析及预计它们投入市场的时间。

4.2.1 市场供求分析

【参考图文】

住宅市场供求分析一般从以下几个方面进行。

1. 供给分析

(1) 调查房地产当前的存量、过去的走势和未来可能的供给。具体内容包括相关房地产类型的存量、在建数量、计划开工数量、已获规划许可数量、改变用途数量和拆除量等；短期新增供给数量的估计。

(2) 分析当前城市规划及其可能的变化和土地利用、交通、基本建设投资等计划。

(3) 分析房地产市场的商业周期和建造周期循环运动情况，分析未来相关市场区域内供求之间的数量差异。

2．需求分析

（1）需求预测。详细分析项目所在市场区域内就业、人口、家庭规模与结构、家庭收入等，预测对拟开发房地产类型的市场需求。具体内容包括就业分析、人口和家庭分析、收入分析。

（2）分析规划和建设中的主要房地产开发项目。对规划中的项目需分析其用途、投资者、所在区县名称、位置、占地面积、容积率、建筑面积和项目当前状态等；对正在开发建设中的房地产项目需分析其用途、项目名称、位置、预计完工日期、建筑面积、售价和开发商名称等。

（3）吸纳率分析。就每一个相关的细分市场进行需求预测，以估计市场吸纳的价格和质量。具体内容包括市场吸纳和空置的现状与趋势分析，预估市场吸纳计划或相应时间周期内的需求。

（4）市场购买者的产品功能需求分析。包括购买者的职业、年龄、受教育程度、现居住或工作地点的区位分布分析，以及投资购买和使用购买的比例分析。

3．竞争分析

（1）列出与竞争有关项目的功能和特点。具体内容包括描述已建成或正在建设中的竞争性项目(价格、数量、建造年代、空置、竞争特点)，描述计划建设中的竞争性项目，对竞争性项目进行评价。

（2）进行市场细分，明确拟建项目的目标使用者。具体内容包括根据目标使用者的状态(年龄、性别、职业、收入)、行为(生活方式、预期、消费模式)、地理分布(需求的区位分布及流动性)等因素进行市场细分，按各细分市场结果，分析对竞争项目功能和特点的需求状况，指出拟建项目应具备的特色。

4．市场占有率分析

（1）基于竞争分析的结果，按各细分市场，估算市场供给总吸纳量和吸纳速度及拟开发项目的市场份额，明确拟开发项目吸引顾客或使用者的竞争优势。具体内容包括：估计项目的市场占有率，在充分考虑拟开发项目优势的条件下进一步确认其市场占有率，简述主要的市场特征；估算项目吸纳量，项目吸纳量等于市场供求缺口(未满足需求量)和拟开发项目市场占有率的乘积。

（2）得出市场占有率分析结果，要求计算出项目的市场占有率、拟建项目销售或出租进度、价格和销售期，并提出有利于增加市场占有率的建议。

4.2.2 相关因素分析

当把握了总体背景情况后，投资者就可以针对某一具体开发投资类型和地点进行更为详尽的分析。从房地产开发的角度来看，市场分析最终要落实到对某一具体的物业类型和开发项目所处地区之房地产市场状况的分析。应该注意的是，由于不同类型和规模的房地产开发项目所面对的市场范围有所差异，因此市场分析的方式和内容也有很大的差别。开发住宅项目需要就以下问题进行详细的分析：项目所处的位置、周围环境及与城市中心商业区的关系；项目用地工程地质资料；附近地区土地利用及城市规划控制指标，城市建设规划管理的有关定额指标(如控制高度、容积率、用途、绿地率、建筑覆盖率、内外交通组织、建筑防火、停车场车位数等);针对未来用户的需求信息;同类竞争性发展项目的信息,政府对此发展项目的态度;项目周围市政基础设施、配套设施的供应能力;项目的成本、价格、租金、空置率、市场吸纳能力;金融信息,如各类贷款获取的可能性、贷款利率、贷款期限和偿还方式等。

4.3 构建住宅小区开发经营方案

4.3.1 区位分析与选择

房地产项目区位的分析与选择,包括地域的分析与选择和具体地点的分析与选择。地域的分析与选择是战略性选择,是对项目宏观区位条件的分析与选择,主要考虑项目所在地区的政治、法律、经济、文化教育、自然条件等因素。具体地点的分析与选择,是对房地产项目坐落地点和周围环境、基础设施条件的分析与选择,主要考虑项目所在地点的交通、城市规划、土地取得代价、拆迁安置难度、基础设施完备程度以及地质、水文、噪声、空气污染等因素。

4.3.2 项目开发内容和规模的分析与选择

房地产项目开发内容和规模的分析与选择,应在符合城市规划的前提下按照最高最佳利用原则(最高最佳利用是法律上允许、技术上可能、财务上可行,经过充分合理的论证,能够带来最高收益的利用),选择最佳的用途和最合适的开发规模,包括建筑总面积、建设和装修档次、平面布置等。此外,还可考虑仅将生地或毛地开发成为可进行房屋建设的熟地后租售的情况。

4.3.3 项目开发时机的分析与选择

房地产项目开发时机的分析与选择,应考虑开发完成后的市场前景,再倒推出应获取开发场地和开始建设的时机,并充分估计办理前期手续和征地拆迁的难度等因素对开发进度的影响。大型房地产项目可考虑分期分批开发(滚动开发)。

4.3.4 项目开发合作方式的分析与选择

房地产项目开发合作方式的分析与选择,主要应考虑开发商自身在土地、资金、开发经营专长、经验和社会关系等方面的实力或优势程度,并从分散风险的角度出发,对独资、合资、合作(包括合建)、委托开发等开发合作方式进行选择。

【参考图文】

4.3.5 项目融资方式与资金结构的分析与选择

房地产项目融资方式与资金结构的分析与选择，主要是结合项目开发合作方式设计资金结构，确定合作各方在项目资本金中所占的份额，并通过分析可能的资金来源和经营方式，对项目所需的短期和长期资金的筹措作出合理的安排。

4.3.6 产品经营方式的分析与选择

房地产产品经营方式的分析与选择，主要是考虑近期利益和长远利益的兼顾、资金压力、自身的经营能力以及市场的接受程度等，对出售(包括预售)、出租(包括预租、短租或长租)、自营等经营方式进行选择。

【参考图文】

4.3.7 构造评价方案

构造评价方案，就是在项目策划的基础上，构造出可供评价比较的具体开发经营方案。开发项目是否分期进行以及如何分期、开发项目拟建设的物业类型及不同物业类型的比例关系、建筑面积的规模和物业档次、合作方式与合作条件、拟投入资本金的数量和在总投资中的比例、租售与自营的选择及各自在总建筑面积中的比例等，都需要在具体的评价方案中加以明确。

如果允许上述影响评价方案构造的因素任意组合，则会出现非常多的备选方案。在实际操作过程中，通常按照开发项目是否分期与开发经营方式，有时还会考虑物业类型的匹配结构，构造 2~4 个基本评价方案。对于其他因素的影响规律，则可以通过敏感性分析把握。某住宅开发项目评价方案构造结果见表 4-6。

表 4-6　某住宅开发项目评价方案构造结果

建设内容与经营方式	高层住宅	住宅底商
是否分期开发	销售	出租
不分期	评价方案一	评价方案三
分二期	评价方案二	评价方案四

4.4 住宅小区开发投资估算

4.4.1 住宅小区开发项目投资与总成本费用估算

1. 住宅小区开发项目投资与成本费用的相关概念

1) 住宅小区开发项目投资特点

住宅小区开发项目在建设完成后有 3 种经营模式：出售、出租和自主经营。

【计算表格】

对于开发后租售模式下的住宅小区开发项目而言，开发企业所投入的建设资金均属于流动资金性质，其投资的大部分是通过形成建筑物等以固定资产形式存在的住宅小区商品，并通过项目建设过程中的租售活动，转让这些固定资产的所用权或使用权以收回投资。投资开发的过程中，开发商本身形成的固定资产大多数情况下很少甚至是零，基本上所有的投资均一次性地转移到住宅小区产品的开发成本中去了，因此住宅小区项目总投资基本等于住宅小区项目的总成本费用。

2) 住宅小区开发项目总投资

住宅小区开发项目总投资包括开发建设投资和经营资金两部分。

(1) 开发建设投资是指开发期内完成住宅小区产品开发建设所需投入的各项成本费用。包括土地费用、前期工程费、基础设施建设费、建筑安装工程费、公共配套设施建设费、开发间接费、管理费用、财务费用、销售费用、开发期税费、其他费用及不可预见费等。

开发建设投资在建设过程中形成以出售和出租为目的的开发产品成本和以自营为目的的固定资产及其他资产，应注意开发建设投资在开发产品成本与固定资产和其他资产之间的合理分配。

(2) 经营资金是指住宅小区开发企业用于日常经营周转的资金。

3) 开发产品成本

开发产品成本是指住宅小区开发企业在开发过程中所发生的各项费用，也就是当开发项目产品建成时，按国家有关会计制度和财务制度规定转入的住宅小区产品的开发建设投资。当住宅小区开发项目有多种产品时，可以通过开发建设投资的合理分摊分别估计各种产品的成本费用。

从财务角度，这些成本可按用途分为土地开发成本、房屋开发成本、配套设施开发成本等。在核算上又可划分为开发直接费(包括土地费用、前期工程费、基础设施建设费、建筑安装工程费、公共配套设施建设费)和开发间接费(包括管理费用、财务费用、销售费用、开发期税费、其他费用及不可预见费等)。亦可按开发成本和开发费用进行分类。开发成本包括土地费用、前期工程费、基础设施建设费、建筑安装工程费、公共配套设施建设费、其他费用、开发期税费、不可预见费；开发费用包括管理费用、财务费用、销售费用。无论怎么分，从本质上看都是一致的。

【例4-1】某开发商在杭州开发一个住宅项目，总建筑面积为87 300平方米，其中住宅72 000平方米，商铺5 300平方米，会所10 000平方米。住宅全部销售，商铺用于出租，会所自己经营。该项目总投资80 800万元，其中开发建设投资80 650万元，由开发产品成本75 650万元和自营固定资产(会所)5 000万元组成。会所投入运营时需投入经营资金150万元，在项目结束时(预计38年后)一次收回。如果项目只有租售部分，无自营部分，那么其总投资就只有75 650万元，不包括自营固定资产(会所)的5 000万元和经营资金150万元。

2. 住宅小区开发项目总成本费用构成估算

房地产开发项目投资估算的范围，包括土地费用、前期工程费、房屋开发费(是指建设成本中的土地开发成本和建筑物建设成本之和，具体包含建安工程费、基础设施建设费和公共配套设施建设费)、其他工程费、开发期间税费、管理费用、销售费用、财务费用、不可预见费。各项费用的构成复杂、变化因素多、不确定性大，尤其是由于不同建设项目类型的特点不同，其费用构成有较大的差异。

1) 土地费用

土地费用是指取得开发项目用地所发生的费用。开发项目取得土地使用权有多种方式，所发生的费用各不相同。主要有以下几种：划拨土地的征收补偿费、出让土地的出让价款、转让土地的土地转让费、租用土地的土地租用费、股东投资入股土地的投资折价。

(1) 征收补偿费。包含征收国有土地上房屋取得建设用地补偿和征收集体土地取得建设用地补偿两种情况：

①集体土地征收补偿费用。征收集体土地的土地取得成本有 5 项：建设用地使用权出让金，城市基础设施建设费，地上物拆除、渣土清运和场地平整费，土地征收补偿费及相关税费。具体见表 4-7。

表 4-7　征收集体土地的土地取得成本一览

序号	项　目		
1	建设用地使用权出让金		
2	城市基础设施建设费		
3	地上物拆除、渣土清运和场地平整费		
4	土地征收补偿费	4.1 土地补偿费	
		4.2 安置补助费	
		4.3 地上附着物和青苗的补偿费	
		4.4 安排被征地农民的社会保障费用	
5	相关税费	5.1 新菜地开发建设基金	征收城市郊区菜地才有
		5.2 耕地开垦费	占用耕地才有
		5.3 耕地占用税	占用耕地才有
		5.4 征地管理费	
		5.5 政府规定的其他有关费用	防洪费、南水北调费等

② 城市国有土地上房屋征收补偿费用。征收国有土地上房屋的土地取得成本也有 5 项：建设用地使用权出让金，城市基础设施建设费，地上物拆除、渣土清运和场地平整费，房屋征收补偿费及相关费用。具体见表 4-8。

表 4-8　征收国有土地上房屋的土地取得成本一览

序号	项　目	
1	建设用地使用权出让金	
2	城市基础设施建设费	
3	地上物拆除、渣土清运和场地平整费	
4	房屋征收补偿费	4.1 被征收房屋补偿费
		4.2 搬迁费
		4.3 临时安置费(货币补偿方式的没有此项)
		4.4 停产停业损失补偿费(非住宅)
		4.5 补助和奖励

续表

序号	项目
5	相关费用	5.1 房屋征收评估费 5.2 房屋征收服务费 5.3 政府规定的其他有关费用

(2) 土地出让价款(相当于市场购买下的土地取得成本)。土地出让价款是国家以土地所有者的身份，将土地使用权在一定年限内让与土地使用者，并由土地使用者向国家支付的土地使用权出让价款。以出让方式取得熟地土地使用权时，土地出让价款由国有土地使用权出让金、土地开发成本和土地增值收益或溢价构成，政府出让土地时的底价通常以出让金和土地开发成本为基础确定，土地增值收益或溢价为开发商在土地出让市场竞买时所形成的交易价格与出让底价的差值；以出让方式获得城市毛地土地使用权时，土地出让价款由土地使用权出让金和城市建设配套费(即城市基础设施建设费，也称大配套费)构成，获得此类土地使用权的开发商，需要进行房屋征收补偿和土地开发活动，并相应支付城市房屋征收补偿费用。

土地出让价款的数额由土地所在城市、地区、地段、土地用途、使用条件及房地产市场状况等多方面因素决定。由于各地已经普遍采用招标、拍卖、挂牌方式公开出让国有土地使用权，因此土地出让价款可以运用市场比较法，通过类似土地交易价格的比较调整来获得。对于缺少市场交易价格的区域或土地类型，可以参照相关城市制定的基准地价，并在基准地价的基础上加以适当调整确定。

此外，政府出让经营性用地的国有土地使用权时，往往还附加一些受让条件，如配建一定比例的公共住房(包括经济适用住房、公共租赁住房、限价商品住房和廉租住房等)或其他配套用房或及设施，对这种配建的房屋或设施，政府可能以事先规定的价格回购，或者由开发商无偿提供给政府或相关单位。此时开发商除了要支付土地出让价款外，还要分担配建房屋的部分或全部成本。这部分附加成本虽然可计入后续的房屋开发费，但实际上属于开发商的土地费用支出。

(3) 土地转让费(相当于市场购买下的土地取得成本，等于土地使用权购买价格+土地取得税费)。土地转让费是指土地受让方向土地转让方支付的土地使用权的转让费。依法通过土地出让或转让方式取得的土地使用权在一定条件下可以转让给其他合法使用者。土地使用权转让时，地上建筑物及其他附着物的所有权随之转让。由于土地转让活动通常以转让公司股权的方式进行，被转让的土地上往往也已经进行了一定程度的开发建设活动，因此土地转让费的估算相对复杂，通常需要房地产或土地专业估价人员协助。

(4) 土地租用费。土地租用费是指土地租用方向土地出租方支付的费用。以租用方式取得土地使用权可以减少项目开发的初期投资，但仅在部分工业开发项目和公共租赁住房项目用地上有少量实践，在竞争性较为激烈的商品房项目开发中极为少见。

(5) 土地投资折价(相当于市场购买下的土地取得成本)。开发项目土地使用权可以来自开发项目的一个或多个投资者的直接投资。在这种情况下，不需要筹集现金用于支付土地使用权的获取费用，但一般需要将土地使用权评估作价。

应当注意的是，土地费用中，除了包括上述直接费用外，还应包括土地购置过程中所支付的税金和相关费用。例如，开发商通过招拍挂方式获取土地使用权时，需要按照土地交易价格的 3%缴纳契税；开发商在参与土地出让招拍挂竞投时，需要支付前期市场及竞投方案分析研究费用、竞投保证金利息、手续费用等土地竞投费用。

2) 房屋开发费

(1) 前期工程费。前期工程费主要包括开发项目的前期规划、设计、可行性研究、水文地质勘测以及"三通一平"等土地开发工程费支出。

① 项目的规划、设计、可行性研究所需的费用一般可按与项目总投资的百分比估算。一般情况下，规划及设计费为建筑安装工程费的 3%左右，可行性研究费占项目总投资的 0.1%～0.3%，水文、地质勘探所需的费用可根据所需工作量结合有关收费标准估算，一般为设计概算的 0.5%左右。

② "三通一平"等土地开发费用，主要包括地上原有建筑物、构筑物拆除费用，场地平整费用和通水、电、路的费用。这些费用可根据实际工作量，参照有关计费标准估算，一般为设计概算的 0.35%。但要注意如果是熟地，则"三通一平"等土地开发费用已包含在土地费用中，在此不能再重复计算。

(2) 基础设施建设费。基础设施建设费又称为红线内外工程费，是指建筑物 2 米以外和小区规划红线以内的各种管线和道路等工程的费用，主要包括供水、供电、道路、绿化、供气、排污、排洪、电讯、环卫等设施的建设费用，以及各项设施与市政设施干线、干管和干道的接口费用，属于土地开发成本。这是小配套费，与大配套费相对，大配套费指市政管网接至项目建设用地红线边缘的配套费用。

基础设施费通常采用单位指标估算法来计算。粗略估算时，各项基础设施工程均可按建筑平方米或用地平方米造价计算。

(3) 建筑安装工程费。建筑安装工程费是指直接用于工程建设的总成本费用，主要包括建筑工程费(结构、建筑、特殊装修工程费)、设备及安装工程费(给排水、电气照明、电梯、空调、煤气管道、消防、防雷、弱电等设备及安装)及室内装修工程费用等。

在可行性研究阶段，建筑安装工程费的估算，可以采用单元估算法、单位指标估算法、工程量近似匡算法、概算指标估算法等，也可根据类似工程经验估算。

当住宅小区项目包括多个单项工程时，应对各个单项工程分别估算建筑安装工程费。

(4) 公共配套设施建设费。公共配套设施费是指居住小区内为居民服务配套建设的各种非营业性的公共配套设施(又称公建设施)的建设费用。主要包括居委会、派出所、托儿所、幼儿园、公共厕所、停车场等的建设费用。一般应按规划指标和实际工程量估算。

房屋开发费中各项费用的估算，可以采用单元估算法、单位指标估算法、工程量近似匡算法、概算指标法、概预算定额法，也可以根据类似工程经验进行估算。具体估算方法的选择，应视资料的可获得性和费用支出的情况而定。

① 单元估算法。单元估算法是指以基本建设单元的综合投资乘以单元数得到项目或单项工程总投资的估算方法，如以每间客房的综合投资乘以客房数估算一座酒店的总投资、以每张病床的综合投资乘以病床数估算一座医院的总投资等。

② 单位指标估算法。单位指标估算法是指以单位工程量投资乘以工程量得到单项工程投资的估算方法。一般来说，土建工程、给排水工程、照明工程可按建筑平方米造价计算，

采暖工程按耗热量(千瓦/小时)指标计算,变配电安装按设备容量(千伏·安)指标计算,集中空调安装按冷负荷量(千瓦/小时)指标计算,供热锅炉安装按每小时产生蒸汽量(立方米/时)指标计算,各类围墙、室外管线工程按长度(米)指标计算,室外道路按道路面积(平方米)指标计算等。

③ 工程量近似匡算法。工程量近似匡算法采用与工程概预算类似的方法,先近似匡算工程量,配上相应的概预算定额单价和取费,近似计算项目投资。

④ 概算指标法。概算指标法采用综合的单位建筑面积和建筑体积等建筑工程概算指标计算整个工程费用。常使用的估算公式是

$$直接费 = 每平方米造价指标 \times 建筑面积 \tag{4-2}$$

$$主要材料消耗量 = 每平方米材料消耗量指标 \times 建筑面积 \tag{4-3}$$

3) 开发间接费

开发间接费是指住宅小区开发企业所属独立核算单位在开发现场组织管理所发生的各项费用。包括工资、福利费、折旧费、修理费、办公费、水电费、劳动保护费、周转房摊销和其他费用等。当开发企业不设立现场机构,由开发企业定期或不定期派人到开发现场组织开发建设活动时,所发生的费用可直接计入开发企业的管理费用。

(1) 管理费用。管理费用是指住宅小区企业行政管理部门为组织和管理住宅小区项目的开发经营活动而发生的各种费用。主要包括管理人员工资、工会经费、业务接待费、职工教育经费、劳动保险费、待业保险费、董事会费、咨询费、审计费、诉讼费、房产税、土地使用税(企业管理用房)、车船使用费、技术开发费、无形资产摊销、开办费摊销等各种费用。

管理费用可以项目投资或直接费用为基数,取百分比计算。这个百分数一般为3%。

(2) 财务费用。财务费用是指住宅小区开发企业为筹集资金而发生的各项费用,主要包括借款和债券的利息、金融机构手续费、保险费、融资代理费、外汇汇兑净损失以及企业为项目筹资发生的其他财务费用。

长期借款利息、流动资金借款利息的计算详见 4.4.3 节。利息外的财务费用可按利息 10%估算。

(3) 销售费用。销售费用是指开发项目在销售产品过程中发生的各项费用及专设销售机构或委托销售代理的各项费用,主要包括以下 3 项:

① 广告宣传及市场推广费,约为销售收入的 2%～3%(住宅销售物业较高,写字楼物业较低)。

② 销售代理费,约为销售收入的 1.5%～2%。

③ 其他销售费用,约为销售收入的 0.5%～1%。

以上各项合计,销售费用约占到销售收入的 4%～6%。

4) 其他费用

其他费用主要包括临时用地费和临时建设费、工程造价咨询费、总承包管理费、合同公证费、施工执照费、工程监理费、竣工图编制费、工程保险费等。这些费用按当地有关部门规定的费率估算,一般约占投资额的 2%～3%。

5) 开发期间税费

开发项目投资估算应考虑项目在开发过程中所负担的各种税金和地方政府或有关部门

征收的费用。在一些大中城市，这部分税费已成为开发建设项目投资构成中占较大比重的费用。各项税费应当根据当地有关法规标准估算。以广州为例，这些税费一般包括：①配套设施建设费(小区建安造价的5.5%，单体11%)；②固定资产投资方向调节税(目前暂停征收)；③土地使用税；④建筑工程质量安全监督费(已免征)；⑤供水增容费(已免征)；⑥供电增容费(已免征)；⑦物业维修基金(按建筑工程造价的5%～8%计收，各地标准各异，用于出租的物业，开发商交，用于出售的，买家交)；⑧其他。

6) 不可预见费

不可预见费包括备用金(不含工料价格上涨备用金)、不可预见的基础或其他附加工程增加的费用、不可预见的自然灾害增加的费用。它依据项目的复杂程度和前述各项费用估算的准确程度，以上述各项费用之和为基数，按3%～5%计算。

如果是开发项目完成后出租或自营的项目，还应估算下列费用：

(1) 运营费用。运营费用是指住宅小区项目开发完成后，在项目经营期间发生的各种运营费用。主要包括管理费用、销售费用等。

(2) 修理费用。修理费用是指以出租或自营方式获得收益的住宅小区项目在经营期间发生的物料消耗和维修费用。

4.4.2 住宅小区项目的收入与税金估算

1. 经营收入测算

住宅小区开发项目应在项目策划方案的基础上，制订出切实可行的住宅小区产品的出售、出租、自营等计划(以下简称租售计划)，通过该收入计划，正确地估算出开发项目可能的收入。租售计划应与开发商的营销策略相结合，同时还应遵守各级政府有关住宅小区租售方面的限制条件和规定。

1) 制订住宅小区开发项目租售计划

住宅小区项目租售计划一般包括可供租售的住宅小区类型及数量、租售价格、收款方式等内容。

(1) 在确定可供租售的住宅小区类型及数量时，应首先确定开发项目可以提供的住宅小区类型及数量，再根据市场条件，确定开发项目在整个租售期内每期(年、半年或季度，以下同)拟租售的住宅小区类型及数量。

(2) 租售价格的确定应在市场调查与预测的基础上，结合住宅小区开发项目的具体情况，通过市场交易信息的分析与比较来完成。根据开发项目的特点，选择在位置、功能、规划、档次上可比的交易实例，通过对交易价格的分析与修正，得到拟开发项目的租售价格。所确定的租售价格应与开发商的营销策略中的价格策略相一致，在考虑政治、经济、社会等宏观环境因素对开发项目租售价格所造成影响的同时，还应对住宅小区市场的供求关系进行分析。特别应注意已建成的、正在建设的及潜在的竞争性住宅小区项目对拟开发项目租售价格的影响。

(3) 确定收款方式时应考虑住宅小区交易的付款习惯和惯例。当分期付款时，应注意分期付款的期数与分期付款的比例。在制订租售计划时，应特别注意可租售面积比例的变化对租售收入的影响。

2) 住宅小区开发项目租售收入的估算

租售收入的估算是要计算出每期所能获得的住宅小区收入，主要包括土地转让收入、商品房销售收入、出租房租金收入、配套设施销售收入和开发企业自营收入等。

(1) 住宅小区开发项目的出租、出售收入，一般为可租售的项目建筑面积的数量与单位租售价格的乘积。对于出租的情况，应注意空置期(项目竣工后暂未租出的时间)和空置率(未出租建筑面积占可出租总建筑面积的百分比)对各期租金收入的影响。同时还应考虑经营期未出租物业的转售收入。

(2) 住宅小区开发项目的自营收入，是指住宅小区开发企业以开发完成后的住宅小区产品为其进行商业和服务业等经营活动的载体，通过综合性的自营方式得到的收入。在进行自营收入的估算时，应充分考虑目前已有的商业和服务业设施对拟开发项目建成后所产生的影响，未来商业和服务业设施对拟开发项目建成后所产生的影响，以及未来商业和服务业市场可能发生的变化对拟开发项目的影响。

2．税金估算

1) 经营税金及附加

经营税金及附加是指住宅小区销售、出租与自营过程中发生的税费，主要包括增值税、城市维护建设税、教育费附加(即通常所说的"两税一费")。

具体估算如下。

(1) 增值税。对住宅小区投资而言，营业税是从纳税住宅小区销售或出租收入中征收的一种税。计算公式如下：

$$应预缴税款 = 预收款 \div (1 + 适用税率或征收率) \times 3\% \tag{4-4}$$

一般计税按照 11% 的适用税率计算或简易计税方式按照 5% 的征收率计算。

目前我国的增值税税率是 5%。

(2) 城市维护建设税是以增值税、消费税的实缴税额为计税依据，专门用于城市建设、维护而征收的一种税。对住宅小区开发企业而言，城市维护建设税的计税依据是其实际缴纳的增值税。城市维护建设税的税率因纳税人所在的地区而有所差异：纳税人所在地为市区的，税率为 7%，纳税人所在地为县城、镇的，税率为 1%。

(3) 教育费附加是国家为发展教育事业、筹集教育经费而征收的一种附加费，其计费依据与城市维护建设税相同。对住宅小区开发企业而言，教育费附加的计费依据是其实际缴纳的增值税。教育费附加的税率一般为 3%。

2) 城镇土地使用税

土地使用税是住宅小区开发企业在开发经营过程中占有国有土地应缴纳的一种税。计税依据是纳税人实际占有的土地面积。采用分类分级别的幅度定额税率，每平方米的年幅度税额按城市大小分 4 个不同档次，具体规定如下：

(1) 大城市：1.5～30 元。
(2) 中等城市：1.2～24 元。
(3) 小城市：0.9～18 元。
(4) 县城、建制镇、工矿区：0.6～12 元。

城镇土地使用税的计算公式为

$$年应纳土地使用税 = 应税土地面积(平方米) \times 税率 \tag{4-5}$$

3) 房产税

房产税是投资者拥有住宅小区时应缴纳的一种财产税。对于出租的房产，以房产租金收入为计税依据。对于非出租的房产，以房产原值一次扣除 10%～30%后的余额为计税依据计算缴纳。具体减除幅度由省、自治区、直辖市人民政府确定。

房产税采用比例税率，按房产余值计征，税率为 1.2%；按房产租金收入计征的，税率为 12%。

4) 土地增值税

(1) 基本计算规定。土地增值税按照纳税人转让住宅所取得的增值额和规定的税率计算征收。计算公式为

$$\text{增值额} = \text{转让住宅所取得的收入} - \text{扣除项目金额} \tag{4-6}$$
$$\text{增值率} = \text{增值额} \div \text{扣除项目金额} \times 100\% \tag{4-7}$$
$$\text{应纳税款} = \text{增值额} \times \text{税率} - \text{扣除项目金额} \times \text{速算扣除系数} \tag{4-8}$$

【计算表格】

(2) 土地增值税的扣除项目。计算土地增值税应纳税额，并不是直接对转让住宅所得的收入征税，而是对收入额减除国家规定的各项扣除项目金额后的余额计算征税。这个余额就是纳税人在转让住宅中获取的增值额。

扣除项目包括：

① 取得土地使用权所支付的地价款和相应的手续费。

② 住宅小区开发成本，包括土地征用拆迁补偿费、前期工程费、基础设施建设费、建筑安装工程费、公共配套设施建设费、开发间接费等。

③ 住宅小区开发费用，包括管理费用、财务费用、销售费用。

但三项费用在计算土地增值税时，并不按纳税人住宅小区开发项目实际发生的费用进行扣除。具体扣除时，要看财务费用中的利息支出是否能够按转让住宅小区项目计算分摊并提供金融机构的证明。

如果是，则财务费用中的利息支出允许据实扣除，但最高不能超过商业银行同期贷款利率计算的金额，而其他住宅小区开发费用则按照第①、②项计算金额之和的 5%以内计算扣除。

如果否，则凡不能按转让住宅小区项目计算分摊利息支出或不能提供金融机构证明的，则整个住宅小区开发费用按上面第①、②项计算金额之和的 10%以内计算扣除。

④ 旧房或建筑物的评估价格。转让旧有住宅小区时，应按旧房或建筑物的评估价格计算扣除项目金额。

⑤ 与转让住宅有关的税金，包括营业税、城乡维护建设税、教育费附加、印花税等。

⑥ 财政部规定的其他扣除项目。如加计扣除，对从事房地产开发的纳税人，可按取得土地使用权所支付的金额与房地产开发成本之和加计 20%的扣除。

(3) 土地增值税的税率。土地增值税实行四级超率累进税率：增值额未超过扣除项目金额 50%的部分，税率为 30%，速算扣除系数为 0；增值额超过扣除项目金额 50%、未超过扣除项目金额 100%的部分，税率为 40%，速算扣除系数为 5%；增值

额超过扣除项目金额100%、未超过扣除项目金额200%的部分，税率为50%，速算扣除系数为15%；增值额超过扣除项目金额200%的部分，税率为60%，速算扣除系数为35%。

(4) 土地增值税的免税规定。有以下情形之一者，免征土地增值税：

① 纳税人建筑普通标准住宅出售，增值额未超过扣除项目金额20%的。

② 因国家建设需要征收的住宅小区。

实际工作中除普通标准住宅不实行预征外，对其他各类商品房，均实行预征。普通标准住宅是指由政府指定的房地产开发公司开发、按照当地政府部门规定的建筑标准建造、建成后的商品房实行国家定价或限价、为解决住房困难户住房困难、由政府指定销售对象的住宅。普通标准住宅须由房地产开发公司凭有关文件，经当地主管税务部门审核后确认。土地增值税预征的计税依据为纳税人转让房地产取得的收入，普通住宅预征率为 1%～1.5%，非普通住宅预征率为 1.5%～2.5%，商业用房预征率为 2.5%～3.5%。待商品房开发完成后，再进行清算。

【例 4-2】 某住宅小区开发公司出售住宅得到收入 40 000 万元，其扣除项目金额为 10 000 万元，试计算其应纳土地增值税的税额。

解：(1) 计算增值额为

$$40\,000-10\,000=30\,000(万元)$$

(2) 计算增值率为

$$30\,000 \div 10\,000 \times 100\% = 300\%$$

增值税超过扣除项目金额200%，分别适用60%税率，速算扣除系数为35%。

(3) 计算土地增值税税额为

$$30\,000 \times 60\% - 10\,000 \times 35\% = 14\,500(万元)$$

【例 4-3】 某房地产开发公司建设普通标准住宅出售得到收入 40 000 万元，其扣除项目金额为 35 000 万元，试计算其应纳土地增值税的税额。

解：(1) 计算增值额为

$$40\,000-35\,000=5\,000(万元)$$

(2) 计算增值税与扣除金额之比为

$$5\,000 \div 35\,000 \times 100\% = 14.28\%$$

(3) 判断土地增值税适用税率：

增值税未超过扣除项目金额20%，故该项目免征土地增值税。

5) 企业所得税

企业所得税是对企业生产经营活动所得和其他所得征收的一种税。就住宅小区开发活动而言，企业所得税的纳税人即为住宅小区开发企业，所得税计算公式是

$$所得税税额 = 应税所得额 \times 税率 \qquad (4-9)$$

$$应税所得额 = 利润总额 - 允许扣除项目的金额 \qquad (4-10)$$

对开发企业而言，其利润总额主要是开发建设及经营期间的组合收入，其允许扣除项目为总开发成本和经营成本。为保证国家能及时得到有关税收，将预计的总开发成本按年实际销售收入逐年扣除，使开发商只要有销售收入，就要扣除所得税，而非按照整个项目的获利年度起计征。在开发项目最终销售完毕的年度，再统一核算整个项目的所得税，并按核算结果结合项目开发过程中已交所得税情况，多退少补。

房地产开发企业所得税税率一般为25%。实际工作中，税务部门对正在开发的项目实行企业所得税预征，等到开发完成后再进行核算，多退少补。在投资估算工作中，一般按照预征方式估算企业所得税。企业销售未完工开发产品取得的收入，应先按预计计税毛利率分季(或月)计算出预计毛利额，计入当期应纳税所得额。企业销售未完工开发产品的计税毛利率由各省、自治区、直辖市国家税务局、地方税务局按下列规定进行确定：

(1) 开发项目位于省、自治区、直辖市和计划单列市人民政府所在地城市城区和郊区的，不得低于20%。

(2) 开发项目位于地及地级市城区及郊区的，不得低于15%。

(3) 开发项目位于其他地区的，不得低于10%。

(4) 属于经济适用房、限价房和危改房的，不得低于3%。

4.4.3 借款还本付息的估算

借款还本付息的估算主要是测算借款还款期的利息和偿还借款的时间，从而观察项目的偿还能力和收益，为财务分析和项目决策提供依据。

1．还本付息的资金来源

根据国家现行财税制度的规定，归还建设投资借款的资金来源主要是项目建成后可用于借款偿还的利润、折旧费、摊销费用等；对预售或预租的项目，还款资金还可以是预售或预租收入。

(1) 利润。用于归还借款的利润，一般应是可供分配的利润中弥补以前年度亏损、提取了盈余公积金、公益金以及向投资者分配利润后的未分配利润。

(2) 折旧费。如果项目建设完毕后形成了一部分固定资产，在使用初期还无须更新，那么作为固定资产重置准备金性质的折旧基金，在被提取后暂时处于闲置状态。为了有效利用一切可能的资金来源以缩短还贷期限，可以利用部分新增折旧基金作为偿还贷款的来源之一，但以后应由未分配利润扣除归还贷款的余额垫回，以保证折旧基金从总体上不被挪用，在还清贷款后恢复其原有的经济属性。

(3) 摊销费。

(4) 其他还款资金。

(5) 预售或预租收入。

2．还款方式和顺序

1) 国外借款的还款方式

按照国际惯例，债权人一般对贷款本息的偿还期限都有明确的规定，如按规定等额还本付息、等额本金偿还等方式。

2) 国内借款的还款方式和顺序

一般按照先贷先还、后贷后还，息高先还、息低后还的顺序，或按双方的贷款协议归还国内借款。

3．利息的计算

按照国家有关规定，在进行建设项目经济评价时，对当年发生借款的，假定借款在当

年年中发生,按半年计息,其后按全年计息。每年应计利息为

每年应计利息=(年初借款本息累计+本年借款÷2)×利率　　　　(4-11)

【例 4-4】 某住宅小区开发项目,建设期为 3 年。在建设期第 1 年借款 300 万元,第 2 年借款 600 万元,第 3 年借款 400 万元,年利率为 12%,试计算建设期贷款利息。

解: 建设期各年利息计算如下:
第 1 年应计利息=(0+300÷2)×12%=18(万元)
第 2 年应计利息=(318+600÷2)×12%=74.16(万元)
第 3 年应计利息=(318+600+74.16+400÷2)×12%≈143.06(万元)
故建设期贷款利息总和为 18+74.16+143.06=235.22(万元)。

4. 借款还本付息表

住宅小区投资项目的借款还本付息表提供了项目的债务状况等财务信息,描述了项目开发经营过程中债务本息的分布状况,为项目经营决策和财务决策、偿债能力分析提供了重要依据。但应注意,借款还本付息表只反映固定资产资金的借款本息,而没有反映流动资金借款本息。流动资金借款还本付息一般是每年利息照付、期末一次还本。换句话说,流动资金的利息列入了财务费用,而由于其本金在项目计算期末用回收的流动资金一次偿还,因此在此没有考虑流动资金借款偿还问题。

针对项目还本付息表,可进行如下分析:①分析项目债务清偿能力;②协助安排短期贷款;③研究资金筹措方案的合理性。

【计算表格】

【例 4-5】 某住宅小区开发项目,建设期为 3 年。第 1 年借款 1 000 万元,第 2 年借款 2 000 万元,第 3 年借款 3 000 万元。项目建设完毕后开始销售,预计每年的销售收入足以还本付息。贷款方的条件是年利率为 8%,建设期结束后 5 年内等额还本付息。试编制该项目的借款还本付息估算表。

解: (1) 计算建设期各年应计利息。根据式(4-11)得
第 1 年应计利息=(0+1 000÷2)×8%=40(万元)
第 2 年应计利息=(1 040+2 000÷2)×8%≈163(万元)
第 3 年应计利息=(1 040+2 000+163+3 000÷2)×8%≈376(万元)
第 3 年年末借款累计=本金+利息=6 000+40+163+376=6 579(万元)

(2) 计算每期应还本付息额

$$A = 6\,579 \times 8\% \times (1+8\%)^5 / [(1+8\%)^5 - 1] \approx 1\,648(万元)$$

(3) 编制还本付息表,见表 4-9。

表 4-9 借款还本付息表

单位:万元

序号	项　目	合计	1	2	3	4	5	6	7	8
1	借款及还本付息	0	0	0	0	0	0	0	0	0
1.1	年初借款本息累计	0	0	1 040	3 203	6 579	5 457	4 246	2 938	1 525

续表

序号	项目	合计	1	2	3	4	5	6	7	8
1.2	本年借款	6 000	1 000	2 000	3 000	0	0	0	0	0
1.3	本年应计利息	2 240	40	163	376	526	437	340	235	123
1.4	本年还本付息	8 240	0	0	0	1 648	1 648	1 648	1 648	1 648
1.5	年末借款累计	0	1 040	3 203	6 579	5 457	4 246	2 938	1 525	0
2	借款偿还的资金来源	0	0	0	0	0	0	0	0	0
2.1	投资回收	8 240	0	0	0	1 648	1 648	1 648	1 648	1 648
2.2	未分配利润									
2.3	短期借款									
2.4	其他还款资金									

4.4.4 住宅小区投资估算案例

以下以任务导入为实例进行投资估算。

1．项目概况

项目概况见任务导入。

【计算表格】

该地块案名为黄龙金茂悦，定位为杭州黄龙 CBD、老城西文教板块世界级轻奢豪宅，亦是央企方兴地产首发杭州的首席高端作品。

作为国家地标物业缔造者与高端物业专家，方兴地产不仅打造了上海金茂大厦、北京世贸中心等世界级地标，其旗下的北京金茂威斯汀酒店、上海金茂君悦酒店、三亚希尔顿酒店等数十家超五星级酒店，更是无数国家元首、商业巨头、娱乐名流下榻酒店的首选。

金茂系产品，是方兴地产极具核心竞争力的高端住宅产品，黄龙金茂悦集方兴地产十余年经验之大成，在继北京亚奥金茂悦、亦庄金茂悦、长沙梅溪湖金茂悦、重庆大坪金茂珑悦等之后，择址杭州市中心黄龙 CBD、老城西文脉核心与未来杭州"徐家汇"申花交界之优越地段，集金茂系世界级品质倾力打造城市名门豪宅，黄龙金茂悦将打造成杭州市中心黄龙 CBD 又一座地标性的高端居住区。

黄龙金茂悦傲居余杭塘路和古翠路交叉口，坐拥黄龙文教和城西银泰双核心商圈，一脉黄龙，一步银泰城，名校林立，咫尺老城西核心，坐享十四大综合体环伺。在这片人文热土上，云集了浙江大学等多座高等学府。这里，孕育着百万高素质人才与国家栋梁；这里，承载着几代人的最美青春记忆；这里，拥有杭州最深厚的学院气息和生活味。这里，不仅坐拥城市繁华，更承载无法复制的人文情节，赋予黄龙金茂悦深厚的人文内涵与繁华底蕴。

黄龙 CBD 可谓寸土寸金，无数财智阶层纷纷把握每一次入主该项目的良机。黄龙金茂悦不负这片厚土所望,为城市精英量身定制世界级水准的轻奢高端住区,尽享老城西的浓郁文化氛围与品质生活,其居住价值也将随着杭州这座城市的不断外扩而变得愈加不可复制。

2．规划方案及主要技术经济指标

根据规划设计要点的要求及对市场的调查与分析,拟在该地块上兴建高层住宅(沿街一楼为商铺),幢数约15栋,其中13栋高层(5栋18层、2栋26层、5栋27层、1栋28层),1栋2层社区用房,1栋2层物业经营用房。主力户型面积(不含地下室)为128平方米、90平方米、89平方米。项目主要经济指标见表4-1。

3．项目开发建设及经营的组织与实施计划

1) 有关工程计划的说明

项目总工期为36个月(2014年4月～2017年3月)。

2) 项目实施进度计划

项目实施进度计划见表4-10。

表4-10 项目实施进度计划表

| 序号 | 工作名称 | 2014年 | | | 2015年 | | | | 2016年 | | | | 2017年 | | | | 2018年 | | | |
		第2季度	第3季度	第4季度	第1季度	第2季度	第3季度	第4季度	第1季度	第2季度	第3季度	第4季度	第1季度	第2季度	第3季度	第4季度	第1季度	第2季度	第3季度	第4季度
1	前期准备																			
2	基础工程																			
3	主体工程																			
4	安装工程																			
5	装饰工程																			
6	道路工程																			
7	绿化工程																			
8	围墙工程																			
9	竣工验收																			
10	销售																			

4．项目各种财务数据的估算

1) 开发成本估算

(1) 土地出让地价款估算。根据挂牌竞价结果,该公司取得土地使用权的成交价格为237 000万元,同时需要缴纳3%的契税为7 110万元,因此该公司于2014年3月向政府缴纳土地出让价款及契税合计为244 110万元,见表4-11。

表 4-11　土地费用估算表

名　称	单　位	数　量	名　称	单　位	数　量
土地价款	万元	237 000	土地面积	平方米	61 160
契税	万元	7 110	地上建筑面积	平方米	171 248
总价款	万元	244 110	楼面地价	元/平方米	13 839.58

(2) 建安工程费估算。参照有关类似建安工程的投资费用，用单位指标估算法得到该项目的建安工程费估算结果，具体计算见表 4-12。

表 4-12　建安工程费估算表

序号	项目	建筑面积/平方米	土建		装饰		设备		金额合计/万元
			单价/(元/平方米)	金额/万元	单价/(元/平方米)	金额/万元	单价/(元/平方米)	金额/万元	
1	住宅	170 000	1 600	27 200	300	5 100	200	3 400	35 700
2	公建	1 248	1 200	149.76	400	49.92	200	24.96	224.64
3	地下室	54 089	2 000	10 817.8	200	1 081.78	200	1 081.78	12 981.36
4	合计	225 337	—	38 167.56		6 231.7	—	4 506.74	48 906.00

(3) 前期工程费估算。本项目前期工程费估算见表 4-13。

表 4-13　前期工程费估算表

单位：万元

序　号	项　目	计算依据	金　额
1	规划设计费	建安工程费×3%	1 467.18
2	可行性研究费	建安工程费×0.15%	73.36
3	水文、地质、勘探费	建安工程费×0.5%	244.53
4	通水、通电、通路费	建安工程费×2.5%	1 222.65
5	总　计		3 000.72

(4) 基础设施建设费估算。基础设施费通常采用单位指标估算法来计算。粗略估算时，各项基础设施工程均可按建筑平方米或用地平方米造价计算。一般按实际工程量估算，通常占建安工程费的 15%左右：

48 906.00×15%=7 335.90(万元)

(5) 公共设施配套建设费估算。公共配套设施的建设费用一般按规划指标和实际工程量计算，也可按配套项目的建筑面积和单价来计算，还可按建安工程费的 3%~5%估算。本项目已经在建安费用中包含公共设施配套建设费，在此不重复计算。

(6) 开发期间税费估算。开发期间税费主要包括临时用地费和临时建设费、工程造价咨询费、总承包管理费、合同公证费、施工执照费、工程监理费、竣工图编制费、工程保险费等。这些费用按当地有关部门规定的费率估算，一般按建安工程费的 8%～15%估算。这里按照 10%计算：

$$48\ 906.00×10\%=4\ 890.60(万元)$$

(7) 其他费用估算。其他费用按当地有关部门的费率估算，约占建安工程费的 3%。也可以把此项费用直接并入开发期间税费进行估算。在此按照建安工程费的 3%计算：

$$48\ 906.00×3\%=1\ 467.18(万元)$$

(8) 不可预见费估算。不可预见费包括备用金(不含工料价格上涨备用金)、不可预见的基础或其他附加工程增加的费用、不可预见的自然灾害增加的费用。它依据项目的复杂程度和前述各项费用估算的准确程度，以上述各项费用之和为基数，按 3%～5%计算，一般取(1)～(7)项之和的 1%～3%，或建安工程费的 2%～5%。在此按照建安工程费的 5%计算：

$$48\ 906.00×5\%=2\ 445.30(万元)$$

开发成本合计为 309 717.40 万元。

2) 开发费用估算

(1) 管理费用估算。管理费用可按项目投资成本为基数，取一个百分比计算，一般为开发成本的 2%～3%。在此按照开发成本的 3%计算：

$$309\ 717.40×3\%=9\ 291.52(万元)$$

(2) 财务费用估算。长期借款利息、流动资金借款利息的计算详见 4.4.3 节。利息外的财务费用可按利息 10%估算。第 1 年借款 100 000 万元，贷款利率为 8%，每年等本偿还，要求从建设期第 2 年起 1 年内还清。建设期借款利息计算如下：

第 1 年应计利息：

$$(0+100\ 000÷2)×8\%=4\ 000(万元)$$

第 2 年应计利息：

$$(100\ 000+4\ 000+50\ 000÷2)×8\%=10\ 320(万元)$$

第 3 年应计利息：

$$(100\ 000+4\ 000+50\ 000+10\ 320)×8\%=13\ 145.60(万元)$$

利息合计为 27 465.60 万元，其他融资费用为利息总和的 10%，则

$$其他融资费用=27\ 465.60×10\%=2\ 746.56(万元)$$

则财务费用为上述合计，共 30 212.16 万元，详见表 4-14。

(3) 销售费用估算。销售费用是指开发项目在销售产品过程中发生的各项费用及专设销售机构或委托销售代理的各项费用，主要包括如下 3 项：

A．广告宣传及市场推广费，约为销售收入的 2%～3%(住宅销售物业较高，写字楼物业较低)。

B．销售代理费，约为销售收入的 1.5%～2%。

C．其他销售费用，约为销售收入的 0.5%～1%。

以上各项合计，销售费用约占到销售收入的 4%～6%。在此按照销售收入的 5%计算：

$$522\ 550×5\%=15\ 676.50(万元)$$

开发费用合计 55 180.18 万元。

3) 投资与总成本费用估算汇总

根据以上估算，总成本合计为 364 897.58 万元编制投资与总成本估算汇总表，详见表 4-14。

表 4-14 投资与总成本费用估算汇总表

单位：万元

序 号	项 目	金 额	估 算 说 明
1	开发成本	309 717.40	以下 1.1~1.8 项合计
1.1	土地费用	244 110.00	按照实际计算
1.2	建安工程费	48 906.00	按照实际计算
1.3	前期工程费	3 007.72	按照建安工程费的6%计算
1.4	基础设施建设费	7 335.90	按照建安工程费的15%计算
1.5	公共配套设施建设费	0.00	已经包含在建安工程费中
1.6	开发期间税费	4 890.60	按照建安工程费的10%计算
1.7	其他费用	1 467.18	按照建安工程费的3%计算
1.8	不可预见费	2 445.30	按照建安工程费的5%计算
2	开发费用	55 180.18	以下 2.1~2.3 项合计
2.1	管理费用	9 291.52	按照开发成本3%计算
2.2	销售费用	15 676.50	销售收入×3%
2.3	财务费用	30 212.16	利息×1.1
3	合计	364 897.58	1+2

4) 项目销售收入与经营税金及附加估算

(1) 销售价格估算。销售价格的估算采用市场比较法和成本定价法确定。

① 住宅部分。

A. 市场比较法定价过程。在市场上收集到与该住宅所在区域、个别因素、交易情况及交易日期均类似或接近的 4 个比较案例 A、B、C、D。其中 A、B、D 项目的交易日期均为 2014 年 12 月 1 日，C 项目的交易日期为 2014 年 10 月 1 日。已知 2014 年下半年至 2015 年 4 月，该城市该类住宅和商铺价格的变动呈上升趋势，月平均变动率为+0.5%，其他条件见表 4-15 和表 4-16。

表 4-15 本项目住宅价格市场比较法系数修正表

项目名称		定价对象	A	B	C	D
销售均价/(万元/平方米)			2.6	2.5	2.6	2.5
交易日期修正		1	1.02	1.02	1.02	1.02
区域因素修正	交通	100	99	100	99	100
	配套	100	102	102	102	102
	环境	100	97	97	97	96

续表

项目名称		定价对象	A	B	C	D
个别因素修正	装修	100	100	100	100	100
	得房率	100	96	98	95	98
	物业服务	100	102	95	95	92
交易情况修正		100	100	100	100	100
比准价格(元/平方米)			2.76	2.77	3.00	2.89

表 4-16　本项目住宅价格市场比较法销售状况权重系数修正表

项目名称	A	B	C	D	合计
比准价格/(万元/平方米)	2.76	2.77	3.00	2.89	
销售状况权重(销售率)	85.00%	90.00%	100.00%	95.00%	370.00%
加权的相对价格/(万元/平方米)	2.35	2.49	3.00	2.74	10.59
本项目住宅销售价格/(万元/平方米)					2.86

综合考虑各种因素,结合系数修正计算出其加权平均数,确定本项目的住宅价格为 3.00 万元/平方米,详见表 4-15 和表 4-16。

B. 成本定价法过程。经测算,本项目住宅部分的建房成本为 1.62 万元/平方米(包含楼面价),成本利润率取 40%,则该项目住宅部分的销售单价为

$$销售单价 = 建房成本 \times (1+成本利润率)$$
$$= 1.62 \times (1+40\%)$$
$$= 2.24(万元/平方米)$$

综合两种方法估算结果,考虑市场的情况,确定住宅部分销售均价为 2.85 万元/平方米。

② 商铺部分。

A. 市场比较法定价过程目前该市房地产市场商铺多为租售并举,且以出租为多,因此可比实例资料较少,我们只选取到 4 个相近项目 A、B、C、D 作比较实例。其中,A、B 项目的交易日期是 2014 年 11 月 1 日,C、D 项目的交易日期是 2015 年 1 月 1 日,其价格变动情况同住宅相同。但由于二者的销售状况权重难以确定,故最后采用算术平均值确定了本项目的商铺单价为 5 万元/平方米,详见表 4-17。

表 4-17　本项目商铺价格市场比较法系数修正表

项目名称		定价对象	A	B	C	D
销售均价/(万元/平方米)			4.6	4.8	4.6	4.5
交易日期修正		1	1.02	1.02	1.02	1.02
区域因素修正	交通	100	99	100	99	100
	繁华程度	100	102	102	102	102
	临街状况	100	97	97	97	96

续表

项目名称		定价对象	A	B	C	D
个别因素修正	装修	100	100	100	100	100
	停车条件	100	96	98	95	98
	物业服务	100	102	95	95	92
交易情况修正		100	100	100	100	100
比准价格/(元/平方米)			4.89	5.32	5.31	5.20
市场法定价/(元/平方米)		5.18				

B. 成本定价法过程。经测算,本项目商铺部分的建房成本为 1.62 万元/平方米(包含楼面价),成本利润率取 100%,则该项目商铺部分的销售单价为

销售单价=建房成本×(1+成本利润率)=1.62×(1+100%)=3.24(万元/平方米)

综合两种方法估算结果,考虑市场的情况,确定商铺部分销售均价为 5 万元/平方米。

③ 车位销售价格的确定。根据该市该区域目前的情况,车位平均售价为 25 万元/个。

④ 建议销售单价。在综合考虑了市场和成本两方面对定价的影响后,分析人员建议该项目各部分的销售单价如下:

住宅:2.85 万元/平方米;

商铺:5 万元/平方米;

车位:25 万元/个。

(2) 销售收入的估算。本项目可销售数量为住宅,17 000 平方米;商铺部分,1 000 平方米,地下车位 1 322 个。整个项目销售收入估算见表 4-18。

表 4-18 销售总收入预测

用 途	可售数量/平方米(或个)	预计销售单价/(万元/平方米)(或万元/个)	销售收入/万元
住宅	170 000	2.85	484 500
商铺	1 000	5	5 000
车位	1 322	25	33 050
合计	—	—	522 550

(3) 销售计划与销售收入及税金的确定。销售计划是根据杭州市区类似住宅项目的情况综合确定,经营税金及附加分别是:增值税是按照销售收入 5%估算,城市维护建设税是按照增值税的 7%估算,教育费附加是按照增值税的 3%估算,土地增值税是按照销售收入 1%估算,具体见表 4-19(2016 年 5 月 1 日后的房地产开发项目经营税金按照"营改增"新规执行)。

表 4-19 销售收入及税金分期按比例预测

单位:万元

序号	项 目	合 计	2015 年	2016 年	2017 年	2018 年
1	销售收入	522 550	0	258 775	155 265	108 510
1.1	住宅销售收入	484 500	0	242 250	145 350	96 900

续表

序号	项目	合计	2015年	2016年	2017年	2018年
1.1.1	住宅可销售面积	170 000	0	85 000	51 000	34 000
1.1.2	住宅单位售价		2.85	2.85	2.85	2.85
1.1.3	住宅销售比例	100%	0%	50%	30%	20%
1.2	商铺销售收入	5 000	0	0	0	5 000
1.2.1	商铺可销售面积	1 000	0	0	0	1 000
1.2.2	商铺单位售价		5	5	5	5
1.2.3	商铺销售比例	100%	0	0	0	100%
1.3	车位销售收入	33 050	0	16 525	9 915	6 610
1.3.1	车位可销售个数	1 322	0	661	397	264
1.3.2	车位单位售价		25	25	25	25
1.3.3	车位销售比例	100%	0%	50%	30%	20%
2	经营税金及附加	33 965.75	0.00	16 820.38	10 092.23	7 053.15
2.1	营业税	26 127.50	0.00	12 938.75	7 763.25	5 425.50
2.2	城市维护建设税	1 828.93	0.00	905.71	543.43	379.79
2.3	教育费附加	783.83	0.00	388.16	232.90	162.77
2.4	土地增值税	5 225.50	0	2 587.75	1 552.65	1 085.1

5) 投资计划与资金筹措

本项目开发投资总计需 364 897.58 万元。其资金来源有 3 个渠道：一是企业的自有资金即资本金；二是银行贷款；三是预售收入用于再投资部分。

本项目开发商投入资本金 160 162.94 万元作为启动资金，其中 2014 年投入约 97%，2015 年投入约 3%；从银行贷款 150 000 万元，其中 2014 年投入约 66.67%，2015 年投入约 33.33%；不足款项根据实际情况通过预售收入解决，具体见表 4-20。

表 4-20 投资计划与资金筹措表

单位：万元

序号	项目名称	合计	计算期			
			2014年	2015年	2016年	2017年
1	建设投资	334 685.42	234 279.79	50 202.81	33 468.54	16 734.27
2	资金筹措	334 685.42	234 279.79	50 202.81	33 468.54	16 734.27
2.2	自有资金	134 482.61	134 279.79	202.81	0.00	0.00
2.2	借贷资金	150 000.00	100 000.00	50 000.00	0.00	0.00
2.3	预售收入再投入	50 202.81	0.00	0.00	33 468.54	16 734.27

6) 借款还本付息估算

银行借款 150 000 万元，2014 年贷款 100 000 万元，2015 年贷款 50 000 万元，贷款利

率 8%，2016 年年底利用住宅销售收入一次性还本付息，具体见表 4-21。

表 4-21 借款还本付息估算表

单位：万元

序号	项目名称	合计	计算期		
			2014 年	2015 年	2016 年
1	借款还本付息				
1.1	年初借款累计		0.00	104 000.00	164 320.00
1.2	本年借款	150 000.00	100 000.00	50 000.00	0.00
1.3	本年应计利息	27 465.60	4 000.00	10 320.00	13 145.60
1.4	年底还本付息	177 465.60	0.00	0.00	177 465.60
1.5	年末借款累计	268 320.00	104 000.00	164 320.00	0.00
2	借款还本付息的资金来源	208 486.09	0.00	0.00	208 486.09
2.1	投资回收	208 486.09	0.00	0.00	208 486.09

财务费用包含银行利息、金融手续费等，一般金融手续费占银行利息的 10%左右，因此估算财务费用=利息总额×(1+10%)=27 465.60×1.1=30 212.16(万元)。

4.5 住宅小区开发项目投资财务分析

房地产开发投资的经济效果主要表现为销售收入，其大小主要用投资利润、成本利润率、投资收益率等指标来衡量。

4.5.1 财务分析

房地产开发投资项目经济评价指标中盈利能力指标和清偿能力指标与置业投资项目的效益费用特点不同，在实践操作中，两种类型投资项目的经济评价指标体系略有不同。房地产开发投资项目经济评价指标体系中反映盈利能力的指标有成本利润率、销售利润率、投资利润率、投资回收期、财务内部收益率、财务净现值等，反映清偿能力的指标有借款偿还期、利息备付率、资产负债率等。在前面的学习情境中已经介绍了置业投资项目经济评价指标，这里主要介绍其他几个指标。

1. 盈利能力指标

1) 成本利润率

成本利润率是指开发利润占总开发成本的比率，是初步判断房地产开发项目财务可行性的一个经济评价指标。成本利润率的计算公式为

成本利润率=(项目总开发价值-项目总开发成本)/项目总开发成本×100%
=开发利润/项目总开发成本×100%   (4-12)

计算项目总开发价值时,如果项目全部销售,则等于总销售收入扣除销售税金后的净销售收入;当项目用于出租时,为项目在整个持有期内净经营收入和净转售收入的现值累计之和。

项目总开发成本,是房地产开发项目在开发经营期内实际支出的成本,在数值上等于开发建设投资,包括土地费用、前期工程费用、基础设施建设费用、建筑安装工程费用、公共配套设施建设费用、开发间接费用、财务费用、管理费用、销售费用、开发期税费、其他费用和不可预见费用等。

计算房地产开发项目的总开发价值和总开发成本时,可依评估时的价格水平进行估算,因为在大多数情况下,开发项目的收入与成本支出受市场价格水平变动的影响大致相同,使项目收入的增长基本能抵消成本的增长。

开发商利润实际是对开发商所承担的开发风险的回报。成本利润率一般与目标利润率进行比较,超过目标利润率,则该项目在经济上是可接受的。目标利润率水平的高低,与项目所在地区的市场竞争状况、项目开发经营周期长度、开发项目的物业类型及贷款利率水平等相关。一般来说,对于一个开发周期为 2 年的商品住宅开发项目,其目标成本利润率大体应为 35%~45%。

成本利润率是开发经营期的利润率,不是年利润率。成本利润率除以开发经营期的年数,也不等于年成本利润率,因为开发成本在开发经营期内逐渐发生,而不是在开发经营期开始时一次投入。

2) 销售利润率

销售利润率是衡量房地产开发项目单位销售收入盈利水平的指标。销售利润率的计算公式为

销售利润率=销售利润(开发利润)/销售收入×100%   (4-13)

其中:销售收入为销售开发产品过程中取得的全部价款,包括现金、现金等价物及其他经济利益;销售利润等于开发项目销售收入扣除总开发成本和营业税金及附加,在数值上等于计算成本利润率时的开发利润。

3) 房地产开发投资利润率

房地产开发投资的投资利润率是指项目开发经营期内一个正常年份的年利润总额或者项目开发经营期内的平均利润总额与项目总投资的比率。在这里开发项目总投资与项目开发成本的差异在于前者不包含财务费用。

投资利润率的计算公式为

投资利润率=年利润总额或年平均利润总额/项目总投资×100%   (4-14)

【例 4-6】 某房地产开发商以 5 000 万元的价格获得了一宗占地面积为 4 000 平方米的土地 50 年的使用权,建筑容积率为 5.5,建筑覆盖率为 60%,楼高 14 层,1~4 层建筑面积均相等,5~14 层为塔楼(均为标准层),建造费用为 3 500 元/平方米,专业人员费用为建造费用预算的 8%,其他工程费为 460 万元,管理费用为土地费用、建造费用、专业人员费用和其他工程费之和的 3.5%,市场推广费、销售代理费和销售税费分别为销售收入的 0.5%、

3.0%和6.5%,预计建成后售价为12 000元/平方米。项目开发周期为3年,建设期为2年,土地费用于开始一次投入,建造费用、专业人员费用、其他工程费和管理费用在建设期内均匀投入;年贷款利率为12%,按季度计息,融资费用为贷款利息的10%。该项目总建筑面积、标准层每层建筑面积和开发商可获得的成本利润率与销售利润率分别是多少?

解: (1) 计算项目总开发价值:

① 项目建筑面积:4 000×5.5=22 000(平方米)。

② 标准层每层建筑面积:(22 000-4 000×60%×4)/10=1 240(平方米)。

③ 项目总销售收入:22 000×12 000=26 400(万元)。

④ 销售税费:26 400×6.5%=1 716(万元)。

项目总开发价值=项目总销售收入-销售税费=26 400-1 716=24 684(万元)。

(2) 计算项目总开发成本:

① 土地费用:5 000 万元。

② 建造费用:22 000×0.35=7 700(万元)。

③ 专业人员费用:7 700×8%=616(万元)

④ 其他工程费:460 万元。

⑤ 管理费用:(5 000+7 700+616+460)×3.5%=482.16(万元)。

⑥ 财务费用。

土地费用利息:$5\,000\times[(1+12\%/4)^{3\times4}-1] \approx 2\,128.80$(万元)。建造费用/专业人员费用/其他工程费/管理费用利息:

$(7\,700+616+460+482.16)\times[(1+12\%/4)^{(2/2)\times4}-1] \approx 1\,161.98$(万元)。

融资费用:(2 128.80+1 161.98)×10%=329.08(万元)。财务费用=土地费用利息+建造费用/专业人员费用/其他工程费/管理费用利息+融资费用=2 128.80+1 161.98+329.08=3 619.86(万元)。

⑦ 市场推广及销售代理费用:26 400×(0.5%+3.0%)=924(万元)

项目总开发成本=①+②+③+④+⑤+⑥+⑦

=5 000+7 700+616+460+482.16+3 619.86+924

=18 802.02(万元)

(3) 计算开发利润(销售利润):

开发利润=24 684-18 802.02=5 881.98(万元)

(4) 根据式(4-12)得

成本利润率=5 881.98/18 802.02×100%≈31.28%

(5) 根据式(4-13)得

销售利润率=5 881.98/26 400×100%≈22.28%

2.清偿能力指标

清偿能力的指标有借款偿还期、利息备付率、资产负债率等。前面已经介绍了借款偿还期、资产负债率,这里主要介绍利息备付率指标的计算。

利息备付率,指项目在借款偿还期内各年用于支付利息的税息前利润,与当期应付利息费用的比率。其计算公式为

利息备付率=利息前利润/当期应付利息费用 (4-15)

式中，税息前利润为利润总额与计入总成本费用的利息费用之和，当期应付利息是指当期计入总成本费用的全部利息。利息备付率可以按年计算，也可以按整个借款期计算。

利息备付率表示使用项目利润偿付利息的保障倍数。对于一般商用房地产投资项目，商业银行通常要求该指标值为 2~2.5；当利息备付率小于 2 时，表示该项目没有足够的资金支付利息，付息能力保障程度不足，存在较大的偿债风险。

4.5.2 住宅小区开发投资财务分析

【计算表格】

住宅小区开发投资财务分析内容以"任务导入"数据和"4.4.4 住宅小区投资估算案例"数据为依据，具体分析如下。

1. 现金流量表与动态盈利分析

1) 全部投资现金流量表

设 I_c=10%，具体计算见表 4-22。

表 4-22 全部投资现金流量表

单位：万元

序号	项目名称	计算期				
		2014 年	2015 年	2016 年	2017 年	2018 年
1	现金流入	0.00	0.00	258 775.00	155 265.00	108 510.00
1.1	销售收入	0.00	0.00	258 775.00	155 265.00	108 510.00
2	现金流出	234 279.79	50 202.81	59 992.98	32 648.93	11 122.28
2.1	建设投资	234 279.79	50 202.81	33 468.54	16 734.27	0.00
2.2	税金	0.00	0.00	16 820.38	10 092.23	7 053.15
2.3	所得税	0.00	0.00	9 704.06	5 822.44	4 069.13
3	净现金流量	-234 279.79	-50 202.81	198 782.02	122 616.07	97 387.73
4	累计净现金流量	-234 279.79	-284 482.61	-85 700.59	36 915.48	134 303.20
5	净现值(i=10%)	-212 981.63	-41 489.93	149 347.87	83 748.42	60 470.12
6	累计净现值	-212 981.63	-254 471.56	-105 123.69	-21 375.26	39 094.85
7	税前现金流量	-234 279.79	-50 202.81	208 486.08	128 438.50	101 456.85
8	累计税前净现金流量	-234 279.79	-284 482.61	-75 996.52	52 441.98	153 898.83
9	税前净现值	-212 981.63	-41 489.93	156 638.68	87 725.23	62 996.72
10	累计税前净现值	-212 981.63	-254 471.56	-97 832.88	-10 107.65	52 889.07

注：①建设投资不包含财务费用；②企业所得税是按照销售收入的 15% 作为纳税额乘以税率。

评价指标：

税前全部投资净现值：NPV=52 889.07(万元)。

税后全部投资净现值：NPV=39 094.85(万元)。

税前全部投资内部收益率：FIRR=18.58%。

税后全部投资内部收益率：FIRR=16.42%。

税前静态投资回收期=2017-2014+75 996.52/128 438.50 ≈ 3.59(年)。

税前动态投资回收期=2018-2014+10 107.65/62 996.72 ≈ 4.16(年)。

税后静态投资回收期=2017-2014+85 700.59/122 616.07 ≈ 3.70(年)。

税后动态投资回收期=2018-2014+21 375.26/60 470.12 ≈ 4.35(年)。

2) 资本金现金流量表

设 I_c=10%，具体计算见表 4-23。

表 4-23　资本金现金流量表

单位：万元

序号	项目名称	计算期				
		2014 年	2015 年	2016 年	2017 年	2018 年
1	现金流入	0.00	0.00	258 775.00	155 265.00	108 510.00
1.1	销售收入	0.00	0.00	258 775.00	155 265.00	108 510.00
2	现金流出	134 279.79	202.81	237 458.58	32 648.93	11 122.28
2.1	资本金	134 279.79	202.81	0.00	0.00	0.00
2.2	预售收入再投入	0.00	0.00	33 468.54	16 734.27	0.00
2.3	贷款本息偿还	0.00	0.00	177 465.60	0.00	0.00
2.4	税金	0.00	0.00	16 820.38	10 092.23	7 053.15
2.5	所得税	0.00	0.00	9 704.06	5 822.44	4 069.13
3	税后净现金流量	−134 279.79	−202.81	21 316.42	122 616.07	97 387.73
4	累计税后净现金流量	−134 279.79	−134 482.61	−113 166.19	9 449.88	106 837.61
5	净现值(i=10%)	−122 072.54	−167.61	16 015.34	83 748.42	60 470.12
6	累计净现值	−122 072.54	−122 240.15	−106 224.81	−22 476.39	37 993.73

评价指标：

① 资本金税后内部收益率：FIRR ≈ 19.52%。

② 资本金税后净现值：NPV ≈ 37 993.73(万元)。

3) 盈利能力分析

(1) 净现值。开发项目在整个经济寿命期内各年所发生的现金流量差额，为当年的净现金流量。将本项目每年的净现金流量按基准收益率折算为项目实施初期(即为本项目开始投资的当年年初)的现值，此现值的代数和就是项目的净现值。

基准收益率是项目的净现金流量贴现时所采用的折现率，一般取稍大于同期贷款利率为基准折现率。本房地产投资项目在长期贷款利率的基础上上浮了约 3%，即 10%作为基准折现率。

净现值评价标准的临界值是 0。经上面计算，本项目税前、税后全部投资的 NPV 分别为 52 889.07 万元和 39 094.85 万元,均大于 0,资本金的税后净现值 NPV 为 37 993.73 万元,也大于 0。这说明本项目可按事先规定的基准收益率获利,在所确定的计算期内发生投资净收益,有经济效果,项目可行。

(2) 内部收益率。内部收益率是指项目计算期内各年净现金流量的现值累计之和等于 0 时的折现率,本项目属于独立方案的评价与分析,经上面计算,税前、税后全部投资的 FIRR 分别为 18.58% 和 16.42%;资本金的税后 FIRR 为 19.52%,均大于同期贷款利率 7% 和基准收益率 10%(I_c),说明项目盈利,达到同行业的收益水平,项目可行。

2. 利润表与静态盈利指标

1) 利润表

根据表 4-19 和表 4-20 编制利润表,见表 4-24。

表 4-24 利润表

单位:万元

序号	项目名称	计算依据	计算期					合计
			2014 年	2015 年	2016 年	2017 年	2018 年	
1	销售收入		0.00	0.00	258 775.00	155 265.00	108 510.00	522 550.00
2	总成本费用		238 679.79	61 554.81	47 928.70	16 734.27	0.00	364 897.58
3	税金		0.00	0.00	16 820.38	10 092.23	7 053.15	33 965.75
4	利润总额	(1-2-3)	-238 679.79	-61 554.81	194 025.92	128 438.50	101 456.85	123 686.67
5	所得税	(1)×15%×25%	0.00	0.00	9 704.06	5 822.44	4 069.13	19 595.63
6	税后利润	(4)-(5)	-238 679.79	-61 554.81	184 321.86	122 616.07	97 387.73	104 091.04
7	盈余公积金	(6)×10%	-23 867.98	-6 155.48	18 432.19	12 261.61	9 738.77	10 409.10
8	公益金	(6)×5%	-11 933.99	-3 077.74	9 216.09	6 130.80	4 869.39	5 204.55
9	可分配利润	(6)-(7)-(8)	-202 877.83	-52 321.59	156 673.58	104 223.66	82 779.57	88 477.39

2) 评价指标

评价指标如下。

$$全部投资的投资利润率 = 年平均润总额/总投资额 \times 100\%$$
$$= 123\,686.67/(5 \times 334\,685.42) \times 100\%$$
$$\approx 7.39\%$$

$$资本金投资利润率 = 年平均利润总额/资本金 \times 100\%$$
$$= 123\,686.67/(5 \times 134\,482.61) \times 100\%$$
$$\approx 18.39\%$$

$$资本金净利润率 = 年平均税后利润/资本金 \times 100\%$$
$$= 104\,091.04/(5 \times 134\,482.61) \times 100\%$$
$$\approx 15.48\%$$

$$成本利润率 = 利润总额/项目总开发成本$$
$$= 123\,686.67/364\,897.58 \times 100\%$$

$$\approx 33.90\%$$

销售利润率=利润总额/销售收入

$$=123\,686.67/522\,550.00\times100\%$$

$$\approx 23.67\%$$

3) 静态盈利分析

本项目以上 4 个指标与房地产行业内项目相比应该是比较好的，故项目可以考虑接受。

3．清偿能力指标

房地产投资项目的清查能力，主要考查计算期内项目各年的财务状况及偿还到期债务的能力。

1) 借款偿还期

由于该项目是开发用于销售，不考虑借款偿还期。

2) 利息备付率

利息备付率=税息前利润/应付利息费用=(123 686.67+27 465.60)/27 465.60 ≈ 5.50

该指标大于 2，表示该项目有足够的资金支付利息，付息能力保障程度强，不存在偿债风险。

4．资金来源与运用表

1) 资金来源与运用表

根据表 4-19～表 4-21 编制资金来源与运用表，见表 4-25。

表 4-25　资金来源与运用表

单位：万元

序号	项目名称	计算期				
		2014 年	2015 年	2016 年	2017 年	2018 年
1	资金来源	234 279.79	50 202.81	258 775.00	155 265.00	108 510.00
1.1	销售收入	0.00	0.00	258 775.00	155 265.00	108 510.00
1.2	资本金	134 279.79	202.81	0.00	0.00	0.00
1.3	银行借款	100 000.00	50 000.00	0.00	0.00	0.00
2	资金的运用	234 279.79	50 202.81	237 458.58	32 648.93	11 122.28
2.1	建设投资	234 279.79	50 202.81	33 468.54	16 734.27	0.00
2.2	借款还本付息	0.00	0.00	177 465.60	0.00	0.00
2.3	税金	0.00	0.00	16 820.38	10 092.23	7 053.15
2.4	所得税	0.00	0.00	9 704.06	5 822.44	4 069.13
3	盈余资金 1-2	0.00	0.00	21 316.42	122 616.07	97 387.73
4	累计盈余资金	0.00	0.00	21 316.42	143 932.49	241 320.21

2) 资金平衡能力分析

根据表 4-25，本项目每年累计盈余资金均大于或等于 0，故从资金平衡角度分析，该项目是可行的。

5. 项目财务分析指标汇总

项目财务分析指标汇总见表 4-26。

表 4-26 项目财务分析指标汇总

类别 项目	静态指标		动态指标			
			NPV/万元		IRR	
	投资利润率	资本金利润率	税前	税后	税前	税后
全部投资	7.39%		52 889.07	39 094.85	18.58%	16.42%
自有资金		18.39%		37 993.73		19.52%

6. 结论

从项目的财务分析来看，项目税前、税后全部投资净现值与税后资本金投资净现值均大于零，内部收益率均大于基准收益率和贷款利率，且每年累计盈余资金大于零，故从盈利能力和偿债能力分析来看，该项目都是可行的。

4.6 住宅小区开发投资不确定分析

住宅小区开发投资是一个动态的过程，它具有周期长、资金投入量大等特点，因此很难在一开始就对整个开发投资过程中有关费用和建成后的收益情况做出精确的估计。因此，有必要就上述因素或参数的变化对评价结果产生的影响进行深入研究，以使开发投资项目经济评价的结果更加真实可靠，从而为房地产开发投资决策提供更科学的依据。

住宅小区开发投资项目不确定性分析，是分析不确定性因素对项目可能造成的影响，并进而分析可能出现的风险。不确定性分析是住宅小区开发投资项目经济评价的重要组成部分，对开发投资项目的投资决策成败有着重要的影响。住宅小区投资项目不确定性分析，可以帮助投资者根据开发项目投资风险的大小和特点，确定合理的投资收益率水平，提出控制风险的方案，有重点的加强对投资风险的防范和控制。

4.6.1 住宅小区开发项目不确定性因素的分析

在各评价指标的计算中，每个因素的取值都是以估计和预测为基础的，而在实际开发投资过程中，这些因素很容易发生变化，而且有些因素的变化对评价结果有较大的影响。因此，在分析过程中，找出这些主要影响因素，分析其变化对评估结果的影响，可以为开发商或投资者提供更多的决策支持信息，并使其在以后的开发投资过程中得到有效的控制。

1. 住宅小区开发项目的主要不确定性因素

通过实例计算，我们可以看出，对于住宅小区开发项目而言，涉及的主要不确定性因素有土地费用、建安工程费用、租售价格、开发期与租售期、贷款利率、建筑容积率等。这些因素对住宅小区开发项目经济评价的结果影响很大。

1) 土地费用

土地费用是住宅小区开发项目投资分析中一个重要的计算参数。在进行项目投资分析时如果开发商还没有获取土地使用权，土地费用往往是一个未知数。因此通常要参照近期土地成交的案例，通过市场比较或其他方法来估算土地费用。而土地费用由于由出让金、城市建设配套费和土地开发费用组成，在地块现状条件比较复杂和土地交易市场不很健全的情况下，很难准确估算。

住宅市场的变化也会导致土地费用的迅速变化。有关统计分析表明，在大城市中心区，土地费用已经占到了总开发成本的50%～70%，在城市郊区，该项费用也占到了总开发成本的30%左右。而且随着城市发展和城市可利用土地资源的减少，土地费用在城市住宅开发项目总开发成本中所占的比例在日益增大。因此分析土地费用变化对住宅开发项目经济评价结果的影响，就显得十分重要。

2) 建安工程费用

在住宅开发项目投资分析过程中，建安工程费用的估算比租金售价的估算要容易一些，但即使这样，分析时所使用的估算值与实际值也很难相符。导致建安工程费用发生变化的原因主要有两种：

(1) 开发商在决定购置某块场地进行开发之前，通常要进行或委托相关的咨询机构进行整个建安工程费用的详细估算，并在此基础上测算能承受的最高地价。当开发商获得土地使用权后，就要选择一个合适的承包商，并在适宜的时间从该承包商处得到一个可以接受的合理报价，即标价，并据此签订建设工程承发包合同。由于估算建安工程费用的与承包商报价之间经历了购置土地使用权等一系列前期准备工作，两者往往间隔半年到一年，这期间可能会由于建筑材料或劳动力价格水平的变化导致建安工程费用出现上涨或下跌的情况，使进行项目评估时估计的建安工程费用与签订承包合同时的标价不一致。如果合同价高于原估算值，则开发商利润就会减少；反之，如果合同价低于原估算值，则开发商利润就会增加。

(2) 当建筑工程开工后，由于建筑材料价格和人工费用发生变化，也会导致建安工程费用改变。这种改变对开发商是否有影响，要看工程承包合同的形式如何。如果承包合同是一种固定总价合同，则建安工程费用的变动风险由承包商负担，对开发商基本无影响。否则，开发商要承担项目建设阶段由于建筑材料价格和人工费用上涨所引起的建安工程费用增加额。

3) 租售价格

租金收入或销售收入构成了住宅开发项目的主要现金流入，因此租金或售价对住宅开发项目收益的影响是显而易见的，而准确地估算租金和售价又非易事。在项目评估过程中，租金或售价的确定是通过与市场上近期成交的类似物业的租金或售价进行比较、修正后得出的。这种比较实际上隐含着一个基本假设，即不考虑通货膨胀因素及租金和售价在开发期间的增加或减少，而仅以现在的租金和售价水平估算。但同类型物业市场上供求关系的变化，开发过程中社会、经济、政治和环境等因素的变化，都会对物业租售价格水平产生影响，而这些影响是很难事先定量描述的。

4) 开发期与租售期

住宅开发项目的开发期,由准备期和建造期两个阶段组成。在第一个阶段,开发商要进行征地、拆迁、安置、补偿工作,委托设计院作规划设计方案和方案审批,还要办理市政基础设施的使用申请等手续。如果开发商报送的方案不能马上得到政府有关部门的批准或批准的方案开发商不满意,这不仅会使项目的规模、布局发生变化,还会拖延宝贵的时间。另外,在项目的建设工程开工前,开发商还要安排工程招标工作,招标过程所需时间的长短又与项目的复杂程度、投标者的数量有关,而招标时间长短亦会影响到开发期的长短。

建造期即建筑施工工期一般能够较为准确地估计,但某些特殊因素的影响也可能会引起施工工期延长。例如,某些建筑材料或设备短缺、恶劣气候、政治经济形势发生突变、劳资纠纷引起工人罢工,或者基础开挖中发现重要文物或未预料到的特殊地质条件等都可能会导致工程停工,使施工工期延长。由于施工工期延长,开发商一方面要承担更多的贷款利息,另一方面还要承担总费用上涨的风险。另外,承包合同形式选择不当也可能导致承包商有意拖延工期,致使项目开发期延长。

租售期(出租期或出售期)的长短与宏观社会经济状况、市场供求状况、市场竞争状况、预期未来房地产价格变化趋势、房地产项目的类型等有直接关系。例如,中低价位的商品住宅和经济适用房项目,其销售周期就远远低于高档商品住宅项目;商用房地产开发项目的租售周期,就远远大于住宅项目。当房地产市场出现过量供应、预期房地产价格会下降时,租售期就会延长;商品房供应减少、预期房地产价格上涨时,租售期就会缩短。租售期延长,会增加房地产开发项目的融资成本和管理费用等项支出,特别是在贷款利率较高的情况下,出租或出售期的延长,将会给开发商带来沉重的财务负担。

5) 容积率及有关设计参数

当开发项目用地面积一定时,容积率的大小就决定了项目可建设建筑面积的数量,而建筑面积直接关系到项目的租金收入、销售收入和建安工程费用。如前所述,项目评估阶段,开发商不一定能拿到政府有关部门的规划批文,因此容积率和建筑面积是不确定的。另外,即使有关部门批准了开发项目的容积率或建筑面积,项目可供出租或出售的面积仍然不能完全肯定。因为大厦出售时公共面积的可分摊和不可分摊部分、大厦出租时可出租面积占总建筑面积的比例等参数,在项目评估阶段只能根据经验大致估算。

6) 资本化率

资本化率也是影响经济评价结果最主要的因素之一,其稍有变动,将大幅度影响项目总开发价值或物业资本价值的预测值。众所周知,项目总开发价值或物业资本价值可用项目建成后年净经营收入除以资本化率来得到。现假定某项目年净租金收入期望为200万元,若进行市场调查与分析后认定资本化率为8%,与认定为10%,两者相差2%(假设收益年限为无限年),但所求得的项目资本价值相差500万元(2 500-2 000)。另外,在利用折现现金流分析法进行项目投资分析时,行业内部收益率或目标收益率也在很大程度上影响着项目的投资决策。

目前关于选择住宅开发项目资本化率的常用办法,是选取若干个参照项目的实际净租金收入与售价的比值,取其平均值作为评估项目的资本化率,即

$$R=(P_1/V_1+P_2/V_2+P_3/V_3+\cdots+P_N/V_N)/N=1/N \cdot \sum P_i/V_i \tag{4-16}$$

式中，P_i——第 i 个参照项目的年净租金收入；

V_i——第 i 个参照项目的市场价值或售价；

R——资本化率。

由于不同专业人员的经验、专业知识及手中所掌握的市场资料所限，所选择的参照项目可能不同，因此会有不同的结论。另外，由于开发周期内市场行情的改变，以及参照项目与投资项目之间的差异，评估时所选择的资本化率或折现率与将来实际投资收益率相比，也不可避免地会出现误差，从而使开发商要承担附加风险。

7) 贷款利率

贷款利率的变化对开发项目财务评价结果的影响也很大。由于房地产开发商在开发建设一个项目时，资本金往往只占到投资总额的 20%~30%，其余部分都要通过金融机构借款或预售楼花的方式筹措。所以，资金使用成本即利息支出对开发商最终获利大小的影响极大。有关资料表明，20 世纪 90 年代初期中国房地产开发项目的财务成本曾经占到了总开发成本的 15%~25%。进入 21 世纪以来，由于世界范围内的经济增长速度放缓，各国贷款利率水平持续下调，到 2015 年已经降低到 6%左右，但随着全球经济的复苏，未来的贷款利率还会再次回升。利率的影响，决定了开发商利用财务杠杆的有效性。

除以上 7 个主要不确定性因素外，开发项目总投资中资本金或借贷资金所占比例等的变动也会对项目评估结果产生较大的影响。

2．不确定性因素的相互作用

从以上分析可以看出，住宅开发过程中所涉及的这些不确定性因素，或者以独立的形式，或者以相互同步或不同步的形式发生着变化。这些变化的最终结果是对房地产项目的费用和效益产生影响。假如开发项目的总收入和总费用是以同步形式发生变化的，那么开发商的纯利润将基本保持不变。在这种前提下对项目进行不确定性分析的意义不大。

但在住宅小区开发投资过程中，总收入和总费用的变化并不同步。因此，有必要对各不确定性因素的变化情况，以及这些变化对开发商或投资者的收益有何影响，影响程度如何，进行详细分析，以保证开发投资决策有充分的依据。

住宅开发投资项目不确定性分析的方法，主要包括盈亏平衡分析、敏感性分析和概率分析。

4.6.2 盈亏平衡分析

1．盈亏平衡分析的基本原理

盈亏平衡分析是在完全竞争或垄断竞争的市场条件下，研究投资项目产品成本、产销量与盈利的平衡关系的方法。对于一个投资项目而言，随着产销量的变化，盈利与亏损之间一般至少有一个转折点，我们称之为盈亏平衡点(BEP)，在这一点上，销售收入和总成本费用相等，既不亏损也不盈利。盈亏平衡分析就是要找出项目方案的盈亏平衡点。

盈亏平衡分析的基本方法是建立成本与产量、销售收入与销量之间的函数关系，通过对这两个函数及其图形的分析，找出平衡点。

盈亏平衡分析有线性盈亏平衡分析和非线性盈亏平衡分析两种。当产销量的变化不影响市场销售价格和生产成本时，成本与产量、销售收入与销量之间呈线性关系，此时的盈亏平衡分析属于线性盈亏平衡分析。当市场上存在垄断竞争因素的影响时,产销量的变化会导致市场销售价格和生产成本的变化,此时的成本与产量、销售收入与销量之间呈非线性关系,所对应的盈亏平衡分析也就属于非线性盈亏平衡分析。实际工作中,线性盈亏平衡分析最常用,因此这里主要介绍线性盈亏平衡分析的方法。

1) 线性盈亏平衡分析的假设条件

(1) 产品销售收入和生产总成本费用都是房地产开发面积(产品产量)的线性函数。

(2) 产品销售量和生产量相等,即开发的房地产全部能租售出去。

(3) 产品固定成本和单位销售价格在产品销售期间保持不变。

(4) 同时开发几种不同类型房地产产品时,应将之组合折算成一种产品。

(5) 计算所用的各种数据应是正常生产年度的数据。

2) 线性盈亏平衡分析的基本公式

(1) 年销售收入公式如下:

$$B = P \times Q \tag{4-17}$$

(2) 年总成本费用公式如下:

$$C = C_f + C_v \times Q \tag{4-18}$$

式中,B——销售收入;

C——总成本;

C_f——固定成本;

C_v——变动成本;

Q——产销量。

当实现盈亏平衡时,有 $B=C$,即由此可以推导出:

$$\text{盈亏平衡产量 } Q^* = C_f/(P^* - C_v) \tag{4-19}$$

$$\text{盈亏平衡价格 } P^* = C_v + C_f/Q^* \tag{4-20}$$

$$\text{盈亏平衡单位产品变动成本 } C_v^* = P^* - C_f/Q^* \tag{4-21}$$

当产销量超过平衡点数量 Q^* 时,项目处于盈利区域;当产销量小于平衡点数量 Q^* 时,项目处于亏损区域,如图 4.1 所示。

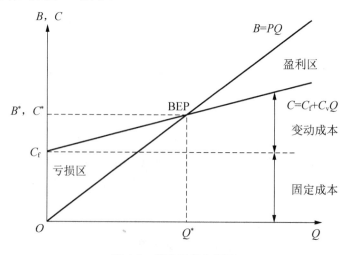

图 4.1 盈亏平衡分析图

【例 4-7】 某项目建筑面积为 3 万平方米，销售单价为 3 000 元/平方米，总成本费用为 7 800 万元，其中固定成本 300 万元，成本与产量呈线性关系。试求该项目单位产品变动成本，并分别用销量、销售单价、单位产品变动成本表示盈亏平衡点。

解：(1) 计算该项目单位产品变动成本：
$$C_v=(7\ 800-300)/3=2\ 500(元/件)$$

(2) 根据式(4-18)，用销量表示盈亏平衡点：
$$Q^*=300/(3\ 000-2\ 500)=0.6(万平方米)$$

(3) 根据式(4-19)，用销售单价表示盈亏平衡点：
$$P^*=2\ 500+300/3=2\ 600(元/平方米)$$

(4) 根据式(4-20)，用单位产品变动成本表示盈亏平衡点：
$$C_v^*=3\ 000-300/3=2\ 900(元/平方米)$$

2. 住宅开发投资项目的盈亏平衡分析

住宅开发投资项目的盈亏平衡分析有临界点分析和保本点分析两种，两者的主要差异在于平衡点的设置。临界点分析，是分析计算一个或多个风险因素变化而使房地产项目达到允许的最低经济效益指标的极限值，以风险因素的临界值组合显示房地产项目的风险程度。保本点分析，是分析计算一个或多个风险因素变化而使该项目达到利润为零时的极限值，以风险因素的临界值组合显示房地产项目的风险程度。

单个风险因素临界值的分析计算可以采用列表法和图解法进行，多个风险因素临界值组合的分析计算可以采用列表法进行。假设其他因素变现的情况下，根据式(4-21)测算各变动因素的临界点：

$$总销售收入=固定成本+变动成本+利润 \quad (4-22)$$

1) 最低销售价格分析

售价是房地产项目最主要的不确定性因素，能否实现预定的销售价格，通常是住宅开发投资项目成败的关键。最低售价是指开发项目的房屋售价下降到预定可接受最低盈利时的价格，房屋售价低于这一价格时，开发项目的盈利将不能满足预定的要求。最低销售价格与预测租售价格之间差距越大，说明住宅开发投资项目抗市场风险的能力越强。

【例 4-8】 某房地产开发公司拟开发建设一住宅小区，总土地面积为 60 000 平方米，容积率为 2.5。已知该项目的土地成本等固定成本为 30 000 万元，单位产品的可变成本为 2 500 元/平方米。该公司在完成小区建设后，预计可获利 9 000 万元。该项目最低住宅平均售价为多少？

解：总建筑面积=60 000×2.5=150 000(平方米)=15 万(平方米)

根据式(4-21)得

该项目最低住宅平均售价=(30 000+15×2 500+9 000)/15=5 100(元/平方米)

2) 最低销售量分析

最低销售量也是房地产项目最主要的不确定性因素，能否在预定售价下销售出理想的数量，通常是住宅开发投资项目成败的关键。最低销售量是指在预定的房屋售价条件下，要达到预定的最低盈利所必须达到的销售量。最低销售量与可供销售数量之间的差距越大，说明房地产项目抗市场风险的能力越强。

【例4-9】 某房地产开发公司拟开发建设一住宅小区总建筑面积为5万平方米，已知该项目的固定成本为3 000万元，住宅平均售价为4 000元/平方米，单位产品的可变成本为2 500元/平方米。该公司在完成小区建设后，预计可获利300万元。该公司需销售的保本建筑面积为多少？

解： 根据式(4-21)得

该项目最低住宅销售建筑面积=(3 000+300+2 500×5)/4 000=3.95万(平方米)

3) 最高土地取得价格

最高土地取得价格是指开发项目销售额和其他费用不变条件下，保持满足预期收益水平所能承受的最高土地取得价格。土地取得价格超过这一价格时，开发项目将无法获得足够的收益。最高土地取得价格与实际估测的土地取得价格之间差距越大，开发项目承受土地取得价格风险的能力越强。

【例4-10】 某房地产开发公司拟购买土地面积为5万平方米的住宅用地，规划容积率为2.0，已知该项目的周边楼盘住宅平均售价为4 000元/平方米，工程造价等单位产品的可变成本为2 500元/平方米。该公司在完成小区建设后，预计可获利5 000万元。该公司获得该地块土地使用权最高楼面地价为多少？

解： 根据式(4-21)得

该地块土地使用权最高楼面地价=(4 000×5×2−5 000−2 500×5×2)/5×2

=1 000(元/平方米)

4) 最高工程费用

最高工程费用是指在预定销售额下，要满足预期的开发项目收益要求，所能承受的最高工程费用。最高工程费用与预测可能的工程费用之间差距越大，说明开发项目承受工程费用增加风险的能力越大。

【例4-11】 某房地产开发公司拟开发建设一住宅小区总建筑面积为5万平方米，已知该项目的固定成本为5 000万元，住宅平均售价为4 000元/平方米。该公司在完成小区建设后，预计可获利3 000万元。该项目最高工程造价等单位产品的可变成本为多少？

解： 根据式(4-21)得

该项目最低住宅销售建筑面积=(4 000×5−5 000−3 000)/5=2 400(元/平方米)

5) 多因素临界点组合

多个风险因素同时发生变化，引起开发项目经济效益指标的变化，达到临界点，这时各因素变化值组合成为多因素临界点组合。多因素临界点组合的寻找可通过计算机完成。

【计算表格】

4.6.3 敏感性分析

1. 敏感性分析的概念

敏感性分析是指从众多不确定性因素中找出对投资项目经济效益指标有重要影响的敏感性因素，并分析、测算其对项目经济效益指标的影响程度和敏感性程度，进而判断项目承受风险能力的一种不确定性分析方法。

敏感性分析的目的在于：

(1) 找出影响项目经济效益变动的敏感性因素，分析敏感性因素变动的原因，并为进一步进行不确定性分析(如概率分析)提供依据。

(2) 研究不确定性因素变动，如引起项目经济效益值变动的范围或极限值，分析判断项目承担风险的能力。

(3) 比较多方案的敏感性大小，以便在经济效益值相似的情况下，从中选出不敏感的投资方案。

根据不确定性因素每次变动数目的多少，敏感性分析可以分为单因素敏感性分析和多因素敏感性分析。

2．敏感性分析的步骤

房地产投资项目敏感性分析主要包括以下几个步骤：

(1) 确定用于敏感性分析的经济评价指标。通常采用的指标为内部收益率，必要时也可以选用财务净现值、开发利润等其他经济指标。在具体选定评价指标时，应考虑分析的目的，显示的直观性、敏感性，以及计算的复杂程度。

(2) 确定不确定性因素可能的变动范围。

(3) 计算不确定性因素变动时，评价指标的相应变动值。

(4) 通过评价指标的变动情况，找出较为敏感的不确定性因素，做出进一步的分析。

进行房地产投资项目敏感性分析时，可以采用列表的方法表示由不确定性因素的相对变动引起的评价指标相对变动幅度，也可以采用敏感性分析图对多个不确定性因素进行比较。

3．单因素与多因素敏感性分析

单因素敏感性分析是敏感性分析的最基本方法，进行单因素敏感性分析时，首先假设各因素之间相互独立，然后每次只考查一项可变参数变化而其他参数保持不变时，项目经济评价指标的变化情况。

多因素敏感性分析是分析两个或两个以上的不确定性因素同时发生变化时，对项目经济评价指标的影响。由于项目评估过程中的参数或因素同时发生变化的情况非常普遍，因此多因素敏感性分析也有很强的实用价值。

多因素敏感性分析一般是在单因素敏感性分析基础上进行，且分析的基本原理与单因素敏感性分析大体相同，但需要注意的是，多因素敏感性分析需进一步假定同时变动的几个因素都是相互独立的，且各因素发生变化的概率相同。

【例 4-12】 某开发商拟在其以 5 000 万元(包含购置税金)购得的一块土地上开发一住宅小区，规划允许建筑面积 80 000 平方米，建造成本为 2 500 元/平方米，项目的准备期为 3 个月，建造期为 12 个月，第 4 个月到第 15 个月投入的建造成本分别占总建筑成本的 4%、5%、6%、7%、9%、10%、12%、13%、12%、8%、7%和 7%。预计项目从第 10 个月开始预售，竣工交付后 3 个月售罄，销售均价为 4 000 元/平方米，第 10 个月到第 18 个月销售占比依次为 20%、15%、10%、10%、10%、10%、10%、10%、5%，销售税金为销售收入的 6%，贷款利率为 7.2%。用现金流法对该项目进行投资分析的结果见表 4-27，试对该项目进行敏感性分析。

表 4-27 现金流法对项目投资分析的结果

单位：万元

月份	0	1	2	3	4	5	6	7	8	9
净销售收入										
销售收入										
销售单价										
销售比例	0%	0%	0%	0%	0%	0%	0%	0%	0%	0%
销售税金	0	0	0	0	0	0	0	0	0	0
总开发成本	5 150	860	1 072	1 285	1 500	1 923	2 142	2 568	2 790	2 599
土地费用	5 000									
建造成本比例		4%	5%	6%	7%	9%	10%	12%	13%	12%
建造成本		800	1 000	1 200	1 400	1 800	2 000	2 400	2 600	2 400
小计 1	5 000	800	1 000	1 200	1 400	1 800	2 000	2 400	2 600	2 400
管理费用	150	24	30	36	42	54	60	72	78	72
小计 2	5 150	824	1 030	1 236	1 442	1 854	2 060	2 472	2 678	2 472
小计 2 累计值	5 150	5 974	7 004	8 240	9 682	11 536	13 596	16 068	18 746	21 218
财务费用		36	42	49	58	69	82	96	112	127
销售费用										
利润										
成本利润率										

月份	10	11	12	13	14	15	16	17	18	合计
净销售收入	7 520	5 640	3 760	3 760	3 760	3 760	3 760	3 760	1 880	37 600
销售收入	8 000	6 000	4 000	4 000	4 000	4 000	4 000	4 000	2 000	40 000
销售单价	5 000	5 000	5 000	5 000	5 000	5 000	5 000	5 000	5 000	
销售比例	20%	15%	10%	10%	10%	10%	10%	10%	5%	100%
销售税金	480	360	240	240	240	240	240	240	120	2 400
总开发成本	2 185	1 888	1 797	397	397	397	398	398	298	30 044
土地费用										5 000
建造成本比例	8%	7%	7%							100%
建造成本	1 600	1 400	1 400	0	0	0	0	0	0	20 000
小计 1	1 600	1 400	1 400	0	0	0	0	0	0	25 000
管理费用	48	42	42	42	42	42	42	42	42	1 002
小计 2	1 648	1 442	1 442	42	42	42	42	42	42	26 002
小计 2 累计值	22 866	24 308	25 750	25 792	25 834	25 876	25 918	25 960	26 002	
财务费用	137	146	155	155	155	155	156	156	156	2 042
销售费用	400	300	200	200	200	200	200	200	100	2 000
利润										7 556
成本利润率										25%

解：(1) 进行单因素敏感性分析。假设各不确定性因素的变动幅度为±10%，则开发成本利润的变动幅度见表 4-28。可以发现，开发成本利润的主要敏感因素依次为售价、建造成本、地价和利率。

表 4-28　开发成本利润变动(敏感性)分析

不确定性因素	原始值	变动幅度		开发利润/万元		
		-10%	10%	10%	0	10%
售价	5 000 万元	-47.12%	47.12%	3 996	7 556	11 116
建造成本	20 000 万元	29.56%	-29.56%	9 790	7 556	5 322
利率	7.20%	2.70%	-2.70%	7 760	7 556	7 352
地价	5 000 万元	7.55%	-7.55%	8 126	7 556	6 985

假设各不确定性因素的变动幅度为±10%，则开发成本利润率的变动幅度见表 4-29。可以发现，开发成本利润率的主要敏感因素依次为售价、建造成本、地价和利率。

表 4-29　开发成本利润率变动(敏感性)分析

不确定性因素	原始值	变动幅度		成本利润率		
		-10%	10%	-10%	0	10%
售价	5 000 万元	-46.76%	46.14%	13.39%	25.15%	36.75%
建造成本	20 000 万元	39.97%	-34.44%	35.20%	25.15%	16.49%
利率	7.20%	3.41%	-3.36%	26.01%	25.15%	24.30%
地价	5 000 万元	9.63%	-9.28%	27.57%	25.15%	22.82%

(2) 进行多因素敏感性分析。选择对开发成本利润最敏感的售价和建造成本，测算这两个不确定性因素共同变化的成本利润率的水平。假设售价按照±10%、±5%变化，建造成本也按照±10%、±5%变化，则该项目的成本利润率见表 4-30。从表 4-30 的测算结果中可以发现，该项目有较强的抗风险能力。

表 4-30　售价、建造成本共同变化对成本利润率的影响

建造成本＼售价	-10%	-5%	0%	5%	10%
-10%	22.56%	28.90%	35.20%	41.45%	47.66%
-5%	17.80%	23.91%	29.98%	36.01%	42.00%
0	13.39%	19.29%	25.15%	30.97%	36.75%
5%	9.30%	15.00%	20.66%	26.29%	31.88%
10%	5.49%	11.01%	16.49%	21.93%	27.35%

上述分析方法是敏感性分析中最基本的方法，它为开发商提供了关于项目营利性的有用信息和它对变动因素的敏感性，同时指出了哪些因素是最关键的因素。但该分析方法忽

视了各因素之间的相互作用关系。在实际项目开发过程中，很可能有几个因素同时发生变化，因此有必要做更进一步的敏感性分析，以弥补上述方法的不足。

4. 敏感性分析的"三项预测值"法

【计算表格】

"三项预测值"法是多因素敏感性分析方法中的一种。其基本思路是对房地产开发投资项目中所涉及的变动因素分别给出 3 个预测值(估计值)，即最乐观预测值、最可能预测值、最悲观预测值，根据各变动因素 3 个预测值的相互作用来分析、判断开发利润受影响的情况。

在例 4-10 中经过对市场的全面调查、研究后，分别给出了各变动因素的 3 项预测值，见表 4-31。

表 4-31　各变动因素的 3 项预测值

预测值 变动因素	最乐观情况	最可能情况	最悲观情况
售价	7%	5%	3%
建造成本上涨情况(年)	6%	7%	10%
贷款利率(年)	6%	8%	10%
土地成本	4 500 万元	4 800 万元	6 000 万元

从表 4-31 中可以看出，共有 4 个不确定因素，每个因素有 3 个估计值，故共有 81 种组合情况。如果用人工分别计算每一种组合情况的结果是相当复杂的，在实际投资分析过程中可采用计算机运算。

如果将 4 个因素全部按最乐观情况考虑，或者全部按最可能情况和最悲观情况考虑，则可以得出开发项目的 3 组最有用的结果，见表 4-32。

表 4-32　各变动因素的 3 项预测值对开发成本利润的影响

预测值 变动因素	最乐观情况	最可能情况	最悲观情况	原始评估值
开发成本利润值	9 624 万元	7 764 万元	4 353 万元	7 556 万元
占总开发价值的百分比	23.92%	19.67%	11.24%	20.10%
占总开发成本的百分比	31.44%	24.48%	12.66%	25.15%
在原始分析结果基础上的变化	27.37%	2.76%	-42.38%	—

结果表明，当因素发生变化时，开发利润值在 4 353 万~9 624 万元范围内变化，最可能的利润值大约为 7 764 万元。

一般业说，评估中所涉及的因素全部为最乐观或最悲观情况，在实际开发过程中是很少出现的，除非政府给予某种特别优惠的政策或者宏观经济出现全面萧条。但不管怎样，对变动因素进行全面分析，有助于开发商或投资商进行正确的决策。

敏感性分析是一种动态不确定性分析，是项目投资分析中不可或缺的组成部分。它用以分析项目经济效益指标对各不确定性因素的敏感程度，找出敏感性因素及其最大变动幅度,据此判断项目承担风险的能力。但是,这种分析尚不能确定各种不确定性因素发生一定幅度的概率,因而其分析结论的准确性就会受到一定的影响。实际生活中可能会出现这样的情形:通过敏感性分析找出的某个敏感性因素在未来发生不利变动的可能性很小,引起的项目风险不大;而另一因素在敏感性分析时表现出不太敏感,但其在未来发生不利变动的可能性却很大,进而会引起较大的项目风险。为了弥补敏感性分析的不足,在进行项目评估和决策时,尚需进一步作概率分析。但在实际工作中因缺乏历史统计资料,人们经常使用建立在主观估计基础上的主观概率分布,因此,本书对概率分析不做进一步探讨。

小 结

本学习情境主要对住宅小区进行介绍,学生应熟悉住宅小区的规划设计和特点,掌握各类住宅小区的投资特点和投资策略,能够熟练编制全部投资现金流量表和自有资金现金流量表、资金来源与运用表、利润表、借款还本付息表,准确计算基本的财务指标,并根据财务指标,运用盈亏平衡分析和敏感性分析方法进行风险决策分析。

练 习 题

一、单项选择题(共 15 题,每题 1 分。每题的备选答案中只有 1 个最符合题意,请把正确答案的编号填在对应的括号中)

1. 对商品住房项目的市场吸纳及趋势的分析,属于房地产市场状况分析中的( )分析。
   A. 需求　　　　B. 供给　　　　C. 竞争　　　　D. 市场占有率

2. 下列影响房地产市场运行环境的因素中,属于经济环境的因素是( )。
   A. 城市或区域产业结构与布局　　　B. 人口数量也结构
   C. 土地资源状况　　　　　　　　　D. 建筑技术进步

3. 某投资项目每年可获得 50 000 元的资金用于偿付年还本付息,贷款人要求偿债备付率不低于 1.3,贷款利率为 12%,贷款期限为 20 年,按月等额还本付息。则该项目投资人所能申请到的最大贷款额为( )万元。
   A. 28.73　　　　B. 29.11　　　　C. 344.74　　　　D. 349.31

4. 在房地产投资项目的不确定性分析中,最高土地价格分析属于( )。
   A. 临界点分析　　　　　　　B. 期望值分析
   C. 敏感性分析　　　　　　　D. 概率分析

5. 对房地产开发项目,不出现在项目投资现金流量表中的是( )。
   A. 销售收入　　　　　　　B. 开发建设投资
   C. 营业税金及附加　　　　D. 借贷本金偿还

6. 下列征收补偿中，不属于国有土地上房屋征收补偿费用的是( )。
   A. 房屋价值补偿费   B. 搬迁补偿费
   C. 停产停业损失补偿费   D. 土地补偿费
7. 下列财务报表中，在编制时要求资金流平衡的是( )。
   A. 总投资估算表
   B. 经营成本估算表
   C. 投资计划与资金筹措表
   D. 销售收入与经营税金及附加估算表
8. 某开发商于1999年8月1日获得开发项目用地的土地使用权，2000年6月1日完成规划设计，2000年10月1日获开工许可证，2002年4月1日项目建成并获发竣工证书，2002年10月1日销售完毕。在计算该项目的财务内部收益率时，其计算期为( )。
   A. 1999年8月1日至2002年4月1日
   B. 2000年10月1日至2002年4月1日
   C. 1999年8月1日至2002年10月1日
   D. 2000年10月1日至2002年10月1日
9. 房地产投资决策分析主要包括( )和项目财务评价两个部分。
   A. 价格分析   B. 市场分析   C. 产品分析   D. 成本分析
10. 房地产项目的临界点分析，是分析计算一个或多个风险因素变化而使房地产项目达到( )的极限值。
    A. 利润为零   B. 允许的最低经济效益指标
    C. 最大费用   D. 最大利润
11. 某房地产开发项目的占地面积2万平方米，土地总价16 000万元，如果房屋开发成本为3 000元/平方米，预测销售价格为8 000元/平方米，则该项目实现盈亏平衡的容积率为( )。
    A. 1.4   B. 1.5   C. 1.6   D. 1.8
12. 在房地产开发项目投资估算阶段，对房屋开发费的估算用到估算公式"直接费=每平方米造价指标×建筑面积"，这属于( )。
    A. 单元估算法   B. 单位指标估算法
    C. 概算指标法   D. 工程量近似匡算法
13. 某房地产开发项目拟有3个投资方案，若对这3个方案的经济合理性进行比较，则比较的基础是该项目的( )。
    A. 损益表   B. 资金来源与运用表
    C. 资本金现金流量表   D. 全部投资现金流量表
14. 房地产开发企业税后利润应首先用于( )。
    A. 弥补企业以前年度的亏损   B. 提取法定盈余公积金
    C. 提取公益金   D. 向投资者分红
15. 房地产开发项目投资估算时，如为委托销售代理的，则代理费应列入( )。
    A. 管理费   B. 销售费用
    C. 其他费用   D. 前期费用

二、多项选择题(共 8 题，每题 2 分。每题的备选答案中有 2 个或 2 个以上符合题意，请把正确答案的编号填在对应的括号中。全部选对的，得 2 分；错选或多选的，不得分；少选且选择正确的，每个选项得 0.5 分)

1. 下列现金流量图能表示的房地产投资模式有( )。

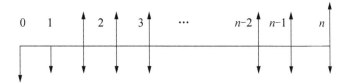

　　A. 开发—销售模式　　　　　　　B. 开发—持有出租—出售模式
　　C. 购买—持有出租—出售模式　　D. 购买—更新改造—出售模式
　　E. 购买—更新改造—出租模式

2. 对于"开发—销售"模式下的房地产投资项目，分析其动态盈利能力时的计算期包括( )。
　　A. 开发期　　　B. 论证决策期　　C. 经营准备期
　　D. 经营期　　　E. 销售期

3. 开发商进行房地产市场状况分析的内容通常有( )。
　　A. 供需分析　　　B. 竞争分析　　　C. 市场占有率分析
　　D. 投资收益分析　E. 宏观因素分析

4. 甲乙两个项目均为出售型住宅项目，开发经营期为 2 年。对这两个项目进行比选时，可直接采用的静态盈利能力比选指标有( )。
　　A. 利润总额　　　B. 投资利润率　　C. 资产负债率
　　D. 财务净现值　　E. 偿债备付率

5. 下列房地产开发项目成本费用中，属于土地费用的有( )。
　　A. 土地出让价款　　　　　　B. 土地购置税费
　　C. 基础设施建设费　　　　　D. 水文地质勘测费
　　E. 土地开发工程费

6. 房地产开发项目财务评价的基本报表包括( )。
　　A. 总投资估算表　B. 现金流量表　　C. 资金来源与运用表
　　D. 损益表　　　　E. 资产负债表

7. 在计算房地产投资项目的偿债备付率时，可用于还本付息的资金包括( )。
　　A. 折旧和摊销　　B. 投资回收　　　C. 投资回报
　　D. 未分配利润　　E. 权益融资

8. 下列各项中，用以反映项目清偿能力的指标有( )。
　　A. 速动比率　　　B. 利息备付率　　C. 偿债备付率
　　D. 内部收益率　　E. 资产负债率

三、判断题(共 6 题，每题 1 分。请根据判断结果在括号中用"√"表示正确，用"×"表示错误。不答不得分，判断错误扣 1 分，本题总分最多扣至零分)

1. 房地产开发项目用于出租或自营时，开发期和经营期发生的期间费用均计入开发建设投资。　　　　　　　　　　　　　　　　　　　　　　　　　　　　( )

2. 在进行房地产投资项目盈亏平衡分析时，最高运营费用比率越高，说明投资项目抵抗风险的能力越强。（ ）

3. 在房地产开发项目策划方案中，对拟开发项目应进行开发内容和规模的分析与选择。（ ）

4. 房屋开发费中的公共配套设施建设费，包括为居民服务配套建设的各种营利性和非营利性配套设施的建设费用。（ ）

5. 在房地产开中，开发商所投入的资金大部分以固定资产形式存在于房地产商品中。所以对开发商来说，不论其开发模式如何，其投入开发的资金大部分均不属于流动资金的性质。（ ）

6. 房地产开发项目的总开发成本中不包括含销售税金。（ ）

四、计算题(共 3 题，共 30 分。要求列出算式，计算过程；需按公式计算的，要写出公式；仅有计算结果而无计算过程的，不得分。计算结果保留小数点后两位)

1. 某开发商在一个中等城市以 425 万元的价格购买了一块写字楼用地 50 年的使用权。该地块规划允许建筑面积为 4 500 平方米，有效面积系数为 0.85。开发商通过市场研究了解到当前该地区中档写字楼的年净租金收入为 450 元/平方米，银行同意提供的贷款利率为在 15% 的基础利率上浮 2 个百分点，按季度计息，融资费用为贷款利息的 10%。开发商的造价工程师估算的中档写字楼的建造费用为 1 000 元/平方米，专业人员费用为建造费用的 12.5%，其他工程费为 60 万元，管理费用为土地费用、建造费用、专业人员费用和其他工程费之和的 3.0%，市场推广及出租代理费为年净租金收入的 20%，当前房地产的长期投资收益率为 9.5%。项目开发周期为 18 个月，建造期为 12 个月，试通过计算开发成本利润率对该项目进行初步评估。(假设建成即可出租，即没有经营准备期)

2. 某开发商以 3 000 万元购得一住宅用地 70 年的使用权，该住宅用地面积为 3 000 平方米，规划容积率为 5.5。据估算，该住宅开发项目的建安工程费为 2 200 元/平方米，勘察设计和前期工程费为建安工程费的 3%，基础设施和公共配套设施建设费为 430 万元，开发期间税费按建筑面积计算，为 114 元/平方米，管理费用为上述费用(土地费用除外)之和的 3.5%。预计住宅在项目建成时全部售出，销售费用、销售税金分别为销售收入的 3% 和 5.5%。项目开发期为 2 年，建造期为 1.5 年。土地费用于开发期初一次性投入，开发期间税费于建造期初一次性投入，建安工程费、勘察设计和前期工程费、基础设施和公共配套设施建设费、管理费用在建造期内均匀投入。年贷款利率为 7.7%，按季计息。不考虑土地增值税。

(1) 若开发商要求的税前成本利润率为 30%，求该项目的最低销售价格。

(2) 若该项目的销售价格为 8 000 元/平方米，求该项目保本的最低销售量。

实　训　题

撰写"任务导入"中的住宅小区开发投资分析报告。

(1) 报告的基本格式：Word 电子文档，有封面、目录、正文，要求目录有链接，

【参考答案】

目录和正文页眉要有"住宅小区开发投资分析报告"字样,页脚有页码,封面、目录与正文分节,正文每部分分节。

(2) 报告基本内容:①城市经济社会发展概况;②城市住宅小区市场行情分析;③推荐住宅小区的基本概况;④投资估算分析;⑤财务分析;⑥决策分析。

(3) 财务表格全部用 Excel 表格编制,设置公示自动计算,并建立表格间的链接关系,使表格间的数据相互引用,并用 Excel 的函数计算财务净现值、财务内部收益率等指标。

学习情境 5 商业地产开发投资分析

学习目标

通过商业地产项目开发投资分析实训，系统掌握影响商业地产开发投资的因素分析、商圈分析，掌握商业地产开发投资的清偿能力指标、盈利能力指标的计算，学会编制投资估算表、投资计划和资金筹措表、现金流量表、利润表、借款还本付息表，能对商业综合体进行盈亏平衡分析、敏感性分析和风险分析。

学习要求

知识要点	能力要求	相关知识	所占分值(100分)	自评分数
商业地产项目开发投资环境分析	能在国家、区域、城市、区域等不同层面上进行投资环境分析，特别是城市商业网点规划分析	①政治、法律、经济环境；②文化教育环境；③自然条件环境；④城市规划、基础设施条件；⑤商业网点规划	15	
商业地产市场状况分析	能准确全面分析当地商业地产发展现状及趋势，进行商圈分析、消费者消费习惯分析、投资客户分析	①商业地产市场供求；②目前商业地产价格、租金水平；③商圈、消费者消费习惯；④投资客户心理	15	
商业地产项目整体定位	能根据目前市场条件，合理确定商业项目的整体定位	①项目区位的分析与选择；②开发内容和规模的分析与选择；③开发时机的分析与选择；④开发合作方式的分析与选择；⑤项目融资方式和资金结构的分析与选择；⑥经营方式的分析与选择	10	
商业地产开发项目投资基础数据分析估算及财务分析	能根据当地商业地产价格、租金、税费政策和造价指标，进行商业地产开发项目投资基础数据分析估算，编制商业地产项目的全部投资现金流量表和自有资金现金流量表，判断投资的项目的盈利能力和偿债能力	①商业土地价格；②项目投资与总成本费用估算；③项目的租金收入、税金估算与资金筹措；④借款还本付息的估算；⑤基本财务报表和计算财务评价指标	40	

续表

知识要点	能力要求	相关知识	所占分值(100分)	自评分数
商业地产开发项目风险分析	能根据商业项目投资风险的大小和特点，确定合理的投资收益水平，提出控制风险的方案，有重点地加强对投资风险的防范和控制	①盈亏平衡分析；②敏感性分析；③风险分析	20	

任务导入

1. 项目背景

恒大水晶国际广场位于杭州市西湖区之江国家旅游度假区的核心区域。杭州之江国际旅游度假区是国务院1992年10月批准建立的12个国家级旅游度假区之一，与西湖风景名胜区毗邻，东临钱塘江，西靠龙坞、灵山风景区，地势开阔平整。区域外围，东南方向面临宽阔雄伟的钱塘江景，西北面是丘陵山地，现状地形平整，少起伏，地势较低。

【参考图文】

杭州市城市总体规划将实施由"西湖时代"向"钱塘江时代"跨越的新举措，将"旅游西进"战略作为城区空间扩展的重要战略，之江板块位于杭州市的次中心居住区的西南部，属于城市旅游西进、沿江开发、跨江发展的重点区域。

杭州市政府2009年提出"之江新城"的概念，着力将其打造为时尚、美丽、和谐、环保的宜居之城，设计为城市花园，使其成为杭州的后花园。之江旅游度假区规划用地布局形成"一心五轴六片"的空间结构形式。规划至2020年，所有基建完成，人口达36万人。沿江区域26平方千米为杭州低密度城市居住地，规划为旅游度假区，紧邻之江大桥，由核心商务区、住宅片区环绕，本项目是核心商务区的住宅配套项目。

2. 产业规划

以文化创意、休闲旅游、高科技制造为三大产业，全力推进46个重点产业项目和五大项目，推进之江"产城融合"。其中包括4个文化创意项目：象山艺术公社、外桐坞艺术村落、凤凰国际大厦、浙江文化城(两院四馆)；6个高科技项目：德力西杭州高科技产业基地、新恒力电机产业基地、水利部质标所、海顿电子产业基地鹏辉实业工业厂房项目、开利项目。五大项目包含浙江音乐学院、画室产业、修正药业健康总部产业园、凤凰谷之江文化创意产业、杭州云计算产业园。

3. 商业配套

五星级酒店：华庭云栖度假酒店、绿城玫瑰园、希尔顿假日酒店等；大规模综合体：水晶城商业综合体、金融国际会展中心。办公区：核心商务区建写字楼，已出让办公用地建筑面积100万平方米。

商业：核心商务区已出让商业用地建筑面积约50万平方米。

10%留用地：将引进大型超市、影院等。

项目北面约500米处在建"浙江国际金融会展中心"，该中心还将与世界贸易协会、中国商业联合会合作，引进国际国内大型专业展览，并打造中国最高端的国际宝玉石首饰博览交易中心；引进国内外大型金融机构、国际零售集团，建设面积达20万平方米的国际5A级高档金融办公中心及大型商业中心，配套建设5万平方米的五星级大酒店。

除此之外，该中心还将建设"杭州中融古文化博物馆"，打造国际艺术品展示交易中心；西面不远枫桦西路和江涵路之间，还规划了浙江图书馆新馆、浙江省博物馆新馆、浙江非物质文化遗产馆和浙江文学馆等；西南面约1千米，320国道附近之江医院也在规划中。

4. 交通方面

之江大桥已经免费通行，往来滨江不再绕行；之江路提升改造(实现双向六车道)，一路直达钱江新城、九堡、下沙；紫之隧道(预计2016年中贯通)将无缝连接城西；建设中的地铁6号线(预计2018年年底建成通车)是接驳地铁线路最多的……以环境宜居著称的之江新城迎来了最好的交通时代。其中恒大水晶国际广场距离地铁6号线极地海洋公园站(规划)口约25米，距紫之隧道之浦路入口也仅有500多米。

5. 周边地价

地块西北面大家之江悦项目在2009年9月的拿地楼面价为9 669元/平方米，之江九里在2009年10月的拿地楼面价为15 281元/平方米，两个项目的目前参考均价都为18 500元/平方米。2012年10月杭政储出〔2012〕43～47号地块全部由嘉里置业(中国)有限公司以总价25.36亿元竞得，住宅综合楼面价10 870元/平方米、商业综合楼面价8 071元/平方米。2011年11月中烟下属中维地产以23亿元底价竞得之江三地块，其中两宗宅地成交楼面价均在8 555元/平方米左右。

6. 项目名称

恒大水晶国家广场(杭州晶立置业有限公司杭政储出〔2013〕88号地块商品住宅(设配套公建)及商业商务用房项目)。

7. 项目地址

该项目位于杭政储出〔2013〕88号地块(之江旅游度假区单元R21-B-75-2地块、B1/B2-B-75-3地块)，四至范围为东至规划三号支路，南至珊瑚沙河，西至珊瑚沙河，北至规划二号支路。

8. 项目投资方

项目投资方为三立(中国)控股有限公司(注册地：香港)和宁波开拓置业有限公司(注册地：浙江宁波)，建设和经营单位为杭州晶立置业有限公司。

9. 建设内容及规模

项目总用地面积为180 365平方米，其中出让宗地面积174 165平方米，划拨用地面积6 200平方米用于配建幼儿园。该项目包含R21-B-75-2地块商品住宅(设配套公建)项目和B1/B2-B-75-3地块商业商务用房项目，其中：R21-B-75-2地块商品住宅(设配套公建)项目用地面积为91 062平方米，地上建筑面积不大于176 544平方米，地下建筑面积约191 000平方米(具体以初步设计批复为准)。规划12班幼儿园用地面积6 200平方米，建筑面积5 580平方米，由建设单位建设后无偿移交政府相关部门。B1/B2-B-75-3地块商业商务用房项目，用地面积 89 303 平方米,地上建筑面积不大于 223 257.5 平方米,具体见表 5-1。该项目分期实施,具体以项目方案批复为准。

表 5-1 主要技术经济指标

项 目		R21-B-75-2 地块技术指标	B1/B2-B-75-3 地块技术指标
总用地面积/平方米		91 062	89 303
总建筑面积/平方米		262 609	413 144.06
其中	地上建筑面积/平方米	182 124	223 257.50
	地下建筑面积/平方米	80 485	189 645.37
建筑密度		15.76%	45%
容积率		2.0	2.5
绿地率		30%	25%

10. 投资规模

项目总投资 59 990 万美元。注册资本 37 000 万美元,其中三立(中国)控股有限公司出资 18 870 万美元,占注册资本的 51%,以跨境人民币的方式折美元出资;宁波开拓置业有限公司出资 18 130 万美元,占注册资本的 49%,以人民币现金出资。总投资与注册资本的差额部分由投资方自行筹措解决。

11. 项目规划

该项目总建筑面积 68 万平方米,除了约 18 万平方米的高端住宅社区,还囊括约 5 万平方米国际开放式购物中心、约 4.6 万平方米滨水购物长廊、约 6 万平方米品牌酒店、约 6 万平方米下沉式地下商业空间、约 3 万平方米儿童体验主题乐园、约 5 000 平方米室内模拟自然海浪泳池等丰富业态,如图 5.1 所示。

图 5.1 项目规划效果图

现委托杭州世联卓群房地产咨询公司做前期调研工作。请以该公司的名义出具一份商住综合体开发项目投资初步可行性分析报告。

5.1 认识商业地产

5.1.1 商业地产概述

1. 商业地产概念

商业地产(Commercial Property)，顾名思义即供商业经营而用的地产载体，泛指用于各种零售、餐饮、娱乐、健身、服务、休闲等经营业态的房地产形式。商业地产从经营模式、功能和用途上区别于普通住宅、公寓、别墅、写字楼、厂房等房地产形式。商业地产是一个具有地产开发、商业运营与资本运作三重特性的综合性行业，着眼于长期发展战略，它兼有地产、商业、投资、运营、模式可复制等方面的特性，完全不同于众所周知的住宅房地产。

中国内地正式使用商业地产的概念开始于1999年，以大连万达集团为代表的房地产企业开发了效仿美国商场(Mall)操作模式的"订单式商业地产"。商业地产兴盛于2004年WTO全面对外资开放商业零售以后，全国各大房地产开发商纷纷应势调整战略，陆续推出其商业地产品牌，到目前为止中国大陆正处于商业地产高速发展时期。

2. 商业地产开发各阶段考虑重点

地产开发商在开发商业地产时，要考虑项目的地理位置、商业定位、规划设计、招商策略、运营管理等因素，具体如下：

(1) 确定地理位置。应考虑客流规律、交通状况、商业环境、地形特点、城市规划、人口密度等因素。

(2) 商业定位。应考虑功能定位(综合、购物、餐饮、娱乐、旅游等)、业态定位(百货、综合超市量贩、购物中心、精品广场、商场、专业卖场、量贩仓储、商业街区、奥特莱斯品牌折扣店等)、风格定位(呼应战略性商业定位业态的内装、外装与环境等)、市场定位(目标客户等)、形象定位(切合定位的个性元素组合)、文化定位(项目所传达的文化主题内涵)等因素。

(3) 进行规划设计。应考虑大区规划、环境空间设计、平面设计、交通组织设计、配套设计、休闲小品设计等。

(4) 制订招商计划。应考虑招商策略的拟定、进场条件与时间的确定、设店商资料收集、设店商分类、引商技巧、媒体投放选择、设店商开业前相关管理事宜。

(5) 运营管理。应完善租赁(联营)合同、美化环境与形象、建筑物维护修葺、设施设备维护、日常经营运作、系列策划推广、信息化等。

3. 商圈分析

零售商业发展过程中，由点到线再到面，即可称为商圈。每一个城市依照其城市人口基数、消费习性、消费单价、流行趋向等都可能形成多种商业圈。

店铺的销售活动范围通常有一定的地理界限，即有相对稳定的商圈。不同的店铺由于经营商品类型、交通条件、地理位置、经营规模等方面的不同，其商圈规模、商圈形态存在很大差别。即使是同一个店，在不同时间也可能会因为一些因素的影响而导致商圈的变化。例如，原商圈内出现了竞争，吸引了一部分顾客，商圈规模动态变化，商圈形态表现为各种不规则的多角形。为便于分析，通常是以商店设定位置为圆心，以周围一定距离为半径划定范围来考虑设定商圈。

但是对一家大型店而言，其商圈范围除了周围的地区之外，顾客利用各种交通工具即可来店的地区也应纳入商圈。

1) 设定商圈的方法

商圈一般以商店设定位置为圆心，依所属业态及门店规模而定，商圈越小辐射越小，业态越专吸纳越大。例如，大型商业卖场商圈有核心商圈(半径 1.5 千米)、次级商圈(半径 5～7 千米)和边缘商圈(基本已抵达市郊)之分，依城市级别不同，商圈设定距离亦有所差距。

(1) 核心商圈，是商店的主要商圈，是目标顾客分布最集中、购买频率最高的区域，一般包括了商店的 60%～70% 的目标顾客。

(2) 次级商圈，是商店的次要商圈，目标顾客较为分散，约占商店总顾客数量的 20%～30%。

(3) 边缘商圈，包括其他所有其他所有的顾客，约占商店总顾客数量的 5%～10%。

2) 影响商圈的主要因素

(1) 商店经营的商品类型。日用品店商圈范围小，服装等选购品商店范围较大，电器音响等高档耐用品店商圈范围最大。

(2) 商店经营的规模。商品类型和服务种类随规模扩大而增加，因此经营规模越大商圈越大。但是二者不成同比例增加，且规模增大到一定程度，商圈范围不再扩大。

(3) 竞争商圈的扎堆效应。当双方距离很近的时候，每家商店的商圈不因竞争而减小，反而因形成的商店群而扩大整体的商圈范围。

(4) 商店的促销活动。店铺可以通过广告宣传和开展公关活动，以及广泛的人员推销与营销推广活动来不断扩大知名度和影响力，吸引更多的边际商圈顾客慕名光顾，随之店铺的商圈规模会骤然扩张。

(5) 交通条件(便利性及可及性)。交通地理条件是影响商圈规模的一个主要因素。位于交通便利地区的店铺，商圈规模会因此扩大，反之则限制了商圈范围的延伸。自然和人为的地理障碍，如山脉、河流、铁路以及高速公路、高架立交等会无情地截断商圈的发展，成为商圈规模扩大的巨大障碍。

4．成功商业地产良性互动模型

参照图 5.2，我们可以明确开发商、运营商、厂商三者角色之间的良性互动关系。

1) 开发商角色

房地产是资本密集的行业，长线的商业地产更是如此，可见其资本运营的重要性。此外，开发商应顺应政策的导向寻求相关的支持，选择适合该业态的经营地理位置并充分地授权和尊重专业团队或执行指导顾问，注重钱财诚信、结账准时，赢得厂商的赞誉，长期前瞻，忌短视近利，"放水养鱼、鱼活水活"。

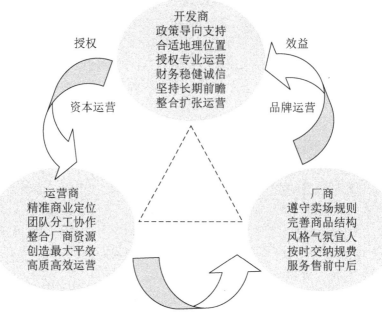

图 5.2　成功商业地产模型

2) 运营商角色

开发商要授权给专业运营，那运营商接受开发商授权后应该做什么？它们在其中又扮演着什么角色？运营商应该担当"扩张运营"(扩大单店经营影响范围，与连锁复制、攻城略地)者的角色。在项目战略规划伊始，运营商就要以一定高度、广度、深度策动项目的总体大规划。

精准的商业定位之后，便是组建与推进整个系统工程(招商运营、企划推广、综管物管等)，这就涉及团队的分工协作。运营商团队包括战略统筹者、企划执行者、招商运营者、综合物管者、设计工务者等具体角色，合理地把相应的专业人才集结成战斗团队协同作战，才能成功地完成项目任务。例如，战略统筹者要做好整个项目的战略性定位及执行指导；企划执行者要按战略目标，整合营销，利用创意、媒体及活动造势来成功推广；招商运营者要通过前期的市场调研，做好 MD 广告，把适合进驻的设店商分类，策略性地进行招商工作；综合物管要负责项目后台系统信息化管理的保障支持；设计工作者要全面推进并妥善管理各类工程。在经营管理过程中高质、高效运营，降低管理成本，取得最大成效，更是团队专业实力的体现。

3) 厂商角色

运营商要整合厂商(设店商)的资源。在这个密不可分的三角关系模型中，厂商所扮演的角色也至关重要。他们个别品牌形象经营的好坏强弱，都直接反映到销售额，以及给项目带来的效益额上。

此外，厂商所要做的首先是"遵守卖场管理规则"，服从卖场的各项管理制度，把自己与卖场绑为一体，休戚与共，如此方能共生共赢。其次，还要不断适应市场，调整完善商品结构，激发顾客的购买欲望。厂商还应配合卖场的风格定位，按时交纳各项规费，便于卖场的运营管理顺利进行。另外，厂商应重视自身与卖场的商誉，对顾客进行售前、售中、售后的完善服务，让顾客感觉到有可靠的归宿感而赢得其忠诚度，长此即可带来更为稳定的客源，也能提升其品牌形象价值。

5.1.2 商业地产分类

不同地域、不同类型的商业项目有不同的分类。

1．按行业类别功能划分的商业地产类型

(1) 零售功能地产：以商品零售为主要功能，通常规模较大。代表业态有百货商场、精品、家居建材、商业街及大卖场和商场等。

(2) 娱乐功能地产：以娱乐为主要功能，通常和其他类型的商业地产融合发展，呈现大规模、复合度高、时尚化的特点。代表业态有电影城、娱乐城、KTV会所、动漫游艺园、儿童游憩场等。

(3) 餐饮功能地产：以餐饮为主要功能，呈现楼层式、单体形式、街廊式融合发展的经营特点。包含有小吃、零食、快餐饮品、品牌正餐、大型餐饮、休闲餐饮、美食广场等。

(4) 健身服务及休闲功能地产：以健身休闲为主要功能。代表业态有健身馆、SPA馆、瑜伽馆、运动俱乐部、运动用品专卖店、舞蹈教室、武术馆、企业团队建设赛场等。

(5) 商品批发功能地产：以商品批发为主要功能，为商品集散地，代表业态有小商品批发市场、轻纺、饰品批发市场等。

2．按消费行为划分的商业地产类型

(1) 物品业态房地产，是供消费者购物的商业地产形式，首先强调销售物品，与商业服务紧密相关，物品是其最基本经营内容。代表业态有商场、大型购物中心、百货卖场、超市、家居建材店、工厂直销折扣店、各种室内/外商业街，以及各种类型商品旗舰店和专业店。

(2) 服务业态房地产，代表业态有餐饮房地产、写字楼、服务型公寓、SPA桑拿城等。

(3) 体验业态房地产是为消费者提供某种身心感受的商业地产形式。代表业态有娱乐、休闲类房地产、企业团队建设赛场等。

3．按建筑形式划分的商业地产类型

(1) 单体建筑，指商业地产项目独立在特定地块上建设，没有其他房产存在；单体建筑形式的商业地产项目一般为单一业态模式，通常都设有主力店，如百货店、购物中心等。

(2) 综合建筑，指几种业态形式的商业集合在一个项目中，甚至是商业地产和住宅地产结合的开发模式。例如，项目中有一个一定规模的卖场，而周边或上面是公寓、酒店、写字楼等项目。综合建筑形式的商业地产在项目规划设计阶段还面临多种房地产形式的统一规划问题，如果规划不合理，会影响整个项目的成功运营，如商场或批发市场。

(3) 建筑群落，由多栋大小不等的建筑物组成，如奥特莱斯折扣店(Outlets)或旅游商业地产。

(4) 商业街区，商业街区是中国大陆最主要的商业组合业态，街道的形式由各种零售业态组合而成。从其性质定位可以分以下几类：

① 中心商业街区：规模大，辐射区域范围，来自其他区域的消费人群数量占人流总量的70%，是城市零售市场的晴雨表(长度以800～1 200米为宜)，如上海南京路步行街。

② 次级商业街区：规模较中心商业街区小，消费人流主要来自商业街区所在的区域，其他区域的消费人流占的比例不大(长度以600～1 000米为宜)，如上海四川路休闲街。

③ 邻里商业街区：规模较小，客源主要来自附近住宅区的居民，其他区域的居民前来购物消费的极少(长度以300～500米为宜)。

④ 专业性/个性商业街区，规模可大可小，具有消费指向性(长度以300米以内为宜)。

5.1.3 商业地产与住宅开发的区别

1. 规划层面的区别

(1) 商业地产的客户需求个性化特点非常鲜明，各种业态对商铺的要求具有不可替代性。而大型商业地产项目业态和功能均较住宅物业复杂，各种人流、物流、水平和垂直动线及消防疏散的组织要求相当烦琐。在满足功能要求前提下如何满足未来大量商家的需求，特别是可视性和可达性，以获得最大的商业利益，进而为开发商取得最大的出租(联营)和出售回报，是商业地产规划设计至关重要的问题。

(2) 在大型商业地产项目的平面设计中，对各部分功能都有严格的要求，如主力大卖场、百货等每个品牌业态，对建筑的面积、柱距、层高、电梯位置、设备设施等都有不同的要求，对大型娱乐设施的功能布局、内部人流路线更是有严格的要求。而如何将大量商铺区域平面灵活地组织，化整为零，利于出租，同时又可化零为整，利于整体管理品质保证，这都直接影响到开发商的经济回报甚至项目的生死存亡。

所以，商业地产的规划必须以招商为基础进行并伴随整个招商过程。开发商在进行商业地产开发时要汲取多方面的经验，不仅包括优秀商业空间设计师的专业经验，还包括主力店及次主力店等的建议。这样，才能避免因规划不当带来的投资损失。

【参考图文】

2. 开发流程层面的区别

与住宅仅仅通过开发商和购买者两个环节就可以构成的单一价值链不同，商业地产是社会商业行为的物质载体。所以，在商业地产的价值链上除了开发者，还包括与商业活动有关的消费者、厂商、经营者和投资者。因此，商业地产开发要权衡的利益更多，开发流程也更为有机、复杂，各环节是否链接正常都将直接影响到项目的盈利。

1) 商业地产项目的选址过程更严谨

一般情况下，无论是住宅开发还是商业地产开发均要在投标拿地前进行初步市场调研。但客观地讲，住宅开发的选址灵活性较大，地产开发商只需要迎合目标客户群的口味即可，前期拿地失误可以在后期通过一系列策略弥补；而在商业地产开发中，商业地产开发商不仅要考虑投资者的利益，还要考虑运营商、厂商、消费者的利益，所需平衡的利益增多，商业地产开发商完全掌控全局相对困难，一旦拿地失误，损失惨重，所以商业地产项目的选址过程比住宅开发更严谨。

对住宅的目标客户而言，无论他们是投资还是自住，首先考虑的是社区的环境、便利性和居住氛围，对地段有一定的要求；而商业地产项目考虑的是经营增值、周边效益，所以商业地产一定要选择具备商业发展潜力的地段或区域，这样才能保证项目的长期盈利。

2) 商业地产的调研比住宅复杂

在住宅开发市场调研的基础上，商业地产增加了区域结构、城市商业发展规划及政策、区域零售业结构、消费导向、商铺分布及经营状况、未来供应量、地块交通、自然、社会条件、商圈等方面的分析。

3) 商业地产开发定位更系统化

除了目标客户定位之外，商业地产还必须进行目标市场定位、目标消费群定位、目标投资小业主定位、目标设店商群定位、经营定位、功能定位、经营规模定位、形象定位等。

4) 商业地产开发环节增多

商业地产开发比住宅开发增加筹组、开业、运营、管理4个环节。在住宅开发中，不少开发商经常扮演"甩手掌柜"的角色，开盘、营销、交楼后就消失得无影无踪，给经营管理者留下一堆烂摊子。

一个销售的商业项目如想持续盈利，必须在前期预留很大一部分商铺用于旺场(拉动人气)后自营。所以，开发商不能抱着当"甩手掌柜"的心理来开发商业地产，而必须抓好运营、管理两个环节，这样才能减少经济纠纷，获取最大化利润。

而且，商业地产交楼后，发展商还面临着开业问题。这个环节也是住宅开发所不具备的。一般来说，开业是否吸引了足够的人流，直接决定了后期的经营状况。一旦开业失利，开发商必然陷于投资者、厂商等因营业惨淡而带来的被动局面中。

3．利润层面的区别

1) 商业地产开发与住宅开发在经济效益上有本质的区别，住宅的未来经济利润可以使用普通会计利润来预算，其利润途径只是简单的销售收入扣减开发总成本；而商业地产的开发利润则要通过多种不定性途径实现，其中包括有形效益和无形效益。

2) 目前，国内在商业地产开发建设中存在着4种权益关系：地产开发商权益、物业所有者权益、经营设店商权益、运营管理商权益。一般地产开发商通过销售及委托运营管理商运营物业而获得利益；物业所有者通过出租、自营或把商业物业委托给运营管理商运营，以此获取收益；经营设店商通过商品销售获取经营效益；运营管理商通过专业的定位、规划、运营来获取顾问费或获利分成。

5.1.4 商业地产项目的特点分析

目前，住房和城乡建设部按用途对房地产项目划分的九大类型中，商业房地产项目主要指零售批发商业，包括商场、购物中心、商业店铺、超级市场、批发市场等。而在实际运用中，人们有时将商业房地产涵盖的范围扩大，除零售批发商业房地产外，还包括餐饮、娱乐等其他营业性、经营性房地产。鉴于商业有广义(指所有以营利为目的的事业)与狭义(指专门从事商品交换活动的营利性事业)之分，本书对商业房地产开发项目的研究侧重于后者，即以狭义商业为基础，主要指进行商品交易活动的零售批发商业经营场所的开发，与住房和城乡建设部关于房地产项目九大分类中的商业房地产项目范围一致。除一般房地产开发项目的特点外，以下主要从顾客构成、项目选址、定位规划、经营方式、资产经营、竞争风险、城市功能及社会效益等方面阐述商业房地产项目的主要特征。

1. 顾客构成的双重性

商业房地产项目与其他房地产项目的显著区别之一就是其顾客构成包括两个层次：第一层次是直接承租或购买商业用房的经营商户，这个层次的顾客是开发商的直接顾客；第二层次是前来商业区购物的终端消费者，这个层次的顾客是经营商户的直接顾客、开发商的间接顾客。在第一层次中，还存在这样一种情况，前来购买商业用房的是投资者，而不是真正的经营商户。这些投资者看中了商铺未来的升值潜力，先期购买产权，然后转租给经营商户，立足长期稳定的回报，或者见机抛售，获取收益。这两个顾客层次与科特勒将营销环境中的市场分为业务市场和消费者市场相类似。对于开发商来说，第一层次的经营商户(业务市场)固然重要，毕竟项目收入直接来源于承租或购买物业的经营商户，但项目整体的发展还是有赖于第二层次的终端消费者(消费者市场)，因为广大消费者的认同程度直接影响经营商户承租或购买物业的行为，进而影响项目收益。此外，开发商对于第一层次中的投资者需予以足够注意，若投资者过度，将不利于项目长远运营。

2. 选址分析的渐进性

所有房地产项目都存在项目区位的分析与选择，包括地域与具体地点两个层次的分析与选择。对于商业房地产项目来说，尤其要重视这项工作，并需按层次进行渐进分析。商业房地产项目的运营直接面向购买商品的广大消费者。不同城市或地区的经济总量、社会发展、人口数量、收入水平、消费水平等存在很大的差异，从而影响项目可达到的市场目标。根据有关宏观指标数据，在行业内人们往往将城市划分为一线城市、二线城市、三线城市等不同层次，这其实就反映了不同城市或地区的消费市场容量水平。项目所在城市或地区的选择直接决定了项目运营所可能面对的主要消费群体的总体状况，包括消费需求和消费能力，对项目发展影响巨大。一个城市或地区选定后，就需考虑项目的具体地点。顾客在选择商店进行购物时，店铺的位置往往是所考虑的最重要因素。同时，店铺的地理位置也是形成差别化甚至垄断经营的重要条件。商业房地产项目的场址一旦确定，就无法更改，若项目所在位置无法吸引足够多的消费者，经营商户自然就不会前来承租或购买物业，也就无法实现项目收益。优越的项目区位是商业房地产项目获得其他竞争者不易模仿的竞争优势的重要途径。

3. 定位规划的多方需求与整体性

对于商业房地产项目来说，潜在的直接顾客(即经营商户)包括百货公司、连锁超市、专卖店、专业店、个体经营户等不同的经营主体，另外往往还有配套的餐饮、休闲、娱乐等机构，既有外资、国资，也有民企、个人。各经营商户的经营内容、经营特色存在很大的差异，相应对物业的需求呈个性化。同时，商业房地产项目还要面对广大的终端消费者，这一层次的顾客结构更加复杂。因此，若在项目前期还没有找到有意承租或购买物业的经营商户(如果有，项目的开发建设就可以按经营商户的需求进行，也可称之为定制)，项目在市场定位上需最大限度地确定主要顾客方向，项目的开发建设需尽可能考虑多方面的需求。另外，在已基本设定市场目标前提下，商业房地产项目的规划更加追求整体性，体现在项目前期的策划定位、中期的开发建设和后期的经营管理全过程，需要整体策划、整体定位、统一推出，尽可能避免单打独斗、零散开发、零散租售，否则会破坏整个商业项目的完整性、协调性及对外形象。考虑到商业房地产项目具有公共服务的特点，在具体规划设计中需特别注意公共空间和配套设施的设计，强调功能作用、引导作用、服务作用，确保商业运营所要求的大规模人流、实物流、资金流、信息流的高效运转。

4．经营方式的多样性

不同于住宅等主要采用开发销售的模式，商业房地产项目采用的经营方式更为多样，在出售和出租两种基本模式基础上，包括整体出售、整体出租、出售出租混合、出售自营混合、出租自营混合、出售出租自营混合等多种方式，另外还有售后包租、售后托管等其他形式。实际上，大中型商业房地产项目很少采用直接销售，而以混合型运营居多。此外，项目是由开发商投资建设，租售的对象可以是直接经营的商户，也可能是本身不经营而准备二次转租转售以谋求收益的投资者，其经营方式又有很大的灵活性。经营方式的多样性使得经营方案的比选成为商业房地产项目决策分析和评价中的一项重要工作。是通过出租获得持续收益，还是通过出售获得一次性回报，以及各经营方式如何有机组合，需要综合考虑资金压力、自身经营能力、市场接受程度、近期与远期利益等各方面因素。此外，拟定经营方案下的财务收益也存在很大的不确定性。

5．资产经营的长效性

商业房地产项目建成后，不再仅有物业管理，更多的是一种资产的经营。对于开发商来说，住宅开发销售的模式决定了其资产难以实现增值(销售完毕就意味着开发结束)，而商业房地产项目具有长期经营的市场需求，既可以通过出售获利，还可以通过出租或其他经营方式获得长期的利润回报，在长期经营中实现资产增值。商业物业的经营管理搞好了，可以满足企业在多方面的发展需求，如扩大企业知名度、提升企业品牌形象、保持一定稳定的现金流、实现经常性回报、增强融资能力等，并能以此固定资产作为更多机会发展的基础，形成企业核心竞争力。商业房地产项目在资产经营这方面具有独特的优势，也正基于此，项目的成功不仅仅是所开发物业的出租与出售完毕，取得一定的经济收益，还体现在所定位商业的运营成功。

6．高风险性

总体而言，商业房地产项目相对于其他一些房地产项目的投资回报较高。但是，商业房地产项目建成后，项目本身没有明确的租约保障，没有固定的消费对象，项目的发展与商业发展密切相关。项目运营收益的高低不仅取决于自身的环境条件、营销策略，还取决于区域社会经济发展状况，城市发展的重心、人们的收入及消费水平、需求变化等将直接影响项目效益水平。基于商业本身竞争的激烈性，商业房地产项目之间的竞争十分激烈，投资风险相对较高。

7．可促进城市功能提升，产生良好的社会效益

城区形成和再发展是以复杂和综合的因素为动因。一个城市新区的形成，必然要有足够的地理因素、交通因素、人口因素、基础设施因素及包括商业网点在内的服务因素等诸多条件支撑。一定规模的商业网点作为城市功能的必要条件和外在反映，不仅可以满足人们居住生活需求，还能促进人口集聚和资源流动，催化城市新区的建成。成功的商业房地

产项目对所在地域区段的城市功能、结构能产生很大的影响，具有显著的辐射带动效应，直接体现之一就是往往可以带动周边房地产的增值。此外，商业房地产项目可以产生良好的社会效益。商业本身具有对劳动力较强的吸纳能力，商业房地产项目建成运营后，能为当地提供大量的就业机会，促进所在地区充分就业。商业项目的正常运营，可以形成大量的消费，上缴一定的税金，为经济增长、财政收入等做出贡献。

5.2 商业地产项目市场分析

通过对项目所在地商业物业市场总体的供求情况和项目的区域性供求情况的调查及对特定目标群体的调查，了解目标商家的分布及消费心理、消费特征，整合地分析、判断本市商用物业市场未来3～5年内的趋势走向，从而为项目的市场定位、开发策略及项目规划等提供依据和指导性意见。

5.2.1 市场分析概述

【参考图文】

影响商业项目成功的因素很多，如市民的收入水平、消费水平与消费结构，商圈半径、新旧商业格局，商业贸易的繁荣程度及其影响力，商场物业所处区域(或商业圈)的商业环境，竞争对手的实力与策略等。因此，在操作商业地产项目时，商业市场分析成了商业地产开发项目成败的首要工作。

1. 工作任务

通过对项目环境的综合考察和市场调研分析，以项目为核心，针对当前的经济环境、本市商业地产市场的供求状况、项目所在区域同类商业物业的现状、经营商家的承租行为进行调研分析；再结合项目进行SWOT分析，以上述调查资料基础，对项目进行准确的市场定位和项目价值发现分析，捕捉盈利的机会，并把开发理念转化成项目持续品牌战略，指导项目的总体规划设计，对项目进行定价模拟和投入产出分析，并就规避风险进行策略提示，同时对项目开发节奏提出专业意见，使项目投资迈出成功的第一步。

2. 工作目的

(1) 深度把握项目所在区域的商业地产，洞悉项目商业机会。

(2) 以未来界定现在的策划模式，赋予项目独一无二、个性化的主题概念，与同区域内其他项目形成卖点落差，提炼项目的核心吸引力。

(3) 细化项目的市场定位，塑造项目的真正差异化，塑造项目耀眼的特色性质。

(4) 通过专业运作及战略联盟商家的实际需求，界定项目的战略定位，领跑同行业内商业市场，成为同区域商圈的新商业革命引擎。

5.2.2 市场调研策略分析

1. 市场调研步骤

第一步：界定问题。
第二步：寻求解决问题的方法。
第三步：制定调研方案。
第四步：进入现场或收集数据。
第五步：整理和分析数据。
第六步：准备及呈送调研报告。

2. 市场调研分类分析

市场调研按以识别问题为目的和以解决问题为目的两个标准分类：

(1) 以识别问题为目的的调研有助于确认项目潜在的问题：①市场潜力——攀升、下降；②市场份额——扩大、缩小；③企业形象；④市场特征；⑤招商与销售；⑥市场趋势——短期与长期预测。

(2) 以解决问题为目的的现场调研步骤：①了解市场细分的依据；②确定细分的依据；③确定各种细分的市场潜力；④选择目标市场。

3. 市场调研范围

各类市场调研的范围见表 5-2。

表 5-2　市场调研范围

调研种类	所需资料分析范围
商圈分析	对项目所在的商圈做出基础分析，另找出商圈的辐射范围、业态情况、营业品种、商业租金水平、人流状况与交通状况及其购买力
消费者分析	对消费群结构、消费力分析、消费习惯、收入、偏好等作调研
投资客户分析	对投资客户投资的商铺作基本调研，如了解其营业时间、业绩、铺面状况等

4. 确定市场调研的方法

市场调研的准确与否，很大程度取决于所采用的市场调研方法。一般情况下，商业地产的市场调研可采用以下 4 种方式：

(1) 直接调查：直接与政府人士、房地产代理商、发展商、金融部门、行业协会、社会有关机构及市场中的活跃人士广泛交流接触，询问、请教，以较快的速度获利所需的市场信息。通过这种方法取得的信息往往比较可信。

(2) 间接调查：通过报纸、杂志及其他媒体收集有关房地产信息、发展动态、市场分析等材料。当然对这些材料要对比分析，去伪存真。

(3) 直接征询：这一方法的难度相对较大，但获得的信息具有较强的参照性，对项目的定位和营销方案的制定很有意义。使用这种方法，首先要把想要咨询了解的问题编制成问卷。咨询调查要注意对象的选择，要合理选择各阶层不同年龄、文化、收入层次的被访人员，使调查具有代表性。直接征询也可以通过街头随机访问或在展销会上进行。

(4) 现场"踩点"调查。调查人员以买楼者身份直接进入销售现场，通过索取楼盘资料，听售楼员介绍，实地调查观察，从而获得资料。不过要注意楼盘资料和售楼员介绍是否有夸大和不全面之处，不要为其表象所迷惑。尽可能通过参观楼盘、施工现场及其他途径从侧面，如通过内部人员和一些已购房人士作深入的调查，增加调查结果的可靠程度。

5.2.3 市场调研分析操作

1. 商业项目宏观经济环境分析

(1) 经济环境。首先要阐明城市的地位，即城市所处经济圈的基本情况，城市在所处经济圈中的地位。其次要分析城市的经济发展状况，即分析城市 GDP 和人均 GDP 及其变化情况、产业结构及其演进、城市主导产业及重大产业投资发展状况、固定资产投资和房地产投资情况及房地产开发投资占固定资产投资的比重、城市化进程等。再次要分析城市的社会发展状况，即分析城市人口及其近年的变动情况、城市外来人口状况与人口导入政策、城市在岗职工平均工资水平及其变化趋势、城市居民人均可支配收入及其变动趋势、城市居民储蓄存款余额及其变化趋势、社会消费品零售额(操作时，资料收集渠道为城市政府门户网站，政府年度政府工作报告)。

(2) 城市规划。分析城市发展的总体目标、城市总体布局规划、城市区域功能划分、各区域规划发展目标，城市交通建设状况，城市更新和旧村改造(操作时，资料收集渠道为该城市城乡规划局门户网站，政府年度政府工作报告)。

(3) 城市商业网点规划。分析城市商业定位及发展目标、商业中心规划布局、各类商业专项市场规划布局、大型零售网点规划(操作时，资料收集渠道为该城市城乡规划与经信部门门户网站、政府年度政府工作报告)。

(4) 政策环境。政策环境是指房地产开发所面临的政策和制度环境，主要分析与房地产有关的财政政策、货币政策、产业政策和土地政策等(操作时，资料收集渠道为该城市城乡和住房建设局、国土资源局门户网站，政府关于住房保障与房地产行业发展的最新规划等)。

案例 1

杭州市投资环境分析

【参考图文】

1. 杭州市概况

杭州市位于中国东南沿海北部，是浙江省省会，浙江省的政治、经济、文化、金融和交通中心，同时是国际风景旅游城市和长江三角洲的中心城市之一。全市总面积 16 596 平方千米，其中市区面积为 3 068 平方千米(包括萧山和余杭)。

据人口变动抽样调查，2013 年年末，全市常住人口 884.4 万人，比上年年末增加 4.2 万人，其中城镇人口 662.42 万人，占比由上年年末的 74.3%提高为 74.9%。公安部门户籍登记人口 706.61 万人，其中非农业人口 393.88 万人，占比由上年年末的 54.8%提高为 55.7%。

2. 宏观经济发展状况

2013年，全市实现地区生产总值 8 343.52 亿元，比上年增长 8.0%。人均生产总值 94 566 元，增长 7.4%，如图 5.3 所示。按国家公布的 2013 年平均汇率折算，为 15 271 美元。全市城镇居民人均可支配收入 39 310 元，比上年增长 10.1%，农村居民人均纯收入 18 923 元，增长 11.2%，扣除价格因素，实际分别增长 7.4%和 8.5%。城镇居民人均生活消费性支出 24 833 元，增长 10.3%，农村居民人均生活消费性支出 14 600 元，增长 8.9%。

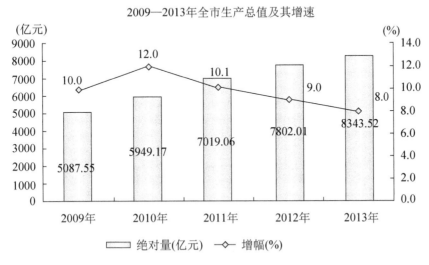

图 5.3 2009—2013 年全市生产总值及其增速

全市完成房地产开发投资 1 853.28 亿元，比上年增长 16.0%。房屋施工面积 9 327.52 万平方米，增长 12.6%；竣工面积 1 172.24 万平方米，增长 11.1%。全年商品房销售面积 1 139.13 万平方米，增长 4.5%，其中住宅销售 968.78 万平方米，增长 5.3%。

全市完成固定资产投资 4 263.87 亿元，比上年增长 14.5%。从产业投向看，第一产业投资 8.40 亿元，增长 96.9%；第二产业投资 912.53 亿元，增长 7.0%，其中工业投资 910.46 亿元，增长 6.9%；第三产业投资 3 342.94 亿元，增长 16.7%。

3. 城市规划

1) 城市发展目标

以美丽中国建设的样本为目标，充分发挥科教优势和历史文化、山水旅游资源优势，建设国家高技术产业基地和国际重要的旅游休闲中心、国际电子商务中心、全国文化创意中心、区域性金融服务中心，使杭州成为国家首美之地、创新智慧之都、东方品质之城。

2) 区域城乡空间布局

市域内形成市域中心城市(1个)—县(市)域中心城镇(5个)—地方中心城镇(22个)—一般建制镇(41个)4 个等级。市域城市空间依湖拥江、沿交通走廊进行拓展。东部地区以杭州市区为基础，呈组团式、多中心、网络化发展；中西部地区以富阳、桐庐、建德各县(市)为发展极，以杭新景高速公路、杭徽高速公路和杭淳一级公路为三条城镇发展主轴，形成点轴布局结构；西南部地区即淳安县，以环湖公路为依托，结合山区特点，形成一环多点布局结构。

为优化城镇空间资源配置，有效保护生态环境，实现城镇建设发展与资源环境的统筹协调，按照不同地域的资源环境、承载能力和发展潜力，划分适建区、限建区和禁建区三类地区，并提出分区政策与分级管制要求。至2020年，城乡建设用地占市域面积的比重控制在10%左右。市区确保65%生态保育空间。市区适建、限建和禁建三区面积比例为3.5：1.0：5.5。

3) 城市空间结构

规划期内保持"一主三副、双心双轴、六大组团、六条生态带"空间结构，撤销塘栖组团、增加瓶窑组团，并与行政区划相对原则，主城、副城和组团范畴相对调整，如图5.4所示。双心即湖滨、武林广场地区和临江地区。双轴即东西向以钱塘江为轴线的城市生态轴和南北向以主城——江南城为轴线的城市发展轴。"一主"为主城，"三副"为江南城、临平城和下沙城，"六大组团"为余杭组团、良渚组团、瓶窑组团、义蓬组团(大江东新城)、瓜沥组团和临浦组团。6条生态带为各组团之间、组团与中心城区之间规划控制的六大绿色生态开敞空间。

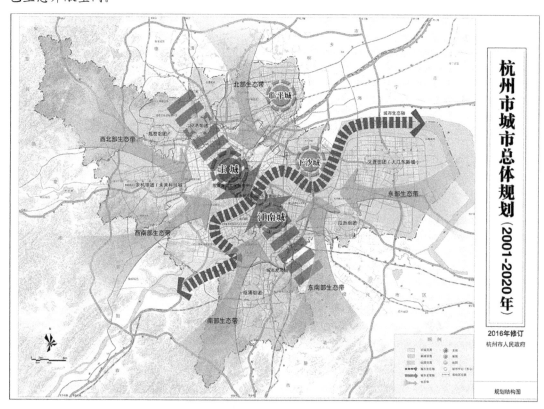

图5.4　城市空间结构规划

4) 发展规模

根据对杭州现状人口及增资趋势分析和资源环境承载能力的判断，至2020年，市区常住人口控制为745万人左右，其中城镇人口规模678万人。杭州未来发展空间将从量的扩展转向质的提升，挖掘存量土地、控制新增用地，实现高效集约发展。至2020年，市区城镇建设用地为729平方千米，新增城镇建设用地130平方千米，其中主城新增31平方千米，三副城新增44平方千米，六组团新增55平方千米。

5) 中心体系及公共服务

构建以2个市级中心为主体，6个城市副中心、8个主城次中心(主城范围内)和9个地区次中心(副城和组团内)为骨干，居住区级中心为基础，小区网点为补充的多层次、多中心、多元化、网络型城市公共中心体系，如图5.5所示。提升副城与组团公共服务水平，引导优质医疗、文化、教育资源向副城和组团布局。加强养老服务设施布点及建设，形成以居家养老为基础、社区服务为依托、机构养老为补充的养老社会服务体系。

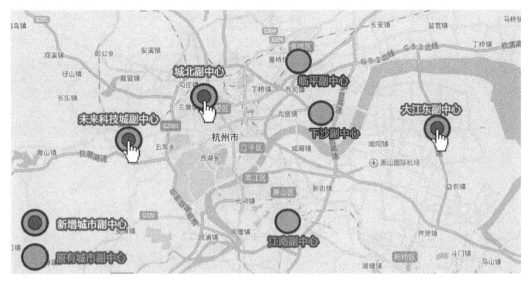

图5.5 公共中心体系规划

6) 综合交通体系

明确杭州萧山机场、铁路三大客运枢纽的功能定位和规模，规划都市圈高速公路环线，调整优化国省道线位。形成"二环五纵五横多连"的快速路网体系，实现城市快速路网服务延伸至三副六组团，并加密过江通道，预留跨铁路、高速、运河和山体的通道，优化城市道路网络。

以构建"公交都市"为指导思想，大力完善包括轨道、地面公交、出租车、公共自行车和水上巴士在内的"五位一体的大公交体系"，形成以轨道交通和地面快速公交为主导，高效的换乘系统为依托，常规公共汽车为基础，其他公共交通工具为辅助的现代化公交体系。至2019年轨道交通1、2、4、5、6号线将投入运营，形成5条线路总长约190千米的城市轨道交通线。为强化都市圈城市之间的交通联系，规划预留衔接都市圈城际轨道线，如图5.6所示。

图 5.6 轨道交通规划

4. 城市商业网点规划

根据《杭州市城乡商业网点发展导向性规划纲要(2011—2020)》分析,以"大杭州、大统筹、大商业、大平台"为出发点,以最大程度满足广大人民群众日益增长的消费需求为基本宗旨,围绕建设"购物天堂、美食之都"的战略目标,融合相关资源,优化网点布局,发展现代流通方式,有效提高资源配置效率,改善商业服务功能,构建"统一开放、竞争有序、业态多样、布局合理、服务优良、接轨国际"的商业服务体系,并在提升长三角地区商业服务功能,促进杭州市现代服务业发展中起到重要的支撑作用。

整合现有商业网点资源,推进新型商业网点建设,优化空间布局结构,提高科技含量,提升服务品质,形成"总量适当、布局科学、业态创新、结构合理、配套完善"的商业网点体系,与杭州作为长江三角洲南翼中心城市和现代化国际风景旅游城市相适应。到 2015 年年末,初步形成 2 个市级商业中心、3 个市级商业副中心、7 个区域商业中心、9 个区域商业副中心的大格局;农村商业网点建设进入高峰期。到 2020 年年末,上述格局进一步得到完善,农村商业网点网络形成规模,城乡统筹的大商业格局基本实现。

未来十年,杭州市将重点构建"2379"商业功能区,即形成"以两大市级商业中心(武林、钱江新城)、三大市级商业副中心(江南副城、临平副城、下沙副城)为主体,七大区域商业中心(城西、滨江、淳安、建德、桐庐、富阳、临安)、九大区域商业副中心(运河新城、大江东新城、瓜沥新城、临浦新城、瓶窑、余杭、良渚、之江新城、城东新城)为辅助,社区商业、乡镇商业、景区商业等多种商业为补充的"全市商业网络体系;充分利用地铁枢纽站点建设,大力发展地铁商业,增强各级商业功能区的作用和辐射能力。

未来十年,杭州市零售商业网点发展应配套城市规划、强调业态的综合性,重点做好对"面(商圈)、线(商业街)、点(商业综合体、大型购物中心)"空间布局的引导。

1) 商圈

利用城区功能改造与地铁等新型交通带来的机遇,提升优化现有商圈功能,增加服务能级;加快新型商圈建设,成为现代化城市建设的有机组成;大力培育体现消费发展趋势和杭州特色文化的潜力商圈。

(1) 提升已有商圈功能。

武林商圈:武林商圈东至中河路,南至庆春路,西至环城西路、莫干山路,北至文三路、文晖路。着力推进武林广场立体化发展和"智能武林"工程建设;加快推进杭州大厦商贸旅游综合体、武林广场地铁上盖物业、嘉里中心都市休闲生活综合体、武林广场地下商场综合体、百井坊综合改造地块综合体等综合体建设和国大城市广场、龙兴广场等项目建设,打造集商务会展、金融保险、创意文化、休闲购物于一体的国际化的综合性商圈。

湖滨商圈:湖滨商圈东至浣纱路,南至西湖大道,西至湖滨路,北至庆春路。提升解百等现有商业网点服务功能;加快推进湖滨一期提升、二期施工、三期启动,优化湖滨国际旅游综合体业态布局;培育龙翔地铁站枢纽商业,启动西湖电影院地块项目及湖边村、劝业里、思鑫坊、五福里历史文化街区保护、改善、配套项目,营造优雅、时尚的购物环境,打造成集观光、休闲、购物、酒店、金融、美食、演艺于一体的时尚国际化的杭州"客厅"。

吴山商圈:吴山商圈主要由"一坊两路(清河坊、南山路、延安南路)"组成,东至中河路,南至吴山脚下,西至南山路,北至西湖大道。结合中山路、清河坊有机更新工程及二期、三期规划建设,南宋皇城大遗址保护及市中东河综合保护工程,成为最能体现杭州传统文化特色的商旅文互动的新型综合性商圈。

(2) 加快新商圈建设。

钱江新城商圈:钱江新城商圈指东临钱塘江,南至清江路,西依秋涛路,北至庆春东路的钱江新城核心区块。以城市公建设施、商业综合体、星级酒店和商业楼宇等建设为重要载体,围绕"浙江省金融总部中心及长三角南翼区域中心城市的中央商务区和区域金融中心"的发展定位,集时尚购物、休闲娱乐、城市观光、名品展销等功能于一体,打造国内一流的超大规模时尚名品购物中心和杭州市标志性综合商圈。

庆春商圈:庆春商圈以庆春广场为核心,由新塘路、杭海路、景芳路、秋涛北路构成的空间区域。注重与钱江新城商圈的差异化发展,突出时尚、大众休闲购物主题。着力推进庆春广场百大、银泰商业综合体建设,以及新塘路、杭海路、凤起东路、秋涛北路 4 条商业特色街区的建设,打造集时尚休闲购物、体验式购物、商贸企业总部经济等综合功能于一体的钱塘江时代典范商圈。

(3) 重视潜力商圈培育。

结合副城、新城建设和周边县(市)商业的发展,未来十年可重点培育钱江世纪城商圈(江南副城)、金沙湖商圈(下沙副城)、地铁南苑商圈(临平副城)、运河商圈、九乔商圈、新安商圈(建德)、锦城商圈(临安)、青溪商圈(淳安)、迎春商圈(桐庐)、富春商圈(富阳)等潜力商圈。

2) 商业街区

优化现有商业街的空间布局和网点建设,配套商业服务设施,改善购物环境,培育代表杭州特色的商业大街，提升商业特色街的品质并拓展其发展空间。

(1) 综合商业街。

重点培育代表杭州特色的延安路商业街，通过10年努力，力争把延安路商业街打造成为业态多元化、管理智能化、品牌国际化、景观生态化、独具历史内涵和艺术品位的国际一流的综合性商业大街。改造提升凤起路、庆春路、解放路、湖墅路、建国路、体育场路商业街，将其培育成风格特色鲜明，多功能、多业态、多业态的骨干商业大街。

(2) 商业特色街区。

围绕"购物天堂，美食之都"建设目标，积极推进购物、美食等商业特色街区的建设。在特色营造上，要进一步挖掘文化内涵，提升主题特色；在空间布局上，由街向街区发展，由城区向县(市)发展；在业态配置上，大力发展体现主题文化的创新型业态；在基础设施和环境配套上，营造与主题相一致的购物环境；在经营管理上，加强商旅互动，并进一步规范化、标准化和国际化。鼓励各区、县(市)挖掘地方文化特色、产业特色、餐饮特色，结合旧城改造与新区开发，大力发展别具一格的主题特色鲜明的区域商业特色街区。

3) 商业综合体(大型购物中心)

(1) 大力推进商业综合体建设。

商业综合体空间布局要与城区建设(新城建设)、产业发展、人口集散相一致，通过10年努力，使商业综合体成为提升杭州城市商业形象、营造更为成熟商业氛围的重要载体。

(2) 有规划地发展大型购物中心。

新建大型购物中心必须与人口规模(包括流动人口)、交通便捷性相匹配，主要布置在市(副市)级商业中心，地铁、高铁、高速等交通便捷，有大型停车场的郊区。鼓励现有大型购物中心进行升级改造，实现差异化发展。

(3) 鼓励发展小型摩尔(Mall)和品牌直销购物中心。

在五县(市)的县城各培育、发展一个集购物、文化、休闲、娱乐为一体的"小型摩尔"(规模略小的购物中心)。

积极推进在交通便捷、停车方便、地价合适的城郊发展大型品牌直销购物中心，并结合旅游区开发，增加消费人流量。

2．商业地产市场分析

(1) 城市商业用地的供应。分析历年供应的商业用地，包括土地位置、面积、容积率、土地价格等关键指标，推算未来商业形态分布、商业房地产未来供应等情况，以及根据土地价格变动推断未来几年商业物业的价格走势。

(2) 城市商业房地产开发情况。通过分析历年商业房地产施工面积、新开工面积、竣工面积等关键数据，结合商业房地产开发周期，进一步推断未来几年内的商业房地产的供应情况。

(3) 商业房地产需求状况分析。分析历年商业房地产销售面积、销售金额、平均价格、商业经营情况、租金走势及商业房地产出租率等。

(4) 租售价格比。租售价格比被广泛用于衡量一个城市或地区的商业房地产的投资价值，在国内，评判商业的投资价值时，较多采用的租售价格比为120～150。通过观察该指标可以判断城市或地区商业物业的价格水平或投资价值及商业成熟度和经商环境。

案例 2

2015 中国商业地产市场发展分析及 2016 年趋势展望

2015 年，房地产市场整体结束高速增长，商业地产业也呈现一定程度的调整。宏观环境方面，2015 年实物商品网上零售额占社会消费品零售总额比例达到 12.9%，较年初提高了 4.6 个百分点，增长显著。而百货店、实体超市、实体专业店销售额同比增速显著回落；此外，批发和零售业、住宿和餐饮业增加值同比增速也持续回落。电商冲击实体销售，批发和零售业、住宿和餐饮业增速放缓等均负面影响市场对商业营业用房的需求。但金融业方面，2015 年金融业增加值同比增长 15.9%，高出同期 GDP 增速 9 个百分点，金融业高速增长有利于市场对写字楼的需求。多方因素影响下，2015 年我国商业地产开发建设趋于谨慎，开发投资额增速放缓，新开工规模继续下降；但宽松货币信贷环境下商业地产销售面积同比增幅较 2014 年扩大；全国商办用地供需创近五年新低，楼面均价同比上涨，溢价率较去年同期下降。

一、宏观环境与全国商办市场表现

1. 宏观环境：零售业增速放缓影响短期商业营业用房需求，结构调整利好商业地产长期发展

1) 批发和零售业、住宿和餐饮业增速下降负面影响商业营业用房需求

电子商务冲击实体零售，不利于商业营业用房的市场需求。随着电子科技发展，电商快速扩张，网购量持续提高。2015 年实物商品网上零售额占社会消费品零售总额比例达到 10.8%，较年初提高 2.5 个百分点，增长显著。快递业务增长也直接印证了这一点，2010 年以来快递业务量保持年均 50% 左右的增长，2015 年快递业务量达到 206 亿件，为 2010 年全年的 8.8 倍。网上零售正逐步侵蚀实体商业销售市场，根据商务部对实体百货店、实体超市、实体专业店销售额的统计数据显示，2010 年三类实体店销售额增速分别为 19.5%、14.1%、21.8%，2014 年增速降至 4%、5.4% 和 3.5%，增速回落幅度远超消费品零售总额。具体来看，2015 年上半年万达百货在全国调整收缩门店，物美、高鑫零售、京客隆等大型连锁超市净利润下滑幅度超过 10%，其中中百集团净利润同比下降 77.9%。预计未来网上零售对实体商品零售的冲击仍将持续，影响商业营业用房的销售和运营。

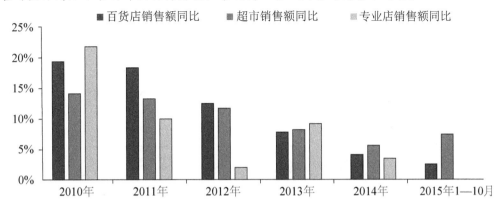

图 5.7　2010 年—2015 年 1—10 月三类实体销售额走势

批发和零售业、住宿和餐饮业增速下降负面影响对商业营业用房的需求；金融业高速增长有利于促进写字楼市场发展。商业营业用房主要用于批发和零售业、住宿和餐饮业的日常经营，该两大行业的发展状况将直接关系到商业营业用房的市场需求，而金融业的发展与对写字楼需求息息相关。2014年，批发和零售业增加值同比增速下降至9.5%，2015年前三季度进一步降至6.1%；2015年住宿和餐饮业增加值同比增长6.1%，持续低于GDP增速。批发和零售业、住宿和餐饮业增速放缓负面影响市场对商业营业用房的需求，电子商务冲击持续存在及整体经济增长承压的背景下这一趋势仍将持续。而金融业方面，2015年金融业增加值同比增长15.9%，高出同期GDP增速9个百分点，金融业高速增长有利于促进市场对写字楼的需求。

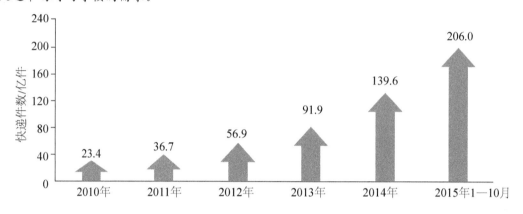

图5.8　2010年—2015年1—10月快递业务量

2) 产业结构和需求结构调整有利于商业地产长期发展

消费正逐步成为拉动经济增长的核心动力。2015年前三季度，最终消费对国内生产总值的贡献达到58.4%，比2014年年底大幅提高8.2个百分点，拉动GDP增长4个百分点，高于资本形成总额和净出口对GDP的拉动。"十三五"规划建议稿中提出，要发挥消费对增长的基础作用，着力扩大居民消费，引导消费朝着智能、绿色、健康、安全方向转变，以扩大服务消费为重点带动消费结构升级。未来随着居民消费能力进一步释放、消费结构转型升级，消费对经济增长的贡献将进一步加大。

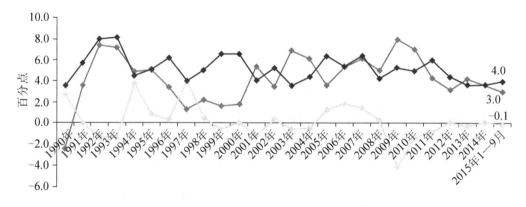

图5.9　1990年—2015年三季度三大需求对GDP同比的拉动

我国储蓄率远高于世界其他国家，消费潜力释放将促进未来市场对商业营业用房的需求。居民收入水平和消费能力存在稳定的正相关关系，收入水平越高，居民消费意愿越强。2013年以来，城镇居民人均可支配收入实际增速保持在7%左右，增速趋稳，推动消费增速保持稳健增长。此外统计局数据显示，截至2014年我国居民可支配收入超过63万亿元，总储蓄超过30万亿元，储蓄率为47.96%。尽管国民储蓄率自2010年起连续5年下降，但目前48%的储蓄率依然远高于世界其他国家平均水平。世界银行统计数据显示，2013年中国总储蓄占GDP的50%，远高于美国的18%、日本的22%和韩国的34%。这意味着中国消费需求仍有巨大的潜在发展空间，消费需求释放将刺激超市、商城、娱乐场所的增加，从而促进未来市场对商业营业用房的需求。

第三产业增加值占比持续提升，有利于商业地产市场整体发展。2013年以来，中央政府持续加大定向调控力度，经济结构战略性调整逐步深化，高污染、高耗能及产能过剩等行业有序退出市场，而代表产业转型方向的互联网经济、高端服务业等第三产业快速发展，产业结构政策效果逐步显现，新的增长动力加速形成。2015年前三季度，第三产业增加值同比增长8.4%，高于GDP增速，在GDP中占比达到51.4%，超过第一、第二产业的总和，经济结构持续优化。第三产业是商业地产的主要产业支撑，其增幅高于GDP、在GDP中占比提高，为商业地产发展带来利好。

2. 全国商办市场：新开工规模下降，办公楼销售表现突出，三四线城市土地市场遇冷

1) 商业地产供应占比逐年提升，新开工规模下降，办公楼销售表现突出

图5.10 2011—2015年全国商业营业用房及办公楼投资、新开工面积、销售面积占比

全国商品房中，商业地产开发投资额、新开工占比逐年提升，销售面积占比较2014年小幅下降。近五年商业地产开发投资及新开工面积占商品房比重逐年提升。2011—2015年，商业地产开发投资占比由16.1%提升5.6个百分点至21.7%；新开工面积占比由13.6%提升5.2个百分点至18.9%，由于商业地产去化周期较住宅慢，且部分商业地产不公开销售而作为持有物业经营，近五年销售面积占比仅为9%左右。其中，商业营业用房销售占比较2014年下降0.3个百分点，办公楼销售占比较2014年小幅提升0.2个百分点。

从供应端来看，商业地产开发建设趋谨慎，开发投资额增速放缓，新开工规模降幅扩大。2015年，国内经济面临较大下行压力，房企资金趋紧，商业地产项目开发建设趋谨慎，全国商业地产开发投资额同比增速较2014年明显放缓，新开工规模较去年缩减。

具体来看，2015年全国商业营业用房开发投资累计同比增速为1.8%，较2014年显著下降18.3个百分点；新开工面积降幅较2014年扩大6.8个百分点至10.1%。办公楼开发投资累计同比增速下降11.2个百分点至10.1%；新开工面积同比下降10.6%，而2014年为增长6.7%。

从需求端来看，宽松货币信贷环境下商业地产销售面积同比增幅较2014年扩大，三产占比提升、金融业快速发展带来办公楼市场需求，办公楼销售表现突出。2015年共实施五次降息，四次全面降准，五年以上长贷利率降至4.9%的历史低点，存准率也回落到2010年的宽松水平，多轮货币政策调整，强化市场回暖预期，2015年，商业地产销售面积同比增速较2014年提升3.0个百分点至5.0%。全国三产占比提升、金融业快速发展带来大量办公楼需求，2015年办公楼销售面积同比增长16.2%，而2014年为同比下降13.1%；由于早期商业营业用房开发规模较大，加之近年来电商快速发展对实体商业带来一定冲击，全国商业营业用房销售面积同比增速较2014年回落5.2个百分点至1.9%。随着我国三产占比稳步提升，服务业快速发展，区域一体化逐步推进，未来写字楼市场发展前景可观，但商业营业用房市场空间在一定阶段内将持续受网上零售业挤压。

2) 商办用地供需创近五年新低，楼面均价同比上涨，市场冷热不均

商办用地供需创近五年新低，楼面均价同比上涨，溢价率较去年同期下降。2015年，全国300个主要城市商办用地推出量为2.87亿平方米，同比下降33.1%；成交量为2.20亿平方米，同比下降35.1%；供需规模均降至近五年最低位。2015年，全国300个城市商办用地成交楼面均价为1858元/平方米，同比上涨17.1%，溢价率为6.99%，较2014年同期下降2.9个百分点。

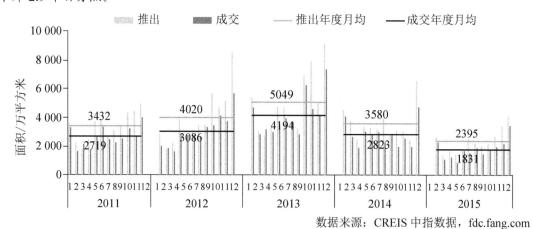

图5.11　2011—2015年全国商办用地推出及成交面积

热点城市土地市场热度攀升与三、四线城市遇冷并存。由于热点城市经济、产业发展良好，人口吸纳力强，商业地产具有良好发展空间，房价、地价具有较强上涨动力，多数房企重点布局、积极拿地。2015年，全国商办用地成交总价前50名中，41宗来自一线城市，其余均来自热点二、三线城市，其中厦门3宗，重庆2宗，珠海、福州、成都、杭州各1宗；而部分二线城市及多数三、四线城市由于前期供应量大但需求有限，地方政府放缓土地供应节奏、企业扩张意愿不强，市场以去库存为主，土地市场需求遇冷。

二、全国办公楼市场

1. 供应：全国新开工近十年首降，但南京、西安、合肥和济南新开工规模与增速突出

图 5.12　2009—2015 年全国办公楼新开工面积及其同比增速

全国办公楼市场供应减少，新开工面积同比近十年来首降。2009—2014 年，全国办公楼市场持续扩容，新开工面积年平均增长率达 20.6%；2014 年房地产行业步入调整期，办公楼新开工面积同比增幅收窄，2015 年，房企开发建设仍趋谨慎，办公楼新开工面积同比转增为降，降幅为 10.6%，为近十年来首度同比下降。

从不同城市办公楼新开工规模来看，2015 年，北京、西安、上海、成都、杭州和天津新开工面积领先，均超 200 万平方米，这些城市第三产业发达，存在办公楼市场发展空间；而沈阳、大连新开工面积较小，不足 10 万平方米，这些城市前期供应量大而需求相对有限，2015 年新开工规模明显放缓。

从不同城市新开工面积同比增速来看，南京、西安、合肥和济南新开工面积翻番，而苏州、昆明、大连和沈阳同比降幅超五成。2015 年，南京、西安、合肥和济南新开工面积翻番，新开工面积均超过 100 万平方米；廊坊前期供应量小、基数较低，同时，受益于京津冀一体化发展战略，2015 年新开工面积为 18.4 万平方米，同比大幅增长 79%，但由于该市第二产业占比较高，由第三产业带来的办公楼需求在一定时间内仍将有限；天津、北京和深圳同比增幅超三成，武汉同比增长 12%；其余城市均同比下降，苏州、昆明、大连和沈阳同比降幅超五成。

2. 需求：全国销售回暖，珠海、济南、深圳增幅显著，武汉、廊坊降幅超三成

全国办公楼销售显著回暖，同比转降为增。2009—2013 年，全国办公楼销售面积稳步提升，年平均增长率达 20.5%，2014 年，房地产行业步入调整期，全国办公楼销售面积同比下降 13.1%。2015 年，政策环境持续宽松，已实施五次降息、四次全面降准，与此同时，三产占比稳步提升、服务业快速发展，利于办公楼市场需求提升，全年办公楼销售面积达 2912 万平方米，同比转降为增，增幅为 16.2%。

从不同城市办公楼销售规模来看，2015 年，北京、上海、济南、广州、重庆销售规模较大，超过 100 万平方米，大连、廊坊销售规模较小，不足 6 万平方米；从不同城市办公楼销售面积同比增速来看，珠海横琴自贸区正在逐步完善，港珠澳大桥预计于 2017 年建成通车，横琴将成为唯一陆桥连接港澳两地的区域，直接利好商业地产发展，加之珠海2014年同期销售基数较小，2015年同比增速高达731.6%，在各代表城市中最高。此外，济南同比增长超2倍，深圳同比增长1.4倍，苏州、上海、北京、青岛、合肥等城市同比增速超三成，在代表城市中增速较高。而武汉、廊坊销售面积同比降幅超三成。

3. 分化：一线城市存发展机遇，成都、昆明等城市应注重库存去化

1) 多数城市优质写字楼租金变化平稳，重庆、成都、沈阳空置率超30%

2015年多数城市优质写字楼租金变化平稳，成都租金自2013年一季度起持续下跌。从各代表城市优质写字楼租金情况来看，2015年，一线城市租金水平较高，北京市第三季度租金高达424.9元/(平方米·月)，二线城市中杭州、天津、南京租金均超100元/(平方米·月)。各代表城市优质写字楼租金变化平稳，成都受空置率高企和市场需求动力不足影响，为各代表城市中唯一租金自2013年一季度起持续下跌的城市，2015年第四季度租金环比跌幅在各代表城市中最大，为2.8%。

代表城市优质写字楼空置率情况分化。2015年，从各代表城市优质写字楼空置率情况来看，重庆、成都、沈阳前期供应量大而需求相对有限，今年各季度平均空置率均超过30%；而大连2015年新增供应量在各代表城市中最低，深圳、北京和上海市场需求量大，四城市今年各季度空置率均不足10%。

2) 郑州、昆明等城市应注重合理去化库存

第三产业产值与办公楼需求密切相关，在此，我们用第三产业产值作为办公楼需求的替代量来评估代表城市近五年新增供应量的消化能力。一线城市第三产业产值高于其他代表城市，且经济发展良好、具有较好的人才吸纳能力，具备写字楼需求提升空间。北京市近五年累计新开工面积和第三产业产值在代表城市中均为最高，2014年第三产业占比高达77.9%，服务型经济特征及产业结构高端化趋势更加明显，未来办公楼市场仍具备增长空间。

郑州、昆明等城市近五年新增供应量高于其消化能力，更应注重合理去化库存。2014年，郑州市三次产业结构比为2.2∶55.6∶42.2，仍以第二产业为主，对办公楼需求影响较大的第三产业占比有待进一步提升，郑州市近年吸引的企业由中心逐步向郑东新区或园区扩散，但由于新开工规模超过市场消化能力，市场存在去化压力；成都、重庆、西安、昆明以第三产业为主，但近五年新增供应量高于其消化能力，更应注重合理去化库存。

三、全国商业营业用房市场

1. 供应：全国新开工降幅扩大，但重庆、西安新开工规模与增速突出

全国商业营业用房市场供应减少，新开工面积同比降幅扩大。2009—2013年，全国商业营业用房市场供应量持续增加，年平均增长率达21.4%。由于市场前期供应量较大，加之2014年房地产市场步入调整期，商业营业用房新开工面积于2014年出现回落，同比下降3.3%，2015年，商业营业用房新开工同比降幅进一步扩大至10.1%，较2014年扩大6.8个百分点。

从不同城市商业营业用房新开工规模来看，2015年，重庆、成都、西安、合肥新开工面积领先，超过400万平方米，其中重庆超过1000万平方米。这些城市均为区域中心城市，具有较强的人口吸纳能力，同时，这些城市2015年前三季度社会消费品零售总额同比增速

均超过15%(高于全国10.5%的同比增速)，商业营业用房存在较大发展空间；而大连、厦门、珠海新开工面积较小，不足60万平方米。

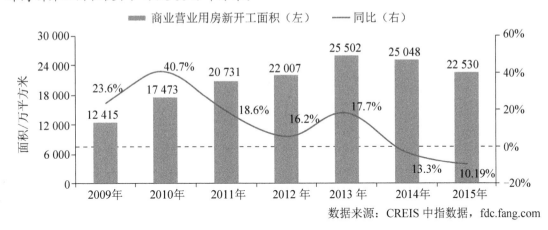

图5.13　2009—2015年全国商业用房新开工面积及其同比增速

从不同城市新开工面积同比增速来看，北京、深圳、重庆2014年年末常住人口均超千万，消费群体规模大，2015年，商业营业用房新开工面积同比增速超30%；西安作为西北五省中心城市，人口流入显著、商业发达，近十年来(2006年以来)商业营业用房新开工规模不断扩大，商业营业用房新开工面积同比增速达42%；大连、沈阳虽然是东北地区中心城市，但经济增速低于全国总体水平，人口面临长期流出的困境，加之前期供应量较大，面临较大库存去化压力，新开工同比下降趋势暂难扭转，2015年同比降幅超五成。此外，多数代表城市商业营业用房新开工面积同比下降，苏州、厦门同比降幅超三成，宁波、昆明、长沙同比降幅超五成。

2. 需求：全国销售增速放缓，重庆销售规模与增速突出，大连、廊坊同比降幅超五成

全国商业营业用房销售增速进一步放缓。2008年全球金融危机爆发，全国商业营业用房销售面积同比下降9.4%，之后，商业营业用房市场逐步转好，2009—2010年，全国商业营业用房销售面积保持高速增长。2011年以来，受到外部宏观环境低迷、互联网电商冲击的影响，加之开发商持有商业营业用房意愿不断增强，全国商业营业用房销售增速放缓。2015年，尽管社会消费品零售总额同比增速触底回升，但整体经济下行压力依然较大，网上零售的高速增长对线下商业带来更大挑战，商业营业用房销售面积同比增速进一步放缓至1.9%。

2015年，从不同城市商业营业用房销售规模来看，重庆、成都作为区域中心城市，人口众多，商业营业用房销售规模较大，超过200万平方米；合肥、昆明、长沙、苏州、上海和武汉也超过100万平方米；深圳、廊坊、珠海等城市销售规模较小，均小于20万平方米。从不同城市商业营业用房销售同比增速来看，宁波同比增速最高，达到57.8%；青岛、福州旅游业较为发达，刺激商业营业用房需求增长，销售同比增幅分别为30.6%和24.0%；南京、重庆经济持续向好，居民消费能力不断提高，促进商业营业用房需求增长，销售同比增幅分别为52.3%和32.9%。此外，沈阳、武汉和郑州同比降幅均超三成，大连和廊坊同比降幅均超五成，降幅显著。

3. 分化：一线城市需求旺盛，沈阳、合肥等城市应注重去化库存
1) 多数城市优质零售物业首层租金变化平稳，沈阳空置率超30%

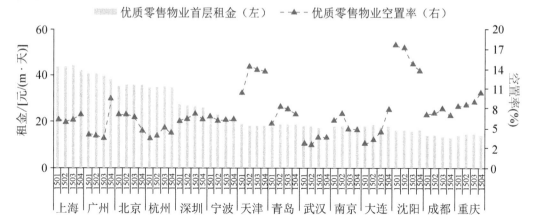

图5.14 2015年达标城市优质零售物业首层租金及空置率

2015年多数城市优质零售物业首层租金变化平稳，成都租金连续三个季度下跌。从各代表城市优质零售物业首层租金情况来看，2015年，一线城市租金水平较高，上海市第四季度租金达42.4元/(平方米·天)，二线城市中杭州、宁波租金均超20元/(平方米·天)。各代表城市优质零售物业首层租金变化相对平稳。

代表城市优质零售物业空置率情况分化。2015年，从各代表城市优质零售物业空置率情况来看，武汉2015年各度空置率不足5%；天津市空置率前三季度呈现提升态势，第四季度略有下降，为13.8%，需警惕供应过剩风险；沈阳空置率自2014年第四季度起逐季下降，但2015年各季度空置率在代表城市中仍为最高。

2) 沈阳、合肥等城市应注重合理去化库存

社会消费品零售总额是衡量商业营业用房市场需求的一个重要指标。从代表城市近五年新开工面积与2015年前三季度社会消费品零售总额情况来看，一线城市的家庭可支配收入普遍较高，消费能力强大，社会消费品零售总额总体水平表现突出，还受益于高学历人才聚集、国际化商务平台等因素，商业营业用房需求突出；而重庆、成都两城市社会消费能力可观(2015年前三季度社会消费品零售总额超3500亿元，在代表城市中处于较高水平)，但近五年新增商业营业用房供应量较大，需警惕过剩风险。此外，沈阳、合肥、昆明、西安、苏州近五年累计新开工面积相对于其社会其消费能力均显现出过剩态势，应注意适当控制新开工量，警惕过剩风险。

四、2015年商业地产热点回顾

1. 轻资产：房企将更专注于设计、开发、运营等核心业务

传统开发模式下，开发商通过融资、拿地、建房、销售，并以销售获得的现金流投资持有物业。目前，房地产市场整体增速放缓，商业地产局部过剩，商业地产开发企业面临同质化竞争激烈、融资模式较单一及资金压力较大等问题；同时，商业地产开发周期较长牵制了开发商投资回报率的实现。而以持有资产为核心的重资产经营模式已经不能适应当

下形势,一方面重资产开发的可持续性及退出机制的局限性迫使开发商进一步专业化发展,另一方面电商的快速发展导致传统商业地产行业加速转型。轻资产转型成为商业地产企业转型方向之一。

万达集团总裁王健林在万达2014年年会上说,万达的商业地产将力推"轻资产"模式,未来万达广场的设计、建造、招商、营运、信息系统、电子商务由万达负责,但投资全部来自机构,双方从净租金收益中进行分成。2015年万达轻资产转型正式启动。

万达商业地产的轻资产运营模式以基金主导,企业进行商业开发和运营。万科、龙湖等住宅开发商在商业地产领域"轻资产"的探索上更加偏向于引入基金,入股合作,补充资金。商业地产后起之秀红星商业则通过接洽中小房企或外行的合作方,入股或纯代管商业项目实现轻资产运营模式。

小结:轻资产运营通过与机构合作等方式有效解决企业资金压力大的问题,有利于房企专注于设计、开发、运营等核心业务,进一步提高企业核心竞争力和品牌影响力,同时能有效分担市场风险,加快资金周转。房地产行业已经逐步告别高利润时代,轻资产模式无疑将继续是未来整个行业的转型方向之一。目前国内商业地产领域轻资产运营模式仍处于探索阶段,尚无典型成功案例出现。轻资产转型效果如何仍有待市场检验。值得注意的是,轻资产运营模式对企业的商业运营能力、品牌效应及人才储备等资源要求较高,商业地产企业在进行轻资产转型之前或过程中,应注意提高自身商业地产运营能力、优化产品品质、提升品牌效应。

2. 众创空间:运用互联网思维,注重服务提供,盘活存量

2015年3月11日,国务院办公厅文件提出推进大众创新创业,加快构建众创空间。到2020年形成一批有效满足大众创新创业需求、具有较强专业化服务能力的众创空间等新型创业服务平台。众创空间的提出,反映出当前我国经济新模式、新业态不断涌现的新局面,中央的定调更为众创空间的发展提供了良好的政策环境,同时也成为传统房地产转型的新方向和盈利点。今年以来,来自房地产行业的创客空间产品不断涌现,典型的有优客工场、SOHO 3Q等。

1) 优客工场

优客工场由毛大庆发起,红杉资本、真格基金、创新工场、亿润投资、清创科控、诺亚财富等多个投资机构共同投资,国内多位知名企业家联合创始成立。优客工场是一种联合办公空间,涵盖了一部分孵化器的功能,以及相关的空间服务。

盈利模式:租金,会议室、IT维修等基础增值服务,培训、传媒等高级服务,以及会员会费四个方面。目前租金收益大概占优客工场总收入的90%,随着未来业态的不断成熟,这一比例将逐步降低。在各类业务都稳步展开之后,租金和来自于服务收入将有望达到四六开的占比。

城市布局:以一线城市为主。目前,主要在北京、上海、深圳等一线城市,北京选址以CBD和中关村为主,还有亦庄、望京、西直门、房山、顺义等区域。除此之外,目标布局城市也包括广州、南京、杭州、武汉、西安、天津、烟台、青岛等。

核心竞争力:服务。入驻企业可以享受到"智能化办公处理器"的全方位服务,包括小微金融、定制化保险、人力资源、法务、财务、投资、市场推广、交通、餐饮、生活服

务、创意传媒、培训、医疗、社交、效率等多维度的基础服务，还有诸如银行、咨询、导师、投资、幼儿园等特色服务。

2) SOHO 3Q

2015年2月，SOHO中国为年轻的互联网创业团队设计的"移动办公"产品——SOHO 3Q正式上线，仅仅3个月之后，位于北京的望京SOHO 3Q即告满租。作为传统商业地产的巨头，SOHO中国转型进入"联合办公"领域备受业界关注。

3Q众包创新营销模式。3Q众包模式鼓励所有个人和公司加入3Q销售网络，成为3Q伙伴和3Q联盟。借助互联网的力量，3Q伙伴或联盟可以通过手机端代客下单，客户支付成功后，合同租金金额的8%将返还3Q伙伴或者联盟账户，佣金闪电到账。3Q众包的整个过程轻松快捷，拓展了社会化的更丰富的资源渠道，实现"人人都能赚租金"，SOHO中国为此准备了1.6亿元的佣金。

灵活的租期、互联网结合、完善的配套是SOHO 3Q的最大特色。SOHO 3Q可提供灵活的短租服务，一次订单的租期可以短至一周，也可以长达三个月，可以单租一个工位，也可以整租一间办公室，在手机APP上随时随地实现选位、付款或者续租，享受WiFi、复印打印、咖啡等办公服务。

小结：目前传统写字楼市场面临局部过剩，分布不均等现状，房企如何盘活现有存量是亟待解决的问题。众创空间为房企盘活存量提供了一条路径，同时政府支持创业的宽松政策环境也提供了利好。但众创空间除了提供灵活办公空间外，还包含技术支持、资金支持、导师指导、资源共享等多维度内涵。目前房企转型众创空间只是试水阶段，毛大庆的优客工场除了提供独立办公场所外，提供综合服务是其未来的发展核心竞争力和宗旨；而潘石屹地SOHO 3Q本质是互联网思维下的灵活短租业务。目前来看二者的市场反应均不错，首先是很好地契合了当下创新创业时机，在地产商内迈出了第一步为其赢得先机，此外毛大庆、潘石屹的企业品牌效应和个人明星效应也起到了一定的促进作用。但究其根本地产商最关注的是租金和出租率；而创业者关注的是除了办公空间，地产商还能为其提供哪些帮助和支持。供需双方接洽融合的前提下，地产思维的众创空间才能可持续发展。

值得关注的是，创客空间这种办公物业形式，目前多是"小而美"的小众路线，市场空间有限，未必适合大规模复制。这种形式在一线城市和发达二线城市有一定市场空间，大多数二线及三、四线城市并不适合。很多城市都有政府主导的产业园区和产业孵化器，且政府给予一定的补贴，有资金实力的创业企业更愿意选择成熟园区。而小微企业或个人能够承受的租金水平有限，导致众创空间的租金水平短期内较难走高。

3. "体验式"业态：更强调业态配比、环境设计等方面的考量

2015年，互联网电商零售冲击实体销售，消费者心态的日渐成熟，购物中心"地段和大牌决定一切"的时代已经结束，而商场的布局尤其是体验消费型商家的引进及布局、人文设施和服务的改善日益重要，未来的消费者会更愿意为体验、环境、情感和服务买单。

1) "体验式"购物中心更强调业态配比、环境设计等方面的考量

虽然购物中心"体验式业态"被频提，但其内涵究竟如何？通常，体验式购物中心是一种以休闲娱乐为主、购物为辅的城市购物中心，体量一般较大，它强调从生活情境出发，塑造人们的感官体验及心理认同，通过与环境、建筑及与城市风格的融合，营造出别致的

休闲消费场所,激发出消费者的消费意愿和购物行为。

2015 年,越来越多的商业项目已注意到这一趋势,纷纷开打"体验牌",调整业态,增加休闲、餐饮、娱乐,甚至体育场馆、博物馆、儿童游乐设施、水族馆、体验式运动城等业态的比重,通过轻松愉悦的购物环境实现对客流的重新集聚。

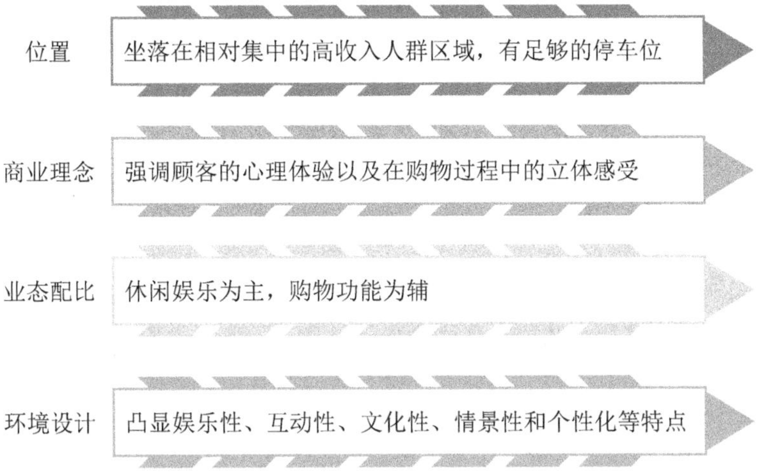

位置	坐落在相对集中的高收入人群区域,有足够的停车位
商业理念	强调顾客的心理体验以及在购物过程中的立体感受
业态配比	休闲娱乐为主,购物功能为辅
环境设计	凸显娱乐性、互动性、文化性、情景性和个性化等特点

图 5.15 体验式购物中心特点

2) 购物中心如何增加"体验式"业态

2015 年,新开业的购物中心不断优化"体验式"布局,通过创造体验性购物环境、增加体验性业态,尝试体验性服务等方式为商场增值。例如:采用独具特色的建筑设计,购物中心内部每一个店铺没有死角的自然连接,提供便利的配套服务,融入与项目相关的特色文化理念,以往的双主力店也由现在的多主力店代替。

3) 2015 年新开业典型项目品鉴:成都远洋太古里

项目特色:设计独特(复古街区式)、定位精准、体验式消费(建筑体验、业态体验、商家体验)、低密度。

项目的"体验式"分析:该项目毗邻千年古刹大慈寺的大片川西建筑特色的历史街区,具有十足的文化底蕴,项目设计秉持"以现代诠释传统"的设计理念,将成都的文化精神注入建筑群落之中。项目集文化、购物、休闲、娱乐、餐饮为一体,是开放式、低密度的街区形态购物中心,快慢生活相结合的体验式消费聚集地,为顾客提供创新及充满个性的购物及休闲体验。

小结:一个成功的体验式购物中心,不是简单地引入诸多体验式业态,而是体现在从项目的前期定位、规划到后期运营管理等方方面面的细节考量。体验式业态的不断完善与升级不仅仅是开发商或者一家品牌商的责任,而是需要购物中心各种业态的相互配合才能更好地实现。对于开发商而言,在项目规划设计、业态划分、品牌引进等方面都面临很大的挑战;对于线下商业而言,这是一次发挥自身优势、反攻电商的绝佳机会。体验式购物中心作为一个新兴的商业地产发展模式,未来还有很长的路要走。

4. "互联网+":强调线上线下融合,以互联网思维延长商业链条

2015 年,互联网于商业地产而言,一方面是电商对实体商业的冲击,给商业地产带来

巨大的发展压力与挑战；另一方面，互联网也向商业地产领域逐步渗透，给商业地产带来了新的发展机遇：一些实力房企正加速商业地产的"互联网+"战略布局，强调线上线下的融合与共同发展。与此同时，商业地产对互联网的应用也不再是简单的网页设计与开发一个APP，范围正在被逐步拓宽，商业链条正在不断延长。

1) 强调线上线下融合，多企业布局"互联网+"

在2015年8月的某论坛上，王健林表示："5年以后没有互联网公司能存活，互联网与实业融合，线上线下的融合，这才是未来互联网的发展方向，也是实业长期持续发展的方向。"他阐释了万达在"互联网+"领域所做的布局。

除万达外，在商业地产领域，2015年多数房企均纷纷布局"互联网+"。4月20日，北京万科发布社区商业V-LINK品牌，宣告万科社区服务商2.0阶段的到来。通过V-LINK，万科将与创业者一起打造分时的教育配套，如面向幼儿的早教、面向青少年的4点半学堂、面向青年的职业培训、面向老年人的兴趣小组等。V-LINK体现了万科"客户真实体验的移动互联社区"理念，最终实现触发人与人之间链接。10月15日，SOHO中国宣布SOHO 3Q正式开启互联网众包模式，优办、远行地产等首批8家企业加入3Q联盟，SOHO中国为该模式准备了1.6亿元佣金。该模式从选房、订房到付款交易，每个环节都在网上进行，为流动人群提供O2O模式的办公场所，该互联网众包模式操作便捷，可以更好地实现资源共享。

发展迅速的商业地产企业均强调线上线下融合，这种线上线下相融合的模式能够使企业资产变"轻"，增加与用户的互动，增强用户的体验等，更好地发挥其主力优势。

2) 商业地产发力O2O，以互联网思维延长商业链条

在现阶段，互联网电商给商业地产带来的冲击大于挑战，但互联网电商也存在着线下服务能力匮乏这样的"痛点"，互联网电商的"痛点"，给商业地产带来了机会。

何谓商业地产O2O？它并非是简单地设计一个网页或APP，定时推送商品促销信息。如何将合适的信息在合适的时间传递给合适的人群，吸引其进入商场消费，并长时间地留在商场，成为商业地产O2O的终极目的。而这其中，需要强大的客户前期调研、持续的产品调整、完善的后台服务和极具竞争优势的实体商业空间，才能完整实现这个商业闭环。

从商业地产的招商选址、室内导航、网络服务到消费者意见调查等方面，均实现了互联网的渗透与布局；百度、阿里等互联网大企业分别推出了百度慧眼和喵街作为商业数据领域的创新项目。商业地产巨头寸土不让，万达集团推出飞凡网、凯德集团的购物星从1.0升级至2.0，中粮大悦城会员大数据更已颇具规模……毫无疑问的是，在商业地产领域，互联网的渗透、布局，以及对数据的积累与利用已成为发展趋势。

以互联网思维延长商业链条。通过互联网，实体商业综合体可将购物中心的辐射半径由3千米、5千米延伸至10千米、15千米，更大范围地吸引人流；通过线上和线下的互动，更迅速弥补电商所存在的"短板"，实现真正意义上的O2O。

小结：我们认为，对于商业地产而言，"互联网+"的战略布局，不仅仅是对互联网技术或者某一个模式的应用，而是更好地实现了互联网化的渗透与融合。"互联网+"区别于纯互联网，其更强调线上线下的融合与互动，从而攻克单纯线上O2O线下服务能力匮乏的行业"痛点"，弥补电商的不足，从而带来新的发展机遇。

五、2015年商业地产市场总结与2016年趋势展望

我国经济结构不断优化升级，第三产业占比逐步提升，新型城镇化推进、区域经济一

体化发展，人口红利持续释放，商业地产市场长远存在发展机遇，但短期来看，也面临着阶段性过剩、实体商业受电商冲击、零售业增长放缓影响商业地产需求等问题。2016年，商业地产市场将在调整中发展，对于企业而言，应在服务与产品品质提升中去化库存，产品将不断向精细化、智能化、绿色化发展。与此同时，轻资产运营、互联网思维、众创空间、体验式业态、社区商业等近几年兴起的新模式、新业态、新思维将进一步得到完善、应用与发展，具体表现如下。

1. 商业地产阶段性过剩，市场在调整中发展，长期存发展机遇

商业地产阶段性过剩，市场在调整中发展。前期商业地产市场持续扩容，过剩态势逐步显现，2015年，商业地产市场在调整中发展，表现为供应端趋冷但占比提升，销售端回暖但占比略有下降：从供应端来看，商业地产开发投资额增速放缓，新开工规模缩减，同比降幅扩大，但开发投资及新开工面积占比呈提升态势；从需求端来看，宽松货币信贷环境下商业地产销售面积同比增幅扩大，办公楼销售表现尤为突出。此外，商办用地供需创近五年新低。预计2016年商业地产新增供应继续保持同比下降态势，销售保持低位增长。

中长期来看，产业结构不断优化升级、人口红利持续释放、新型城镇化推进、区域经济一体化发展使得商业地产存在发展机遇。中央在"十三五"规划建议稿中提出，"服务业比重进一步上升，消费对经济增长贡献明显加大"，预示着第三产业以及消费对经济的贡献将继续增加，利好商业地产市场发展。此外，城镇化稳步推进将促使人口红利持续释放，为经济发展注入强大动力，也为商业地产提供需求空间；新型城镇化的推进与区域经济一体化发展共同作用，将带来部分城市的产业发展新机遇，从而推动商业地产市场发展。

2. 办公楼：三产占比提升、金融业快速发展利好办公楼市场

三产占比逐步提升，金融业快速发展，利好办公楼市场持续发展。2015年前三季度，我国第三产业占比已达到51.4%，第三产业增加值同比增长8.4%，同比增速超过GDP增速，第三产业是商业地产的主要产业支撑，未来三产占比仍将逐步提升，将进一步利好商业地产市场发展；2015年金融业增加值同比增长15.9%，高出同期GDP增速9个百分点，未来金融业仍将保持快速发展，将直接促进市场对写字楼的需求。

部分城市需求仍将旺盛，但部分城市也应注重合理去化库存。2015年，全国办公楼市场新开工近十年首降，销售全面回暖，但城市分化明显。一线城市现代服务业领先，尤其是金融、高科技行业、咨询服务业增长快速，加之全国高素质劳动力的聚集和完善的营商环境，办公楼市场需求仍将旺盛。部分城市如深圳、珠海等办公楼市场需求仍将旺盛。但部分城市也将面临库存去化压力：如重庆、成都、沈阳由于前期供应量大而需求相对有限，优质写字楼空置率超30%；在空置率高企和市场需求动力不足的影响下，成都优质写字楼租金自2013年一季度起持续下跌；郑州、昆明等城市近五年新增供应量高于其消化能力，未来这些城市应注重合理去化库存。

未来办公楼将更加注重品质的提升及新技术、新模式的应用。高存量与新需求不断增加促使未来办公楼更应注重品质的提升，对新技术、新材料的应用促使办公楼不断向精细化、智能化、绿色化发展；如优客工厂、SOHO 3Q此类众创空间，不仅仅提供办公场所，更注重服务的提供和互联网思维的应用，从而以"质"的提升带动"量"的增长。

3. 商业营业用房：阶段性过剩、电商冲击促商业营业用房提升品质与去库存并行

城市分化持续，未来商业地产将在提升品质中去化库存。当前商业营业用房面临阶段性过剩与电商冲击的双重压力，2015 年，全国商业营业用房新开工降幅扩大，销售增速放缓。城市持续分化：一线城市人口集聚，家庭可支配收入普遍较高，消费能力强大，商业营业用房需求突出；二线城市如重庆商业营业用房市场发展良好，供需规模与增速突出，而大连、沈阳新开工下降趋势暂难扭转，面临较大的去库存压力。未来商业地产的库存去化应建立在品质提升的基础上，如企业运营模式的"轻资产"化、商业体验式业态的合理布局、互联网思维在商业地产中的运用、社区型商业的发展等。

运营成本提升、资金压力加大使得"轻资产"运营模式成为发展趋势。轻资产运营通过与机构合作等方式有效解决企业资金压力大的问题，有利于房企专注于设计、开发、运营等核心业务，进一步提高企业核心竞争力和品牌影响力，同时有效分担市场风险，加快资金周转，轻资产运营模式将成为未来发展趋势。但我国商业地产领域轻资产运营模式仍处于探索阶段，企业在进行轻资产转型之前或过程中，应注意提高自身商业地产运营能力、优化产品品质、提升品牌效应等。

电商冲击、消费者心态日趋成熟，促使体验式业态的合理布局成为未来发展趋势。购物中心"地段和大牌决定一切"的时代已经结束，而商场的布局，尤其是体验消费型商家的引进及布局、人文设施和服务的改善日益重要，未来的消费者会更愿意为体验、环境、情感和服务买单。对于开发商而言，在项目规划设计、业态划分、品牌引进等方面都面临很大挑战；对于线下商业而言，这是一次发挥自身优势、反攻电商的绝佳机会。体验型购物中心作为一个新兴的商业地产发展模式，未来还有许多需要探索、完善、提升之处。

此外，互联网的应用、社区商业的不断发展也成为商业地产发展新趋势。线上线下的融合与共同发展将成为商业地产的发展趋势，商业地产对互联网的应用不再是简单的网页设计与开发 APP，范围正在被逐步拓宽，商业链条正在不断延长。社区商业发展方面，其特有的便利性可以提升人们生活品质、营造人气，是其他城市商业地产及区域商业地产不可替代的，未来将成为发展趋势。

(资料来源：中国指数研究院)

3. 项目所在商圈及竞争商圈分析

商圈也称购买圈、商势圈，是指零售店以其所在点为中心，沿着一定的方向和距离扩展，吸引顾客的辐射范围，简单地说，也就是来店顾客所居住的地理范围。理论上是由当地人口规模、人均可支配收入、出行成本、商业业态所决定。

商圈的销售活动范围通常都有一定的地理界限，即有相对稳定的商圈。不同的店由于所在地区、经营规模、经营方式、经营品种、经营条件的不同，商圈规模、商圈形态存在很大差别。零售店由于所处地区、经营规模、经营商品品种不同，商圈的范围、形态以及商圈内顾客分布密度存在着一定的差异，即"商圈效应"。

1) 商圈分类

商圈一般有两种分类方法，一是以顾客密集度来界定，二是以顾客到店的时间来界定。

(1) 第一种分类：此类商圈由核心商业圈、次级商业圈和边缘商业圈构成。

① 核心商圈，是最接近零售店，顾客密度最大的区域，是主要商圈。核心商圈的顾客

占 60%～70%。

② 次级商圈，是位于邻近商圈以外的区域，顾客密度较小。次级商圈顾客占 20%～30%。

③ 边缘商圈，是位于外围商圈以外的区域，顾客最少，密度亦最小。

居民区方便店几乎没有边缘商圈的顾客。而位于商业中心的零售店，核心商圈的顾客密度较小，并不是商圈的主要组成部分，次级商圈和边缘商圈的顾客密度大。大型零售店，边缘商圈的顾客往往最多。

(2) 第二种分类：此种商圈按照顾客来店所需的时间来计算区分。按照这种方式，商圈可以分为徒步圈、骑车圈、乘车圈和开车圈。

徒步圈即走路可忍受的范围或距离。一般来说，单程以 10 分钟为限，距离在 500 米以内，我们称之为第一商圈；骑车商圈是指骑自行车所能及的范围或距离，一般来说单程以 15 分钟为限，距离在 2 000 米以内，我们称之为第二商圈；乘车圈是指公共汽车所能及的范围或距离，乘车 10 分钟左右，距离在 5 000 米以内，我们称之为第三商圈；开车圈是指开车经过普通公路、高速公路来此消费的顾客群(一般是回头客或慕名而来的顾客)，我们称之为第四商圈。

对于商圈集中、辐射半径小的商圈，一般规模小，潜力受到限制，顾客购物频率高；而辐射半径过大的商圈，一般要得到市场对客户的吸引力难度较大。

随着交通的发展与人们出行方式的改变，商圈分类应该有新的计量标准。其辐射范围已从过去的绝对地理距离变为时间距离，即商圈开始步入以交通时间来计量商圈辐射范围的时代。

2) 商圈分析步骤

第一步：确定资料来源，包括销售记录分析、邮政编码分析、调查等。

第二步：确定调查的内容，包括平均购买数量、顾客集中程度等。

第三步：对商业圈的 3 个组成部分进行确定。

第四步：确定商圈内居民人口特征的资料来源。

第五步：分析商圈内居民的消费特征。

第六步：分析竞争对手与市场其他情况。

第七步：根据上述分析，确定是否在该商圈内营业，最后要确定项目的区域和具体地点。

3) 商圈分析的内容

(1) 项目所在区域商贸状况，包括商品交易状况、恩格尔系数、居民收入及消费构成等。

(2) 人流分析。人流包括垂直人流及水平人流，分析范围包括人流量、停留时间、每次消费金额、对不同类别的需求(吃、喝、玩、乐)等。

(3) 商圈辐射范围：包括一级商圈、次级商圈辐射范围，商圈内的其他竞争项目等。

新设商业项目确定商圈主要根据当地市场的销售潜力分析，可以根据城市规划、人口分布、住宅小区建设、公路建设、公共交通等方面的资料，预测本项目将来可以分享的市场份额，从而确定商圈规模的大小。

4) 商圈容量测算

在一定经济区域内,以商场或商业区为中心,向周围扩展形成辐射力,对顾客吸引所形成的一定范围或区域的最大容量。

测量商圈饱和度,使用比较广泛的是饱和度指数,其公式为

$$IRS=(C \times RE) \div RF \tag{5-1}$$

式中,IRS——饱和度指数;

C——顾客总数;

RE——每一位顾客的平均购买额;

RF——商圈内商场的营业面积。

【例5-1】假设某年某商圈的商场每平方米平均营业额为10 996元,顾客为350万人,全年人平均购买5 000元,现有商业物业为110万平方米,那么根据式(5-1)得该商圈的饱和指数为

$$(350 \times 5\ 000) \div 110 \approx 15\ 909(元/平方米)$$

该商圈每平方米的营业额与正常水平相差近5 000元,说明该商圈的商业物业已经饱和了。

案例3

武林商圈分析

武林商圈北向跨运河至文晖路,与朝晖大型居住区相邻,南至凤起路,东至中山北路,西与武林路时尚女装街相接,商业业态布置格局就是典型的U形坐北朝南布局。它的朝南开口像一个袋口,也像一个聚宝盆口,既可以吸纳来自东西两端的诸如环城北路、体育场路东西两端的人流量,也很容易容纳来自朝南方向的延安路来的客流量。因此,一直以来武林商圈就是杭州最繁华的商业核心圈,它是杭州商业繁荣的一个象征,也是各大商家的必争之地。

经过多年的发展,现在的武林商圈不仅有积聚相当好的人气基础,还具有非常成熟的商业形态,商业集中、交通便捷、基础设施完善。商圈内居民多具备较强的经济实力,能够形成有效的消费。武林商圈内的包容性非常强,涉及的业态也非常广。高档购物中心、百货商场、专业市场、专卖店、便利店都有分布;商圈内还有很多品牌专卖店、特色餐饮连锁店、咖啡店及各类饰品店、服装店。今后商圈内的经营业态将会增加休闲娱乐及时尚消费元素,所以,酒吧、咖啡吧、茶座及高档精品店如家居用品店、香水店都比较适合这一商圈的商铺经营。

早前的武林商圈主要集中在武林门一带。杭州大厦、银泰、杭百等大型购物商厦雄居武林广场,连卡佛又将武林商圈的购物档次提高一层;白马大厦、华浙广场、同方财富大厦等商务楼林立,电信、联通、移动总部也坐落在此,商贸业发达。而白鹿鞋城、华贸鞋城、武林鞋城、百姓鞋城、步步高鞋城等大型鞋城的集中,各大品牌手机专卖店的开放,使得武林门一带的市场更为繁荣。近两年来,随着武林路时尚女装街两期工程的完工,武林路从一条普通的小马路一跃为武林商圈中耀眼的明星。在武林路女装街,既可以购买诸多大牌服饰,又可以选择江南布衣这样的本地品牌服饰。当然,武林路更为吸引人的,是

它的各具风格的林林总总的小店铺如假日帆船、太阳雨等，它们共同组成了武林路多姿多彩的流行世界。由于生意红火，武林路的店铺开始向孩儿巷、龙游路等周边地区扩展。由于武林商圈一带的人气一直很旺，因此附近旺铺的地位依旧牢固，而且供求极不平衡，基本处于卖方市场。商铺售价为4万~8万元/平方米，年租金最高可达7000元/平方米左右，投资回报率为6%~7%，方位稍逊的在4%~5%。也有一些相对便宜的商铺，这些商铺或位于小马路或商业氛围相对较差。其中，孩儿巷商铺的售价约在2.5万元/平方米以上，百井坊商铺售价约为2.2万元/平方米，附近的白云大厦、同方财富大厦或越都商务大厦售价在3万~3.8万元/平方米。而目前体育场路商铺的售价也多高于3.5万元/平方米，有的甚至要超过5万元/平方米。按照规划，作为武林中央商务区发展建设的武林商圈，其业态结构将由目前商业30%、商务30%、住宅40%，转变为商业40%、商务40%、住宅20%，商业发展前景更好，商铺经营更加有利可图。由于该地区大型百货店已相当密集，因此今后要鼓励发展品牌专卖店、专业店及中小型餐饮业，在西湖文化广场周边增加休闲、娱乐及时尚消费设施。规划期间，将结合地铁1号线站、地下车库及武林广场地下商城建设，以武林商圈为核心，打造武林中央商务区。

案例4

必胜客万达广场店商圈调查分析

1. 商圈的形态

(1) 商圈特征：商业场所多，商圈规模大，人口密集，流动人口多。商圈大，流动人口多，热闹，各种商店林立。其消费习性为快速、流行、娱乐、冲动购买及消费金额比较高等。

(2) 消费特点：快速、流行、便利性、人口密集、消费额相对较高。

(3) 周边商店的聚集状况：多功能聚集(零售业与饮食业、服务业、娱乐业、邮电服务、银行的聚集)。

2. 商圈所覆盖的范围

万达广场位于滨湖区河埒口中心商务区，处于河埒核心地区，东至青祁路，北至梁溪路，南到梁青路，西为蠡溪路。广场北面正对河埒休闲广场，南面有大型的超市大润发，附近还有无锡市第四人民医院、西郊宾馆、育红小学、滨湖区实验幼儿园、建设银行、交通银行、江苏银行等。而必胜客位于万达广场的一楼东门，刚好方便周边的人流和车流，在其周围还有一些大型的住宅，如万达、紫金英郡等，住宅区的人口众多，必胜客能够满足其中年轻的夫妇的需求。所以其商圈所覆盖的范围及其定位也在不断地扩大。

3. 人口规模及特征

(1) 1千米范围内常住人口6万人、流动人口2万人。

(2) 2千米范围内常住人口17万人、流动人口6万人。

(3) 3千米范围内常住人口30万人、流动人口10万人。

流动人口密度大，辐射地区人口规模集中；年龄分布为各个年龄段均有，因为万达广场各种货物种类齐全，能够满足不同消费者的需求。

4. 竞争商圈分析

(1) 竞争商业项目现状调研分析，包括面积、特色、经营范围、业态、主要客户、辐射范围、主题概念、功能区划、业态组合、工程进度、配套、现场包装、媒体选择、广告效率、售价、租金、招商率、商户组合、经营状况、物管等分析。

(2) 竞争商业项目总体分析，包括资金实力、性质、优劣、劣势等的调研分析。

案例 5

竞争商圈调查分析

竞争商圈调查分析见表 5-3。

表 5-3 竞争商圈调查分析汇总

商圈名称	巴人广场商圈	新商业圈	老钟鼓楼商圈
所在片区	江北片区	巴城片区	巴城片区
形成时间	2002 年 5 月	2000 年左右	20 世纪 90 年代
形成原因	市政建设、政府推动	位置优越、自然形成	学校聚集、交通发达
商圈半径/米	200	150	150
辐射半径	巴州组团	巴城片区、江北片区	巴城片区
周边配套	交通发达，周边银行、购物商场、娱乐休闲等商业配套十分完善	交通发达，周边娱乐、餐饮等十分发达	交通拥挤，配套逐渐落后
与本案的距离	1.5 千米	1 100 米	660 米
商圈特色	南侧的"九洲商业城"、西侧的"德记大楼"和东侧的"盛华堂商业城"，加之地下的"人民商场"组成巴城最大规模的商务中心区	周边娱乐、餐饮配套齐全，是巴中最密集的娱乐会所场所	巴州中学、巴师附小等学校聚集，周边购物、娱乐配套完善
主力业态	超市、大卖场、休闲	餐饮、娱乐、购物	服装、超市、饰品
优势、劣势	优势：巴州组团的核心；有巴中最大的广场、有目前最完善的购物体系、目前巴州的休闲中心 劣势：交通拥挤	优势：交通发达；在其他两商业圈之间的区位优势；是目前巴州的娱乐中心 劣势：受巴中最大商业圈的辐射影响	优势：学校的聚集效应；老商业中心的影响力 劣势：交通十分拥挤；新商业圈的挑战；商业布局的不合理

5.3 商业地产开发项目定位分析

定位是商业项目及产品成败的关键。商业项目定位是预测、策划与决策的统一，是利用市场及技术预测的结果，通过资源整合及策略创新等策划手段，形成的具有充分可操作性、可控制性的企业发展决定。商业地产项目定位主要包括业态定位、主题定位、客户定位、功能定位、形象定位、档次定位、价格定位、经营方式定位等。在具体操作时，可以根据项目实际有所不同。

5.3.1 业态定位

业态是为满足不同的消费需求而形成的不同的零售经营形式。而业态定位即对商业项目做成什么形式的商业确定定位。

【参考图文】

1. 业态种类

通过对销售店的结构特点分类，并根据其经营方式、商品结构、服务功能选址、商圈、模式、店堂设施和目标顾客等结构的不同，将商业零售业态分为百货店、超级市场、大型综合商场、便利店、专卖店、购物中心、仓储商店、家居中心等九大业态。

(1) 百货店，指在一个大型建筑物内，根据不同商品部门设销售区，开展各自的进货、管理、运营的零售业态。

(2) 超级市场，指自选销售方式，以销售生鲜商品、食品和向顾客提供日常必需品为主要目的地的零售业态。

(3) 大型综合商场，指采取自选销售方式，以销售大众化实用品为主，并将超级市场和折扣商店的经营优势全为一体的，满足顾客一次性购全需求的零售业态。

(4) 便利店，指以满足顾客便利性需求为主要目的的零售业态。

(5) 专业店，指以经营某一大类商品为主，并具备专业知识丰富的销售人员和提供适当服务的零售业态。

(6) 专卖店，指专门经营或授权经营制造商品牌和中间商品牌的零售业态。

(7) 仓储商店，指在大综合超市经营的商品基础上筛选大众化实用品销售，并实行储销一体，以提供有限服务和低价格商品为主要特征的，采取自选方式销售的零售业态。

(8) 家居中心，指以经营与改善、建设家庭居住环境有关的装饰、装修等用品，日用杂品，技术及服务为主的，采取自选方式销售的零售业态。

(9) 购物中心，指企业有计划地开发、拥有、管理运营的种类零售业态、服务设施的集合体。我国的购物中心有3种类型：一是城市商业区域副中心购物中心，二是城郊区大型购物中心，三是邻里购物中心。它以服务的多样性、管理模式的科学性、经营业态组合的现代性三大优势赢得了现代消费者对这种商业模式的依赖感。

购物中心由于其形态的复杂性与经营消费对象的差异性又有多种分类方法，其中每种分类都有其独立的开发策略与经营管理方法，具体见表5-4。

表 5-4 购物中心分类及开发建设特点

总分类	总特征	细分类	开发与建设特点(开发战略)
城市区独立购物中心	由于受城市用地条件和城市环境的限制，一般其建筑面积不超过10万平方米	填充型	位于城市中心商业区更新改造地段，主要散布在商业街一侧，利用原来场地建设，与主要商业街相通
		扩展型	在原有商业区域加大营业面积，在不改变原有商业区组成的基础上提供一个改变商业区功能的方法
		核心替换型	通过更新城市黄金地段上过时的零售设施，使之成为现代化的购物中心
城市兼容购物中心	与城市其他功能设施形成一个城市综合体，其建筑面积控制在2万平方米内	多功能型	大规模高密度城市建筑综合体的一部分，与写字楼公寓、酒店、居住设施等共同构成综合体
		辅助型	在城市综合体内，购物中心是其辅助功能，如大型酒店、大型办公楼、大型公共交通枢纽的辅助中心
城市区专卖店购物中心	以经营商品的特色和时代感为特征，以建筑设计的别致和商品化陈列而锁定特定的消费群体，一般建筑面积均在5 000平方米左右	节日型	由历史建筑物建设而成，它迎合特定消费者的品位和人们对环境与节日文化的追求
		主题型	致力于形成一种购物主题，以建筑为基础，通过亲切而富有变化的步行空间，融合与历史有关的情感
		都市专卖店型	高密度的城市市区地下空间或高层办公楼地下层与地铁转换站共同形成的购物中心
城市消费购物中心	一般以一个主导商店作为骨干地位的大承租户为主，面积占出租总面积的70%~90%，其自营面积均在3 000~10 000平方米	垄断型	集中经营单一类别的商品，从货源渠道、销售渠道等方面控制周围承租面积小的众多租户，形成垄断格局
		支配型	由几家大户承租，严格从经营品牌系列价格体系、市场信息源等方面控制购物中心的发展方向
城市郊区邻里购物中心	属于郊区小型购物中心，主要提供消费者日常生活用品和个人服务，一般建筑面积在3 000~10 000平方米，建有200个停车场，服务人口为15 000人		

2．业态定位模式

(1) 项目整体功能组合设计、单层功能组合设计。

(2) 从商圈的融合性上对业态合理选择搭配。

(3) 从项目整体需求上对业态合理定位。

(4) 从控制内耗的角度上对业态合理界定。

(5) 从各业态商家对楼层、位置、进深、面宽等要求上对业态合理调整。

(6) 从各商家经营特点上对业态合理调整。

3．以需求界定业态功能组合模式

1) 从经营商家需求上界定

业态组合定位有许多选择。但任何选择都必须考虑大量的细节，如内置步行街商铺的开间、进深和购物动线宽度以多少为宜，商铺面积如何划分才利于招商和经营，公摊面积多大易为经营商接受等，所有这些细节都必须与项目的业态组合定位精准吻合。

2) 从消费群需求上界定

业态功能组合必须尊重客户的购物习惯，方便客户购物，引导客户在商场里停留得更久，使客户产生强烈的购买欲，保证人流的良性循环，使客户在商场里逗留更长时间，保证消费者在这一微环境中保持愉快的心态和较高的兴致。

3) 从市场竞争上界定

根据操盘经验，大型商业房地产项目定位主要考虑如下几个因素：

(1) 尽可能引进符合项目实际需要的新业态，以造成对原有业态的强烈冲击，颠覆旧有商业格局，同时，所确定的业态必须有足够大的规模，以至于3～5年无人能超出，形成规模上的强势地位，将要造成新的商业中心。

(2) 要有主流业态和核心店，保证项目开业后对周边商业物业形成竞争态势，销售力强，以吸引人气，但又强调多业态经营，以使各业态之间优势互补，降低整体经营成本，提高利润率，预防风险。

(3) 现代百货公司和大型综合超市比较适合作为主流业态引进，但二者之间存在竞争关系，要注意它们的错位经营。

(4) 首层和二层尽可能采用产权清晰、便于日后管理的内置步行街业态，即使引进现代百货或综合超市作为核心店，也必须考虑采用适合进行产权分割的办法，将项目化整为零进行销售，确保回笼开发资金。

(5) 大型综合超市能够有效地形成商气，对确保项目运营成功有利，但其要求租金相对较低，容易形成"租售"矛盾。

(6) 现代百货公司以时尚和女性消费为主，可以承受较高的租金，但该业态必须从首层开始配置，公摊面积最少40%。其与大型综合超市相似，将在一定程度上导致部分潜在客户群不愿投资此类业态。

5.3.2 主题定位

确定独特的主题理念，是项目后期招商的灵魂。在信息化社会，顾客的购物方式发生了很大变化，购物的多元化、个性化与情感化的倾向越来越明显。因此，根据所在商圈顾客的购物需要、消费心理特点、区域文化，参考综合性商城的不同流派，确定商城的主题，而后在空间处理、环境塑造、形象设计等方面对商业主题进行一致性表现，真正起到商业文化信息中心的作用。

5.3.3 客户定位

在商业地产中，目标客户群定位并不是单指一种客户群体的定位，而是包含了目标消费群、目标投资小业主、目标经营商户群3种客户群体的定位。

1. 项目目标消费群定位

购物中心的目标消费群是进入购物中心消费的零散公民个体的集合体。购物中心目标消费群的定位也必须基于前期的市场调研，如调查消费群体的消费需求、消费层次、消费特性、消费文化、消费习惯、消费水平等。

综观国内外，市区成功购物中心都有一个共同的特点：依附于大型写字楼或高档公寓和酒店，因此这些购物中心的目标消费群定位都偏于具备中高档消费能力的企业白领一族。与此相区别，广州城郊结合的一家新兴购物中心的目标客户群定位却主攻周边中高收入长住居民，因为该购物中心所处的位置是一片大型生活居住区，商务活动较少。由此可见，购物中心目标客户群的定位必须与项目所处的区域功能紧密联系起来。

除此之外，在购物中心内部也必须做好消费客源重叠分析和规划。因为主力店具有比较强的保客能力，购物中心在经营之初，都会先确立主力店，并在招商过程中优先办理。另外，在购物中心整体的促销计划以外，各独立商店也具有一定的集客能力，然而这些被吸引进入购物中心的顾客将成为整个购物中心的顾客，每个商业个体在购物中心整体计划的指导下，均能提供最适合的服务，因此客源重叠使每个商业单元均能获得重叠效益。购物中心最成功的客源运用策略始于主题商店，在此基础上展开招商计划(其依据在于商圈规划)，以扣住稳定客层的需求特征，在互动关系下达到整合的效果，形成一股强有力的经营动力。但是有一点必须注意，由于客源的重叠是避免内部竞争的不利因素，因此这些因素必须在规划和招商之初被有效地排除。

2. 项目目标投资小业主定位

购物中心的目标投资小业主是指购买商铺产权或者承租商铺使用权的投资者。购物中心确定目标投资小业主，应明确目标市场区域的划出，只有找准目标投资小业主与目标投资小业主所在地即目标市场区域，才能使租售推广宣传达到事半功倍的效果，才能真正有效地推动项目的租售。

3. 项目目标商户群定位

购物中心的目标商户群是指入驻零售商、服务商等经营商家的统称，是购物中心的招商对象。目标商户群的定位原则如下。

1) 主力商户优先

因为主力商户具有一定的保客能力，营业绩效较有保证，购物中心在规划设计之初，应先确定主力商户(如百货公司、大卖场、大型专业店等)，并在招商过程中优先办理，从而在建筑方面能够满足主力商店的特殊建筑要求。当然也不能忽视各独立相对小型商店的集客能力，被吸引进各个商店的顾客也将成为整个购物中心的顾客，每个商业个体在购物中心整体计划的指导下，均能提供最适合的服务。购物中心最成功的客源策略始于主力店，在此基础上展开招商计划，以扣住稳定客户层的需求特征，在互动关系下达到整合的效果，形成一股强有力的经营动力。

2) 以核心商户提升商圈价值

购物中心最大的特点就是可以以单体商厦的形式创造商圈。因此，在商铺招商时，一方面必须从商圈整体建设的角度出发选择一部分核心商户，这些零售商、服务商是提升商圈价值的主体力量，应该选择那些品牌知名度高、发展资金雄厚的大型商业企业。而次级、辅助零售商则应该选择那些商品、服务差异化程度较大，能够完善购物中心功能的特色零售商。另一方面，购物中心的经营者必须保证入驻商户，特别是核心商户的稳定性。

3) 经营者与租户达成"利益共同体"

有一点必须指出，购物中心的经营者不是房东，房东只要卖出场地就可以收到租金，而不会太多考虑承租者的经营状况。但购物中心的经营者不但要考虑各厂商的经营业绩，还要随时指导厂商如何开展业务。由于购物中心中的每个厂商的经营绩效关系到购物中心整体的成败及收益，二者是紧密联系的"利益共同体"，正是由于这样的特殊关系，大多数厂商都能给予高度的配合。

5.3.4 功能定位

随着人们消费水平的提高，休闲、娱乐型购物消费已成为一种趋势。现代商场通常体现如下四大功能：

(1) 购物功能：体现于商场商品品种、档次上，购物功能是商场最基本功能。
(2) 休闲功能：在现代大型商场中，休闲功能往往被当作商场的附加功能加以设置。
(3) 娱乐功能：体现于各类游玩活动，如电玩、电影城、儿童游玩区等。
(4) 服务功能：主要体现于商场的物管和商场客户经营主体服务两方面。

5.3.5 形象定位

商场的形象定位，实际上是商场经营企业的形象定位，因此，它随着商场的经营运作而持续存在并发挥作用。商场形象可以通过 CIS 加以塑造并传达给消费者。如下 3 种形式可表现商场形象：

(1) 通过商场建筑外观来表现，如建筑形状、结构、颜色等。
(2) 通过顾客对卖场购物气氛来表现，如场内购物环境、卖场布局设计、橱窗设计、形象展示、POP 广告等。POP 广告往往是营造卖场购物气氛、塑造商场形象的重要手段。形象性的 POP 广告在色彩的选用上要注重突出季节感，例如，在春天可选用粉红色或绿色为基调，营造一种欣欣向荣的气氛；夏天可选用蓝色或青色，突出一派清爽的感觉；秋天可选用浅橙色或咖啡色，以体现成熟丰收的季节感；冬天宜选用红色或金色，给以温暖、温馨的购物空间。
(3) 通过产品价格、质量、服务、促销策略等形式表现。

5.3.6 档次定位

项目的消费与经营品牌的档次，是由其所服务的消费者决定的，一般来说可分为高级、中高级、中档、大众化等几种档次。其中品牌店的组合差异性对项目经营中的消费人群、消费档次、建筑风格和经营风格影响很大。

5.3.7 价格定位

项目在市场上销售和租赁的价格，对于不同的地域、不同的楼层、不同的经营者其价格都有所区别。价格定位需要依靠科学的经济分析，基于商业操作的实战经验与科学专业的经济分析。商场最佳定价的三大法则如下。

(1) 纵向定价波动大。

① 商场负一层与一层的租金相差 2~3 倍。到商场地下一层消费暂时还不是我国消费者的主流消费习惯,按市场规律,一般情况下,负一层租售金额与一层相差 2~3 倍,如广州热销项目蓝色快线的负一层 A1 铺售价为 10 256 元/平方米,同样区位的一层店铺售价为 45 729 元/平方米。

② 一层、二层价格相差 2~5 倍。一层的商铺往往好租,租金也高。一层的人流量是其他楼层所不能比的,而且,人们的消费观念一直都是以方便为主,一层可以最大限度地满足他们的需求。

③ 二层、三层的租金要相差 1.5 倍左右。按照商场的功能分区可知,一般商场的二层和三层都存在互补作用,以引导消费者在商场里循环消费;而且从对人们的逛街行为的分析可得到,商场二层、三层的人流相差并不多大,所以租金的定位就可以以一层的租金作为基准对二层租金、三层租金进行限制。

(2) 楼层越高,商铺的租金就要相应地降低,甚至要成倍地下降。楼层越高,人流量就相应地减少,就会影响到营业状况。根据具体的情况相应地下调租金,有利将商铺租出。

(3) 商场楼梯口的商铺的租金要比其他位置的高。商场楼梯口是消费者的必经之路,其实商场里的商铺就像一个筛子一样,将顾客一层层地筛过,最好的顾客已经被占尽地利的商铺筛下了。

5.3.8 经营方式定位

对于新推物业来讲,确定自身经营定位非常重要。如何走出传统大型商场的局限,满足现代人消费购物习惯,并引导他们形成健康新型的消费购物观念是经营定位要解决的问题。

1. 经营方式分类

考虑企业实力、经营目标、承受风险能力等因素,根据实操经验和国际通行的分类方式,可把经营方式分为 3 类,即自营、招租、委托经营管理。每种经营方式有各自的特点,具体见表 5-5。

表 5-5 三大主流经营方式特点分析

经营方式	经营特点
自营	购销:商场自行进货,自行销售,自担经营风险; 保底抽佣:商场将场内一定面积的铺位或专柜交由实际用家经营,商场按该铺位或专柜销售额的一定比例抽取佣金; 纯分成:商场将场内一定面积的铺位或专柜交由实际用家经营,商场按该铺位或专柜销售额的一定比例定期抽取佣金,双方不约定最低销售保底额,共同经营,共担风险
招租	商场将场内一定面积的铺位或专柜出租给实际用家,商场获取租金收益,铺位或专柜的实际用家负责经营,获取经营收益,承担经营风险
委托管理	投资者将商业物业委托商业管理公司全权经营,投资者获得稳定的租金回报,而商业管理公司从中收取一定比例的管理费用

2. 商业项目经营方式定位要点

(1) 投资资金回笼收期预测。项目资金的有效回收，可以保证企业充足的流动资金，有效运用到下一项目中去。

(2) 项目收益效果预测。收益效果是企业成败的关键，通过对不同经营方式的效果进行分析比较，选择最优方案。

(3) 经济走势分析。通过对利率走势、投资回报率等因素的分析，判断应采取何种经营方式。

(4) 风险比较分析。分析商场不同经营方式所带来的风险概率及其大小等。

(5) 统一管理。商场实行统一管理，能有效维护商场日常经营秩序。

根据以上分析，结合中国零售业态的划分标准(表 5-6)，对商业地产项目进行准确定位，是商业地产项目开发成功的关键。

表 5-6　中国零售业态的划分标准

业态	经营方式	商品结构	服务功能	选址	商圈	规模	设施	目标顾客
百货店	采取柜台销售与自选销售相结合方式	种类齐全，少批量高毛利，以经营男女儿童服装、服饰、衣料、家庭用品为主	定价销售，可以退货，有导购、餐饮娱乐	城市繁华区，交通要道	范围大，以流动人口为主	面积在5 000平方米以上	设施豪华、典雅	中高档消费者和追求时尚的人
超级型市场	自选销售模式，出入口分段，结算在出口处的收银机处统一进行	以购买频率高的商品为主，经营的商品以肉类、禽蛋、水果、水产品、冷冻食品、副食调料、粮油及其制品、奶及奶制品、熟食及日用必需品为主	营业时间每天11小时，可以采取连锁经营方式，有一定面积的停车场	选址在居民区，交通要道，商业区	较窄，以居民为主要销售对象	面积在500平方米以上		以居民为主
大型综合商场	自选销售方式和连锁经营方式	以衣、食为主，用品齐全，重视本企业的品牌开发	商圈范围较大	选址在城乡接合部，要道商业区	商圈范围较大	面积一般在2 500平方米以上		顾客为购物频率高的居民
便利店	以开架自选为主，结算在进口或出口处，可采取连锁经营方式。经营实行信息系统化，开展单品管理	商品结构特点明显，有即时消费性、小容量、应急性等特点	营业时间长，一般在16小时以上，甚至24小时，终年无休息，价格高于其他零售店	选址在居民住宅区、主干线公路边、车站和医院附近	较窄，居民徒步购物圈内	面积在100平方米左右，面积利用率高	店堂明亮、清洁，货物丰富	主要为居民、单身者、年轻人，80%顾客为有目的购买

续表

业态	经营方式	商品结构	服务功能	选址	商圈	规模	设施	目标顾客
专业店	定价销售和开架面售，也可开展连锁经营	商品结构体现专业性、深度性，品种丰富，可供选择余地大，以经营某类商品为主，经营的商品有着自己的特色，一般为高利润	从业人员需具备丰富的专业知识，可以退货	多样化，大多设在繁华商业区百货店或购物中心内	商圈范围不定	营业面积根据主营商品特点而定		目标市场多为流动顾客，满足消费者对某类商品的选择性需求
专卖店	定价销售和开架面售，也可连锁经营，以企业品牌为主，销售量少，质优，高毛利		注重品牌声誉，从业人员需具备丰富的专业知识并提供知识性服务	在繁华商业区，商店百货店或购物中心内	商圈范围不定			

5.4 商业项目规划设计分析

任何商业地产项目的招商，最终都要回到产品与商家的直接对话上来，因此，好的产品才是最具有市场说服力的。正是因为产品是依赖于市场而生存的，因此，在确定了整体的开发战略后，如何把大的理念灌输到实际的操作中，才是一个专业公司责任与专业精神的体现。

项目必须以市场的需求为尺度，以经营需求发展的趋势来规划产品，以好的产品来说服市场，以良好的口碑保持市场的领先优势。

5.4.1 商业项目规划的市场依据

【参考图文】

1. 市场调查

项目的规划设计必须依据市场调查得出定位结论，集中策划师的灵感智慧，运用建筑设计师的技术手段，发挥营销专家的推广策略共同完成。需特别注意引进新业态和设计好项目的业态组合。通过对项目商业现状进行充分的市场分析，对项目本身的业态选择、业态组合、分布和面积配比，业态选择、分布和面积配比，商铺划分、建筑形态、区域和楼层功能、人流导向系统、项目环境及配套设施等进行预先设定，指导项目的工程规划设计和建筑设计。

2. 商家的需求

在考虑商家需求时,最重要的是主力店的设计。对于主力店来说,其业态规模、功能流程、规划设计由它自己来确定,不同的连锁主力店有自己不同的功能要求,这些使用要求与设计是由商家决定而非发商自行主张。许多开发商在未明确主力店的情况下,便开始规划设计。因为缺乏定向设计的依据,其所做设计看似通用性强,实则无的放矢。一旦功能与店家明确,设计必然从头推翻。盲目的规划设计只能增加前期不必要成本和后期的招商难度。

3. 超越时代消费者需求

设计必须富有时代感以满足市场需求,同时又需超越时代趋势以激发顾客更深层次的渴望,否则就不能持久,不能在各种文化和不同年代间引起共鸣。消费不是单方面的,因此设计的空间必须满足他们的感受和兴趣,符合顾客想要学习和成长的渴求,在这一设计中,故事性是设计必不可少的要素——设计和销售规划必须有故事渊源,否则只能昙花一现或令人感到风马牛不相及。此外,现在参与互动的顾客越来越多,为新的参与形式提供了可能性。为了满足新兴文化的需求,必须设计出富有个性、故事性强、顾客能完全投入的奇遇和旅程。

5.4.2 规划理念

规划理念是反映项目主题的重要部分,大型商业项目的规划理念包括以下 3 点:
(1) 符合大型商业项目的选址规律,即规划上要有可行性。
(2) 有具体的主题功能区。
(3) 规划理念具有超前性、市场性,以消费者消费心理为规划的主导核心。但不能脱离消费者的消费习惯与人的购物心理来做规划理念。

5.4.3 产品高层总体形象设计

1. 产品功能

功能组合设计包括整体功能组合设计和单层功能组合设计;楼层规划设计要点如下。

1) 楼层设计与业态组合

商场楼层设计要考虑业态规划,与业态有效组合,以楼层作为业态及相关行业的大场。楼层与业态是相互关联的关系;楼层设计要考虑消费者的消费习惯、流程、一般消费者逛商场的习惯与楼层功能组合流程图。

2) 以业态定位作支撑点

业态根据消费者消费习性进行布局,楼层设计也应考虑到消费者的消费习性,才能有效进行楼层的规划设计,以业态定位作支撑点,有效的楼层设计能够保证消费者在商场的停留时间。

2. 产品档次

项目的产品档次设计根据整体定位与产品定位而定。

3. 主题形象

主题形象一般根据项目的形象定位与主题定位来确定,在规划与设计中贯彻这一理念。

以超级购物中心为例，其整体形象设计不单是依靠通常的建筑语言(如立面横竖线条的划分、开窗与实墙的虚实对比等)来完成的，还包括光效、广告、媒体、特效工程的综合运用，如设计室外的景观电梯，在超级购物中心大厅设计可伸展出来的平台，用于演出等商业活动；在超级购物中心的显要位置预留悬挂大型广告条幅的空间；夜晚的灯光视觉效果设计等，这样才会形成最终成熟的大型综合商业项目。

5.4.4 项目规划概念设计

1．空间布局

现在的购物场所是人的聚会之所，除了购物、休闲、娱乐等，还要满足人的基本需要——社交。商场设计的基本原则是通达，但在过道和公共空间设计上也可发挥创造性和灵活性，为商户和消费群体强化或削弱商场的社交职能。

1) 商业项目平面设计建议

平面设计的内容是确定步行街形态，确定承租户单元的布局和面积大小，为所有承租户提供互利互惠的机会，最大限度为每个承租户带来穿行人流，提供最多的购物机会。

2) 公共空间设计建议

随着商场空间的日益扩大和复杂，让人轻松舒畅穿梭于商场就显得尤为重要。成功的规划包括"跑道型"设计，店面两边设，顾客中间走；"小城市，市中心"设计，聚会场所设在中央，人们逛商场宛如散步于城市步行街。增加用作广告和展示的公共空间的面积，很多时候大型商业项目总收入的30%来自广告及展示空间。

3) 开间设计建议

大型商业项目设计的柱距与单元面宽有直接关系。大商店面宽度宜为 6 米、8 米、12 米、15 米、18 米、21 米或 24 米，柱子不宜落在店面线上。根据经验，进深一般在 18～35 米比较合适。如果开间方向的柱距是 6 米，那么进深方向可以是 3 米×6 米、4 米×6 米。

4) 中庭空间设计建议

中庭是项目最热闹的部分，也是项目室内步行街节点上的序列高潮，空间变化丰富，绿化植物密集，水体精心布置，玻璃顶投下的天光光影丰富而富有变化，展现了项目的空间和景观设计的特色和精华。这里人流密集，上上下下动感强烈，配合座椅和餐饮设施，为购物者驻足停留和休息交往提供了舒适的场所。

对于超级购物中心的大型中庭空间的设计，要做到以下几点：

(1) 流畅、明快。消费者购物图的是一个心情，能让他们最大限度地感受到舒适，激发其购物、浏览的兴奋点，是很重要的。

(2) 体验式的环境空间。消费者走进来后，就是一种商业消费的体验，中庭空间设计作为大型超级购物中心的标志，在很大程度上就是让消费者有一个巨大的互不干涉体验氛围。

(3) 引领消费者。一个超级购物中心的消费空间相当大，要想有效地吸引消费者，引领消费者到超级购物中心各处购物，游玩也是设计中很重要的一部分。

5) 内部庭院空间设计建议

一般大型商场都会有商场内庭，作为顾客休闲、观赏及给商场紧密购物空间带来疏散的感观空间。内庭的设计，除了要有足够的空间、与内庭小品配合外，还要注意两大要点：

(1) 和谐性与均衡性。以商场核心主题特色为基点，通过内庭景观、小品的有效组合，与商场主题特色密切联系，保证内庭景观、空间及与商场主题特色的和谐性与均衡性。

(2) 与市场互动。商场内庭与广场，一"内"一"外"，两者具有共性，又各具特性，为人群提供活动活动空间。内庭则侧重于保持商场内人流的停留时间，广场侧重于商场外圈的人流集合。如何将广场与内庭通过互动作用，导入人流，是内庭设计时需重点考虑的。

6) 外部空间广场规划设计思路

(1) 注重互动性。

① 商场与广场互动。步行空间的配置最好紧邻商场建筑物外墙，与商场入口有充足的缓冲空间(约 10 米×10 米)，使步行过程中达到商场对行人吸引的效果，使广场与商场有良好的互动关系。

② 多样化活动互动。在广场的步行空间，应考虑使用者行走过程中驻留点停留空间。因此可以在广场平面规划时置入一些空间凹凸处或借用广场中设施物的设置点，以达到广场多样化活动的互动。

(2) 以人为本。步行空间的尺度在设计时采用建筑、建筑小品、硬质景观和软件环境处理，可以达到个性化设计；洒水平台、喷泉、座椅、铺地、绿化等可以相互交错布置在略有高差的层面上，并以小桥、柔和的曲线、素雅的材料、平静的水面、绿色的草坪构成步行空间。

(3) 设计流畅空间。现代步行空间设计中，合理安排各种人流货流与车流是必不可少的；设计中应采用分时段管理方式解决人流与货流的交叉问题；在规模较大的商业步行街，建筑底层应设商业街专用地下车库，在合适部位设计通往商业街的人员出入口，同时部分发挥地下室对人、货分流的作用，提供商场的货运系统和垃圾的清运工作；步行动线的安排应以两据点的连接为原则，配置于广场周边，并减少广场中穿越性动线的出现；步行空间的宽度以容纳四人并肩行走的净空间为佳(3 米×6 米)，其他附属设施(灯柱、广告、招牌立柱)设置于步行空间旁约 1.5 米的空间范围内，以达到步行空间的流畅性。

(4) 自然导入。现代步行空间在注重硬质元素设计的同时，更应引入树木、花卉、草坪和水景等自然元素。以高直、遮阴和不阻挡视觉景观为选择行走空间植栽的原则；植栽的配置应配合广场设计的主题，亦可以利用植栽作为区划广场使用行为的元素，融自然于广场。将地面绿化结合屋顶绿化，既符合景观要求，又符合节能要求；设置不同凹入深度的过渡空间，并使遮阳与绿化相结合。

(5) 统一主题。行走铺面除铺设完整外，设计时应将广场中不同行为模式的区域以不同的地面材料相区分，并配合广场主题一并考虑。

(6) 无障碍空间设计。在铺面的材料考虑上，应达到防滑的效果，且将残障空间(导盲砖、残障步道)考虑于其中，这样才能形成无障碍、安全的步行空间。

(7) 遵循"共生"与"冲突"并存的建筑理念。现代步行空间周围的建筑作为限定空间的主要元素，设计中更应以人对场所的感受规律为依据，在线性空间中布置变化丰富的建筑类型，充分体现"共生"与"冲突"并存的建筑风格，人在步行过程中会不断产生新奇愉悦感。建筑边缘界面采用灵活、近人的设计思想，塑造场所。

(8) 强化四维空间设计。

① 商场经营外延导入。广场平面规划中可将商场经营活动延续规划于其中，设置半户外商业休憩空间(Coffee Shop)，或将商场的活动借助走廊道的设计与广场活动结合，达到商场与广场良好的互动关系，见表5-7。

表5-7 商业广场功能空间

类　　型	功　　能
大众空间	休息交流
社会团体空间	演出空间、观赏纳凉
青年人空间	健力、娱乐设施
老年人空间	游乐活动
儿童空间	游乐活动

② 最佳整体规划。广场的范围大小应与周围的商业建筑配合，避免建筑物对广场空间造成压迫感，所以尽量使广场宽度与周围建筑高度比例值接近1，这样的广场尺度将达到适度宽敞。

③ 细部组合。

A．广场休憩设施设置方面，座椅尽可能采用可及性高的设置(及阶梯式或坐台方式的座椅)，坐卧高度以45～60厘米为佳，以达到广场中休憩空间的便利性。

B．广场休憩空间的个人空间距离最适尺度是1.3～3.75米，这样的领域范围可以使休憩的使用者感到宽敞舒适，因此座椅空间的规划应以此为最小单位加以配置于市场中。

C．广场中休憩空间应尽可能面对广场活动发生的方向，有适当的植栽配置，且远离主动线位置(适当距离约3米)，以达到休憩时的舒适感。

D．广场中应有视觉焦点的设置，如喷水池、雕塑活动舞、坐台等设施，创造丰富有趣的视觉焦点。

④ 有效界定范围。在广场周围也应有明显的范围界定物(短柱、矮砖等)，以定义广场范围和道路之区别，确保广场活动进行的安全性，这样才能真正达到无障碍的休憩空间。

7) 商业广场空间设计模式

商业广场空间设计模式见表5-8。

表5-8 商业广场空间设计模式

模　　式	设　计　特　色
线型空间为主结合面型空间	以线型空间为主，把它分为几段，广场作为连接线型街区的元素，会使人们行走在其中，空间富于变化，有张有弛。线型街区适于购物，广场适合休息。城市步行空间中的购物、活动是一种非强迫性行为，游人不可能长时间地保持情绪和体力的投入状态，休憩和放松必须交织在活动过程中。因此，任何一种空间序列都应包含序幕、高潮及松弛阶段，有节奏地组织环境韵律，保持游人的体力购物激情

续表

模　式	设　计　特　色
以庭院或广场为主向外辐射线型空间	以广场或庭院为主,购物或休闲空间在其中进行,或由广场向四周辐射出多个线型购物街区,并通过连廊、环形街等不同形式的外部空间把购物或休闲空间结合起来,构成一个复合的多样化的、富有情趣的购物场所
下沉式广场为主体的立体空间构成	由平面变化向垂直向多维发展的多功能步行空间是现代城市步行空间设计的又一主要形式

2. 建筑细节设计

1) 内墙、地面设计技巧

要点一:注重与灯饰、天花的协调。商场内墙、地面的色调、图案等要注重与灯饰、天花协调,达到风格统一的视觉效果。

要点二:墙、地面色调与商场风格一致。色调是风格的主要表现形式,商场墙、地面作为商场的主要内部空间,其色调取决于商场风格。例如,现代风格,地、墙面色调以简明为主,图案一般采用清晰简约的格式图案。

要点三:材料正确选取。地、墙面材料选择正确,是保证日后对其维修与保养的核心。地面材料一般要易于保洁,具耐磨性、防滑性,避免采用木质地板(防火功能);墙面材料,要防潮、防霉,选用防火材料。

要点四:地、墙面的图案选择。商场地、墙面图案运用除了要结合商场风格外,还要根据不同功能区的差异运用不同图案。例如,儿童游玩区的墙、地面一般会采用趣味卡通图案。

2) 小品设计技巧

技巧一:风格确立原则。商场小品作为一种观赏装饰,必须与商场总体风格相融,要结合商场内部装修风格,包括色调、造型、图案等。

技巧二:避免扎堆、重复。小品设置时要避免扎堆、重复设置,避免给消费者一种繁杂无序的感觉。

技巧三:注重观赏性。小品设置要具有可观赏性,从造型、色调等,结合前场中庭、色调、风格,组合成统一格调。

3) 商场室内灯饰设计要点

要点一:与区域气候环境相结合。通过结合商场所在区域气候,对灯饰色调进行选择。例如,南方气候温暖,灯饰色调一般用简明偏冷色调,而北方气候寒冷,灯饰色调宜采用暖色调。

要点二:与商场结合。灯饰设置要根据商场档次、风格形象等予以结合考虑。例如,高档商场主要选用高级灯饰。

要点三:与业态结合。灯饰选择还要根据业态的特点分析。例如,食品类与服装类,前者不需特效,而后者则注重灯光所带来的效果。

要点四:与功能结合。商场不同的功能区,对灯饰要求也不尽相同。例如,过道一般选用一种过渡性较好的灯饰,商场的过道和拐角是消费者进入商场的一个缓冲区,所以,也要特别注意细节上的问题;还要区别指示标志;游玩区则选色调丰富的灯饰组合。

3. 交通组织设计

1) 商场电梯布局规划要点

要点一：扶梯布局。

① 有效运载。商场电梯的基本功能是运载商场内人流，商场电梯部数、布局位置的确定都要以有效疏散运载人流作为出发点。

② 避免电梯口人流堵塞。大型商场人流量大，避免电梯口的人流堵塞，是电梯布局需考虑的因素之一。电梯与过道衔接处一般会设置比过道宽的空间，或是过道交叉口。

③ "右上左下"规则。东方人行走一般偏右，商场进行双向电梯布置时，要根据"右上左下"规则，引导顾客向上购物。

单向电梯设置：商场运用单向电梯设置，不仅可以保持商场商品的受观率，保持人流的停留时间，增加顾客再购物的购买欲，而且还可以避免电梯口的堵塞。但同时也要注意消费者逛商场的疲劳度，进行合理跨距分析。

要点二：垂直电梯布局。

① 货人分流：商场垂直电梯一般货梯与载人梯分开设置，实行有效货流与人流的分流。

② 专用通道设置：商场垂直电梯一般设置专用通道，与扶梯、商铺分立设置。一是避免人流堵塞；二是商场以扶梯为主，垂直电梯为辅，顾客逛商场多选用扶梯。

③ 观光梯应用：观光梯常用于一些大型商场或有内庭规划的商场，一般有内外两种，主要作为商场亮点。另外设置在内庭的观光梯采取垂直方式有利于消费者了解商场功能布局和业态分布。

2) 走道设计要点

要点一：脉络清晰。 商场内过道设计要清晰，过道脉络设计好坏，不仅影响对人流的疏散，也影响商铺布局。

要点二：与指引标志结合。 指引标志设计主要是指引消费者目标方向，一般要突出指引标志，在过道交叉部分设置。

要点三：合理设置宽度。 过道的两大作用是疏散和引导人流，商场过道宽度设置要结合商场人流量、规模等。一般商场的过道宽度在 3 米左右。

4. 配套布局

1) 洗手间布局要点

① "隐性"布局。商场洗手间作为商场的附加设施，其布局设计不能有碍商场的经营功能。商场洗手间布局要以"隐性"作基点，通过专用过道设置，将洗手间与购物空间形成有效分隔。

② 采用回避法。商场某些业态，如饮食、食品类等，应回避与洗手间相邻。

③ 确定数量。结合商场人流时确定洗手间个数，避免洗手间出现排队堵塞现象，且应每层都设置。

2) 休闲椅布置建议

① 休闲椅布置避免与垃圾桶太近，否则垃圾异味会影响休息椅的休息功能。休闲椅一般应与垃圾桶相距 5~10 米。

② 休闲椅的布置要避免占用过多空间，阻碍行人，形成间接阻塞。

③ 休闲椅布置时，要通过有序规则布局，避免零乱，影响商场美观。
3) 垃圾桶位置设置要点
(1) 设置在电梯口侧，避免电梯内垃圾的积累，保证电梯的清洁。
(2) 设置在过道拐角处，方便顾客。
(3) 设置在洗手间内。

5.4.5 景观概念设计

1. 环境规划

环境规划包括商业项目整体环境的规划、室外环境的规划、室内环境规划及空中环境规划。环境的规划不能脱离消费者的需求，要在洞悉消费者心理和项目本身的主题、特色风格、档次等的基础上进行，不能盲目求异求新；

商业区的景观形态特征是以商业为主，兼以大量人流，五光十色，由人群、室外空间场所，商业建筑要，娱乐设施，广告，绿化，交通等组成。总量体观，比较人工化，城市化，最典型的是国外的步行商业区，走进之后，一天也逛不完，一天也玩不够。

商业区的景观空间与环境、景观相结合，应尽量增加活动内容、娱乐设施，增加文化方面的内容。

2. 景观设置

大型商业项目的景观可以当作公园来设计，让购物者感觉是在公园漫步。同时室内景观设计与室外景观设计需要相互协调，实现景观的最大延伸，把室内热闹精彩及良好的购物氛围通过外延的放大处理达到效果最大化，而室外独具特色的景观设计也可为整个商城提供娱乐休闲的场所。

5.4.6 项目建筑产品概念设计

1. 立面处理

商场外立面是商场的形象标志，设计新颖、风格独特的外立面设计能使商场在消费者心中深刻印象，易受消费者欢迎，有利于商场人气的集中。根据调查分析，商场外观形象是消费者选择购物场所的第二大要素。大型商业项目的外立面设计既要考虑与周围建筑的关系，又要考虑入口处外立面与内部步行街的过渡与转换。外立面设计还应与建筑风格及商业功能统一，见表5-9。

表5-9 商业项目外立面设计四大组合元素

元素	设计要点
朝向	南向和东向的立面光照充足，墙面宜采用淡雅的浅色调，北向或光照不足的外墙，墙面应以暖色为主，如奶黄、橙、咖啡色等，不宜用过深色
表现主题风格	在外立面设计中，表现风格是中心，外立面色调的选用、造型的确立等都以此为出发点
外部环境	① 自然环境，如地形、气候、花木等； ② 人造环境，如广场、喷泉、假山、雕塑等

续表

元　　素	设 计 要 点
色彩	颜色是表现风格的重要辅助手段，尤其是在调动人的情感方式方面具有重要作用：一方面，色彩可以弥补建筑材料原始质感和自然机理在调动人的感官方面的不足；另一方面，它又可以通过抽象手法，直接表达出一种风格

外立面设计应遵循"三合四性"准则：

1）三结合

(1) 与定位结合。

① 档次：根据商场目标消费群不同的感观心理需求，结合商场定位高低，予以不同的外立面设计。例如，高档商场外立面以新颖、气派作为设计基准，彰显目标消费者身份；如以大众为目标消费群体，商场外立面则以流行作为基准。

② 产业(专业商场)：结合专业商场的行业特点、结构等因素，商场外立面要突出其行业特性。例如，以 IT 产业为代表的建筑外立面应以简明、突显时代性作为设计基点。

(2) 与商场特色结合。商场外立面是商场的形象包装，外立面不仅是简单外壳，还要与商场特色、内部设计相结合。

(3) 与区域环境结合。商场不可能脱离某个区域而存在，它必须依附于某种环境，所以商场外立面设计要考虑区域的地形地势、气候、人文环境、区域建筑风格等。

2）四性

(1) 创新性：商场外立面是商场的形象、感观品牌，所以商场外立面设计要有创意、新意，不拘一格，以区别于其他商场。

(2) 协调性：商场外立面设计要与区域环境、外立面色调和形状、人文环境等相协调。通过审美角度，对色调与形状进行协调组合。外立面能体现商场的风格，其设计必须与区域人文氛围、价值取向等协调一致。外立面的材料选取还要与环境协调，包括与气候、日照等的协调，南方多雨、温湿，不适合使用涂料；北方干燥、少雨，可以使用涂料。

(3) 综合性：进行外立面设计不仅仅要应用建筑学知识，还要综合运用其他学科知识，如美学、心理学等，达到最佳组合效果。

(4) 超前性：商场外立面设计不仅要新颖，而且要具有超前性，以避免外立面随时间推移而出现的落后问题。

2．铺面设计

科学划分商场铺位，不仅要体现商品组合的丰富多样，还要考虑经营商家的实用性与合理性，同时要兼顾独立铺位与整体商场的协调性与互动性。科学合理的铺位划分将会使经营商家的经营利润得以充分体现，使商场的形象更为鲜明、层次更为丰富，同时也将会使消费者的消费行为过程显得更加自然顺畅和轻松愉快。

众所周知，居住类物业使用率越高越好，以同等的价格，业主能够获得更多实际使用面积，而商铺却不一样。在欧美及我国香港，一些比较高档的商场的使用率都是很低的，基本在 50%左右。低使用率对项目经营的影响如下：①营造购物环境。使用率低是为了营造一种舒适的购物环境，满足购物者的消费偏好。越是高档的商场，其公共空间就会越多。②决定商场流量。商铺的使用率决定消费人群的容量和人流量，使用率低，可容纳消费者的空间越大，其人流量就会增加。例如，有甲乙两个商场，规模一样。甲商场有10个铺位，每个铺位年租金十成。商场能容纳1 000个消费者，实现1 000万元的营业额，那么平均每个铺位实现100万元的营业额；乙商场能容纳2 000个消费者，也有10个铺位(只是每个铺位的面积比甲商场的小)，但实现了2 000万元的营业额，则平均每个铺位是200万元的营业额，那么它的年租金即使为20万元，也会成商家追抢的旺铺。但商铺的使用率也不能太低，经过科学的论证和西方国家长期的实践证明，50%左右的使用率比较合适。

总之，对商业地产项目规划设计，要从市场的角度给予专业的分析，符合各级经营商家要求，能最有效聚集人流，综合考虑消费者步行时间设计、消费者购物路线设计、消费空间设计、消费者可达性设计等，使商业地产保持旺场，实现发展商利润最大化。

5.5 商业业态组合规划

业态品牌组合是商业运作中极为重要的内容。如果业态组合定位科学合理，可使商场营销增加靓丽的卖点，有利于促进商场的销售。反之，如果业态组合定位不符合项目所在城市商业发展现状，将导致项目投入运营后必定归于失败。这种案例在全国可谓比比皆是。

5.5.1 业态选择

业态选择要按照市场需求来进行，而不是品牌越大越好。

不同的商业项目有不同业态选择方法，在此以超级购物中心业态选择方法为例对业态的选择进行总括性的说明。

超级购物中心业态的业态复合度极高，涵盖全业态，表现为高度专业化与高度综合化并存的成熟性结构。该结构宽度极宽，由多家不同定位的大型百货公司、超市大卖场支撑整个商场的结构，备齐高中低各档商品，品种齐全，为所有的目标消费者提供一站式购物享受；深度极深，品种极多，表现在花色尺寸二项式的选择性大，许多特色商品在一般的商店不易找到，由诸多品牌专卖店、不同行业的专业主题大卖场互相补助，展现多样。

(1) 必要条件一：两个以上主力店。

规模大的商场，业态组合不到位很容易给人零散的感觉，不利于商场的经营和以后的发展，所以超级购物中心必须要把主力店的招商建设作为重点来抓。规模决定了超级购物中心至少需要两个以上的主力店(百货店、超市、专业主题商场相结合)，才具有其所需要的核心凝聚力，才有足够的威力发散到所有的非主力店。

(2) 必要条件二：品种功能一站到位。

超级购物中心的大规模决定了其消费者定位为家庭(全家、全客层)。为了与家庭式消费这一主导方向保持一致，要设置大量属于不同行业的店铺或设施，如种类专卖店、家居家电专卖店、儿童及青年游乐设施、文化广场、餐饮区，以覆盖各个不同年龄层次、不同档次的顾客的需要；再辅以种类特色店以吸引国内、国际游客，从而满足全客层的一站式购物消费和一站式享受(文化、娱乐、休闲、餐饮、展览、服务、旅游观光)需求。唯有这样才能覆盖到尽可能大的商圈范围，满足一个超级购物中心的最低客流量要求，才能具备足够的竞争力与其他成熟的物业形态抗衡。

(3) 必要条件三：高度专业化、差异化。

① 高度特色专业化。

超级购物中心的高度特色专业化主要表现在商品组合上，凡是符合自己定位的目标顾客需要的商品全部引入，不符合自己定位的目标顾客需要的商品则一律不引入。忌贪大求全，忌急功近利，更忌为了达到一定的招租率而不加选择。

② 错位经营差异化。

超级购物中心的差异化是指，由于同一种商品往往会在不同业态不同行业的商家中出现，故不同商家通过差异化的定位取向、文化氛围、特色化的陈列方式、商品组合、购物环境、装潢艺术、道具灯光、促销手段、特色服务、商品包装等方面来吸引不同层次不同类型的目标顾客。面积达 10 万乃至 50 多万平方米的摩尔内，几百上千家店铺自动自觉地实现了错位经营的竞争。摩尔的规模往往相当于一条甚至几条传统的商业街，集中汇集着大大小小各种功能的店铺，但是由于统一管理在实施上的难度，使得商业街的错位经营问题难以解决。还是现代超级购物中心相比于商业街的一大优势。

另外，全业态全行业经营使摩尔内不但商品品种比商业街更多更全，且使顾客购买自己想要的商品比在商业街上更容易找到。

5.5.2 业态组合

【参考图文】

1. 业态规划组合原则

1) 业态的区域需求量确定原则

需求决定供应，这是市场经济的商业规则。商场的业态规划，要结合区域需求量与供应量来确定业态需求弹性，预测设置此类业态所带来的经营效益。

2) 业态种类设置原则

商场业态种类的有效选定能满足消费需求。在进行有效需求分析的条件下，业态原设置要以"全"为上，以满足消费者的"多位一体"的消费需求，包括购物、娱乐、饮食等。

3) 业态有机组合原则

业态在确立之后，不是简单地放在一起，而要结合业态属性、消费者购物习性等，进行有效组合。在业态组合时应注意不同属性业态之间的搭配，避免出现相互排斥，如食品与药物不适宜相邻组合摆放。

4) 引导循环消费原则

商场如何引导消费者在商场内进行消费，是商场经营必须考虑的因素。而利用业态的空间引导，是主要武器之一。

2．业态组合比例

商场业态组合的目标有 3 个：一是给顾客生活带来便利；二是能满足顾客生活必需；三是让顾客买起来方便和愉悦。

一个商场要实现"丰富有弹性"的商家组合配置，应具有 3 个重要因素。

(1) 将多行业的商家按照理想配置做分类，让目标顾客觉得在这个商场能买到想要的东西，且享受便利。

(2) 将已经分类的商品充分地备齐品目，有针对性地确定同类别商家数量的广度和深度，让顾客能充分挑选所需要的商品。

(3) 将已经分类的商品中比较有关联性(附属性)的安排在一起，让顾客买起来方便和愉快。

以上是落实"丰富有弹性的组合"的三大重点。实现这一目标的关键，就是要对不同的商家进行合理的整合，见表 5-10。

表 5-10　业态组合三大模式

业态组合模式	组合特点
互补式	按照商场商品的不同属性，以互相补充为原则进行业态规划，如食品与日用品等不同业态相互补充
填充式	在某个范围下，属同种业态，但另一种起填充作用，如手机与手机饰品、电池等搭配
混合交叉式	商品品种多，品牌齐，形成交叉混合业态组合

1) 整合一："主力、关联、补充"分类不分家

能表现出一个商场特征的就是主力商店/主力商品，主力商店/主力商品是该商场销售额的主要部分。根据主力商店/主力商品的性质选择其相关联的业态，根据主力、关联业态的需要配置补充商品，从而整合出一个商场的整体业态组合。例如，工艺品是工艺品主题店的主力商品，其关联商品是串珠、花边，其补充商品就是日式和西洋式的裁剪材料。又如，超级购物中心的主力商家是百货店和综合超市，关联商家就是男女服饰店、鞋包店、食品店、音像店、书店等，补充商家就是娱乐设施、银行、邮局、美容美发等。

2) 整合二：制造百分百弹性丰盈

一个商场中，商品的组合比率一般为普通商品占 60%，观赏商品占 10%，利润商品占 15%，并列商品占 15%，要制造丰富有弹性的业态组合可根据这一比例选择相关的业态。

普通商品指顾客熟悉的、叫得出来的商品，可以提高顾客的消费欲望，是增加商场人气和商气的主力军。

观赏商品可以使顾客赏心悦目，它是一种能挑起顾客兴趣、关心的话题性商品、高价位商品、新颖商品，此类业态的入驻，可以提高商场的地位和格调。

利润商品是一种利润率高、纯利大的商品，这类业态还包括商场自产的品牌，可由商场自行经营。

并列商品是可当作主要商品的关联品或替补品，可以配置在卖场，这类商品主要是为方便顾客而引入。

房地产投资分析

5.5.3 业态功能分布

【参考图文】

进行业态功能的合理分布，需要深入分析消费者心理，了解、掌握影响消费者购买行为的心理活动。以"以消费者为中心"的思想为指导，根据商业业态的特点及要求(表 5-11)，发挥各个业态在经营活动中所能起到的最大功效。

表 5-11　商业项目商业业态(种)的特点及要求

业态商户	角　色	特　　点	选 址 要 求
百货商店	大型商业项目的核心，是购物中心各经营项目的重中之重	百货商店是大型商业项目的核心，但租金较低，其经营的商品分类分区划分清晰，成行成市，不仅具有潮流品牌、悠闲和服务的特色，而且具有连接、组合各经营项目的功能。百货公司可以引进合作，但连锁经营的百货公司不多，而且合作的条件非常苛刻	百货商店推进的方向是先市内后市外；先选择省会城市和经济发达的中心城市，再选择其他中型城市；先选择省市级商业中心，再选择区级商业中心。他们首选的购物场所是集大百货、超市、专卖店、专业店、饮食、娱乐功能于一体的大型购物中心
大型超级市场	大型商业项目的重要补充	超级市场大多是全国性或竞争力很强的地方连锁店，有良好的信誉，能够缴纳足够的租金。超级市场对于吸引人流的作用非常大，因此在大型商业项目中，超级市场是必不可少的，所以租金较低	步行 10 分钟，聚集 10 万人
综合商店	购物中心必不可少的组成	注重服务，设导购、餐饮、娱乐等服务项目和设施，功能齐全。一般占整个区域大型商业项目营业面积的 4%。常常是全国性的连锁店，具有良好信誉，但单位面积的销售额非常低，租金相对较低	综合性，门类齐全，以销售服装、衣料、化妆品、礼品、家庭用品为主，选址时以市级中心、地区中心、新城(县域扩大)及历史形成的商业聚集地
专卖店	大型商业项目的重要成员	坐落于商业区，具备到达便利性，商店可见度强，租金适度，租期不少于 1 年，格局以进深较浅的长方形为佳，面积 40~80 平方米，根据地区不同可以有所调整，门面宽度不小于 3 米，且越宽越佳，橱窗位置及宽度需面向街道，越宽越佳，近期无城建规划	商业气氛浓厚，客流量大、人气旺的高档综合商场附近；知名度及客流量佳的商业街；知名度高的店铺附近；大规模住宅区附近；市场配套设施齐备，同行业汇聚业绩佳

264

续表

业态商户	角 色	特 点	选址要求
化妆品店	大型商业项目的一般成员	化妆品行业是一个高附加值的产业，很难从产品本身来判断其价值，它包含了产品的心理诉求的特性，在以消费为导向的经济社会，化妆品概念营销显得格外重要，几乎左右一个企业的生死存亡	首选店址：繁华商业区店铺；其次选择：人口高度密集区的主街道门面，再次选择：大型商场或广场的店中店
餐饮业	大型商业项目各功能组合的有益补充	餐饮业选址时应考虑承租年限，周围餐饮企业的分布情况、经营品种、风味特色及效益如何，周边单位、居民及客人阶层情况，交通是否便利、能否停车，每月的客流量、车流量等问题。同时周围要有良好的卫生环境，不得有有毒有害气体	距离放射性物质、粉尘和其他扩散性的污染源25米以上，有排水通畅的下水道

业态的具体分布、营业场所的布置，应以便于消费者参观与选购商品、便于展示和出售商品为前提。商场管理者应将售货现场的布置与设计当作创造销售(而不仅仅是实施销售)的手段来进行。完成业态的功能分布，有以下3个技巧。

1) 激发消费欲望

消费者的消费欲望分为隐性和显性两类。隐性消费欲望是指消费者没有明确目标或目的，因受到外在刺激物的影响而不由自主地对某些商品产生的注意。这种注意，不需要人付出意志的努力，对刺激消费者购买行为有很大意义。有意识地将有关的业态邻近设置，如妇女用品、儿童用品、儿童玩具等，向消费者发出暗示，引起消费者的无意注意，刺激其产生购买冲动，诱导其购买，会获得较好的效果。

出于激发欲望的目的，也为了消费者的购物方便，具体业态分布时应将以下四种业态聚集在一起，以加强吸引力。

第一类：男鞋、男装、运动用品应当集中布局。

第二类：女装、女鞋、童装、玩具、文具等，便于在购买之前对商品款式、价格和颜色进行比较，同时便于配套购买，增加购物需求。

第三类：食品零售店，包括熟食店、面包店、生鲜食品类超市。

第四类：配套服务店面，包括银行、便民药店、照片冲印店、干洗店等。这些服务需要靠近停车场和入口，条件允许应集中布置，并与其他商家相对分离，让购物者出入方便，它们在购物中心营业时间之外继续营业。

2) 结合业态特点及购买规律

频率高、交易零星、选择性不强的业态，应设在消费者最容易感知的位置，以便于他们购买、节省购买时间。花色品种复杂、需要仔细挑选的业态及贵重物品，要针对消费者求实的购买心理，设在售货现场的深处或楼房建筑的上层，以利于消费者在较为安静、顾客流量相对较小的环境中认真仔细地挑选。百货商场、超市等商业企业可在以后的经营活动中每隔一段时间调动柜组的摆放位置或货架上商品的陈列位置，使消费者在重新寻找所需商品时受到其他商品的吸引。

3) 主力店优先，辅助店随后

对于购物中心、超级购物中心而言，核心主力店能有利地引导人群，其布局直接影响整个商场的形态，故其位置需先行确定。一般大型商场的主力店适合放在线性步行街的端点，才能达到组织人流的效果，不适合集中布置在中间。

5.5.4 业态品牌布局

品牌的组成包括要素品牌、侧重品牌、品牌扩充等。开发商必需根据项目区域现有品牌业态状况和对未来商业发展趋势的把握，充分利用自身可能整合的各种招商资源，为楼盘作为房地产项目实现销售和该项目作为商业地产日后能够成功运营而对项目各功能分区和各楼层的业态进行品牌规划，并由品牌组合定位选取相对应的品牌商家，使之形成对项目的市场依托，并由此将各商家品牌嫁接为项目的整体品牌，实现 1+1>2 的组合功效，最终达到整个项目的持续经营。但是，目前很多商业地产项目仅依赖个别国内经营商家的参与，没有进行品牌组合，或没有进行有效的品牌布局，最终无法做到旺场或只能部分旺场。基于此，地产商制定了一个品牌组合对项目产生的预期效应，并根据这些效应制定了品牌组合计划。

1．品牌组合要达到的效应

(1) 通过业态组合，形成项目经营品种的完整性。
(2) 对品牌进行布局分区，形成各自的主题广场系列。
(3) 引进每种业态新的品牌商家或领头羊的品牌商家。
(4) 品牌商家的业态组合，形成自身的经营卖点。
(5) 通过品牌商家的业态组合，形成项目人流动线的合理规划。
(6) 通过品牌商家的合理布局，吸引客流的步行最大化流向。
(7) 对品牌商家的业态整合，形成 1+1>2 的品牌凝聚效应。
(8) 依托品牌商家的品牌辐射力，形成项目的前期核心吸引力。
(9) 把品牌商家的个体品牌嫁接为项目的强势品牌，最终形成项目持续经营的核心竞争力。

2．品牌组合步骤

第一步，决定哪个品牌应该包括在内。

第二步，以五个问题来检验，将每个品牌分类。

① 这类品牌在本项目所要描绘的品牌组合中，对经营商家及顾客的购买决策有多重要？

② 正面或是负面的影响？

③ 这类品牌在组合中相对于其他品牌，是什么样的市场定位？

④ 这类品牌与组合中的其他品牌有什么样的联结？

⑤ 本项目对这品牌有什么样的控制？

第三步，根据对这些问题的回答来完成整个品牌组合，实现成功招商。

5.5.5 楼层主题设计

大型的综合商场楼层较多，业态丰富，各个楼层的主题确定并不是信手拈来，而是有科学依据所循的。

从商品流动性考虑，一般流动性强的、日常需求较大的商品被安排在较低的楼层，如食品超市往往安排在负一层，服装、鞋帽等多安排在一层或二层。

从商场的经营效益考虑，低楼层的租金一般较高层高，故低楼层以利润率较高的商品为主，如化妆品、首饰、服装、鞋帽等。

从业态性质考虑，一般主题式楼层多安排在高楼层，如果能经营成为某类主题商品的聚集地，消费者可能会为了该主题商品远道而来，完成特定消费行为，往下走的过程中顺便完成其他随机消费。这类主题商品以IT产品、家具家电产品居多。另有一些文化类业态需要相对安静的环境，也多安排在比较高的楼层，如书城。

从消费者的行为考虑，一般逛完低楼层后人会出现疲劳状态，如果高楼层继续以购物为主，就很难吸引消费者继续向上走，故高楼层一般安排餐饮、娱乐等消费性业态。

表 5-12 是大型综合商业项目楼层主题的参考方案。

表 5-12 楼层主题分布方案

楼　　层	主　　题
地下层	大型综合超市
一、二层	主力百货商家、专业超市、各类品牌专卖店、首饰、化妆品等
三层	数码城
四层	家居城
五层	书城、文化廊
六层	美食城
七层	名品打折专区、折扣商品区
八层	影城、娱乐城、连锁俱乐部
九层	室内公园

5.6　商业地产开发项目经济分析

在商业地产项目开发之前，要进行关于成本估算的经济分析。对于商业地产开发程序而言，经济分析为两个部分：一是指标测算；二是经济分析，得出项目经济可行性。

5.6.1 商业地产开发项目经济指标测算

项目成本管理的基础是编制财务报表，主要有投资估算表、销售收入估算表、财务现金流量表、损益表、资金来源与运用表、贷款偿还计划表等。其中，项目的现金流量表是最重要的项目管理报表。通过财务现金流分析，可以计算项目的财务内部收益率、财务净现值、投资回收期等指标，从而对项目的决策做出判断。

1．商业项目的现金流分析

对房地产开发公司而言，因为行业经营周期性很强，对于现金流量的分析也就尤其重要。经营性现金流量是公司业绩的重要指标，它的好坏直接关系到公司收益的可靠性、持续经营能力及变现的能力。

2．商业项目财务净现值

项目按基准收益率 I_C 将各年净现金流量折现到建设起点的现值之和，它是评价项目盈利能力的绝对指标，反映项目在满足基准收益率要求的盈利之外所获得的超额盈利的现值。也可直接利用 Excel 软件提供的财务净现值函数计算。若得到的 FNPV≥0，表明项目的盈利能力达到或超过基准计算的盈利水平，项目可接受。

3．商业项目动态投资回收期

投资回收期是指投资引起的现金流入现值累积到与投资额相等所需要的时间。它是反映项目真实偿债能力的重要指标，是指以项目的净收益抵偿项目全部投资所需要的时间，在现金流量表中，是累计现金流量现值由负值变为零的时点。投资回收期越短，表明项目盈利能力和抗风险能力越强。

4．商业项目内部收益率

财务内部收益率是考虑货币的时间价值的财务分析评价方法，它是根据方案的现金流量计算出的，是方案本身的投资报酬率，是指能够使未来现金流入量现值等于未来现金流出量现值的贴现率，或者说是使投资方案净现值为零的贴现率。它的计算通常需要采用"逐步测试法"，首先估计一个贴现率，用它来计算方案的净现值，如果净现值为正数，说明方案本身的报酬率超过估计的贴现率，应提高贴现率后进一步测试；如果净现值为负数，说明本身的报酬率低于估计的贴现率，应降低贴现率后进一步测试，寻找出使净现值接近于零的贴现率，即为方案本身的内部报酬率。

5.6.2 项目的盈亏平衡分析

盈亏平衡分析是分析如何确定盈亏临界点有关因素变动对盈亏临界点的影响等问题。它是根据项目正常生产年份的产品产量(销售量)、固定成本、可变成本、税金等，分析建设项目产量、成本、利润之间变化与平衡关系的方法。当项目的收益与成本相等时，即为盈亏平衡点。通常只求线性盈亏平衡分析。

5.6.3 项目敏感性分析

项目敏感性分析主要是分析商业地产的产品售价、产量、经营成本、投资、建设期等发生变化时，项目财务评价指标(如财务内部收益率)的预期值发生变化的程度。通过敏感分析，可以找出项目的最敏感因素，使决策者能了解项目建设中可能遇到的风险，提高决策的准确性和可靠性。一般以某因素的曲线斜率的绝对值大小来比较。

5.7 商业开发项目投资风险决策分析

5.7.1 商业开发项目投资风险概述

商业开发项目投资风险分析是在对房地产投资项目进行了财务评价和不确定性分析的基础上，进一步综合分析识别投资项目在将来建设和运营过程中潜在的主要风险因素，揭示风险来源，判别风险程度，提出规避风险的对策，降低风险损失。

1. 风险的含义

风险所反映的是人们在生产建设和日常生活中遭遇能导致人身伤亡、财产损失及其他经济损失的自然灾害、意外事故和其他不可测事件的可能性。风险是对为了行为的决策及客观条件的不确定性而可能引致后果与预定的目标之间发生的多种负偏离的综合。这种负偏离是指在特定的客观条件下，在特定的时期内，某一实际结果与预期结果可能发生的偏离或差异的程度，差异程度越大，风险就越大。这种偏离可以用两个参数来描述：一是发生偏离的方向与大小，即后果；二是发生偏离的可能性，即事件发生的概率。因此，大致可以对风险做这样的表述：风险是某种不利事件或损失发生的概率及其后果的函数，用数学函数可以表述为

$$R=F(P，K) \tag{5-2}$$

式中，R——对风险的度量；

P——各种不确定性事件发生的概率；

K——该事件发生的后果，即所有不确定结果的数量值；

F——R、P、K之间的某种函数关系。

在经济生活中，人们对风险的关注主要是为了进行很好的风险决策(Venture Decision)，避免和减少风险事故的发生导致损失的形成。风险决策是在多种不定因素作用下，对两个以上的行动方案进行选择，由于不确定性因素存在，故行动方案的实施结果其损益值是不能预先确定的。

风险决策可以分为两类：若自然状态的统计特性(主要指概率分布上)是可知的，则称为概率型决策；若自然状态的统计特性是不可知的，则称为不定型决策。风险决策的方法中虽然有一些较为成熟的风险决策方法，但风险决策主要是取决于决策者对风险的态度，因此，风险决策带有明显的主观认识。而影响这一"主观认识"的因素是复杂的，所以风

险决策的过程往往非常复杂，从逻辑上说，大致要经历风险识别、风险评估和风险决策3个阶段，如图 5.16 所示。

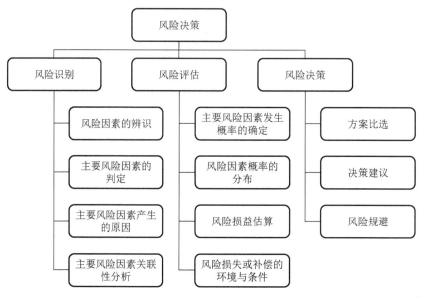

图 5.16　风险决策过程

2．商业开发项目投资风险的含义

根据上述对风险含义的理解，商业开发项目投资风险的含义是：从事商业开发项目投资而造成的不利后果和损失的可能性大小，这种不利结果和损失包括所投入的资本的损失与预期收益没达到的损失。

就投资者而言，商业开发项目投资风险在投资的不同阶段风险的表现是不完全相同的，它伴随着各个阶段主要工作的发生而产生。例如，在论证设计阶段，主要风险来自于市场研究与项目经济分析和预测的准确性；在资金筹措阶段，资本结构的变化会对未来收益产生很大的影响；在项目建设阶段，承包商的项目控制与管理能力，通货膨胀及不可预料事件的发生对投资目标的实现构成威胁。

从投资的角度看，商业开发项目投资风险不但存在着风险损失，同时也存在着风险报酬，尽管风险报酬不是一种现实的报酬率，是一种可能的未来的报酬，或者说是一种只有在风险目标实现之后才能获得的报酬，但正是由于风险报酬的存在，才使得房地产投资者在风险损失与风险报酬之间进行权衡，并在决策的过程中在两者之间寻求到一个平衡点。这正是商业开发项目风险分析的过程。

5.7.2　商业开发项目投资风险识别

1．商业开发项目投资风险的分类

1）系统风险

商业开发项目投资首先面临的是系统风险，投资者对这些风险不易判断和控制，如通货膨胀风险、市场供求风险、周期风险、变现风险、利率风险、政策风险和或然损失风险等。

(1) 通货膨胀风险。通货膨胀风险也称购买力风险，是指投资完成后所收回的资金与初始投入的资金相比，购买力降低给投资者带来的风险。由于所有的投资均要求有一定的时间周期，尤其是商业开发项目投资周期较长，因此只要存在通货膨胀因素，投资者就要面临通货膨胀风险。由于通货膨胀风险直接降低投资的实际收益率，因此商业开发项目投资者非常重视此风险因素的影响，并通过适当调整其要求的最低收益率来降低该风险对实际收益率影响的程度。但商业开发项目投资的保值性又使投资者要求的最低收益率并不是通货膨胀率与行业基准折现率的直接相加。

(2) 市场供求风险。市场供求风险是指投资者所在地区商业地产市场供求关系的变化给投资者带来的风险。市场是不断变化的，商业地产市场上的供给与需求也在不断变化，而供求关系的变化必然造成商业开发项目价格的波动，具体表现为租金收入的变化和商业开发项目价值的变化，这种变化会导致商业开发项目投资的实际收益偏离预期收益。更为严重的情况是，当市场内结构性过剩(某地区某种商业开发项目的供给大于需求)达到一定程度时，房地产投资者将面临商业开发项目积压或空置的严峻局面，导致资金占压严重、还贷压力日增，这很容易最终导致商业开发项目投资者的破产。

(3) 周期风险。周期风险是指商业地产市场的周期波动给投资者带来的风险。正如经济周期的存在一样，商业地产市场也存在周期波动或景气循环现象。商业地产市场周期波动可分为复苏与发展、繁荣、危机与衰退、萧条4个阶段。研究表明，美国商业地产市场的周期为18~20年，我国香港为7~8年，日本约为7年。当商业地产市场从繁荣阶段进入危机与衰退阶段，进而进入萧条阶段时，房地产市场将出现持续时间较长的商业开发项目价格下降、交易量锐减、新开发建设规模收缩等情况，给商业开发项目投资者造成损失。商业开发项目价格的大幅度下跌和市场成交量的萎缩，常使一些实力不强、抗风险能力较弱的投资者因金融债务问题而破产。

(4) 变现风险。变现风险是指急于将商品兑换为现金时由于折价而导致资金损失的风险。商业开发项目属于非货币性资产，销售过程复杂，流动性很差，其拥有者很难在短时期内将商业开发项目兑换成现金。因此，当投资者由于偿债或其他原因急于将房地产兑现时，由于商业地产市场的不完备，必然使投资者蒙受折价损失。

(5) 利率风险。调整利率是国家对经济活动进行宏观调控的主要手段之一。通过调整利率，政府可以调节资金的供求关系、引导资金投向，从而达到宏观调控的目的。利率调升会对商业开发项目投资产生两方面的影响：一是导致商业开发项目实际价值的折损，利用升高的利率对现金流折现，会使投资项目的财务净现值减小，甚至出现负值；二是会加大投资者的债务负担，导致还贷困难。利率提高还会抑制商业地产市场上的需求数量，从而导致商业开发项目价格下降。

(6) 政策风险。政府有关商业开发项目投资的土地供给政策、地价政策、税费政策、住房政策、价格政策、金融政策、环境保护政策等，均对商业开发项目投资者收益目标的实现产生巨大的影响，从而给投资者带来风险。

(7) 政治风险。商业开发项目的不可移动性，使商业开发项目投资者要承担相当程度的政治风险。政治风险主要由政变、战争、经济制裁、外来侵略、罢工、骚乱等因素造成。政治风险一旦发生，不仅会直接给建筑物造成损害，而且会引起一系列其他风险的发生，是商业开发项目投资中危害最大的一种风险。

(8) 或然损失风险。或然损失风险是指火灾、风灾或其他偶然发生的自然灾害引起的置业投资损失。尽管投资者可以将这些风险转移给保险公司，然而在有关保单中规定的保险公司的责任并不是包罗万象，因此有时还需就洪水、地震、核辐射等灾害单独投保，盗窃险有时也需要安排单独的保单。

2) 个别风险

(1) 收益现金流风险。收益现金流风险，是指商业开发项目投资实际收益现金流未达到预期目标要求的风险。不论是开发投资，还是置业投资，都面临着收益现金流风险。对于开发投资者来说，未来商业地产市场销售价格、开发建设成本和市场吸纳能力等的变化，都会对开发商的收益产生巨大的影响；而对置业投资者来说，未来租金水平和房屋空置率的变化、物业毁损造成的损失、资本化率的变化、物业转售收入等，也会对投资者的收益产生巨大影响。

(2) 未来经营费用风险。未来经营费用风险，是指物业实际经营管理费用支出超过预期经营费用而带来的风险。即使对于刚建成的新建筑物的投资，且物业的维修费用和保险费均由租客承担的情况下，也会由于建筑技术的发展和人们对建筑功能要求的提高而影响到物业的使用，使后来的物业购买者不得不支付昂贵的更新改造费用，而这些在初始评估中是不可能考虑到的。所以，置业投资者已经开始认识到，即使是对新建成的甲级物业投资，也会面临着建筑物功能过时所带来的风险。其他未来会遇到的经营费用包括由于建筑物存在内在缺陷导致结构损坏的修复费用和不可预见的法律费用(如租金调整时可能会引起争议而诉诸法律)。

(3) 资本价值风险。资本价值在很大程度上取决于预期收益现金流和可能的未来经营费用水平。然而，即使收益和费用都不发生变化，资本价值也会随着收益率的变化而变化。这种情况在证券投资市场上最为明显。商业开发项目投资收益率也经常变化，虽然这种变化并不像证券市场那样频繁，但是在几个月或更长一段时间内的变化往往也很明显，而且从表面上看这种变化和证券市场、资本市场并没有直接联系。商业开发项目投资收益率的变化很复杂，人们至今也没有对这个问题给出权威的理论解释。但是，预期资本价值和现实资本价值之间的差异即资本价值的风险，在很大程度上影响着置业投资的绩效。

(4) 比较风险。比较风险又称机会成本风险，是指投资者将资金投入商业开发项目后，失去了其他投资机会，同时也失去了相应可能收益的风险。

(5) 时间风险。时间风险，是指商业开发项目投资中与时间和时机选择因素相关的风险。商业开发项目投资强调在适当的时间、选择合适的地点和物业类型进行投资，这样才能使其在获得最大投资收益的同时使风险降至最低限度。时间风险的含义不仅表现为选择合适的时机进入市场，还表现为物业持有时间的长短、物业持有过程中对物业重新进行装修或更新改造时机的选择、物业转售时机的选择及转售过程所需要时间的长短等。

(6) 持有期风险。持有期风险是指与商业开发项目投资持有时间相关的风险。一般来说，投资项目的寿命周期越长，可能遇到的影响项目收益的不确定性因素就越多。很容易理解，如果某项置业投资的持有期为1年，则对于该物业在1年内的收益及1年后的转售价格很容易预测；但如果这个持有期是4年，那对4年持有期内的收益和4年后转售价格的预测就要困难得多，预测的准确程度也会差很多。因此，置业投资的实际收益和预期收益之间的差异是随着持有期的延长而加大的。

上述所有风险因素都应引起投资者的重视，而且投资者对这些风险因素将给投资收益带来的影响估计得越准确，他所做出的投资决策就越合理。

2．风险对商业开发项目投资决策的影响

风险对商业开发项目投资决策的第一个影响，就是令投资者根据不同类型商业开发项目投资风险的大小，确定相应的目标投资收益水平。由于投资者的投资决策主要取决于对未来投资收益的预期或期望，因此不论投资的风险是高还是低，只要同样的投资产生的期望收益相同，那么无论选择何种投资途径都是合理的，只是对于不同的投资者，由于其对待风险的态度不一样，因而采取的投资策略也会有差异。

风险对商业开发项目投资决策的另外一个影响，就是使投资者尽可能规避、控制或转移风险。人们常说，商业开发项目投资者应该是风险管理的专家，实践也告诉人们，投资的成功与否在很大程度上依赖于投资者对风险的认识和管理。实际上，在日常工作和生活中，几乎每一件事都涉及风险管理，甚至横穿马路也会涉及风险的识别、分析和管理。人们的行动往往依赖于其对待风险的态度，但也要意识到，不采取行动可能是最大的风险。

3．风险识别

1) 风险识别基本概念

风险识别是风险管理和风险决策过程的第一步，也是基础的一步，只有全面、正确地识别经济单位所面临的风险，风险衡量才能进行，风险管理决策才有意义。风险识别是指在风险事故发生之前，人们应用各种方法系统地、连续地认识所面临的各种风险及分析风险事故发生的潜在原因。风险识别过程包含感知风险和分析风险两个环节。

(1) 感知风险，即了解客观存在的各种风险，是风险识别的基础，只有通过感知风险，才能进一步在此基础上进行分析，寻找导致风险事故发生的条件因素，为拟定风险处理方案、进行风险管理决策服务。

(2) 分析风险，即分析引起风险事故的各种因素，它是风险识别的关键。

风险识别作为风险管理决策过程的第一环节，所要回答的主要问题是：

① 哪些风险需要考虑？
② 导致风险损失的风险事故有哪些？
③ 引起风险事故的主要原因和条件是什么？
④ 风险事故所致后果如何？
⑤ 识别风险的方法有哪些？
⑥ 如何增强识别风险的能力？

风险识别的目的是便于实施风险管理决策的第二阶段，即衡量风险的大小。进行风险识别也是为了选择最佳的风险处理方案。

2) 风险识别的方法

风险识别常用的方法主要包括以下几种：

(1) 专家调查法。对商业开发投资项目风险识别和评价可采用专家调查法。专家调查法也称为德尔菲法，它是一种通过匿名方式反复征求专家意见，以最终取得一致性意见的风险识别方法。它主要适用于一些原因比较复杂、影响比较重大的商业开发投资项目分析识别问题。专家调查法简单、易操作，它凭借分析者(包括可行性研究人员和决策者等)的经验对项目各类风险因素及风险程度进行估计。专家调查法可以通过发函、开会或其他形式向专家进行调查，对项目风险因素、风险发生的可能性及风险对项目的影响程度进行评定，将多位专家的经验集中起来形成分析结论。由于比一般的经验识别法更具客观性，因此，专家调查应用较为广泛。该方法的具体步骤如下：

① 拟定调查表。为了对具体的商业开发投资项目进行风险识别，应先结合商业开发投资项目的特色拟定风险因素专家调查表，具体见表 5-13。在表中拟定一些风险因素，列成调查提纲，同时适当地提供所分析的商业开发投资项目的背景资料，以便专家掌握项目的特点，了解项目的概况，做出客观的判断。但要注意，所列的风险因素要明确，避免因素间的重复交叉。

表 5-13　风险因素专家调查表

序号	风险因素名称	出现的可能性				出现后对项目影响程度			
		高	强	适度	低	高	强	适度	低

② 选择调查对象，即选择专家。选择的专家能否胜任，是专家调查法成败的关键。一般应选择熟悉商业开发项目行业和所评估的风险因素、专业工作年限较长、有预见能力和分析能力、有一定声望、客观公正的专家，同时也可吸收一些相关领域的专家。为了减少主观性，选择的专家应有一定的数量，一般在 10～20 位。

③ 寄发调查表反复征询和反馈。调查方式一般采用通信法，将拟定的调查表寄发给已选定的专家，请他们回答。第一轮调查表由专家填好寄回后，调查组织者将各种不同意见进行综合整理，并列出经过加工后的新调查提纲，再一次反馈给各专家，征求他们的新意见。这种征询过程的公式是征询—答复—反馈—再征询。如此反复征询 3～5 轮，使得意见渐趋一致。在调查中，专家只与调查组织者有联系。调查表最后一轮的回收率达到 60% 以上，调查就算是成功的。

④ 编写调查报告。调查组织者将最后一轮征询答案的中位数作为预测结果，写出综合性的调查报告。

(2) 情景分析法。情景是对一个投资项目或某个商业开发项目企业未来状态的描述，或者按年代的梗概进行的描述。其研究的重点是：当某种因素变化时，整个情况会怎么样？会有什么危险发生？就像电影的一幕幕场景一样，供人们研究比较。运用这种方法可以帮助识别在商业开发项目投资中引起危险的关键因素及其影响程度，它的具体应用分为筛选、监测和诊断3个步骤。

情景分析法适用于：提醒商业开发项目投资者注意某种措施或政策可能引起的风险或危险的后果；建议需要进行监测的商业开发项目投资风险范围；研究某种关键性因素对未来商业开发项目投资决策过程的影响。

(3) 问卷调查法。问卷调查法也称访问法，是商业开发项目投资风险识别的一种常用方法。该方法是预先设计问卷调查表，通过答卷、谈话、电话等方式，获悉被调查者对问卷上所提出的问题的看法，并综合分析这些看法，得出对问题的初步结论的识别方法。科学设计调查表和有效地运用访问技巧是此方法成功的关键。

问卷调查表反映投资者的决策思想，问卷调查表的设计一般分为5个步骤：①根据商业开发项目企业的经营战略和投资项目的特点，明确列出调查表所需要收集的信息；②按照所需要收集的信息，设计问题，并确定每个问题的次序；③按照问题的类型、难易程度，选择题型，并设计询问问题的次序；④选择一些调查者作调查表的初步测试，请他们先做题，然后召开座谈会或个别谈话征求意见；⑤按照测试结果，再对调查表作必要的修改，得出正式的调查表。

在设计调查表时要注意以下事项：①调查表中设计的问题要简短明了，一目了然；②每一个问题只包含一项内容；③在问题中，不要使用专门术语，概念要通俗易懂；④每个问题的选择答案不要过多，问题的含义不要模棱两可，一个问题只代表一件事；⑤注意问题提出的方式，有些问题可以直接提问，有些问题应间接提问。

3) 感知风险

感知风险应首先明确感知风险的出发点。对商业开发项目企业而言，其出发点应该有两个：企业风险感知和项目风险感知。

基本上，感知风险的基础条件应是：

(1) 了解企业本身：企业发展的目标及发展战略；企业活动的性质；企业的经营方式；企业的经营环境。

(2) 了解项目：项目的生产全过程；项目运行特征；项目经营形式；项目主要的差异性表现。

在以上条件下，对商业开发项目企业而言，感知风险应从3个层面上识别风险因素：

(1) 从宏观上认识和预测政策风险和市场风险，以明确企业或项目可能的系统风险。

(2) 从中观上认识和预测所在城市的发展潜力、方向、规划和市场变化等，以确定企业或目的的市场风险。

(3) 从微观上进行企业或项目分析，以确定未来可能的经营风险。

4) 分析风险

分析风险要回答的主要问题是引起风险事故的主要原因和条件是什么，风险事故所致后果如何。也就是必须详细研究引起风险事故的条件潜在因素。

5.7.3 风险评估

风险评估是风险管理的重要阶段。

1．风险评估的主要内容
1) 背景风险评估
背景风险评估指项目所处的经济社会背景的未来风险分析，主要包括政策风险、市场风险等。

2) 项目风险评估
(1) 市场预测：①产品定位，产品的差异性，竞争分析；②预期成本和售价，价格水平和现有消费水平是否相适应；③市场吸纳量。
(2) 财务分析：项目现金流量的分析及投资回报、回报率、资金需求量及筹措方式。
(3) 敏感性分析：①销售量变化对效益的影响；②成本、价格变化的影响；③开发计划的变化对项目获利能力的影响。
(4) 风险评估：①管理风险，即企业家和管理班子的素质及经营水平，管理人员的激励机制；②技术风险，指项目的运行所采用的技术的可行性、技术难度等；③市场风险，指市场需求、市场规模及进入市场的途径；④财务风险，即被投入单位的已有资金、固定资产状况、资信程度、负债情况。

3) 外部风险评估
外部风险评估分析主要针对以下几项：
(1) 商业开发项目企业与建筑商及材料供应商的关系。
(2) 商业开发项目企业与销售代理商的关系。可以从以下几个方面着手：
① 开发商能否提高自身吸引力，以吸引代理商主动上门，使自己占据有利地位。
② 开发商是否经常为代理商提供各种便利服务，如是否召开产品推介会、相关论坛、促销活动等。
③ 开发商与代理商是否保持经常接触、加强信息交流等。
④ 开发商能否很好处理与代理商之间的冲突。
(3) 商业开发项目企业与消费者的关系，尤其是与业主的关系。
(4) 商业开发项目企业同金融界的关系，如开发企业是否树立了良好的形象，效益是否好，是否守信用，使银行感到放心；是否同银行联系密切；是否熟悉银行业务和各种金融工具，能否巧妙地利用银行信用发展商业信用解决资金问题。
(5) 商业开发项目企业同政府的关系：同政府打交道是否懂政策、讲艺术；是否经常向政府汇报工作，让政府了解企业的困难、要求和成绩，同时也从政府那里获得税收、物价、金融等信息。
(6) 商业开发项目企业与其他相关部门的关系，如交通部门、电信部门、自来水部门、电力部门、燃气部门、城管部门等。

2．**商业开发项目投资风险估计与概率**
概率是表示某一随机事件发生可能性大小的数量化指标。假设对某一随机事件进行了 n 次试验与观察，其中事件 A 出现了 m 次，事件 A 出现的频率为 $\frac{m}{n}$，通过多次重复试验，常常有 $\frac{m}{n}$ 越来越接近于某稳定值 P，P 即为随机事件的概率。风险估计的一个重要方面，就是要判断不确定性因素，或者说风险事件发生的概率及其后果的严重程度，因此，风险与概率密切相关。概率是度量某一事件发生的可能性大小的量，它是随机事件的函数。必然发生的事件，其概率为1，不可能事件，其概率为0，一般性的随机事件，其概率在0与1之间。风险估计可以分为主观概率估计和客观概率估计两种。

主观概率估计是指人们对某一风险因素发生可能性的主观判断，用介于0和1之间的数据来描述；客观概率估计是根据大量的试验数据，用统计的方法计算某一风险因素发生的可能性，它是不以人的主观意志为转移的客观存在的概率；客观概率计算需要足够多的试验数据作支持。在商业开发项目的经济评价中，要对项目从初始投资到整个项目运营期结束的整个计算期内的全过程进行预测，由于不可能获得足够的时间与资金对某一事件发生的可能性作大量试验，且因事件是将来发生的，也不能作出准确估计，因此在商业开发项目投资经济评价和可行性研究阶段，风险估计最常用的方法是主观概率统计。下面只对主观概率估计进行简单介绍。

1) 主观概率估计

主观概率是人们根据自己的知识和经验，以及对事件的了解和认识，对未来发生可能性的大小作一个主观估计值。主观概率与客观概率一样有以下两个重要特性：

第一，所有可能发生的事件 E_i 中每一个事件发生的概率值 $P(E_i)$ 应大于或等于0，小于或等于1，即

$$0 \leq P(E_i) \leq 1 (i=1, 2, \cdots, n) \tag{5-3}$$

第二，各种可能发生概率的总和必须等于1，即

$$\sum_{i=1}^{n} P(E_i) = 1 \tag{5-4}$$

通常采用主观概率进行预测的方法有以下两种：

(1) 当预测对象仅有一个可能性发生的事件时，直接进行主观概率预测。综合参加预测人员意见的公式如下：

$$P = \frac{\sum_{i=1}^{n} P_i}{N} \tag{5-5}$$

式中，P——某一事件的主观概率预测值；

P_i——第 i 个预测人员对该事件的主观概率预测值；

N——参加预测的人员数。

【例5-2】某房地产开发企业对其开发的商业用房在明年内销售量超过10万平方米的可能性进行预测，共请了8位有经验的市场营销人员参与预测，其主观估计值分别为2/3，3/4，2/3，3/5，1/4，3/5，2/5，3/5。根据式(5-5)，该房地产开发企业明年商业用房销售量超过10万平方米的主观概率为

$$P = \frac{2/3+3/4+2/3+3/5+1/4+3/5+2/5+3/5}{8} \approx 0.57$$

该房地产开发企业明年商业用房销售量超过10万平方米的主观概率值为0.57，即只有57%的把握程度。

(2) 当预测对象有多个可能发生的事件时，常用概率密度函数和累积概率分布函数来描述主观概率。

假定预测对象有 m 个可能发生的事件：$E_1, E_2, \cdots, E_m$；$P(E_i)$ 为各事件发生的概率，将这一组概率 $P(E_i)(i=1, 2, \cdots, m)$ 称为概率密度函数，常用图 5.17 及表 5-14 进行描述。

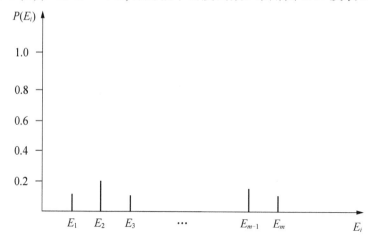

图 5.17 概率密度函数分布图

表 5-14 概率密度函数分布表

可能发生的事件	E_1	E_2	E_3	⋯	E_{m-1}	E_m
发生概率	$P(E_1)$	$P(E_2)$	$P(E_3)$	⋯	$P(E_{m-1})$	$P(E_m)$

累积概率分布函数为

$$F(E_i) = \sum_{j=1}^{i} P(E_i) \quad (j=1, 2, 3, \cdots) \tag{5-6}$$

式中，F——累计概率；

E_i——可能发生的事件；

P——事件发生的概率。

在向一组参加预测的人员或专家进行调查时，通常是以调查表的形式征集专家们主观预测的 m 个可能发生事件的概率，然后运用算术平均数或加权平均数的方法，对同一事件综合专家们的意见，最后，得出一组专家集体提出的主观概率值，即平均概率密度函数和累积概率分布函数。平均概率密度函数可以预测各事件发生的可能性；累积概率分布函数则可以预测某一范围内事件发生的可能性。把平均概率密度函数和累积概率函数绘出图形，就可以清楚地看到主观概率的预测值。

【例 5-3】 某研究机构通过市场研究认为，某城市明年商品住房销售均价的增长幅度有 8 种可能，见表 5-15。为了判断房价涨幅每一种可能性的概率，该机构选聘了 10 位专家进行主观概率统计，并请每位专家将个人的看法填入表 5-15 中，注意 $\sum_{i=1}^{8} P(E_i) = 1$。

表 5-15 预测表

房价增长	E_1	E_2	E_3	E_4	E_5	E_6	E_7	E_8
增长幅度(%)	5.0	5.5	6.0	6.5	7.0	7.5	8.0	8.5
主观概率估计值								

解：各位专家根据上表分别作出判断后，将各位专家的调查表汇总，见表 5-16。

表 5-16 主观概率调查表汇总

专家编号 \ 房价增长增幅	E_1 5.0	E_2 5.5	E_3 6.0	E_4 6.5	E_5 7.0	E_6 7.5	E_7 8.0	E_8 8.5
1	0.00	0.00	0.05	0.05	0.30	0.40	0.10	0.10
2	0.00	0.05	0.05	0.10	0.30	0.30	0.10	0.10
3	0.05	0.00	0.00	0.20	0.20	0.40	0.10	0.05
4	0.00	0.00	0.10	0.10	0.40	0.30	0.10	0.00
5	0.00	0.00	0.05	0.10	0.20	0.20	0.40	0.05
6	0.05	0.00	0.20	0.30	0.30	0.10	0.05	0.00
7	0.00	0.05	0.10	0.05	0.30	0.10	0.20	0.10
8	0.00	0.00	0.05	0.05	0.20	0.30	0.40	0.00
9	0.00	0.00	0.10	0.30	0.20	0.30	0.10	0.00
10	0.00	0.00	0.10	0.05	0.50	0.20	0.10	0.05
平均 $P(E_i)$	0.01	0.01	0.08	0.13	0.31	0.26	0.155	0.045
平均 $F(E_i)$	0.01	0.02	0.10	0.23	0.54	0.80	0.955	1.00

通过表 5-16 可以得出 10 位专家的平均概率密度函数和累积概率分布函数的图形，如图 5.18 和图 5.19 所示。

图 5.18 表示的是房价各种增长幅度发生的可能性，如增长幅度可能性最大的是 7%，其相应的主观概率值为 31%。图 5.19 表明房价增幅在不同范围内的可能性，如房价增幅低于 5%或高于 8.5%是不可能的，即增长幅度等于或低于 8.5%的可能性是 100%；增长幅度等于或低于 7.5%的可能性是 80%；增长幅度在 6%～8%的可能性是 85.5%等。

在缺乏或没有历史统计资料的情况下，主观概率估计是帮助人们进行风险估计的一种有效工具，在运用主观概率估计时要注意以下 3 个问题：一是对于主观概率，由于各人的知识、经验及看法不一样，因此不同的人对同一事件发生的概率可能会有不同的主观估计值。因此，在用主观概率预测时，要选取较多的人员或专家进行主观估计判断，并综合各位参加预测人员的意见；二是主观概率预测是先由参加预测的人员对所预测事件发生的概率作出主观估计值，然后计算出估计值的统计平均值，并以此作为对事件预测的结论；三是主观概率预测通常与调查研究预测等结合使用，调查人员应根据调查目的预先制作相应的调查表。

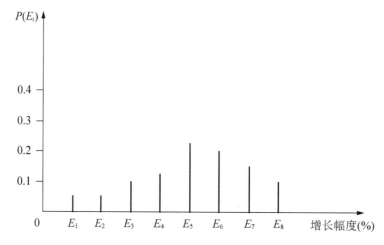

图 5.18　房价增幅概率密度函数

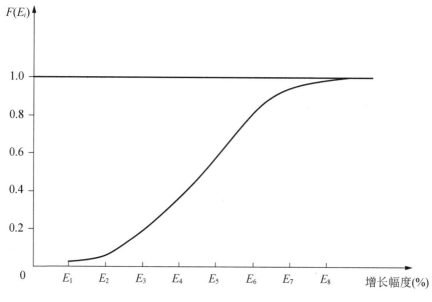

图 5.19　房价增幅累积概率分布函数

2) 商业开发项目投资风险的测度

在基础数据不确定的前提下，商业开发投资项目经济评价分析中计算得到的各项评价指标都是不确定的，它们都是随机变量，因此可以用概率论的知识来测度投资风险的大小。下面介绍几个主要的测度风险大小的指标。

(1) 期望值。

期望值是随机变量可能值的加权平均值数，即各种可能值的概率分布中心，通常用数学期望值来描述，其一般公式为(离散型随机变量)

$$E = \sum_{i=1}^{n} X_i P_i \tag{5-7}$$

式中，E——随机变量的期望值；

　　　X_i——随机变量第 i 个可能值；

　　　P_i——随机变量取 X_i 的概率；

　　　n——随机变量可能值的个数。

显然，随机变量的数学期望值是随机变量可能取值的以相应概率为权数的加权平均值。期望值是房地产投资风险分析中用到的一个很重要的概念。由于基础经济数据的不确定性，作为随机变量，往往可以取若干个可能值，此时，进行风险分析，总是用基础数据的期望值去计算房地产投资项目的评价指标(如净现值、内部收益率、利润等)，由于计算得到的评价指标也是随机变量，在进行风险分析时，也是用评价指标的期望值去评价项目的财务可行性和经济合理性。

如果随机变量是利润、净现值、内部收益率等营利性指标，则其期望值称为损益期望值，它是在综合考查了项目的损失和收益后的可能净效益值。互斥方案选优中，如果方案风险大小相同，一般应选损益期望值最大方案。

2) 标准差

各项评价指标的不确定，意味着作为随机变量，它们可以取不同的可能值，在这种情况下，我们是依据评价指标的期望值作为项目实施后的预期值，以决定项目的取舍。由于期望值只评价指标各可能取值的加权平均值，而非评价指标的实际值，评价指标的实际取值只能取各可能值中的一个。因此，用评价指标的期望值来决定项目的取舍时，会由于评价指标的实际取值有可能偏离期望值而使项目产生风险。项目的风险大小可以用评价指标的标准差来测度。标准差大，意味着评价指标各可能取值偏离期望值的离散程度大，概率分布密度程度低，评价指标的不确定性程度大，项目的风险大；反之，标准差小，意味着项目的风险小。标准差的计算公式为

$$\sigma = \sqrt{\sum_{i=1}^{n}(X_i - E)^2 \cdot P_i} \tag{5-8}$$

式中，σ——随机变量的标准差；

　　　其他符号的含义同式(5-7)。

【例 5-4】 设有两个投资方案，其年平均利润可能值及其发生的概率见表 5-17，试进行风险决策分析。

表 5-17　年平均利润可能值及其发生的概率

i	市场需求	发生概率 P_i	年利润 X_i/万元	
			方案 I	方案 II
1	大	0.25	70	30
2	中	0.50	8	7
3	小	0.25	-50	-10

解：(1) 根据式(5-7)得出两投资方案的利润期望值为

$$E_1 = 70 \times 0.25 + 8 \times 0.5 - 50 \times 0.25 = 9.0(万元)$$
$$E_2 = 30 \times 0.25 + 7 \times 0.5 - 10 \times 0.25 = 8.5(万元)$$

因为 $E_1 > E_2$，似乎应选方案Ⅰ，但进一步分析其利润的标准差，就会发现选择方案Ⅰ并非上策。

(2) 根据式(5-8)计算两方案利润的标准差为

$$\sigma_1 = \sqrt{(70-9)^2 \times 0.25 + (8-9)^2 \times 0.5 + (-50-9)^2 \times 0.25} \approx 42.44(万元)$$
$$\sigma_2 = \sqrt{(30-8.5)^2 \times 0.25 + (7-8.5)^2 \times 0.5 + (-10-8.5)^2 \times 0.25} \approx 14.22(万元)$$

显然，σ_1 比 σ_2 大得多，也即方案Ⅰ的风险比方案Ⅱ大得多，而两个方案的利润期望值又很接近，所以应当选择方案Ⅱ。

需要特别注意的是：用标准差来测度和比较两个(或两个以上)投资方案的风险大小，要求两个(或以上)方案的评价指标期望值相同或相近，当两个(或以上)方案的评价指标期望值不相同也不相近时，则要用变异系数来测度和比较风险的大小。

3) 变异系数

变异系数也有人称为投资风险度，等于标准差与期望值之比。用标准差来测度投资项目风险时，可能会出现一个投资成本较高、预期现金流量较大的投资方案，通常投资成本较小的投资方案有较大的标准差，但它的风险并不比投资方案小的风险大，只有在两个方案的期望值相等或相近的情况下，利用标准差来测定风险的大小才有意义。用变异系数来测定相对风险的大小可以弥补标准差的不足。所以，标准差是用来测度比较"绝对风险"的，变异系数是用来测度和比较"相对风险"的。变异系数的计算公式为

$$V = \frac{\sigma}{E} \tag{5-9}$$

式中，V——变异系数；

其他符号的含义同前。

变异系数越大，方案风险也越大，反之，方案风险小。

【例 5-5】 某房地产开发公司欲在城市投资一商业开发项目，该项目有两个投资方案：一是投资兴建一座写字楼；二是投资兴建一座商业大厦。建成后，两方案均以出租的方式经营，经市场研究和预测，这两种投资方案的年净收益率和市场状况见表 5-18。试通过计算这两个方案年净收益率的标准差和变异系数，比较这两个投资方案的风险大小。

表 5-18 投资方案收益率和市场状况表

方案	年净收益率(%)			市场状况概率		
	需求旺 X_1	需求一般 X_2	需求弱 X_3	需求旺 P_1	需求一般 P_2	需求弱 P_3
一	30	20	8	0.3	0.5	0.2
二	40	18	10	0.2	0.7	0.1

解：(1) 根据式(5-7)计算两个方案年净收益率的期望值：

$$E_1 = 30 \times 0.3 + 20 \times 0.5 + 8 \times 0.5 \approx 20.6\%$$

$$E_1 = 40\times0.2+18\times0.7+10\times0.1\approx 21.6\%$$

(2) 根据式(5-8)计算两个方案年净收益率的标准差：

$$\sigma_1 = \sqrt{(30-20.6)^2\times0.3+(20-20.6)^2\times0.5+(8-20.6)^2\times0.2}\approx 7.64\%$$

$$\sigma_2 = \sqrt{(40-21.6)^2\times0.2+(18-21.6)^2\times0.7+(10-21.6)^2\times0.1}\approx 19.0\%$$

(3) 根据式(5-9)计算两个方案年净收益率的变异系数：

$$V_1 = \frac{7.64\%}{20.6\%}\approx 0.37$$

$$V_2 = \frac{19.0\%}{21.6\%}\approx 0.88$$

通过计算比较结果，方案一的投资风险度为 0.37，方案二的投资风险为 0.88，因此，投资方案二，即投资兴建商业大厦的风险比兴建写字楼的风险程度高，且风险程度大约是兴建写字楼的 2.4 倍。

要完整地描述一个随机变量的统计特征，需要确定其概率分布的类型。在商业开发项目投资风险的估计中，也需要对经济评价指标的概率分布类型进行分析。常用的概率分布类型有二项分布、泊松分布、指数分布、均匀分布和正态分布。其中前两种属于离散型随机变量的概率分布，后三种属于连续型随机变量的概率分布。在自然现象和社会现象中，大量的随机变量都服从或近似地服从正态分布。在商业开发投资项目经济评价和投资决策中，起着特别重要的作用的正态分布得到了最广泛的使用。

3．商业开发项目投资风险评价

商业开发项目投资风险评价是对投资项目风险进行综合分析，是依据风险对项目经济目标的影响程度进行项目风险分级排序的过程。它是在项目风险识别和估计的基础上，通过建立项目风险的系统评价模型，列成各种风险因素发生的概率及概率分布，确定可能导致的损失大小，从而找出该项目的关键风险，确定项目的整体风险水平，为如何处置这些风险提供科学依据。风险评价的判别标准采用两种类型：

1) 以经济指标的累计概率、标准差、变异系数为判别标准

经济指标的累计概率、标准差及变异系数的计算方法前面已经作了介绍，其判别标准如下：

(1) 投资项目的财务内部收益率大于等于基准收益率的累计概率值越大，风险越小；标准差越小，风险越小；变异系数越小，风险越小。

(2) 投资项目的财务净现值大于等于零的累计概率值越大，风险越小；标准差越小，风险越小；变异系数越小，风险越小。

2) 以综合风险等级为判别标准

风险等级的划分既要考虑风险因素出现的可能性，又要考虑风险出现后对投资项目的影响程度。综合风险等级有多种表达方法，一是应选择矩阵列表法划分风险等级。矩阵列表法简单直观，将风险因素出现的可能性及对项目的影响程度构造一个矩阵，表中每一个单元对应一种风险的可能性及其影响程度。为适应现实生活中人们往往以单一指标描述事物的习惯，将风险的可能性与影响程度综合起来，用某种级别表示，见表5-19。该表是以风险应对的方式来表示风险的综合等级。所示风险等级也可采用数学推导和专家判断结合确定。

表 5-19　综合风险等级分类表

综合风险等级		风险影响程度			
		严重	较大	适度	低
风险的可能性	高	K	M	R	R
	较高	M	M	R	R
	适度	T	T	R	I
	低	T	T	R	I

综合风险等级分为 K、M、T、R、I 五个等级：

K(Kill)表示项目风险很强，出现这类风险就要放弃项目；

M(Modify plan)表示项目风险强，需要修正拟议中的方案，通过改变项目定位或设计采取补偿措施等；

T(Trigger)表示风险较强，设定某些指标的临界值，指标一旦达到临界值，就要变更设计或对负面影响采取补偿措施；

R(Review and reconsider)表示风险适度(较小)，适当采取措施后不影响项目；

I(Ignore)表示风险弱，可忽略。

落在表 5-19 左上角的风险会产生严重后果；落在表左下角的风险，发生的可能性相对低，必须注意临界指标的变化，提前防范与管理；落在表右上角的风险影响虽然相对适度，但是发生的可能性相对高，也会对项目产生影响，应注意防范；落在表右下角的风险，损失不大，发生的概率小，可以忽略不计。

5.7.4　商业开发项目投资风险应对

对商业开发项目投资风险进行识别、估计和评价后找出的关键风险因素对项目的成败具有重大影响，需要采取相应的应对措施，尽可能降低风险的不利影响，实现预期效益。

1. 商业开发项目投资风险应对的原则

1) 连续性原则

商业开发项目投资，无论是商业开发项目开发投资还是商业开发项目置业投资，从投资机会选择与决策阶段，前期工作阶段，建设阶段到租售阶段和经营阶段，是一个连续的经济行为过程。在这个连续的过程中，每个阶段都将面临各种投资风险。因此，商业开发项目投资风险应贯穿于投资的整个过程中，从项目的可行性研究开始就要采取规避防范风险的措施防患于未然。

2) 针对性原则

商业开发项目投资的类型复杂多样，不同的商业开发项目投资项目具有不同的特点和不同的抗风险能力。因此，风险对策研究应有很强的针对性，要结合投资项目的不同类型，针对特定项目主要的或关键的风险因素提出必要的措施，将风险因素的影响降低到最小限度。

3) 可行性原则

在商业开发项目投资项目可行性研究阶段所进行的风险应对研究应立足于现实客观的

基础上，应建立在对商业开发项目市场充分研究的基础之上，提出的风险应对措施在财务、技术等方面是切实可行的，是可操作的。

4) 经济性原则

规避防范风险是要付出代价的，如果提出的风险应对措施所花费的费用远大于可能造成的风险损失，该对策将毫无意义。在风险应对研究中应将规避防范风险措施所付出的代价与该风险可能造成的损失进行权衡，旨在寻求以最少的费用获取最大的风险效益。

2．商业开发项目投资风险的主要应对方法

1) 风险自留

风险自留是指商业开发项目投资者以自身的财力来负担未来可能的风险损失。风险自留可以包括两个方面的内容：承担风险和自保风险。承担风险和自保风险都是商业开发项目投资者以自己的财力来补偿风险损失，区别在于后者需要建立一套正式的实施计划和一笔特别的损失储备或者基金；而前者则无须建立这种计划和基金，当损失发生时，直接将损失摊入成本。有些风险虽然也会带来经济损失，但由于损失规模较小，对商业开发项目经营者影响不大，在此情况下可以采用承担风险的方法加以处理。承担风险要考虑企业的财务承受能力。自保风险用于处理那些损失较大的商业开发项目风险，由于风险带来的损失较大，无法直接摊入成本。

(1) 承担风险。承担风险是指某种风险不可避免或该风险的存在可能获得较大利润或较少支出时，企业本身将风险承担下来，自身承受风险所造成的损失。它分为两类：一是消极的自我承担，是由于没有意识到风险的存在，因而没有处理风险准备时，或明知风险存在，都因某些原因低估了潜在的损失程度时，所产生的风险自留，都属于消极的自我承担；二是积极的自我承担，是指自己承担风险比其他风险应对更经济合理，或者预计损失不大，企业有能力自我承担的情况。承担风险要考虑企业的财务承受能力，其适用范围为：①用其他方法处理的成本大于自我承担风险的代价；②有些风险虽然也会带来经济损失，但由于损失规模较小，对商业开发项目经营者影响不大的风险；③不可能转移出去的风险；④风险管理人员由于缺乏风险的技术知识，或疏忽处理而造成的风险损失。

(2) 自保风险。自保风险是企业本身通过预测其拥有的风险损失发生的概率与程度，并根据企业自身的财务能力预先提取基金以弥补风险所致损失的积极的自我承担。自保风险用于应对那些损失较大的商业开发项目风险，由于这些风险带来的损失较大，无法直接摊入成本，所以需要采用自保风险的办法。自保风险通常是根据对未来风险损失的测算，采取定期摊付、长期积累的方式在企业内部建立起风险损失基金，用以补偿这些风险带来的损失。自保风险与保险经营的基本原理基本一致，但是由于自保风险的损失成本在一个企业内部进行，因而商业开发项目投资者只支付实际损失额，免除了保险公司的利润和管理费。自保风险主要有以下 3 种表现形式：①将风险损失摊销计入成本；②建立和使用内部风险损失基金；③组织和经营专业自保公司，降低企业总体风险水平，提高收益能力。

2) 风险转移

风险转移是指商业开发项目投资者以某种方式将风险损失转给他人承担，是商业开发项目经营者处理风险的一种重要方法。对于任何一个商业开发项目投资者而言，因其财务能力有限，故其自留风险的能力也有限。在商业开发项目投资活动中，有些商业开发项目风险可能会给投资者带来灾难性的损失,以商业开发项目投资者自身的财务根本无法承担,因此,商业开发项目投资者必须采用风险转移方法将商业开发项目风险转移出去。商业开发项目风险的转移可采用多种方法,如参加保险、租赁等。风险转移的主要形式是通过契约或合同将损失的财务负担和法律责任转移给非保险业的其他人,以达到降低风险发生频率和缩小损失程度的目的。

(1) 契约性转移。在商业开发项目投资中,契约性转移主要包括预售、预租、出售一定年限的商业开发项目使用权,项目工程出包与分包等方式。投资者在开发过程中通常采用预售、预租这两种销售方式将风险转移出去,这样可以把房价下降、租金下降带来的风险转移给了客户、承租人;把商业开发项目空置带来的风险转移给了客户和承租人;出售一定年限的商业开发项目使用权是把物业一定年限的使用权出售出去,到期后投资者收回该商业开发项目的使用权。这种做法一般多见于商业物业,这种风险转移的方法可以为投资者筹集资金,加快资金流动。项目工程出包与分包是指投资者与承包商签订合同后,将工程承包给建筑商和投资者自己,投资者承揽工程但分包给各建筑商进行施工建设。投资者使用这种方法可以把因工期延长、建筑施工质量低下引起的风险转移给承包商。

(2) 项目资金证券化。项目资金证券化是指商业开发项目的直接投资转化为有价证券的形态,使投资者与标的物之间由直接的物权关系转变为以有价证券为承担形式的债券债务关系,商业开发项目资金证券化能较好地转移风险。它一般有两种途径:一是发行股票、债券等有价证券筹集项目资金。这种方法能较好地转移风险。首先,通过发行股票,每一个持票人都是该项目的股东,股东在分享权益的同时,也承担项目的风险从而把项目一定比例的风险转移给了其他股东。其次,发行债券,虽然到期可以兑换,但把在持有期内因利率变动所引起的融资成本加大的风险转移出去了。最后,股票可以转让,增加了不动产的流动性,发行股票的筹资者在自己认为必要时,随时可以抛售自己所占的股票份额转移投资风险。二是成立商业开发项目投资信托机构。投资者将项目资金交给商业开发项目投资信托机构,并将相应的有价证券交给投资者,投资者凭有价证券收取相应的利润。这样投资者就把自己开发经营所引起的风险转移给了商业开发项目投资信托机构。

3) 风险组合

这种方法是将那些类似的但不会同时发生的风险集中起来考虑,从而能较为准确地预测未来风险损失发生的状况,并使这一组合中发生风险的损失部分,能得到其他未发生风险损失且取得风险收益的部分补偿。例如,商业开发项目投资者分别将资金投入住宅与办公楼,如果投入住宅的部分遭受损失,而投入办公楼的部分可能不但没有遭受损失,而且获得较高的收益,则投入办公楼部分的收益就可以补偿投资于住宅遭受的损失。

风险组合可以通过投资者所面临的风险单位进行空间与时间的分离,这样就可以达到减轻风险损失的目的。商业开发项目独立性的增加和相关性的降低,在其他因素不变的情况下,是能够减轻风险的。风险组合也可以通过风险单位数量来提高企业预防未来损失的能力,商业开发项目投资者可以通过企业合并或内部扩大规模从事多种经营规避风险。

4) 风险预防

风险预防是投资者在商业开发项目投资风险发生前采取某些具体措施以消除或减少引致风险损失的各项风险因素,实现降低风险损失的概率,同时达到降低风险损失程度的作用。风险预防是商业开发项目投资风险管理中最适用的一种方法,在整个商业开发项目开发过程中的各个阶段都有广泛的应用价值。风险预防一般有以下主要措施:一是防止危险因素的产生;二是减少已存在的危险因素并对其进行监控;三是对风险因素进行时间和空间上的隔离;四是加强投资方保护能力;五是稳定、修复和更新受损对象;六是风险预防的评价;七是对下一步的预防目标进行审核和规划。

5) 风险回避

风险回避是指商业开发项目投资者通过商业开发项目投资风险的识别和估计,发现某项商业开发项目投资活动可能带来巨大的风险损失时,事先避开风险源地或改变投资方式,主动放弃或拒绝实施这些可能导致风险损失的投资活动,以消除风险隐患。这是一种相对最为彻底的处理手段,是一种完全自给自足型的风险管理技术,有效的回避措施可以在商业开发项目投资风险事件发生之前完全消除其给投资者造成某种损失的可能,而不再需要实施其他风险管理措施。

但是,风险回避虽然可在一定程度上有效地消除风险源,但它的应用却有很大的局限性。例如,风险回避只有在投资者对风险事件的存在与发生、风险损失严重性完全确定时才有意义,而投资者不可能对商业开发项目投资中所有的风险都能进行准确的识别和估计;采用风险回避能使公司遭受损失的可能性降为零,但同时也使获利的可能性降为零。因此,一般来说,只有在某些迫不得已的情况下,才采用风险回避。

3. 商业开发项目投资风险的防范策略

【参考图文】

商业开发项目投资风险管理的最终目的在于对商业开发项目投资风险采取有效的防范措施,以减免商业开发项目投资风险。在商业开发项目投资的实际运行中,最常用的风险防范策略如下:

1) 保险策略

向专业保险公司投保是防范商业开发项目投资风险的一种十分重要的策略。商业开发项目保险业务主要是指以房屋设计、营建、销售、消费和服务等环节中的房屋及其相关利益和责任为保险标的的保险。对于商业开发项目投资者来说,购买保险是十分必要的。它是转移或减少风险的主要途径之一。保险对于减轻或弥补商业开发项目投资者的损失,实现资金的循环运动,保证商业开发项目投资者的利润等方面具有十分重要的意义,尤其对于增强房地产投资者的信誉,促进商业开发项目经营活动的发展有积极作用。

2) 投资分散策略

投资分散策略是以分散投资的方法防范商业开发项目投资风险,其做法一般如下:

(1) 投资区域分散。商业开发项目的特点决定了商业开发项目市场具有很强的区域性特点,由于各个地区、各个城市的经济政策、投资政策、地理区位、市场条件和资金供求等各不相同,对商业开发项目投资收益的影响也就各不相同。经济景气程度在各个地区之间也存在着很大的差异,将商业开发项目投资分散于不同的地区,就能避免在某一特定地区经济不景气对商业开发项目经营的影响,从而达到降低商业开发项目风险的目的。

(2) 投资种类分散。商业开发项目投资虽然有风险，但在一定时期内，并不是所有的商业开发项目投资都必然遭受损失，风险只是不利事件发生的可能性，并不一定都能变成现实。在同一时期内，有些商业开发项目投资风险将变为现实，有些则不一定，而且各种不同类型的商业开发项目投资的风险大小不一，可能获得的收益也大小不一。在商业开发项目投资种类上分散化对投资者来说，这可能使得这种商业开发项目投资风险发生了，另一种商业开发项目投资风险没有发生，而是获得了可观的风险收益，这样就使得商业开发项目投资者的整体风险降低了。

(3) 投资时间分散。确定一个合理的商业开发项目投资时间间隙，将商业开发项目商品的买、卖分开，以避免因市场变化而带来的损失。一般来说，当商业开发项目先导指标发生明显变化时，如经济增长率、人均收入从周期谷底开始回升、贷款利率从高峰开始下降等，预示着商业开发项目将进入扩张阶段，此时为商业开发项目投资的有利时期。

3) 融资策略

投资于某项商业开发项目，若其风险较大，超过投资者自身承担能力，或者经营某项商业开发项目的前景难以把握，高风险与利润交织在一起，则商业开发项目投资者就可以采取融资策略防范风险。融资策略就是运用发行股票的方式，融入股本，并将风险分散于社会——每一个股东。

4) 联合策略

联合策略就是组织多个商业开发项目经营者，联合起来共同对某项商业开发项目进行投资，它要求合作者共同对开发项目进行投资，利益共享，风险共担，充分调动投资各方的积极性，最大限度地发挥各自的优势，从而减轻独自经营该项目的风险。

总之，商业开发项目投资风险应对及防范可以归纳为两大途径：一是在风险损失发生之前，采取各种预防措施，力求免除、消除或减少风险；二是在风险损失发生之后，采取一定的措施对风险损失进行补偿。

小　　结

本学习情境主要对商业地产项目进行介绍，要求学生熟悉商业地产项目市场分析、规划设计分析，掌握商业地产项目定位分析、业态组合分析等，能够熟练编制全部投资现金流量表和自有资金现金流量表、资金来源与运用表、损益表、借款还本付息表，准确计算基本的财务指标，并根据财务指标进行可行性分析，初步进行风险决策分析。

练　习　题

一、单项选择题(共3题，每题1分。每题的备选答案中只有1个最符合题意，请把正确答案的编号填在对应的括号中)

1. 在某商业开发项目建设过程中，如果不能如期取得政府的相关许可，则该商业开发项目将面临( )。

  A. 政策风险 B. 市场风险 C. 财务风险 D. 信用风险

  2. 甲、乙物业 2015 年 10 月的价值均为 1 100 万元。预计 2016 年 10 月甲物业的价值为 1 200 万元和 1 000 万元的可能性均为 50%，乙物业的价值为 1 300 万元和 900 万元的可能性也均为 50%。甲、乙物业投资风险比较的结果是( )。

  A. 甲物业投资风险大   B. 乙物业投资风险大
  C. 甲、乙物业的投资风险相同 D. 难以判断甲、乙物业的投资风险大小

  3. 某商业开发项目有甲、乙、丙三个方案，经测算，三个方案净现值的期望值分别为 $E_甲=1 500$ 万元，$E_乙=1 800$ 万元，$E_丙=2 200$ 万元，净现值的标准差分别为 $\delta_甲=890$ 万元，$\delta_乙=910$ 万元，$\delta_丙=1 200$ 万元，则该项目投资方案的风险从小到大排列顺序正确的是( )。

  A. 乙<丙<甲 B. 甲<乙<丙 C. 丙<甲<乙 D. 乙<甲<丙

二、多项选择题(共 2 题，每题 2 分。每题的备选答案中有 2 个或 2 个以上符合题意，请把正确答案的编号填在对应的括号中。全部选对的，得 2 分；错选或多选的，不得分；少选且选择正确的，每个选项得 0.5 分)

  1. 下列风险中，属于商业开发项目投资系统风险的有( )。

  A. 市场供求风险 B. 变现风险 C. 利率风险
  D. 时间风险   E. 资本价值风险

  2. 在利用预期收益的期望值和标准差进行项目比选时，下列表述中正确的有( )。

  A. 期望值相同，标准差小的方案为优 B. 标准差相同，期望值小的为优
  C. 标准差相同，期望值大的为优   D. 标准差系数大的为优
  E. 标准差系数小的为优

三、计算题(共 2 题，共 30 分。要求列出算式，计算过程；需按公式计算的，要写出公式；仅有计算结果而无计算过程的，不得分。计算结果保留小数点后两位)

  1. 某投资者欲租赁一间店面，租赁期有 3 年和 5 年两种可能，概率分别为 0.4 和 0.6，若租赁期为 3 年，总租金为 30 万元，一次性付清；若租赁期为 5 年，总租金为 45 万元，也是一次性付清。经市场调研，经营该店面的年净收益有 15 万元、12 万元和 10 万元三种可能，概率分别为 0.5、0.3 和 0.2，该投资者要求的投资收益率为 10%，设租金发生在年初，年净收益发生在年末。请计算该项目投资的加权净现值之和及投资净现值不小于零的累计概率。(12 分)

  2. 某开发商购得一宗商业用地的使用权，期限为 40 年，拟建一商场出租经营。据估算，项目的开发建设期为 2 年，第 3 年即可出租。经过分析，得到以下数据：

  (1) 项目建设投资为 1 800 万元。第 1 年投资 1 000 万元，其中资本金 400 万元；第 2 年投资 800 万元，其中资本金 230 万元。每年资金缺口由银行借款解决，贷款年利率为 10%。建设期只计息不还款，第 3 年开始采用等额还本并支付利息的方式还本付息，分 3 年还清。

  (2) 第 3 年租金收入、经营税费、经营成本分别为 2 000 万元、130 万元、600 万元。从第 4 年起每年的租金收入、经营税费、经营成本分别为 2 500 万元、150 万元、650 万元。

  (3) 计算期(开发经营期)取 20 年。

  请根据以上资料，完成下列工作：

(1) 编制资本金现金流量表(不考虑所得税)。

(2) 若该开发商要求的目标收益率为 15%,计算该投资项目的净现值。(所有的投资和收入均发生在年末)(18 分)

【参考答案】

实 训 题

结合当地城市发展情况,帮助某企业出具一份商业地产项目开发投资分析报告。

一、实训的意义和目的

商业开发项目投资分析实训是整个教学过程中不可缺少的重要环节,也是对学生进行实际工作能力培养的重要途径,使学生毕业后能很快进入角色,适应工作。同时,商业开发项目投资实习也是检验学生在校期间的理论知识是否与实践结合起来的有效方法,更能增强学生对专业的热爱和职业的责任感。

实训的主要目的:使学生把所学专业知识的基本理论、基本知识和基本技能应用到实际工作中,锻炼和提高学生综合运用所学知识解决实际问题的能力。

二、实训任务和要求

1. 实训任务

以小组为单位完成某商业地产项目的开发投资分析报告,具体内容见表 5-20。

表 5-20 具体内容

序号	项目名称	具 体 内 容
1	商业地产市场调查	1. 商业开发项目投资环境:政治、法律、经济、文化教育、自然条件、城市规划、基础设施等环境,已经发生的或将要发生的重大事件或政策; 2. 商业开发项目市场状况 ① 供求状况,包括相关地段、用途、规模、档次、价位、平面布置等商业开发项目供求状况,如供给量、有效需求量、空置量和空置率等。其中供给量应包括已完成的项目、在建的项目、已审批立项的项目、潜在的竞争项目及预计它们投入市场的时间; ② 商业地产的价格、租金和经营收入; ③ 商业地产开发和经营的成本、费用、税金的种类及其支付的标准和时间等
2	商业地产项目策划	项目区位、开发内容和规模、开发时机、开发合作方式、项目融资方式和资金结构、商业开发项目产品经营方式的分析与选择
3	商业地产开发项目投资与成本费用估算	1. 开发建设投资,主要包括土地费用、前期工程费用、基础设施建设费用、建筑安装工程费用、公共配套设施建设费用、开发间接费用、财务费用、管理费用、销售费用、开发期税费、其他费用及不可预见费用等; 2. 开发建设投资在开发建设过程中形成以出售和出租为目的的开发产品成本和以自营自用为目的的固定资产及其他资产,应注意开发建设投资在开发产品成本与固定资产和其他资产之间的合理分摊划转; 3. 经营资金

续表

序号	项目名称	具体内容
4	商业地产开发项目收入估算	1. 商业开发项目租售计划，包括拟租售的商业开发项目类型、时间和相应的数量、租售价格、租售收入及收款方式； 2. 租售价格应根据商业开发项目的特点确定，一般应选择在位置、规模、功能和档次等方面可比的交易实例，通过对其成交价格的分析与修正，最终得到商业开发项目的租售价格； 3. 资金筹措计划主要是根据商业开发项目对资金的需求以及投资、成本与费用使用计划，确定资金的来源和相应的数量。商业开发项目的资金来源通常有资本金、预租售收入及借贷资金 3 种渠道； 4. 定期编制销售收入、经营税金及附加估算表，租金收入、经营税金及附加估算表，自营收入、经营税金及附加估算表，投资计划与资金筹措表
5	商业地产项目财务评价	1. 编制的基本财务报表，主要有现金流量表、资金来源与运用表、损益表； 2. 财务评价指标
6	商业地产项目风险分析	1. 盈亏平衡分析； 2. 敏感性分析； 3. 风险分析

2. 实训要求

(1) 分析报告字数不得少于 10 000 字；强调团队合作，更好地完成本人承担的课程实训任务。

(2) 每个学生能够独立思考，能对实训内容进行深入分析，观点应有相应的论据(数据)支持。

(3) 课程实训科研报告符合要求，语言恰当，符合逻辑。

(4) 课程实训应注意遵守考勤纪律，服从指导教师的指导。

(5) 按时完成课程实训任务。

(6) 查阅相关资料，结合已学过的知识，独立完成，不得抄袭。一经发现取消成绩。

3. 成果要求

(1) 项目可行性分析报告每组成员做一种相对合理的方案(可行性分析报告)。

(2) 项目执行团队合作，无差错，指标合理。

(3) 所有提交文件的打印稿采用 A4 幅面,正文部分字体为宋体 5 号字,行距固定值 22，封面、目录字体、字号自行设计，美观实用即可。

(4) 一份完整的 Excel 电子表格计算表，表格之间有逻辑关系和勾稽关系，指标用财务公司计算。

(5) 可研报告应有封面、目录、正文、附录，并在页面底端标注页码。

(6) 附录主要是实训总结。

实训总结主要是对每组本次实训的全面总结（属于个人的学习体会），字数 1 000 字左右，一般可按以下内容与格式来写。

① 基本情况。

对实训过程的概括介绍与说明，对实训收获与成绩的总评价。这部分要求写得简明扼要，高度概括，突出要领。100字左右。

② 认识与收获。

是对实训的认识与收获的具体阐述，可以分为若干个方面或层次来写。写认识与收获时，不仅要写出有什么样的认识与收获，还应具体地说明这些认识与收获是通过哪些具体的实训过程而获得的，做到观点与材料相统一，既有观点，又有材料，观点统帅材料，材料说明观点。300~500字。

③ 问题与不足。

实训总结以肯定成绩为主，但对实训中存在的不足和今后应注意的问题也要实事求是地指出，以利于下一阶段的学习、实践和工作。100字左右。

④ 今后的打算。

实训总结的结尾部分，在进一步肯定成绩、明确方向的同时，针对存在的问题提出改正办法。100字左右。

三、进度要求及评分标准

1. 进度要求

序号	课程实训项目名称	课程实训训练内容	分项学时	时间
1	地块现场勘查与商业地产市场分析	1. 地块现场勘查与分析 2. 投资环境的调查与预测 3. 市场状况的调查与预测	3	周一上午
2	项目策划	1. 项目市场定位 2. 项目规划与建筑设计方案 3. 项目开发进度安排	2	周一下午
3	开发项目投资与成本费用估算	1. 估算土地费用、前期工程费用、基础设施建设费用、建筑安装工程费用、公共配套设施建设费用、开发间接费用、财务费用、管理费用、销售费用、开发期税费、其他费用以及不可预见费用等 2. 项目投资来源、筹措方式确定 3. 估算开发成本与经营资金估算	3	周二上午
4	开发项目收入估算与资金筹措	1. 安排商业开发项目租售计划 2. 编制资金筹措计划 3. 定期编制销售收入、经营税金及附加估算表，租金收入、经营税金及附加估算表，自营收入、经营税金及附加估算表，投资计划与资金筹措表	2	周二下午
5	项目财务评价	1. 编制的基本财务报表(电子表格) 2. 计算财务评价指标	5	周四
6	项目不确定性分析	1. 盈亏平衡分析(电子表格) 2. 敏感性分析(电子表格)	3	周五上午
7	PPT汇报 提交成果	1. PPT汇报 2. 排版、打印成果	2	周五下午
合计			25	25

2. 评分标准

项　目	实训表现	实训成果	实训总结(体会)
优秀	态度端正，遵守纪律，出勤率100%	步骤完整正确、指标合理、排版好、电子表格设置合理且自动计算	内容真实，有感而发，600字以上
优良	态度较好，遵守纪律，出勤率95%	步骤比较正确、指标合理、排版好、电子表格设置较合理且自动计算	内容较真实，体会较深，600字以上
较好	态度一般，遵守纪律，出勤率90%	步骤比较正确、指标合理、排版较好、电子表格设置基本合理且自动计算	内容较真实，体会一般，600字以上
合格	态度一般，遵守纪律，出勤率85%	步骤基本正确、指标合理、排版一般、电子表格设置基本合理且自动计算	内容一般，体会一般，500~600字
不合格	有较严重的违纪行为或出勤率80%	步骤不完整或不按要求开展实训	内容空乏，无真情实感，不足600字

注：实训结束后，各小组将实习成果交给指导教师。指导教师根据考核标准逐项考核，表中所列考核内容均合格则实习成绩评定为合格；有一项不合格，则实训成绩评定为不合格。

四、选题

1. 房产01班每组同学按照学号顺序从杭州市2015年第一期读地手册中选取一幅商业地块；

2. 房产02班每组同学按照学号顺序从杭州市2015年第二期读地手册中选取一幅商业地块。

附件一　可行性分析报告样例

封面

目录

一、项目总论

1. 项目背景：项目名称、开发企业基本情况、承担可行性研究工作的单位、研究报告编制的依据、项目建设规模以及建设规划情况等。

2. 可行性研究结论及建议：宏观环境分析总结、市场前景预测、投资估算和资金筹措、项目经济效益、社会效益及其环境效益评价、项目综合评价结论及建议。

二、项目概况

项目位置、项目地块现状及地块分析、项目SWOT分析等。

三、项目投资环境分析

主要针对宏观经济环境、政策环境、人口环境、城市发展环境等进行分析。

四、项目区域环境分析

主要针对项目所在区域的基本状况、区域规划及重点发展区域、交通规划及重大交通建设项目、区域基础及公共配套设施状况等进行分析。

五、商业开发项目市场分析

1. 城市总体商业开发项目市场分析：主要针对城市总体市场供应、需求的数量及结构，价格分布及趋势进行分析。

2. 项目所在区域商业开发项目市场分析：主要针对区域市场供需的数量及结构、产品价格、客户分布及结构、项目竞争状况等进行分析。

3. 商业开发项目市场分析总结

六、项目市场定位

产品定位、客户定位、价格定位、项目定位评估及发展设想。

七、项目规划与建筑方案

项目总体规划、环境景观规划、建筑设计方案及布局、道路规划等。

八、项目开发建设进度安排

有关工程计划说明、项目实施安排、项目开发周期及进度计划。

九、投资估算与资金筹措

项目总投资估算、资金筹措、资金使用计划。

十、项目经济效益分析

1. 项目销售及经营收入测算。

2. 项目销售回款计划。

3. 资金来源与运用分析。

4. 项目利润测算。

5. 项目盈利能力分析。

6. 项目偿债能力分析。

十一、项目风险分析

1. 项目盈亏平衡分析。

2. 项目敏感性分析。

3. 项目风险分析：项目竞争风险、投资风险、市场风险、筹资风险的分析。

十二、项目社会效益和影响分析

十三、项目可行性研究结论与建议

1. 拟建方案的结论性意见。

2. 项目主要问题的解决办法和建议。

3. 项目风险及防范建议。

参 考 文 献

[1] 刘洪玉. 房地产开发经营与管理[M]. 北京：中国建筑工业出版社，2015.
[2] 刘宁. 房地产投资分析[M]. 大连：大连理工大学出版社，2012.
[3] 周小平. 房地产投资分析[M]. 北京：清华大学出版社，2011.
[4] 黄英. 房地产投资分析[M]. 北京：清华大学出版社，2015.
[5] 俞明轩. 房地产投资分析[M]. 北京：中国人民大学出版社，2002.
[6] 刘秋雁. 房地产投资分析[M]. 4版. 大连：东北财经大学出版社，2014.
[7] 王建红. 房地产投资分析[M]. 大连：电子工业出版社，2014.
[8] 谭善勇. 房地产投资分析[M]. 北京：机械工业出版社，2008.
[9] 冯力. 房地产投资分析[M]. 北京：化学工业出版社，2010.
[10] 王胜. 工程经济学[M]. 北京：清华大学出版社，2014.
[11] 建设部. 房地产开发项目经济评价方法[M]. 北京：中国计划出版社，2000.
[12] 国家发展改革委，建设部. 建设项目经济评价方法与参数[M]. 3版. 北京：中国计划出版社，2006.
[13] 陈建明. 中国超级购物中心投资开发指南[M]. 北京：经济管理出版社，2004.
[14] 蔡云. 教你成为商铺投资高手[M]. 北京：中国建筑工业出版社，2012.
[15] 陈建明. 商铺及商铺投资指南[M]. 北京：经济管理出版社，2003.

北京大学出版社高职高专土建系列教材书目

序号	书名	书号	编著者	定价	出版时间	配套情况
	"互联网+"创新规划教材					
1	建筑构造（第二版）	978-7-301-26480-5	肖芳	42.00	2016.1	ppt/APP/二维码
2	建筑装饰构造（第二版）	978-7-301-26572-7	赵志文等	39.50	2016.1	ppt/二维码
3	建筑工程概论	978-7-301-25934-4	申淑荣等	40.00	2015.8	ppt/二维码
4	市政管道工程施工	978-7-301-26629-8	雷彩虹	46.00	2016.5	ppt/二维码
5	市政道路工程施工	978-7-301-26632-8	张雪丽	49.00	2016.5	ppt/二维码
6	建筑三维平法结构图集	978-7-301-27168-1	傅华夏	65.00	2016.8	APP
7	建筑三维平法结构识图教程	978-7-301-27177-3	傅华夏	65.00	2016.8	APP
8	建筑工程制图与识图(第2版)	978-7-301-24408-1	白丽红	34.00	2016.8	APP/二维码
9	建筑设备基础知识与识图(第2版)	978-7-301-24586-6	靳慧征等	47.00	2016.8	二维码
	"十二五"职业教育国家规划教材					
1	★建筑工程应用文写作(第2版)	978-7-301-24480-7	赵立等	50.00	2014.8	ppt
2	★土木工程实用力学（第2版）	978-7-301-24681-8	马景善	47.00	2015.7	ppt
3	★建设工程监理(第2版)	978-7-301-24490-6	斯庆	35.00	2015.1	ppt/答案
4	★建筑节能工程与施工	978-7-301-24274-2	吴明军等	35.00	2015.5	ppt
5	★建筑工程经济(第2版)	978-7-301-24492-0	胡六星等	41.00	2014.9	ppt/答案
6	★建设工程招投标与合同管理(第3版)	978-7-301-24483-8	宋春岩	40.00	2014.9	ppt/答案/试题/教案
7	★工程造价概论	978-7-301-24696-2	周艳冬	31.00	2015.1	ppt/答案
8	★建筑工程计量与计价(第3版)	978-7-301-25344-1	肖明和等	65.00	2015.7	ppt
9	★建筑工程计量与计价实训(第3版)	978-7-301-25345-8	肖明和等	29.00	2015.7	ppt
10	★建筑装饰施工技术(第2版)	978-7-301-24482-1	王军	37.00	2014.7	ppt
11	★工程地质与土力学(第2版)	978-7-301-24479-1	杨仲元	41.00	2014.7	ppt
	基础课程					
1	建设法规及相关知识	978-7-301-22748-0	唐茂华等	34.00	2013.9	ppt
2	建设工程法规(第2版)	978-7-301-24493-7	皇甫娟琪	40.00	2014.8	ppt/答案/素材
3	建筑工程法规实务	978-7-301-19321-1	杨陈慧等	43.00	2011.8	ppt
4	建筑法规	978-7-301-19371-6	董伟等	39.00	2011.9	ppt
5	建设工程法规	978-7-301-20912-7	王先恕	32.00	2012.7	ppt
6	AutoCAD 建筑制图教程(第2版)	978-7-301-21095-6	郭慧	38.00	2013.3	ppt/素材
7	AutoCAD 建筑绘图教程(第2版)	978-7-301-24540-8	唐英敏等	44.00	2014.7	ppt
8	建筑CAD项目教程(2010版)	978-7-301-20979-0	郭慧	38.00	2012.9	素材
9	建筑工程专业英语（第二版）	978-7-301-26597-0	吴承霞	24.00	2016.2	ppt
10	建筑工程专业英语	978-7-301-20003-2	韩薇等	24.00	2012.2	ppt/答案
11	建筑识图与构造(第2版)	978-7-301-23774-8	郑贵超	40.00	2014.2	ppt/答案
12	房屋建筑构造	978-7-301-19883-4	李少红	26.00	2012.1	ppt
13	建筑识图	978-7-301-21893-8	邓志勇等	35.00	2013.1	ppt
14	建筑识图与房屋构造	978-7-301-22860-9	贠禄等	54.00	2013.9	ppt/答案
15	建筑构造与设计	978-7-301-23506-5	陈玉萍	38.00	2014.1	ppt/答案
16	房屋建筑构造	978-7-301-23588-1	李元玲等	45.00	2014.1	ppt
17	房屋建筑构造习题集	978-7-301-26005-0	李元玲	26.00	2015.8	ppt/答案
18	建筑构造与施工图识读	978-7-301-24470-8	南学平	52.00	2014.8	ppt
19	建筑工程识图实训教程	978-7-301-26057-9	孙伟	32.00	2015.12	ppt
20	建筑工程制图与识图(第2版)	978-7-301-24408-1	白丽红	34.00	2016.8	APP/二维码
21	建筑制图习题集(第2版)	978-7-301-24571-2	白丽红	25.00	2014.8	
22	建筑制图(第2版)	978-7-301-21146-5	高丽荣	32.00	2013.3	ppt
23	建筑制图习题集(第2版)	978-7-301-21288-2	高丽荣	28.00	2013.2	
24	◎建筑工程制图(第2版)(附习题册)	978-7-301-21120-5	肖明和	48.00	2012.8	
25	建筑制图与识图（第2版）	978-7-301-24386-2	曹雪梅	38.00	2015.8	
26	建筑制图与识图习题册	978-7-301-18652-7	曹雪梅等	30.00	2011.4	
27	建筑制图与识图(第二版)	978-7-301-25834-7	李元玲	32.00	2016.9	ppt
28	建筑制图与识图习题集	978-7-301-20425-2	李元玲	24.00	2012.3	ppt
29	新编建筑工程制图	978-7-301-21140-3	方筱松	30.00	2012.8	ppt
30	新编建筑工程制图习题集	978-7-301-16834-9	方筱松	22.00	2012.8	
	建筑施工类					
1	建筑工程测量	978-7-301-16727-4	赵景利	30.00	2010.2	ppt/答案
2	建筑工程测量(第2版)	978-7-301-22002-3	张敬伟	37.00	2013.2	ppt/答案
3	建筑工程测量实验与实训指导(第2版)	978-7-301-23166-1	张敬伟	27.00	2013.9	答案

序号	书名	书号	编著者	定价	出版时间	配套情况
4	建筑工程测量	978-7-301-19992-3	潘益民	38.00	2012.2	ppt
5	建筑工程测量	978-7-301-13578-5	王金玲等	26.00	2008.5	
6	建筑工程测量实训（第2版）	978-7-301-24833-1	杨凤华	34.00	2015.3	答案
7	建筑工程测量(附实验指导手册)	978-7-301-19364-8	石 东等	43.00	2011.10	ppt/答案
8	建筑工程测量	978-7-301-22485-4	景 铎等	34.00	2013.6	ppt
9	建筑施工技术（第2版）	978-7-301-25788-7	陈雄辉	48.00	2015.7	ppt
10	建筑施工技术	978-7-301-12336-2	朱永祥等	38.00	2008.8	ppt
11	建筑施工技术	978-7-301-16726-7	叶 雯等	44.00	2010.8	ppt/素材
12	建筑施工技术	978-7-301-19499-7	董 伟等	42.00	2011.9	ppt
13	建筑施工技术	978-7-301-19997-8	苏小梅	38.00	2012.1	ppt
14	建筑工程施工技术(第2版)	978-7-301-21093-2	钟汉华等	48.00	2013.1	ppt
15	建筑施工机械	978-7-301-19365-5	吴志强	30.00	2011.10	ppt
16	基础工程施工	978-7-301-20917-2	董 伟等	35.00	2012.7	ppt
17	建筑施工技术实训(第2版)	978-7-301-24368-8	周晓龙	30.00	2014.7	
18	◎建筑力学(第2版)	978-7-301-21695-8	石立安	46.00	2013.1	ppt
19	土木工程力学	978-7-301-16864-6	吴明军	38.00	2010.4	ppt
20	PKPM 软件的应用(第2版)	978-7-301-22625-4	王 娜等	34.00	2013.6	
21	◎建筑结构(第2版)(上册)	978-7-301-21106-9	徐锡权	41.00	2013.4	ppt/答案
22	◎建筑结构(第2版)(下册)	978-7-301-22584-4	徐锡权	42.00	2013.6	ppt/答案
23	建筑结构学习指导与技能训练(上册)	978-7-301-25929-0	徐锡权	28.00	2015.8	ppt
24	建筑结构学习指导与技能训练(下册)	978-7-301-25933-7	徐锡权	28.00	2015.8	ppt
25	建筑结构	978-7-301-19171-2	唐春平等	41.00	2011.8	ppt
26	建筑结构基础	978-7-301-21125-0	王中发	36.00	2012.8	ppt
27	建筑结构原理及应用	978-7-301-18732-6	史美东	45.00	2012.8	ppt
28	建筑结构与识图	978-7-301-26935-0	相秉志	37.00	2016.2	
29	建筑力学与结构(第2版)	978-7-301-22148-8	吴承霞等	49.00	2013.4	ppt/答案
30	建筑力学与结构(少学时版)	978-7-301-21730-6	吴承霞	34.00	2013.2	ppt/答案
31	建筑力学与结构	978-7-301-20988-2	陈水广	32.00	2012.8	ppt
32	建筑力学与结构	978-7-301-23348-1	杨丽君等	44.00	2014.1	ppt
33	建筑结构与施工图	978-7-301-22188-4	朱希文等	35.00	2013.3	ppt
34	生态建筑材料	978-7-301-19588-2	陈剑峰等	38.00	2011.10	ppt
35	建筑材料(第2版)	978-7-301-24633-7	林祖宏	35.00	2014.8	ppt
36	建筑材料与检测(第2版)	978-7-301-25347-2	梅 杨等	33.00	2015.2	ppt/答案
37	建筑材料检测试验指导	978-7-301-16729-8	王美芬等	18.00	2010.10	
38	建筑材料与检测（第二版）	978-7-301-26550-5	王 辉	40.00	2016.2	ppt
39	建筑材料与检测试验指导	978-7-301-20045-2	王 辉	20.00	2012.2	ppt
40	建筑材料选择与应用	978-7-301-21948-5	申淑荣等	39.00	2013.3	ppt
41	建筑材料检测实训	978-7-301-22317-8	申淑荣等	24.00	2013.4	
42	建筑材料	978-7-301-24208-7	任晓菲	40.00	2014.7	ppt/答案
43	建筑材料检测试验指导	978-7-301-24782-2	陈东佐等	20.00	2014.9	ppt
44	◎建设工程监理概论(第2版)	978-7-301-20854-0	徐锡权等	43.00	2012.8	ppt/答案
45	建设工程监理概论	978-7-301-15518-9	曾庆军等	24.00	2009.9	ppt
46	工程建设监理案例分析教程	978-7-301-18984-9	刘志麟等	38.00	2011.8	ppt
47	◎地基与基础(第2版)	978-7-301-23304-7	肖明和等	42.00	2013.11	ppt/答案
48	地基与基础	978-7-301-16130-2	孙平平等	26.00	2010.10	ppt
49	地基与基础实训	978-7-301-23174-6	肖明和等	25.00	2013.10	ppt
50	土力学与地基基础	978-7-301-23675-8	叶火炎等	35.00	2014.1	ppt
51	土力学与基础工程	978-7-301-23590-4	宁培淋等	32.00	2014.1	ppt
52	土力学与地基基础	978-7-301-25525-4	陈东佐	45.00	2015.2	ppt/答案
53	建筑工程质量事故分析(第2版)	978-7-301-22467-0	郑文新	32.00	2013.9	ppt
54	建筑工程施工组织设计	978-7-301-18512-4	李源清	26.00	2011.2	ppt
55	建筑工程施工组织实训	978-7-301-18961-0	李源清	40.00	2011.6	ppt
56	建筑施工组织与进度控制	978-7-301-21223-3	张廷瑞	36.00	2012.9	ppt
57	建筑施工组织项目式教程	978-7-301-19901-5	杨红玉	44.00	2012.1	ppt/答案
58	钢筋混凝土工程施工与组织	978-7-301-19587-1	高 雁	32.00	2012.5	ppt
59	钢筋混凝土工程施工与组织实训指导(学生工作页)	978-7-301-21208-0	高 雁	20.00	2012.9	ppt
60	建筑施工工艺	978-7-301-24687-0	李源清等	49.50	2015.1	ppt/答案
		工 程 管 理 类				
1	建筑工程经济(第2版)	978-7-301-22736-7	张宁宁等	30.00	2013.7	ppt/答案
2	建筑工程经济	978-7-301-24346-6	刘晓丽等	38.00	2014.7	ppt/答案
3	施工企业会计(第2版)	978-7-301-24434-0	辛艳红等	36.00	2014.7	ppt/答案

序号	书名	书号	编著者	定价	出版时间	配套情况
4	建筑工程项目管理（第2版）	978-7-301-26944-2	范红岩等	42.00	2016.3	ppt
5	建设工程项目管理(第2版)	978-7-301-24683-2	王 辉	36.00	2014.9	ppt/答案
6	建设工程项目管理	978-7-301-19335-8	冯松山等	38.00	2011.9	ppt
7	建筑施工组织与管理(第2版)	978-7-301-22149-5	翟丽旻等	43.00	2013.4	ppt/答案
8	建设工程合同管理	978-7-301-22612-4	刘庭江	46.00	2013.6	ppt/答案
9	建设工程资料管理	978-7-301-17456-2	孙 刚等	36.00	2012.9	ppt
10	建筑工程招投标与合同管理	978-7-301-16802-8	程超胜	30.00	2012.9	ppt
11	工程招投标与合同管理实务	978-7-301-19035-7	杨甲奇等	48.00	2011.8	ppt
12	工程招投标与合同管理实务	978-7-301-19290-0	郑文新等	43.00	2011.8	ppt
13	建设工程招投标与合同管理实务	978-7-301-20404-7	杨云会等	42.00	2012.4	ppt/答案/习题
14	工程招投标与合同管理	978-7-301-17455-5	文新平	37.00	2012.9	ppt
15	工程项目招投标与合同管理(第2版)	978-7-301-24554-5	李洪军等	42.00	2014.8	ppt/答案
16	工程项目招投标与合同管理(第2版)	978-7-301-22462-5	周艳冬	35.00	2013.7	ppt
17	建筑工程商务标编制实训	978-7-301-20804-5	钟振宇	35.00	2012.7	ppt
18	建筑工程安全管理（第2版）	978-7-301-25480-6	宋 健等	42.00	2015.8	ppt/答案
19	建筑工程质量与安全管理	978-7-301-16070-1	周连起	35.00	2010.8	ppt/答案
20	施工项目质量与安全管理	978-7-301-21275-2	钟汉华	45.00	2012.10	ppt/答案
21	工程造价控制(第2版)	978-7-301-24594-1	斯 庆	32.00	2014.8	ppt/答案
22	工程造价管理（第二版）	978-7-301-27050-9	徐锡权等	44.00	2016.5	ppt
23	工程造价控制与管理	978-7-301-19366-2	胡新萍等	30.00	2011.11	ppt
24	建筑工程造价管理	978-7-301-20360-6	柴 琦等	27.00	2012.3	ppt
25	建筑工程造价管理	978-7-301-15517-2	李茂英等	24.00	2009.9	
26	工程造价案例分析	978-7-301-22985-9	甄 凤	30.00	2013.8	ppt
27	建设工程造价控制与管理	978-7-301-24273-5	胡芳珍等	38.00	2014.6	ppt/答案
28	◎建筑工程造价	978-7-301-21892-1	孙咏梅	40.00	2013.2	
29	建筑工程计量与计价	978-7-301-26570-3	杨建林	46.00	2016.1	
30	建筑工程计量与计价综合实训	978-7-301-23568-3	龚小兰	28.00	2014.1	
31	建筑工程估价	978-7-301-22802-9	张 英	43.00	2013.8	ppt
32	建筑工程计量与计价——透过案例学造价(第2版)	978-7-301-23852-3	张 强	59.00	2014.4	ppt
33	安装工程计量与计价(第3版)	978-7-301-24539-2	冯 钢等	54.00	2014.8	ppt
34	安装工程计量与计价综合实训	978-7-301-23294-1	成春燕	49.00	2013.10	素材
35	建筑安装工程计量与计价	978-7-301-26004-3	景巧玲等	56.00	2016.1	ppt
36	建筑安装工程计量与计价实训(第2版)	978-7-301-25683-1	景巧玲等	36.00	2015.7	
37	建筑水电安装工程计量与计价（第二版）	978-7-301-26329-7	陈连姝	51.00	2016.1	ppt
38	建筑与装饰装修工程工程量清单（第2版）	978-7-301-25753-1	翟丽旻等	36.00	2015.5	ppt
39	建筑工程清单编制	978-7-301-19387-7	叶晓容	24.00	2011.8	ppt
40	建设项目评估	978-7-301-20068-1	高志云等	32.00	2012.2	ppt
41	钢筋工程清单编制	978-7-301-20114-5	贾莲英	36.00	2012.2	ppt
42	混凝土工程清单编制	978-7-301-20384-2	顾 娟	28.00	2012.5	ppt
43	建筑装饰工程预算（第2版）	978-7-301-25801-9	范菊雨	44.00	2015.7	ppt
44	建筑装饰工程计量与计价	978-7-301-20055-1	李茂英	42.00	2012.2	ppt
45	建设工程安全监理	978-7-301-20802-1	沈万岳	28.00	2012.7	ppt
46	建筑工程安全技术与管理实务	978-7-301-21187-8	沈万岳	48.00	2012.9	ppt
	建 筑 设 计 类					
1	中外建筑史(第2版)	978-7-301-23779-3	袁新华等	38.00	2014.2	ppt
2	◎建筑室内空间历程	978-7-301-19338-9	张伟孝	53.00	2011.8	
3	建筑装饰CAD项目教程	978-7-301-20950-9	郭 慧	35.00	2013.1	ppt/素材
4	建筑设计基础	978-7-301-25961-0	周圆圆	42.00	2015.7	
5	室内设计基础	978-7-301-15613-1	李书青	32.00	2009.8	
6	建筑装饰材料(第2版)	978-7-301-22356-7	焦 涛等	34.00	2013.5	
7	设计构成	978-7-301-15504-2	戴碧锋	30.00	2009.8	ppt
8	基础色彩	978-7-301-16072-5	张 军	42.00	2010.4	
9	设计色彩	978-7-301-21211-0	龙黎黎	46.00	2012.9	ppt
10	设计素描	978-7-301-22391-8	司马金桃	29.00	2013.4	ppt
11	建筑素描表现与创意	978-7-301-15541-7	于修国	25.00	2009.8	
12	3ds Max 效果图制作	978-7-301-22870-8	刘 晗等	45.00	2013.7	ppt
13	3ds max 室内设计表现方法	978-7-301-17762-4	徐海军	32.00	2010.9	
14	Photoshop 效果图后期制作	978-7-301-16073-2	脱忠伟等	52.00	2011.1	素材
15	3ds Max & V-Ray建筑设计表现案例教程	978-7-301-25093-8	郑恩峰	40.00	2014.12	ppt
16	建筑表现技法	978-7-301-19216-0	张 峰	32.00	2011.8	ppt
17	建筑速写	978-7-301-20441-2	张 峰	30.00	2012.4	

序号	书名	书号	编著者	定价	出版时间	配套情况
18	建筑装饰设计	978-7-301-20022-3	杨丽君	36.00	2012.2	ppt/素材
19	装饰施工读图与识图	978-7-301-19991-6	杨丽君	33.00	2012.5	ppt
	规 划 园 林 类					
1	城市规划原理与设计	978-7-301-21505-0	谭婧婧等	35.00	2013.1	ppt
2	居住区景观设计	978-7-301-20587-7	张群成	47.00	2012.5	ppt
3	居住区规划设计	978-7-301-21031-4	张 燕	48.00	2012.8	ppt
4	园林植物识别与应用	978-7-301-17485-2	潘利等	34.00	2012.9	ppt
5	园林工程施工组织管理	978-7-301-22364-2	潘利等	35.00	2013.4	ppt
6	园林景观计算机辅助设计	978-7-301-24500-2	于化强等	48.00	2014.8	ppt
7	建筑·园林·装饰设计初步	978-7-301-24575-0	王金贵	38.00	2014.10	ppt
	房 地 产 类					
1	房地产开发与经营(第2版)	978-7-301-23084-8	张建中等	33.00	2013.9	ppt/答案
2	房地产估价(第2版)	978-7-301-22945-3	张 勇等	35.00	2013.9	ppt/答案
3	房地产估价理论与实务	978-7-301-19327-3	褚菁晶	35.00	2011.8	ppt/答案
4	物业管理理论与实务	978-7-301-19354-9	裴艳慧	52.00	2011.9	ppt
5	房地产测绘	978-7-301-22747-3	唐春平	29.00	2013.7	ppt
6	房地产营销与策划	978-7-301-18731-9	应佐萍	42.00	2012.8	ppt
7	房地产投资分析与实务	978-7-301-24832-4	高志云	35.00	2014.9	ppt
8	物业管理实务	978-7-301-27163-6	胡大见	44.00	2016.6	
9	房地产投资分析	978-7-301-27529-0	刘永胜	47.00	2016.9	ppt
	市 政 与 路 桥					
1	市政工程施工图案例图集	978-7-301-24824-9	陈亿琳	43.00	2015.3	pdf
2	市政工程计量与计价(第2版)	978-7-301-20564-8	郭良娟等	42.00	2012.8	
3	市政工程计价	978-7-301-22117-4	彭以舟等	39.00	2013.3	ppt
4	市政桥梁工程	978-7-301-16688-8	刘 江等	42.00	2010.8	ppt/素材
5	市政工程材料	978-7-301-22452-6	郑晓国	37.00	2013.5	ppt
6	道桥工程材料	978-7-301-21170-0	刘水林等	43.00	2012.9	ppt
7	路基路面工程	978-7-301-19299-3	偶昌宝等	34.00	2011.8	ppt/素材
8	道路工程技术	978-7-301-19363-1	刘 雨等	33.00	2011.12	ppt
9	城市道路设计与施工	978-7-301-21947-8	吴颖峰	39.00	2013.1	ppt
10	建筑给排水工程技术	978-7-301-25224-6	刘 芳等	46.00	2014.12	ppt
11	建筑给水排水工程	978-7-301-20047-6	叶巧云	38.00	2012.2	ppt
12	市政工程测量(含技能训练手册)	978-7-301-20474-0	刘宗波等	41.00	2012.5	ppt
13	公路工程任务承揽与合同管理	978-7-301-21133-5	邱 兰等	30.00	2012.9	ppt/答案
14	数字测图技术应用教程	978-7-301-20334-7	刘宗波	36.00	2012.8	ppt
15	数字测图技术	978-7-301-22656-8	赵 红	36.00	2013.6	ppt
16	数字测图技术实训指导	978-7-301-22679-7	赵 红	27.00	2013.6	ppt
17	水泵与水泵站技术	978-7-301-22510-3	刘振华	40.00	2013.5	ppt
18	道路工程测量(含技能训练手册)	978-7-301-21967-6	田树涛等	45.00	2013.2	ppt
19	道路工程识图与AutoCAD	978-7-301-26210-8	王容玲等	35.00	2016.1	ppt
	交 通 运 输 类					
1	桥梁施工与维护	978-7-301-23834-9	梁 斌	50.00	2014.2	ppt
2	铁路轨道施工与维护	978-7-301-23524-9	梁 斌	36.00	2014.1	ppt
3	铁路轨道构造	978-7-301-23153-1	梁 斌	32.00	2013.10	ppt
	建 筑 设 备 类					
1	建筑设备识图与施工工艺(第2版)(新规范)	978-7-301-25254-3	周业梅	44.00	2015.12	ppt
2	建筑施工机械	978-7-301-19365-5	吴志强	30.00	2011.10	ppt
3	智能建筑环境设备自动化	978-7-301-20090-1	余志强	42.00	2012.8	ppt
4	流体力学及泵与风机	978-7-301-25279-6	王 宁等	35.00	2015.1	ppt/答案

注：★为"十二五"职业教育国家规划教材；◎为国家级、省级精品课程配套教材，省重点教材；　为"互联网+"创新规划教材。

相关教学资源如电子课件、电子教材、习题答案等可以登录www.pup6.com下载或在线阅读。如您需要样书用于教学，欢迎登录第六事业部门户网(www.pup6.cn)申请，并可在线登记选题来出版您的大作，也可下载相关表格填写后发到我们的邮箱，我们将及时与您取得联系并做好全方位的服务。

联系方式：010-62756290，010-62750667，85107933@qq.com，pup_6@163.com，欢迎来电来信咨询。网址：http://www.pup.cn http://www.pup6.cn